Australian Law Reform Commission

Frankfurter kriminalwissenschaftliche Studien

Bd./Vol. 139

PETER LANG
Frankfurt am Main · Berlin · Bern · Bruxelles · New York · Oxford · Wien

Julia Anna Bargenda

Australian Law Reform Commission

Ein Modell für Deutschland?

PETER LANG
Internationaler Verlag der Wissenschaften

Bibliografische Information der Deutschen Nationalbibliothek
Die Deutsche Nationalbibliothek verzeichnet diese Publikation in der Deutschen Nationalbibliografie; detaillierte bibliografische Daten sind im Internet über http://dnb.d-nb.de abrufbar.

Zugl.: Frankfurt (Main), Univ., Diss., 2012

D 30
ISSN 0170-6918
ISBN 978-3-631-63341-0

Internationaler Verlag der Wissenschaften
Frankfurt am Main 2012

www.peterlang.de

Vorwort

Die vorliegende Arbeit wurde von der Rechtswissenschaftlichen Fakultät der Johann Wolfgang Goethe-Universität Frankfurt am Main im Wintersemester 2011/2012 als Dissertation angenommen. Rechtsprechung und Literatur konnten im Fußnotenapparat noch bis Mai 2011 berücksichtigt werden.

So wie man laut einem afrikanischen Sprichwort ein ganzes Dorf braucht, um ein Kind zu erziehen, geht auch die Erstellung einer Doktorarbeit nicht ohne die Hilfe einer ganzen Reihe von Menschen.

Mein aufrichtiger Dank gilt daher zunächst meinem Doktorvater, Herrn Prof. Dr. Peter-Alexis Albrecht für die Übernahme der Betreuung dieser Arbeit. Als meinem akademischen Lehrer bleibe ich ihm herzlich verbunden. Auch Herrn Prof. Dr. Wolfgang Naucke, der das Zweitgutachten erstellte, gilt mein besonderer Dank.

Ebenso danke ich meinen Eltern, die mich in meinem Studium und der späteren Idee der Anfertigung einer Doktorarbeit jahrelang stets liebevoll unterstützt haben.

I express my sincere gratitude to the Australian Law Reform Commission, especially to Prof. David Weisbrot, Prof. Michael Kirby, Mr. Jonathan Dobinson and all other Commissioners, who helped me so much and always gave me the feeling as "being part of the law reform family".

Um das Dorf der Helfenden noch weiter zu bevölkern, sage ich auch an dieser Stelle noch einmal ganz herzlich Danke an Frau Stephanie Berisha, Herrn Leif Kindinger und Herrn Rüdiger Wenig für alles.

Und meinem Ehemann, Henrik Prause.

Tempus fugit, amor manet – Es vergeht die Zeit, die Liebe bleibt.

Darmstadt, im August 2012 Julia Bargenda

Inhaltsverzeichnis:

Literaturverzeichnis

Albrecht, Peter-Alexis: Der Weg in die Sicherheitsgesellschaft – Auf der Suche nach staatskritischen Absolutheitsregeln, Berlin 2010

Albrecht, Peter-Alexis: Kriminologie, 4. Auflage, München 2010

Albrecht, Peter-Alexis/Thomas, Sir John (Hrsg.): Strengthen the Judiciary`s Independence in Europe, Berlin 2009

Albrecht, Peter-Alexis: The Forgotten Freedom – September 11 as a Challenge for European Legal Principles, Berlin 2003

Albrecht, Peter-Alexis: Urteilsanmerkung zum Beschluss des HansOLG Hamburg, Urteil vom 3.6.1987 – 1 Ss 67/87 – (Beförderungserschleichung bei unkontrolliertem Zugang), NStZ 1988, S. 222 ff.

Adomeit, Klaus: Rechtstheorie für Studenten, 4. Auflage, Heidelberg 1998

Adomeit, Klaus/Hähnchen, Susanne: Rechtstheorie für Studenten, 5. Auflage, Heidelberg 2008

Arndt, Adolf: 1. Verschleiß an Würde. – 2. Umstrittene Staatsanwaltschaft, NJW 1961, S. 1615ff.

Arzt, Gunther: Zur Bekämpfung der Vermögensdelikte mit zivilrechtlichen Mitteln – Der Ladendiebstahl als Beispiel, JuS 1974, S. 695 ff.

Atkinson, Roslyn: Session 2: Law Reform and Communications. 4, Law Reform: Challenges and Opportunities Today, Law Reform Agencies Day: Sunday 11 September 2005, London; zu finden unter: http://www.qlrc.qld.gov.au/events/communitySpeech.pdf vom 10. Februar 2011

Australian Law Reform Commission: Annual Report 1975, Report 3, Sydney 1975

Australian Law Reform Commission: Alcohol, Drugs and Driving, Report 4, Sydney 1976

Australian Law Reform Commission: Human Tissue Transplants, Report 7, Sydney 1977

Australian Law Reform Commission: Unfair Publication: Defamation and Privacy, Report 11, Sydney 1979

Australian Law Reform Commission: Privacy and the Census, Report 12, Sydney 1979

Australian Law Reform Commission: Land Acquisition and Compensation, Report 14, Sydney 1979

Australian Law Reform Commission: Aboriginal Customary Law: Recognition? Discussion Paper 17, Sydney 1980

Australian Law Reform Commission: Annual Report 1980, Report 17, Sydney 1980
Australian Law Reform Commission: Privacy and Intrusions, Discussion Paper 13, Sydney 1980
Australian Law Reform Commission: Child Welfare, Report 18, Sydney 1981
Australian Law Reform Commission: Recognition of Aboriginal Customary Laws, Report 31, Sydney 1986
Australian Law Reform Commission: Evidence, Report 38, Sydney 1987
Australian Law Reform Commission: The Commonwealth Prisoners Act, Interim Report, Report 43, Sydney 1988
Australian Law Reform Commission: Sentencing, Report 44, Sydney 1988
Australian Law Reform Commission: Multiculturalism and the Law, Report 57, Sydney 1992
Australian Law Reform Commission: Costums and Exercise, Report 60, Sydney 1992
Australian Law Reform Commission: Equality before the Law: Women´s Equality, Report 69, Sydney 1994
Australian Law Reform Commission: The coming of Age: New Aged Care Legislation for the Commonwealth, Report 72, Sydney 1995
Australian Law Reform Commission: Designs, Report 74, Sydney 1995
Australian Law Reform Commission: Speaking for Ourselves: Children and the Legal Process, Issue Paper 17, Sydney 1996
Australian Law Reform Commission: Speaking for Ourselves: Children and the Legal Process, Kids Issue Paper, Issue Paper 17, Sydney 1996
Australian Law Reform Commission: Legal Risk in international transactions, Report 80, Sydney 1996
Australian Law Reform Commission: Seen and Heard: Priority for Children in the Legal Process, Report 84, Sydney 1997
Australian Law Reform Commission: Confiscation that Counts: A Review of the Proceeds of Crime Act 1987, Report 87, Sydney 1999
Australian Law Reform Commission: Managing Justice: A Review of the Federal Civil Justice System, Report 89, Sydney 2000
Australian Law Reform Commission: Annual Report, 25 Years Australian Law Reform Commission, Report 90, Sydney 2000
Australian Law Reform Commission: Review of the Marine Insurance Act 1909 (Cth), Report 91, Sydney 2001
Australian Law Reform Commission: The Judical Power of the Commonwealth: A Review of the Judiciary Act and Related Legislation, Report 92, Sydney 2001

Australian Law Reform Commission: Principled Regulation: Federal Civil & Administrative Penalties in Australia, Report 95, Sydney 2002
Australian Law Reform Commission: Essentially Yours: The Protection of Human Genetic Information in Australia, Report 96, Sydney 2003
Australian Law Reform Commission: Annual Report 2002-2003, Report 97, Sydney 2003
Australian Law Reform Commission: Keeping Secrets: The Protection of Classified and Security Sensitive Information, Report 98, Sydney 2004
Australian Law Reform Commission: Genes and Ingenuity: Gene Patenting and Human Health, Report 99, Sydney 2004
Australian Law Reform Commission: Fighting Words: A Review of Sedition Laws in Australia, Report 104, Sydney 2006
Australian Law Reform Commission: Annual Report 2008-2009, Report 110, Sydney 2009
Australian Law Reform Commission: Native Title, Reform Journal, Volume 93, Sydney 2009
Australian Law Reform Commission: Annual Report 2009-2010, Report 113, Sydney 2010
Australian Law Reform Commission: Family Violence- A National Legal Response, Report 114, Sydney 2010
Australian Law Reform Commission: Family Violence- A National Legal Response, Summary 114, Sydney 2010
Australian Law Reform Commission: First submission to the Senate Legal and Constitutional Affairs Committee Inquiry into the Australian Law Reform Commission, (Background Submission), vom 23. Dezember 2010, zu finden unter: http://www.alrc.gov.au/sites/default/files/pdfs/publications/Barnett%20Submission%20December%202010%20.pdf vom 8. März 2011
Australian Law Reform Commission: [Second and] Final Submission to the Senate Legal and Constitutional Affairs Reference Committee Inquiry into the Australian Law Reform, S.4 vom 3. März 2011; zu finden unter: http://www.alrc.gov.au/sites/default/files/pdfs/publications/ALRC%20Final%20Submission.pdf vom 8. März 2011
Australian National Audit Office: Public Sector Governance Volume 1: Framework, Processes and Practices, Canberra 2003, zu finden unter: http://www.anao.gov.au/director/publications/betterpracguides.cfm3 vom 25. Juli 2010

Bacon, Francis: The Works of Francis Bacon, Baron of Verulam, Viscount St. Alban, and Lord High Chancellor of England: Law Tracts. Maxim of the Law, Band IV, London 1826

Bähr, Dieter: Einführung ins Mittelenglische, 4. Auflage, München 1997

Baker, John: An Introduction to English Legal History, 4. Auflage, London 2002

Bant, Elise/Harding, Matthew: Exploring Private Law, Cambridge 2010

Bartels, Hans/Klotzsch, Karl/Lüdemann, Hans: Von der Vorgeschichte bis zum Ende der Stauferzeit, Leipzig Berlin 1942

Becker, Peter: Eine kurze Einführung in die deutsche Rechtsgeschichte, München 2010

Beise, Marc: Margarethe, gibt dem Staat die Knete, Der Tagesspiegel, 7. August 1998

Benson, L. /Rothschild, L.: Royal Commissions: A Memorial, Public Administration, Volume 60, 1982, S. 339 ff.

Bennett, John Michael: A History of the New South Wales Bar, Sydney 1969

Bennett, John Michael: Historical Trends in Australian Law Reform, University of Western Australia Law Review, Volume 9, 1970, S. 211 ff.

Bennett, John Michael: A History of the Supreme Court of New South Wales, Sydney 1974

Berry, Duncan: Keeping the statute book up to date: a personal view, Commonwealth Law Bulletin, Volume 36, 2010, S. 79 ff.

Beulke, Werner: Strafprozessrecht, 11. Auflage, Heidelberg 2010

Biener, Friedrich August: Das englische Geschworenengericht, Leipzig 1852

Blackshield, Anthon (Hrsg.): Legal Change: Essays in Honour of Julius Stone, London 1983

Blagg, Harry: Crime, Aboriginality and the Decolonisation of Justice, Annandale 2008

Blair, Michael C.: The Law Reform Committee: The First Thirty Years, Civil Justice Quarterly, Volume 64, 1982

Bloy, René: Grundprobleme des Verhältnisses zwischen Staatsanwaltschaft und rechtsprechender Gewalt, JuS 1981, S. 427 ff.

Boehmer, Gustav: Grundlagen der bürgerlichen Rechtsordnung, Band 2, Teil 1, Tübingen 1950

Böllinger, Lorenz/Lautmann, Rüdiger (Hrsg.): Vom Guten, das noch stets das Böse schafft, Frankfurt am Main 1993

Böttcher, Reinhard/Odersky, Walter/Hueck, Götz/Jähnke, Burkhard (Hrsg.): Festschrift für Walter Odersky zum 65. Geburtstag am 17. Juli 1996, Berlin New York 1996

Braun, Johann: Einführung in die Rechtswissenschaft, 3. Auflage, Tübingen 2007

Brenner, Susan W.: Precedent Inflation, New Brunswick 1992

Brewer, Marion: Globalisation and Law Reform: cooperation through technology, Reform Journal, Volume 76, 2000, S. 90 ff.

Broda, Christian/ Deutsch, Erwin/ Schreiber, Hans- Ludwig/ Vogel, Hans- Jochen: Festschrift für Rudolf Wassermann, Neuwied und Darmstadt 1985

Brougham, Henry Peter: Opinions of Lord Brougham, on Politics, Theology, Law, Science, Education, Literature, etc, etc: As Exhibited in His Parliamentary and Legal Speeches, and Miscellaneous Writings, Boston 2001

Brüggemeier, Franz-Josef: Geschichte Großbritanniens im 20. Jahrhundert, München 2010

Burrows, Andrew: Some Reflections on Law Reform in England and Canada, Canadian Business Law Journal, Volume 39, 2004, S. 320 ff.

Burton, Steven J.: The Path of the law and its influence: the legacy of Oliver Wendell Holmes Jr, Cambridge 2004

Campell, Ruth: A History of the Melbourne Law School 1857-1973, Melbourne 1977

Cane, Peter/Stapleton, Jane (Hrsg.): The Law of Obligations: Essays in Celebration of John Flemming, Oxford 1998

Cardozo, Benjamin N.: A Ministry of Justice, Harvard Law Review, Volume 35, 1921, S. 113 ff.

Capet, Antoine/Pichardie, Jean Paul (Hrsg.): Les années Wilson 1964-1970, Rouen 1999

Castles Alex C.: An Australian Legal History, Sydney Melbourne Brisbane Perth, 1982

Ceresa, Maria: Who drives Law Reform- The Courts, the Parliament or the Media, Papier präsentiert bei der Australasian Law Reform Agencies Conference, Darwin, Australien, 20. Juni 2002

Coates, Richard: Doing justice differently, Papier präsentiert bei der Australasian Law Reform Agencies Conference, Darwin, Australien, 20. Juni 2002

Coester, Robert: Verwaltung und Demokratie in den Staaten Nordamerikas, München Leipzig 1913

Coghill, E.H.: Law Reform in Victoria, Res Judicate, Volume 3, 1946, S. 69 ff.

Commonwealth Secretariat: Law Reform Agencies: Their Role and Effectiveness, Papier veröffentlicht im Rahmen des Meeting of Commonwealth Law Ministers and Senior Officials, Accra (Ghana), 17.-20. Oktober 2005, S. 1; zu finden unter:

http://www.calras.org/Other/secretariat_paper.pdf vom 12. Februar 2011

Commonwealth Secretariat: Law Reform Agencies: Their Role and Effectiveness, Meeting of Commonwealth Law Ministers and Senior Officials, Accra, Ghana, 17.-20. Oktober 2005; zu finden unter: http://www.calras.org/Other/secretariat_paper.pdf vom 19. Februar 2011

Conrad, Sebastian: Regimes der Segregation- Kolonialismus, Recht und Globalisierung, Rechtsgeschichte 3, 2003, S. 187 ff.

Corbin, Arthur L.: What is the Common Law? American Law School Review, Volume 3, 1912, S. 51 ff.

Cosgrove, Richard A.: Scholars of the Law: English Jurisprudence from Blackstone to Hart, New York 1996

Cowdery, Nicholas: Getting justice wrong, Papier präsentiert bei der Australasian Law Reform Agencies Conference, Darwin, Australien, 20.Juni 2002

Crabbe, V.C.R.A.C.: Legislate Drafting, Band 1, London 1993

Cretney, Stephen: The Politics of Law Reform- A View from the Inside, Modern Law Review, Volume 48, 1985, S. 493 ff.

Cretney, Stephen: The Law Commission; True Dawns and False Dawns, Modern Law Review, Volume 59, 1996, S. 631 ff.

Cretney, Stephen: Law, Law Reform and the Family, Oxford 1998

Croucher, Rosalind: Law Reform- the why, wherefores and where- tos, Rede anläßlich der Legal Studies Teachers Conference, Sydney, 24. August 2007; zu finden unter: http://www.docstoc.com/docs/35604617/Law-Reforming--the-whys_-wherefores-and-where-tos-by-Professor vom 17. Februar 2011

Dahs, Hans: Die Stellung des Richters im Bonner Grundgesetz, NJW 1949, S. 688 ff.

David, René /Brierley, John E.C.: Major Legal Systems in the World Today, London 1968

Dawson, John Philipp: The oracles of the law, Ann Arbor 1968

Dawson, John Philip: A History of Law Judges, Union New Jersey 1999

Dean, Arthur: A Multitude of Counsellors: A History of the Bar of Victoria, Melbourne, Canberra 1968

Degenhart, Christoph: Staatsrecht I, Staatsorganisationsrecht: Mit Bezügen zum Europarecht, Heidelberg 2009

Dehne, Anne: Australien, Köln 2004

Department for Business and Innovation & Skills: Code of Practice on Consultation, London 2008, zu finden unter:
http://www.bis.gov.uk/files/file47158.pdf vom 28.März 2011

Devlin, Patrick: Samples of Law Making, London 1962

Diamond, Aubrey L.: The Work of the Law Commission, The Law Teacher, Volume 10, 1976, S. 11 ff.

Dixon, Owen: Comments on KO Shatwell's "Some reflections for law reform", Australian Law Journal, Volume 31, 1957, S. 342 ff.

Doyle, Timothy/McEachern, Doug: Environment and Politics, London, 4. Auflage, New York 2008

Dreier, Horst (Hrsg.): Grundgesetz Kommentar, Band III, Tübingen 2009

Dworkin, Chorley/ Dworkin, Gerald: The Law Commissions Act, 1965, The Modern Law Review, Volume 28, 1965, S. 675 ff.

Ebel, Friedrich/Thielmann, Georg: Rechtsgeschichte: Von der Römischen Antike bis zur Neuzeit, 3. Auflage, Heidelberg 2003

Engle, George: Bills are made to pass as razors are made to sell: Practical constraints in the preparation of legislation, Statute Law Review, Volume 4, 1983, S. 7 ff.

Erichsen, Hans- Uwe (Hrsg.): Allgemeines Verwaltungsrecht, 10. Auflage, Berlin 1995

Falk, Ulrich: Ein Gelehrter wie Windscheid: Erkundungen auf den Feldern der sogenannten Begriffsjurisprudenz, Frankfurt am Main 1999

Farar, John H.: Law Reform and the Commission, London 1974

Fikentscher, Wolfgang: Methoden des Rechts: in vergleichender Darstellung. Anglo-Amerikanischer Rechtskreis, Band 1, Tübingen 1975

Finnane, Mark John Celsus: Penalty and Policy: Griffiths and the Limits of Law Reform in colonial Queensland (1989), Australian Cultural History, Volume 8, 1989, S. 84 ff.

Fisher, Naomi: Out of context: the liberalization and appropriation of "customary" law as assimilatory practice, ACRAWSA e-journal, Volume 4, 2008, S. ff., zu finden unter: http://www.acrawsa.org.au/files/ejournalfiles/47FISHEROutofcontextlastone.pdf vom 19. März 2011

Fornauf, Marc: Die Marginalisierung der Unabhängigkeit der Dritten Gewalt im System des Strafrechts, Frankfurt am Main 2010

Freemann, M.D.A. (Hrsg.): Current Legal Problems 2000, Oxford 2000

French, Robert Shenton/French, Robert: Reflections on the Australian Constitution, Sydney 2003

Friedman, Lawrence Meir: Law Reform in Historical Perspective, St. Louis University Law Journal, Volume 13, 1969, S. 351ff.

Friedman, Lawrence Meir: The Legal System: A Social Science Perspective, New York 1970

Fritze, Ronald H./Robinson, William Baxter: Historical Dictionary of Late Medieval England, 1272-1485, Westport 2002

Foerste, Ulrich: Verdeckte Rechtsfortbildung in der Zivilgerichtsbarkeit, JZ 2007, S. 123 ff.

Funnel, Warwick: The Curse of Sisyphus: Public Sector Audit Independence in an Age of Economic Rationalism, Australian Journal of Public Administration, Volume 56, 1997, S. 87 ff.

Funnell, Warwick/Cooper, Kathie: Public sector accounting and accountability in Australia, Sydney 1998

Gardiner, Gerald/Martin, Andrew: Law Reform NOW, London 1963

Gardiner, Gerald: Methods of Law Reform, Saint Louis University Law Journal, Volume 13, 1968, S. 3 ff.

Gardiner, Gerald: Some Aspects of Law Reform, New Zealand Law Journal, 1969, S.171 ff.

Gardiner, Gerald: The Machinery of Law Making in England, Law Quarterly Review, Volume 69, 1953, S. 46 ff.

Gifford, Donald James: Understanding the Australian Legal System, Sydney, London 1997

Glassman, Matthew/Straus, Jacob R./Shogan, Colleen J.: Social Networking and Constituent Communication: Member Use of Twitter During a Two Week Period in the 111th Congress, Washington 2009; zu finden unter: http://www.fas.org/sgp/crs/misc/R41066.pdf vom 19. Februar 2011

Goldie, L. Frederic E. /Knoll, David D.: In Memoriam: Professor Julius Stone (1907-1985), The American Journal of International Law, Volume 80, 1986, S.141 ff.

Goldring, J.: Uniformity, Harmonisation or Restatement: Desirability and Implementation, Reform Journal, Volume 68, 1995-1996, S.7 ff.

Gower, L.C.B.: Reflections on Law Reform, The University of Toronto Law Journal, Volume 23, 1973, S. 257 ff.

Great Britain Lord Chancellor's Department: Proposals for English and Scottish Law Commissions: An Act to provide for the constitution for commissions for the reform of the law, Teil 22, London 1965

Green, Richard: The Commonwealth Yearbook 2006, London 2006

Greene, Ian: Final appeal: decision-making in Canadian Courts of appeal, Toronto 1998

Gretney, Stephen: Law, Law Reform and the Family, Oxford 1998

Häberle, Peter (Hrsg.): Jahrbuch des öffentlichen Rechts der Gegenwart, Tübingen 1990

Haft, Fritjof: Generalklauseln und unbestimmte Begriffe im Strafrecht, JuS 1975, S. 478 ff.

Hahlo, H.R.: Here Lies the Common Law: Rest in Peace, Modern Law Review, Volume 30, 1967, S. 241 ff.

Hahlo, H.R.: Codifying the Common Law: Protracted Gestation, *The Modern Law Review,* Volume 38, 1975, S. 23 ff.

Hager, Günther: Rechtsmethoden in Europa, Tübingen 2009.

Halliday, John: Quinquennial Review of the Law Commission, London 2003

Hamm, Wilfried: Fa(o)ulspiel in der baden-württembergischen Justiz, Neue Richtervereinigung. Landesverband Hessen, 2005, S. 11.

Handford, Peter: The Changing Face of Law Reform, Australian Law Journal, Volume 73, 1999, S. 503 ff.

Hattenhauer, Hans (Hrsg.): Allgemeines Landrecht für die preußischen Staaten von 1794, 2. Auflage, Neuwied 1994

Hazlehurst, Cameron/Whitehead, Sally/Woodland, Christine: A Guide to the Papers of British Cabinet Ministers, Cambridge 1996

Hefendehl, Roland: Der fragmentarische Charakter des Strafrechts, JA 2011, S. 401 ff.

Hefty, Georg Paul: Kehrtwende in der Atompolitik – Nicht zu Ende gedacht, Frankfurter Allgemeine Zeitung vom 17. März 2011

Heldrich, Andreas: 50 Jahre Rechtsprechung des BGH – Auf dem Weg zu einem Präjudizienrecht? – Festvortrag zum 50- jährigen Bestehen des BGH, ZRP 2000, S. 497 ff.

Herbstein, Denis: White Lies: Canon Collins and the secret war against apartheid, Cape Town 2004

Hesse, Konrad: Grundzüge des Verfassungsrechts der Bundesrepublik Deutschland, 20. Auflage, Heidelberg 1999

Hilgruber, Christian: Richterliche Rechtsfortbildung als Verfassungsproblem, JZ 1996, S. 121 ff.

Hinchy, Russel: The Australian Legal System, French Forrest 2008

Hirsch, Günther: Rechtsanwendung, Rechtsfindung, Rechtsschöpfung, Heidelberg 2003

Höffe, Otfried: Die Alte Welt im Recht, Frankfurter Allgemeine Zeitung vom 18. Mai 2009

Holmes, Oliver Wendell: The Common Law, Stilwell 2005

Holmes, Oliver Wendell/Williams, J. Craig, Hooson: The Path of the Law and the Common Law, New York 2009

Honsell, Heinrich: Wächter oder Herrscher – Die Rolle des Bunddesverfassungsgerichts zwischen Recht und Politik, ZIP 2009, S. 1689 ff.

Honsell, Heinrich: Römisches Recht, 7. Auflage, Heidelberg Dordrecht London New York 2010

Hooson, Emlyn: Reform of the Legislative Process in the Light of the Law Commissions Work, The Law Teacher, Volume 17, 1983, S. 67 ff.

Horn, Norbert: Einführung in die Rechtswissenschaft und Rechtsphilosophie, 4. Auflage, Heidelberg 2007

Horwitz, Tony: Cook- Die Entdeckung eines Entdeckers, 5. Auflage, München Zürich, 2009

Hostettler, John: The politics of criminal Law Reform in the nineteenth century, Chichester 1992

Hostettler, John: A History of Criminal Justice in England and Wales, Hampshire 2008

Hüls, Silke: Polizeiliche und staatsanwaltschaftliche Ermittlungstätigkeit-Machtzuwachs und Kontrollverlust, Berlin 2007

Hurlburt, William H.: Law Reform Commissions in the United Kingdom, Australia and Canada, Edmonton 1986

Immenhauser, Martin: Das Dogma von Vertrag und Delikt: Zur Entstehungsgeschichte und Wirkungsgeschichte der zweigeteilten Haftungsordnung, Köln Weimar 2006

Independent Committee of Inquiry into Competition Policy in Australia: National Competition Policy (1993), zu finden unter: http://ncp.ncc.gov.au/ vom 17. Februar 2011

Ipsen, Jörn: Staatsrecht I, 19. Auflage, Köln München 2007

Janssen, Helmut: Die Übertragung von Rechtsvorstellungen auf fremde Kulturen am Beispiel des englischen Kolonialrechts, Tübingen 2000

Joshi, Raj Mohan/Biswal, Kamalakanta: Writing Skills for Technical Purposes, Delhi 2006

Jüttner, Julia: „Ein unerträglicher Zustand“, Spiegel Online vom 5. Mai 2011, zu finden unter: http://www.spiegel.de/panorama/justiz/0,1518,760719-2,00.html vom 5. Mai 2011.

Jungwirth, Gary: Snapshots of Hope: The making of modern Labor; a decade of Landmark; speeches to the Fabians, Sydney 1997

Jupp, James: From white Australia to Woomera: The story of Australian immigration, Cambridge 2007

Kaelble, Hartmut/Schriewer, Jürgen (Hrsg.): Vergleich und Transfer: Komparatistik in den Sozial, Geschichts- und Kulturwissenschaften, Frankfurt am Main 2003

Kafka, Franz: Der Proceß, Frankfurt am Main 2008

Kahn, Ellison: Restore the Jury? Or "Reform, Reform? Aren´t things bad enough already?", South African Law Journal, Volume 108, 1991, S. 672 ff.

Kaspar, Johannes: Der klassische Utilitarismus- Jeremy Bentham und John Stuart Mill, Norderstedt 1999

Kastendieck,Hans/Rohe, Karl/Volle, Angelika: Großbritannien: Geschichte, Politik, Wirtschaft, Gesellschaft, Frankfurt New York 1999

Kaufmann; Arthur: Freirechtsbewegung – lebendig oder tot?, JuS 1965, S. 1 ff

Kaufmann, Arthur/Hassemer, Winfried (Hrsg.): Einführung in Rechtsphilosophie und Rechtstheorie der Gegenwart, 4. Auflage, Heidelberg 1985

Keenan, Dennis J: Smith & Keenan´s English Law: Text and Cases, 15. Auflage, Harlow 2007

Kelly, David St. L.: The South Australian Law Reform Committee, Adelaide Law Review, Volume 3, 1970, S. 481 ff.

Kerr, Michael: Law Reform in Changing Times, Quarterly Law Quarterly Review, Volume 96, 1980, S. 515 ff.

Kiesow, Holger: Reformdebatten im House of Commons, Norderstedt 2007

Kirby, Michael: A national Approach to Law Reform", Legal Service Bulletin, Volume 1, 1975, S. 287 ff.

Kirby, Michael: Law Reform, why?, Australian Law Journal, Volume 50, 1976, S. 1 ff.

Kirby, Michael: Public Hearings for Law Reform, Reform Journal, Volume 2, 1976, S. 20 ff.

Kirby, Michael: Law Reform in Australia, Chitty´s Law Journal, Volume 25, 1977, S. 171 ff.

Kirby, Michael: The Law Reform Commission and the Essence of Australia, Reform Journal, Volume 77, 2000, S. 60 ff.

Kirby, Michael: Uniform Law Reform –Will We Live to See It?, *Sydney Law Review* Volume 8, 1977, S. 1 ff.

Kirby, Michael: Public Involvement: Yes, but how?, Reform Journal, Volume 5, 1977, S. 8 ff.

Kirby, Michael: Law Reform in Australia: Antipodean Reflections, in: Law Reform in the Commonwealth: Report of the Meeting of Law Reform Agencies (Commonwealth Secretariat London 1977, zu finden unter:

http://www.michaelkirby.com.au/images/stories/speeches/1970s/vol2/1977/50-Meeting_of_Commonwealth_Law_Reform_Agencies_-_Law_Reform_in_Australia_-_Antipodean_Reflections.pdf vom 12. Februar 2011

Kirby, Michael: Law Reform Experiments in Australia, Papier präsentiert im Rahmen des United Kingdom National Committee on Comparative Law Colloquium on „Methods of Law Reform", September 1979, zu finden unter: http://www.michaelkirby.com.au/images/stories/speeches/1970s/vol4/1979/120-UK_National_Committee_on_Comparative_Law_Colloquium_-_Law_Reform_Experiments_in_Australia.pdf vom 12. Februar 2011

Kirby, Michael: New Methods of Consultation in Law Reform, Rede anläßlich der Australian Law Reform Agencies Conference, Perth 30. Juni 1979, S. 12, zu finden unter: http://www.michaelkirby.com.au/images/stories/speeches/1970s/vol4/1979/107-Aus_Law_Reform_Agencies_Conference_-_New_Methods_of_Consultation_in_Law_Reform.pdf vom 11. März 2011

Kirby, Michael: Law Reform. How to Cope, Rede anläßlich der Australasian Law Students` Association, Annual Conference, Brisbane 14. Mai 1981; zu finden unter: http://www.michaelkirby.com.au/images/stories/speeches/1980s/vol7/1981/242-Australasian_Law_Students%27_Association_-_Law_Reform_-_How_to_Cope.pdf vom 18. Februar 2011

Kirby, Michael: Reform the Law: Essays on the Renewal of the Australian Legal System, Melbourne 1983

Kirby, Michael: The Politics of Achieving Law Reform, Adelaide Law Review, Volume 11, 1988, S. 315 ff.

Kirby, Michael: Law Reform- Ten Attributes for Success (Rede bei der Law Reform Commission of Ireland, Dublin 17. Juli 2007), zu finden unter: http://www.lawreform.ie/_fileupload/Speeches/KirbyJ3rdProgAnnualConference.pdf vom 10. Oktober 2010

Kirby, Michael: More Promises of Law Reform: An Antipodean Reflection, Rede bei der Law Commission of Ireland vom 17. Juli 2007; zu finden unter: http://www.hcourt.gov.au/assets/publications/speeches/former-justices/kirbyj/kirbyj_17jul07.pdf vom 12. Februar 2011

Kirchmann, Julius von: Die Wertlosigkeit der Jurisprudenz als Wissenschaft: ein Vortrag, 1848 in der Juristischen Gesellschaft zu Berlin, Dornbirn 1999

Kirchner, Hildebert: Abkürzungsverzeichnis der Rechtssprache, 6. Auflage, Berlin 2008

Kocher, Eva: Funktionen der Rechtsprechung: Konfliktlösungen im deutschen und englischen Verbraucherprozessrecht, Tübingen 2007

Kötz, Hein/Basedow, Jürgen/Hopt, Klaus J./Zimmermann, Reinhard (Hrsg.): Undogmatisches, Tübingen 2005

Kokkinakis; Kriton: Strafprozessuales Vorgehen und strafrechtliches Rückwirkungsverbot, Münster 2001

Kreling, Paul: In Praise of Common Law and Equity and against Statute Law, 13 Legal Notes, Volume 13, 1991, S.1 ff.

Kroeschell, Karl: Deutsche Rechtsgeschichte 3: Seit 1650, 5. Auflage, Köln Weimar Wien 2008

Kubeš, Vladimír: Theorie der Gesetzgebung: Materiale und formale Bestimmungsgründe der Gesetzgebung in Geschichte und Gegenwart, Wien New York 1987

Kunz, Karl-Ludwig/Mona, Martino: Rechtsphilosophie, Rechtstheorie, Rechtssoziologie: Eine Einführung in die theoretischen Grundlagen der Rechtswissenschaft, Bern Stuttgart Wien 2006

Kurtzel, August/ von Gottschall, Rudolf/ Bienemann, Friedrich (Hrsg.): Unsere Zeit: Deutsche Revue der Gegenwart, Band 4, Teil 2, Leipzig 1868

Larby, Patricia M. / Hannam, Harry: The Commonwealth, New Brunswick 1993

Larenz, Karl/Canaris, Claus-Wilhelm: Methodenlehre der Rechtswissenschaft, 3. Auflage, Berlin Heidelberg New York Barcelona Budapest Hong Kong London Mailand Paris Tokyo 1995

Larner, Andrew J.: A Dictionary of Neurological Signs, New York 2010

Laufs, Adolf: Rechtsentwicklungen in Deutschland, 6. Auflage, Berlin 2006

Law Commission of England and Wales: First Annual Report 1965-1966, London 1966

Law Commission of England and Wales: Annual Report 2003-2004, London 2004

Law Commission of England and Wales: Annual Report 2009, London 2009

Law Council of Australia: Senate Standing Committee on Legal and Constitutional Affairs, Inquiry into the Australian Law Reform Commission, zu finden unter:
http://www.lawcouncil.asn.au/shadomx/apps/fms/fmsdownload.cfm?file_uuid=D90FB65D-0BBC-98E7-1E84-FA6EA67F0335&siteName=lca vom 8. März 2011

Law Council of Australia: Legal and Constitutional Affairs References Committee, *Inquiry into the Australian Law Reform Commission [Final Report]*, zu finden unter: http://www.aph.gov.au/senate/committee/legcon_ctte/law_reform_commission/report/report.pdf vom 1. Mai 2011

Law Reform Committee of South Australia: Effect of Mistake Upon Contracts, Report 106, Adelaide 1987

Law Reform Commission of Tasmania: Thirteenth Annual Report 1987, Hobart 1988

Law Reform Commission of Victoria: Annual Report 1991-1992, Report 51, Melbourne 1992

Law Reform Commission of Western Australia: Review of the Criminal and Civil Justice System in Western Australia, Report 92, Perth 1999

Law Reform Commission of Western Australia: Annual Report 1996-1997, Perth 1997

Law Reform Commission of Western Australia: United Kingdom Statutes in Western Australia, Project 75, Perth 1994

Law Reform Commission of Western Australia: Annual Report 2002-2003, Perth 2003

Leitner, Gerhard: Die Aborigines Australiens, München 2006

Lenhard, Anselm: Die Vorschläge zur Reform des englischen Mobiliarkreditsicherungsrechts: Ein Wegweiser für eine europäische Harmonisierung? Tübingen 2010

Lepsius, Oliver: Verwaltungsrecht unter dem Common Law: amerikanische Entwicklungen bis zum New Deal, Tübingen 1997

Lobban, Michael: Henry Brougham and Law Reform, The English Historical Review, Volume 115, 2000, S. 1184 ff.

Loos, Fritz: Rechtswissenschaft in Göttingen: Göttinger Juristen aus 250 Jahren, Göttingen 1987

Luhmann, Niklas: Law as a social System, Oxford 2004

Lundmark, Thomas: Stare Decisis vor dem Bundesverfassungsgericht, Rechtstheorie 28, 1997, S. 315 ff.

Lundmark, Thomas (unter Mitarbeit von Jackie Jones): Juristische Technik und Methodik des Common Law, Münster 1998

Lundmark, Thomas: Umgang mit dem Präjudizienrecht, JuS 2000, S. 546 ff.

MacCormik, Neil/Summers, Robert S.: Interpreting Precedents: A Comparative Study, Aldershot Brookfield Singapur Sydney1997

MacDonald, John W.: The New York Law Revision Commission, The Modern Law Review, Volume 28, 1965, S. 1 ff.

MacDonald, Roderick: Law Reform and its Agencies, Otago Law Review, Volume 7, 1991, S. 99 ff.

MacDonald, Roderick/Kong, Hoi: Patchwork Law Reform: Your Idea is good in Practice, but it won´t work in Theory, Osgoode Hall Law Journal, Volume 44, 2006, S. 11 ff.

Macdonald, Ronald/Humphrey, John: The Practice of Freedom: Canadian essays on human rights and fundamental freedoms, Toronto 1979

Macke, Peter: Die Dritte Gewalt als Beute der Exekutive, DRiZ 1999, S. 481 ff.

Manchester, A.H.: A Modern Legal History of England and Wales 1750- 1950, London 1980

Markesinis, Basil: The Gradual Convergence: Foreign Ideas, Foreign Influences, and English Law on the Eve of the 21st Century, Oxford 1994

Marsh, Norman: Law Reform in the United Kingdom: A New Institutional Approach, William and Mary Law Review, Volume 13, 1971, S. 263 ff.

Marshall, Julia Georgina: The Literature on royal commissions, select committees of Parliament and boards of Inquiry held in Australia 1856-1980, Bundoora 1990

Mason, Anthony: Law reform in Australia, Federal Law Review Volume 4, 1971, S. 197 ff.

Martin, Elizabeth/Law, Jonathan (Hrsg.): Oxford Dictionary of Law, 6. Auflage, Oxford 2006

May, Thomas Erskine: The Constitutional History of England, Band 2, Boston 1863

McLaughlin, Kate/Osborne, Stephen P./Ferlie, Ewan: New Public Management, London, New York 2002

McPherson, Bruce Harvey: The Supreme Court of Queensland: History, Jurisdiction and Procedure, Sydney 1989

Meder, Stephan: Missverstehen und Verstehen: Savignys Grundlegung der juristischen Hermeneutik, Tübingen 2004

Meder, Stephan: Rechtsgeschichte: Eine Einführung, 3. Auflage, Köln 2008

Meder, Stephan: Ius Non Scriptum- Traditionen privater Rechtsetzung, Tübingen 2009

Menzel, Jörg: Völkerrechtsprechung: Ausgewählte Entscheidungen zum Völkerrecht in Retrospektive, Tübingen 2004

Mertens, Bernd: Gesetzgebungskunst im Zeitalter der Kodifikationen: Theorie und Praxis der Gesetzgebungstechnik aus historisch vergleichender Sicht, Tübingen 2004

Meyer-Goßner, Lutz: Strafprozessordnung, 51. Auflage, München 2008

Mildren, Dean: Getting justice right, Papier präsentiert bei der Australasian Law Reform Agencies Conference, Darwin, 20.Juni 2002.

Montesquieu, Charles de Secondat: Œuvre des Montesquieu: De L´esprit des lois, Paris 1827

Moon, Jeremy: The Australian Public Sector and New Governance, Australian Journal of Public Administration, Volume 58, 1999, S. 112 ff.

Moon, Jeremy/ Sharman, Campbell: Australian Politics and government: The Commonwealth, the States, and the Territories, Cambridge New York 2003

Moore, W. Harrison: A Century of Victorian Law, Journal of Comparative Legislation and International Law, Volume 16 (3rd Series), 1934, S. 175 ff.

Morris, Edward Ellis: A Memoir of George Higinbotham: an Australian politician and Chief Justice of Victoria, London, New York 1895

Münz, Max: Friedrich Karl von Savigny: Sein Leben und Wirken, München 2010

Murphy, Gavin: The Rise, Decline, and Current Status of Canada´s Law Reform Agencies, Commonwealth Law Bulletin, Volume 30, 2004, S. 900 ff.

Murphy, Gavin: Law Reform Agencies, Department of Justice Canada, Ottawa 2004

Neave, Marcia: Law Reform in the 21st Century: Challenges for the Future; Rede vom 11. Oktober 2001, zu finden unter: http://www.lawreform.vic.gov.au/wps/wcm/connect/Law+Reform/Home/Newsroom/Speeches/LAWREFORM+-+Law+Reform+in+the+21st+Century+speech vom 17. Februar 2011

Neave, Marcia: Law Reform in the Age of Managerialism, Papier präsentiert bei der Australasian Law Reform Agencies Conference, Darwin, 20. Juni 2002; zu finden unter: http://www.lawreform.vic.gov.au/wps/wcm/connect/Law+Reform/Home/Newsroom/Speeches/LAWREFORM+-+Law+Reform+in+the+Age+of+Managerialism+speech vom 19. Februar 2011

New South Wales Law Reform Commission: Infancy in Relation to Property and Contracts, Report 6, Sydney 1969

New South Wales Law Reform Commission: First Report on Statute Law Revision, Report 10, Sydney 1971

New South Wales Law Reform Commission: 25th Anniversary Annual Report, Sydney 1991

New South Wales Law Reform Commission: Artificial Conception: In Vitro Fertilization, Report 58, Sydney 1998

Niessen, Karl-Heinz: Pädiatrie, Stuttgart 2001

North, Peter: The Law Commission- Methods and Stresses, Liverpool Law Review, Volume 3, 1981, S. 5 ff.

North, Peter: Law Reform, Processes and Problems, Law Quarterly Review, Volume 101, 1985, S. 338 ff.

North, Peter: Problems of Law Reform, New Zealand Law Review 2002, S. 393 ff.

O´Brien, Francis: The Victorian Chief Justice´s Law Reform Committee, Melbourne University Law Review, Volume 8, 1972, S. 440 ff.

O´Brien, John: The Employment Implications of „New Public Management". Changing public sector industrial relations in Australia: An Overview, The University of New South Wales, Working Paper Series 127, 1999, S. 1 ff.; zu finden unter: http://wwwdocs.fce.unsw.edu.au/orgmanagement/WorkingPapers/wp127.pdf vom 17. Februar 2011

Oerton, R.T.: The Law Commission: in Need of Support, New Law Journal, Volume 136, 1986, S. 1071 ff.

Oerton, R.T.: A Lament for the Law Commission- A View from the Inside, Chichester 1987

Özgenc, Kayhan/Sturm, Christian: „Das zahlt er aus der Portokasse", FOCUS, 10. August 1998

O'Faircheallaigh, Ciaran/Wanna, John/Weller, Patrick Moray: Public sector management in Australia: new challenges, new directions, South Yarra 2000

O´Reilly, Tim: Was ist Web 2.0?, vom 30. September 2005; zu finden unter: www.distinguish.de/index.php/web-20 vom 15.April 2011

Ogorek, Regina: Richterkönig oder Subsumtionsautomat? Zur Justiztheorie im 19. Jahrhundert, Frankfurt am Main 1986

Ogorek, Regina: Aufklärung über Justiz, Frankfurt am Main 2008

Okafo, Nonso: Reconstructing Law and Justice in a Postcolony, Farnham 2009

Okrent, Cathy J.: Torts and Personal Injury Law, 4. Auflage, Clifton Park, 2009

Olechowski, Thomas: Rechtsgeschichte: Einführung in die historischen Grundlagen des Rechts, Wien 2010

Opeskin, Brian: Engaging the Public - Community Participation in the Genetic Information Inquiry, Reform, Volume 80, 2002, S. 53 ff.

Opeskin, Brian: Law Reform in a Federal System, Melbourne University, Rede vom 4. April 2001, zu finden unter: http://www.docstoc.com/docs/40625033/Law-Reform-in-a-Federal-System vom 13. Februar 2011

Opeskin, Brian/Weisbrot, David (Hrsg.): The Promise of Law Reform, Sydney 2005

Parliament of Australia: House of Representatives Standing Committee on Legal and Constitutional Affairs, Law Reform-The Challenge Continues, Canberra, 1994; zu finden unter: http://www.alrc.gov.au/sites/default/files/pdfs/publications/1994Report.pdf vom 8. März 2011

Paren, Liz/Coxen, Caroline/Dohal, Cheryll: A Family of Nations, London 2003

Parry, Rupert Jones: The Commonwealth Yearbook 2010, London 2010

Patapan, Haig: Judging democracy: the new Politics of the High Court of Australia, Cambridge 2000

Paton, George Whitecross (Hrsg.): The Commonwealth of Australia: The Development of Laws and Constitution, London 1952

Perlman, Helen Harris: Looking back to see ahead, Chicago 1989

Petersson, Sandra: Law Reform Agencies- The Essential Elements, Papier präsentiert im Rahmen der Australasian Law Reform Agencies Conference: Access to Justice-Rhetoric or Reality, Wellington (Neuseeland), 16. April 2004, S. 13; zu finden unter: http://www.lawcom.govt.nz/sites/default/files/speeches/2004/04/Session%208B%20-%20Essential%20Requirements%20-%20Petersson.pdf vom 18. Februar 2011

Petrow, Stephan: Lost Cause? Law Reform in Tasmania 1941-1969, University of Tasmania Law Review, Volume 13, 1994, S. 369 ff.

Phillips, John Harber: ALRAC: The History, Reform Journal, Volume 76, 2000, S. 94 ff.

Pieroth, Bodo/Schlink, Bernhard: Grundrechte Staatsrecht II, 21. Auflage, Heidelberg 2005

Plucknett, Theodore Frank Thomas: A Concise History of the Common Law, 5. Auflage, Union, New Jersey 2001

Pollitt, Christopher/Bouckaert, Geert: Public Management Reform- A Comparative Analysis, 2. Auflage, Oxford 2004

Prantl, Heribert: Demo, Demos, Demokratie, Süddeutsche Zeitung vom 2. Oktober 2010.

Queensland Law Reform Commission, Annual Report 2002-2003, Brisbane 2003

Radbruch, Gustav: Gesetzliches Unrecht und übergesetzliches Recht, Süddeutsche Juristenzeitung 1946, S. 105 ff. . .

Radbruch, Gustav/Hassemer, Winfried: Rechtsphilosophie Band III, Gesamtausgabe, Heidelberg 1990

Radbruch, Gustav: Rechtsphilosophie, Gesamtausgabe Band II, herausgegeben von Arthur Kaufmann, Heidelberg 1993

Raiser, Peter: Zur Abgrenzung von Gewohnheitsrecht und Richterrecht im Zivil- und Handelsrecht, ZHR 1986, S. 117 ff

Raiser, Thomas: Grundlagen der Rechtssoziologie, Tübingen 2007

Rautenberg, Erardo Christoforo: Wegschließen für immer!?, NJW 2001, S. 2608 ff.

Redeker, Konrad: Legitimation und Grenzen richterlicher Rechtsetzung, NJW 1972, S. 409 ff.

Rees, Neil: The Birth and Rebirth of Law Reform Agencies (Papier präsentiert im Rahmen der Australasian Law Reform Agencies Conference 2008, Vanatu 10.-12. September 2008), S. 8; zu finden unter: http://www.lawreform.vic.gov.au/wps/wcm/connect/justlib/Law+Reform/resources/1/d/1de3d100450c2e39a123e3067e306f2f/ALRAC+Paper+_NeilRees.pdf vom 17. Februar 2011

Rehbinder, Manfred: Einführung in die Rechtswissenschaft, 8. Auflage, Berlin, New York 1995

Robertson, Bruce: Law Reform: What is our knitting? How do we stick to it ?; Papier präsentiert im Rahmen der Association of Law Reform Agencies of Eastern and Southern Africa, Cape Town, 15-17. März 2005, S. 16, zu finden unter: http://www.lawcom.govt.nz/sites/default/files/speeches/2005/03/ALREASA%20speech%20170205.pdf vom 12. März 2011

Robertson, David: A Dictionary of Human Rights, London 1997

Rösler, Hannes: Umgang mit dem Präjudizienrecht, zu Lundmark JuS 2000, S. 546 ff., JuS 2000 S. 1040

Rössner, Dieter: 30 Probleme aus dem Strafprozessrecht, 2. Auflage, Köln 2007

Rötzer, Florian: Auch US-Präsident vollzieht Wende in Atompolitik, Heise Online vom 18. März 2011, zu finden unter: http://www.heise.de/tp/r4/artikel/34/34376/1.html vom 19. März 2011

Rüthers, Bernd: Demokratischer Rechtsstaat oder oligarchischer Richterstaat?,

JZ 2002, S. 371.

Ryle, Gerard/Pryor, Lisa: Hot Topics Given Cold Shoulder, Sydney Morning Herald, 21. Juni 2005; zu finden unter: http://www.smh.com.au/news/national/hot-topics-given-cold-shoulder/2005/06/20/1119250928049.html vom 21. Februar 2011

Sackville, Ronald: The Role of Law Reform Agencies in Australia, Australian Law Journal, Volume 59, 1985, S. 151 ff.

Samek, Robert: A Case for Social Law Reform, Canadian Bar Review, Volume 55, 1977, S. 409 ff.

Samuels, Alec: The Law Commission: Do we really need it?, New Law Journal, Volume 136, 1986, S. 747 ff.

Savigny, Friedrich Carl von: System des heutigen Römischen Rechts, Band 1, Berlin 1840

Sawer, Geoffry: The Legal Theory of Law Reform, University of Toronto Law Journal, Volume 20, 1970, S. 183 ff.

Sayers, Michael: Catching the Ear of Government: Relations with Government-Before, During and After a Law Reform Project, Papier präsentiert im Rahmen der Australasian Law Reform Agencies Conference, Darwin, 20. Juni 2002

Sayers, Michael: Cooperation between Commonwealth Law Reform Agencies, Reform Journal, Volume 76, 2000, S. 96ff.

Scarman, Leslie: Law Reform- Lessons from English Experience, Manitoba Law Journal, Volume 3, 1967, S. 47 ff.

Scarman, Leslie: Law Reform: The New Pattern, London 1968

Scarman, Leslie: Law Reform- The Experience of the Law Commission, Journal of the Society of Public Teachers of Law, Volume 10, 1968, S. 96 ff.

Scarman, Leslie: The Work of the Law Commission for England and Wales, University of Western Ontario Law Review, Volume 8, 1968, S. 33 ff.

Scarman, Leslie: Inside the English Law Commission, American Bar Association Journal, Volume 57, 1971, S. 867 ff.

Scarman, Leslie: Law Reforms in a Democratic Society, New Delhi 1985

Schaab, Meinrad/Schwarzmeier, Hansmartin (Hrsg.): Handbuch der baden-württembergischen Geschichte, Band 1: Allgemeine Geschichte, Erster Teil, Von der Urzeit bis zum Ende der Staufer, Stuttgart 2001

Schlesinger, Rudolf B.: Comparative law: Cases, Text, Materials, 6. Auflage, New York 1998

Schmidt, Friedrich: Der Deutschen liebste Richter, Frankfurter Allgemeine Sonntagszeitung vom 27. Februar 2011

Schmoeckel, Mathias: Auf der Suche nach der verlorenen Ordnung: 2000 Jahre Recht in Europa: Ein Überblick, Köln 2005

Schneider, Hans-Peter: Gesetzgebung und Einzelfallgerechtigkeit, ZRP 1998, S. 323 ff.

Scott, Ernest: A Short History of Australia, Whitefish 2004

Scottish Law Commission: Annual Report 2003, Report 194, Edinburgh 2004

Scottish Law Commission: Annual Report 2009, Report 221, Edinburgh 2009

Scutt, Jocelynne: Law Reform in Australia, Legaldate, Volume 1, 1989, S. 1 ff.

Scutt, Jocelynne: Reforming the Law, Legaldate, Volume 2, 1990, S. 1 ff. *Selby, Hugh:* Tomorrow´s Laws, Leichhardt 1995

Shapiro, Barbara: Sir Francis Bacon and the Mid-Seventeenth Century Movement for Law Reform, The American Journal of Legal History, Volume 24, 1980, S. 331 ff.

Sharieff, Afzal/Khan, Masood Ali/Balakishan, A.: Encyclopedia of World Geography, Volume 23, Australia and Its Geography, New Delhi 2007

Sharp, Buchanan/Fissel, Mark Charles (Hrsg.): Law and authority in early modern England, Essays presented to Thomas Garden Barnes, University of Delaware Press 2007

Shatwell, Ken O.: Some reflections on the problems of law reform, Australian Law Journal Volume 31, 1957, S. 325 ff.

Shtein, Ben: Law reform - A booming industry, Australian Current Law Review, Volume 2, 1970, S. 18 ff.

Signori, Gabriela: Das 13. Jahrhundert: Eine Einführung in die Geschichte des spätmittelalterlichen Europas, Stuttgart 2007

Simon, Gerd: KulturSchlüssel Australien, Ismaning 2001

Simmonds, Ralph: Globalisation and Law Reform: A Preliminary View of Cooperation through Technology, Reform Journal, Volume 25, 2000, S. 25 ff.

Simpson, Gerry: Mabo, International Law, Terra Nullis and the Stories of Settlement: An Unresolved Jurisprudence, Melbourne University Law Review, Volume 19, 1993-1994, S. 195 ff.

Skene, Loane: Consultation: Asking Law Reform Questions and Listening to the Answers, Law Institute Journal, Volume 59, 1985, S. 453 ff.

Smeyers, Paul /Depaepe, Marc: Educational Research: why „what works“doesn´t work, Dordrecht 2006

Spigelman, J.J.: Quality in an Age of Measurement: The Limitations of Performance Indicators, Rede anläßlich der Sydney Leadership Alumni Lecture, Sydney 28. November 2001, zu finden unter:

http://www.lawlink.nsw.gov.au/lawlink/supreme_court/ll_sc.nsf/pages/SCO_speech_spigelman_281101 vom 19. März 2011

Spranger, Tade Matthias: Neueste Entwicklungen bei der Patentierung biotechnologischer Erfindungen in Australien, GRUR 2005, S. 469 ff.

Stacy, Helen: Indigenous rights discourse in Australia, Critical Criminology, Volume 6, 1995, S. 63 ff.

Report of the Standing Orders Committee (New Zealand): Review of Standing Orders Wellington 2003, zu finden unter: http://www.parliament.nz/NR/rdonlyres/F8DDE7EF-40C4-4E79-B02B-FAB5F99B0C55/14184/DBSCH_SCR_2639_2281.pdf vom 21. Februar 2011

Staudinger, Julius von (Hrsg.): Einführungsgesetz zum Bürgerlichen Gesetzbuche/IPR, Berlin 2003

Staudinger, Julius von (Hrsg.): Eckpfeiler des Zivilrechts, Berlin 2005

Steinmetz, Willibald: Begegnungen vor Gericht: eine Sozial- und Kulturgeschichte des englischen Arbeitsrechts (1850-1925), Oldenburg 2002

Stone, Julius: The Province and Function of Law, Law as Logic, Justice and Social Control: A Study in Jurisprudence, Sydney 1950

Stone, Julius: Social Dimensions of Law and Justice, Stanford 1966

Summers, Robert S.: Form and Function in a legal system: a general study, Cambridge 2006

Sutton, R.J.: The English Law Commission: A New Philosophy of Law Reform, Vanderbilt Law Review, Volume 20, 1966-1967, S. 1009 ff.

Sutton, Kenneth Coleridge Turve: The Pattern of Law Reform in Australia, University of Queensland Inaugural lectures, St. Lucia 1969

Tanner, George: The Legislative Process in the House of Representatives, Wellington 2006; zu finden unter: http://www2.justice.govt.nz/lac/pubs/2006/The%20Role%20of%20PC%20-%20July%202006%20%28LAC%20Seminar%29.pdf vom 17. März 2011

Tanford, J. Alexander: Law Reform by Courts, Legislatures, and Commissions Following Empirical Research on Jury Instructions, Law & Society Review, Volume 25, 1991, S. 155 ff.

Tiwisina, Daniel: Sachverständigenbeweis im deutschen und englischen Zivilprozess, Osnabrück 2005

Traufetter, Gerald: Geisel der eigenen Gene, Der SPIEGEL vom 20. Oktober 2003

Trojanow, Ilja/Zeh, Juli: Angriff auf die Freiheit, München 2009

Tschentscher, Axel: Demokratische Legitimation der Dritten Gewalt, Tübingen 2006

Turner, Ken/Hogan, Michael: Representing the public interest, The worldly art of politics, Annandale 2006

Ullrich, Claus- Michael: Der Gesetzgeber und seine heiße Nadel, ZRP 1998, S. 346

United Kingdom: House of Lords Debates, Band 258, London 1963-1964

Vogenauer, Stephan: Die Auslegung von Gesetzen in England und auf dem Kontinent: eine vergleichende Untersuchung der Rechtsprechung und ihrer historischen Grundlagen, Band 1 und Band 2, Tübingen 2001

Vollkommener, Max: Empfiehlt es sich, die Bekanntgabe der abweichenden Meinung des überstimmten Richters (dissenting opinion) in den deutschen Verfahrensordnungen zuzulassen?, Juristische Rundschau 1968, S. 241 ff.

von Münch, Ingo: Justiz – Reparaturbetrieb der Politik?, NJW 1996, S. 2073 ff.

Wade, E. C. S.: The Machinery Of Law Reform, The Modern Law Review, Volume 24, 1961, S. 3 ff.

Wagner-Döbler, Roland/Philipps, Lothar: Präjudizien in der Rechtsprechung: Statistische Untersuchungen anhand der Zitierpraxis deutscher Gerichte, Rechtstheorie 23, 1992, S. 228 ff.

Weeramantry, C. G./Anghie, Anthony/Sturgess, Garry (Hrsg.): Legal Visions of the 21st Century: Essays in Honour of Judge Christopher Weeramantry, The Hague London Boston 1998

Weigall, C.E.: Current Topics: Law Reform in New South Wales, The Australian Law Journal, Volume 15, 1941, S. 41.

Weisbrot, David: Australian Lawyers, Melbourne 1990

Weisbrot, David: What's the Value of a Full Time Standing Law Reform Commission? Papier präsentiert bei der Australasian Law Reform Agencies Conference, Darwin, 20. Juni 2002; zu finden unter: http://www.docstoc.com/docs/38101450/Australian-Law-Reform-Agencies-Conference-%28ALRAC%29 vom 12. Februar 2011

Weisbrot, David: The Historical Necessity of Law Reform, The Alex Castles Memorial Lecture in Australian Legal History, Adelaide, 24. August 2006, zu finden unter: http://www.alrc.gov.au/news-media/2006/alex-castles-memorial-lecture-2006-historical-necessity-law-reform vom 18. Februar 2011.

Weisbrot, David/Kalinoe, Lawrence: Opportunities for Regional Cooperation in Law Reform, Beitrag (PowerPoint Präsentation) im Rahmen der Australasian Law Reform Agencies Conference, Port Vila (Vanatu), 10.-12. September 2008, zu finden unter: http://www.paclii.org/other/conferences/ vom 15. Januar 2011.

Wende, Peter: Das britische Empire: Geschichte eines Weltreichs, München 2008

West, Barbara A. /Murphy, Frances T.: A Brief History of Australia, New York 2010

Wheeler, John: Essentials of the English Legal System, New York 2006

White, Ben: Consultation, Commissions and Context: A Comperative Study of the Law Commission and the Australian Law Reform Commission, Oxford 2005

Wilenski, Peter: Political problems of administrative responsibility and reform, Australian Journal of Public Administration, Volume 38, 1979, S. 347 ff.

Windscheid, Bernhard: Lehrbuch des Pandektenrechts Band 1, Düsseldorf 1862

Windscheid, Bernhard: Lehrbuch des Pandektenrechts Band 2, Düsseldorf 1865

Windscheid, Bernhard: Lehrbuch des Pandektenrechts Band 3, Düsseldorf 1870

Winfield, Percy Henry (Hrsg.): The Principles of International Law, 7. Auflage, London 1928

Woodman, Roy Allan: Record of the Third Commonwealth and Empire Law Conference, Sydney 1966

Woods, Greg D.: A History of Criminal Law in New South Wales: The Colonial Period 1788-1900, Sydney 2002

Zander, Michael: The Law-Making Process, Cambridge 2004

Zelling, Howard: Law Reform in South Australia: An Interview with Mr. Justice Zelling, Legal Services Bulletin, Volume 37, 1977, S. 178 ff.

Zollondz, Hans-Dieter: Grundlagen Qualitätsmanagement: Einführung in Begriffe, Geschichte, Systeme, Oldenburg 2006

Zweigert, Konrad/Kötz, Hein: Einführung in die Rechtsvergleichung auf dem Gebiete des Privatrechts, 3. Auflage, Tübingen 1996

Abkürzungsverzeichnis

Hinsichtlich der Abkürzungen wird, soweit diese nicht nachfolgend gesondert erläutert werden, verwiesen auf Kirchner, Abkürzungsverzeichnis der Rechtssprache, 6. Auflage, (2008).

a.a.O. – am angegebenen Ort
Abs. – Absatz
ACRAWSA – Australian Critical Race and Whiteness Studies Association
ACT – Australian Capital Territory
AHEC – Australian Health Ethics Committee
ALRAC – Australasian Law Reform Agencies Conference
ALRC – Australian Law Reform Commission
Art. – Artikel
Az. – Aktenzeichen
BB – Betriebs Berater
Bd. – Band
BGB – Bürgerliches Gesetzbuch
BGBl. – Bundesgesetzblatt
BGH – Bundesgerichtshof
BGHSt – Entscheidungen des Bundesgerichtshofs in Strafsachen
BGHZ – Entscheidungen des Bundesgerichtshofs in Zivilsachen
BNE – Bruttonationaleinkommen
BT – Drucksache – Bundestagsdrucksache
BVerfG – Bundesverfassungsgericht
BVerfGE – Entscheidungen des Bundesverfassungsgerichts
bzw. – beziehungsweise
ca. – zirka
CALRAs – Commonwealth Association of Law Reform Agencies
CDU – Christlich Demokratische Union Deutschlands
CLERP – Corporate Law Economic Reform Project
CLR – Commonwealth Law Reports
Cmnd – Command Paper
COAG – Council of Australian Governments
ders. – derselbe
DRiZ – Deutsche Richterzeitung
dt. – deutsch
EGBGB – Einführungsgesetz zum Bürgerlichen Gesetzbuch
Einl. – Einleitung
EuGH – Europäischer Gerichtshof

etc. – et cetera
ff. – folgende
Fn – Fußnote
HansOLG – Hanseatisches Oberlandesgericht
HGB – Handelsgesetzbuch
HREOC – Australian Human Rights and Equal Opportunity Commission
Hrsg. – Herausgeber
Gov. – Government
GRUR – Gewerblicher Rechtsschutz und Urheberrecht
LG – Landgericht
i.d.R. – in der Regel
IPR – Internationales Privatrecht
JA – Juristische Arbeitsblätter
JR – Juristische Rundschau
JuS – Juristische Schulung
JZ – JuristenZeitung
KritV – Kritische Vierteljahresschrift für Gesetzgebung und Rechtswissenschaft
MCLOC – Model Criminal Law Officers Committee
NJW – Neue Juristische Wochenschrift
NPM – New Public Management
No. – Number
NSW – New South Wales
NStZ – Neue Zeitschrift für Strafrecht
OLG – Oberlandesgericht
ÖPNV – Öffentlicher Personennahverkehr
OVG – Oberverwaltungsgericht
Qld. – Queensland
RGBl. – Reichsgesetzblatt
RROs – Regulatory Reform Orders
S. – Seite
StGB – Strafgesetzbuch
StPO – Strafprozessordnung
Tas. – Tasmania
u.a. – unter anderem
UK – United Kingdom
UN – United Nations
v. Chr. – vor Christus
Vic. – Victoria
Vgl. – vergleiche
Vol. – Volume

WA – Western Australia
z.B. – zum Beispiel
ZHR – Zeitschrift für das gesamte Handelsrecht und Wirschaftsrecht
ZIP – Zeitschrift für Wirtschaftsrecht
ZPO – Zivilprozessordnung
ZRP – Zeitschrift für Rechtspolitik

Australian Law Reform Commission[1]

Ein Modell für Deutschland?

„Reform, Reform: sind die Dinge nicht schon schlimm genug?“[2]

A. Einleitung und Gang der Darstellung

I. Einleitung

Überwiegend im Staatenverbund des Commonwealth[3] wurden unter den Bezeichnungen „Law Reform Commission“ oder „Law Reform Agency“ seit

---

1 Das Känguru und der Emu als mit die für Australien typischen Tiere präsentieren das australische Wappen (das „Commonwealth Coat of Arms“). Sie sollen eine sich vorwärts bewegende Nation symbolisieren, da beide Tiere nicht, oder zumindest sehr schlecht, rückwärts laufen können; siehe hierzu http://www.itsanhonour.gov.au/coat-arms/ vom 30. März 2011.

2 Im Original: „Reform, reform: are not things bad enough already?“ von *John Meier Astbury* (1860-1939). 1913 wurde er zum Richter der Chancery Division of the Surpreme Court of England and Wales ernannt. *Astbury* wurde bekannt durch seine Entscheidung vom 11.Mai 1926, in dem er den damals in England von den Bergarbeitern initiierten, stattfindenden Generalstreik für illegal erklärte, was maßgeblich zum Kollaps des Streiks zwei Tage später beitrug. Es versteht sich von selbst, dass *Astbury* das Gegenteil eines reformorientierten Juristen war; Zitat aus: Kahn, Restore the Jury? Or “Reform, Reform? Aren´t things bad enough already?“, South African Law Journal 108 (1991), S. 672. Für eine weitergehende Darstellung des Generalstreiks siehe Brüggemeier, Geschichte Großbritanniens im 20. Jahrhundert, S. 141 ff., München 2010.

3 Das Commonwealth of Nations ist eine freie Verbindung von souveränen Staaten, die sich aus dem früheren Britischen Empire entwickelte. Die Ursprünge des Commonwealth datieren auf das Jahr 1840, als im so genannten Durham Report die schrittweise einzuführende Selbstverwaltung bestimmter Kolonien initiiert wurde. Für eine umfassende Darstellung siehe u.a.: Jones-Parry, What is the Commonwealth in: The Commonwealth Yearbook 2010, (2010), S. 58 ff.; Larby/Hannam, The Commonwealth, (1993), S. XV; Paren/Coxen/Dohal, A Family of Nations, (2003). 1867 wurde Kanada

1965[4] dauerhaft Organisationen eingerichtet, deren Aufgabe die Reform[5] des Rechts ist. Ihre Arbeit beeinflusst den Umgang mit dem Recht in den betreffenden Staaten zum Teil erheblich. Nach konservativen Schätzungen bestehen derzeit über 60[6] solcher Einrichtungen und die Tendenz ist steigend.[7] Sie tragen damit Verantwortung für Millionen von Menschen und nehmen durch ihre Arbeit oft einen maßgeblichen Einfluss auf den Rechtsetzungsprozess der jeweiligen Regierungen.

II. Kurze Darstellung der Arbeit einer Law Reform Commission

Law Reform Commissions[8] sind unabhängige, staatliche Einrichtungen, die von den Parlamenten der jeweiligen Länder errichtet wurden, um die Effektivität des geltenden Rechts zu überprüfen - oder anders ausgedrückt: Sie sind der „Wachhund"[9] einer Regierung für die Reformierung des Rechts. Sie setzen sich aus Mitgliedern, den so genannten Commissioners, zusammen. Ein Law Commissioner muss entweder ein Richter, Professor für Recht oder ein qualifizierter Anwalt sein. Die Commissioners werden normalerweise für eine Amtsperiode von drei bis fünf Jahren hauptamtlich ernannt. In ihrer Arbeit werden sie von

---

als erste Kolonie in den Status einer „Dominion" erhoben, wodurch die politische Gleichstellung mit Britannien erreicht wurde. Gegenwärtig sind 54 Länder mit über 1.7 Milliarden Einwohnern Teil dieser Gemeinschaft - darunter unter anderem das Vereinigte Königreich, Australien, Indien, Kanada und Pakistan; siehe hierzu auch: http://www.thecommonwealth.org/Internal/191086/191247/the_commonwealth/ vom 4. November 2010).

4 Gründung der Law Reform Commission von England und Wales.

5 Siehe zu diesem Begriff Kapitel B. dieser Arbeit - „Was ist Law Reform?".

6 Sayers, Co-operation across Frontiers in: Opeskin/Weisbrot (Hrsg.), The Promise of Law Reform, (2005), S. 243.

7 Green, The Commonwealth Yearbook 2006, (2006), S. 89.

8 Die Begriffe „Commission" und „Agency" werden in dieser Arbeit synonym gebraucht. Zum Teil treten diese Einrichtungen auch unter den Bezeichnungen "Law Reform Committee", „Law Commission" und „Law Reform Institute" auf; siehe für diese Terminologie auch: Murphy, The Rise, Decline, and Current Status of Canada´s Law Reform Agencies, Commonwealth Law Bulletin, Volume 30, (2004), S. 900 und Commonwealth Secretariat, Law Reform Agencies: Their Role and Effectiveness, Papier veröffentlicht im Rahmen des Meeting of Commonwealth Law Ministers and Senior Officials, Accra (Ghana), 17.-20. Oktober 2005, S. 1; zu finden unter: http://www.calras.org/Other/secretariat_paper.pdf vom 12. Februar 2011.

9 Burrows, Some Reflections on Law Reform in England and Canada, 39 Canadian Business Law Journal, (2004), S. 321.

einem sich aus Juristen und sonstigem Verwaltungspersonal zusammengesetzten Mitarbeiterteam unterstützt. Law Reform Commissioners haben keine Befugnis das Recht unmittelbar selbst zu ändern.[10] Auch können sie eigenständig keine Gesetze im Parlament initiieren. Ihre Aufgabe ist es vielmehr, Anfragen, die ihnen von ihrem Justizminister übertragen werden, zu bearbeiten, um Bereiche des Rechts zu identifizieren, in denen Gesetze inkonsistent, unzeitgemäß, fehlerhaft, übermäßig komplex sind oder unzureichend verwaltet werden und herauszufinden, wie das Recht in diesen Bereichen verbessert werden kann. Dazu erarbeiten sie einen Reformvorschlag, der dem Justizminister übergeben wird. Dieser Vorschlag wird vom Justizminister im Parlament vorgelegt, das daraufhin, wenn es mit den Vorschlägen einverstanden ist, anhand der Reformvorschläge gesetzgeberisch tätig wird. Die Entscheidung, ob ein Vorschlag weiterverfolgt wird, liegt damit letztendlich bei der Regierung.

Die den Commissions übertragenen Projekte unterscheiden sich zum Teil erheblich nach Umfang und Inhalt der Fragestellung. Die Arbeitsweise der Commissions ist daher den besonderen Anforderungen des in Frage stehenden Projekts anzupassen. Gleichwohl gibt es Phasen, die von jedem Projekt durchlaufen werden. Diese stellen sich verkürzt wie folgt dar: In einer ersten Phase wird von einer Arbeitsgruppe innerhalb der Commission eingehende Forschungsarbeit hinsichtlich des zu überprüfenden Rechtsbereichs geleistet. Zweck dieser Recherche ist die Ermittlung des genauen Inhalts bestehender Bestimmungen sowie die Identifizierung eventueller Mängel. Hierbei wird oft ein Rechtsvergleich zu anderen Rechtssystemen vorgenommen. Zudem können die Commissions externe Berater beauftragen, die sie bei der fachlichen Ausarbeitung unterstützen.

In der sich anschließenden zweiten Phase veröffentlichen die Commissions einen Diskussionsschriftsatz mit einer Beschreibung des bestehenden, überprüften Rechts und den darin identifizierten Unzulänglichkeiten. Dieser Schriftsatz enthält für gewöhnlich bereits vorläufige Vorschläge zur Mängelbehebung. Exemplare des Diskussionsschriftsatzes werden an verschiedene Einrichtungen und Organisationen, die auf dem fraglichen Gebiet aktiv sind, verteilt und stehen, beispielweise durch die Veröffentlichung auf den Homepages der Commissions,

10 Teilweise gibt es Unterschiede hinsichtlich der Arbeitsweisen innerhalb der verschiedenen Law Reform Commissions. Die hier gegebene Darstellung der Arbeit Commission soll damit lediglich eine kurze Beschreibung darstellen und erhebt keinen Anspruch auf Vollständigkeit. Für einen Überblick siehe auch: Commonwealth Secretariat, Law Reform Agencies: Their Role and Effectiveness, a.a.O. Für eine umfassende Beschreibung der Tätigkeit der Commissions wird auf Kapitel F. und G. dieser Arbeit verwiesen.

auch der Öffentlichkeit zur Verfügung. Die Befragten werden um ihre Meinung zu den vorläufigen Vorschlägen und den bisher erarbeiteten Ergebnissen gebeten. Während dieser Beratungsphase kann eine Commission auch Konferenzen, Seminare oder öffentliche Anhörungen zur Besprechung von bei der Projektarbeit auftretenden Themen organisieren oder Meinungsumfragen durch Erforschung der öffentlichen Meinung erheben. Die auf den Diskussionsschriftsatz erfolgten Reaktionen bilden die Grundlage für die Erstellung der endgültigen Reformvorschläge. Der Beratungsprozess stellt einen elementaren Bestandteil eines jeden Rechtsreformprojekts dar, denn häufig werden die vorläufigen Vorschläge angesichts der von den Befragten und Fachberatern geäußerten Meinungen erheblich modifiziert. Die endgültigen Empfehlungen werden dann im Rahmen eines Berichts, dem Final Report, der Regierung vorgelegt. Auf Basis dieser Empfehlungen können die Regierungen dann informierte Entscheidungen treffen, ob eine Reform in diesen Bereichen nötig oder umsetzbar ist.

Law Reform Commissions sind keine akademischen Gesprächskreise.[11] Die Reports der Commissions weisen eine hohe Umsetzungsrate durch die Parlamente auf. Law Reform Commissions befassen sich oftmals mit rechtlichen Fragestellungen, die weite Teile der Gesellschaft beeinflussen. Durch die umfassenden Ausarbeitungen bilden ihre Veröffentlichungen oft ein wesentliches Dokument für die Wissenschaft in dem entsprechenden Thema, so dass sie, unabhängig von der tatsächlichen Nutzung durch das Parlament, jedenfalls für die wissenschaftliche Diskussion von großem Nutzen sind.[12]

1. Projekte der Law Reform Commissions

Die Überprüfung bestimmter Gebiete des Rechts kann mittlerweile als das „Kerngeschäft" einer Law Reform Commission bezeichnet werden. Umfasst werden nahezu alle Bereiche des materiellen und des prozessualen Rechts.[13] Festzustellen ist, dass Law Reform Commissions sich oftmals mit Themen aus-

---

11 Von *Kirby* umschrieben als „academic talk-shop", Kirby, Reform the Law: Essays on the renewal of the Australian Legal System, (1983), S. 55.

12 Für eine Einführung in die Arbeitsschritte: Marsh, Law Reform in the United Kingdom: A New Institutional Approach, 13 William and Mary Law Review, (1971), S. 263 ff.

13 Mit Ausnahme des Steuerrechts, da dieses einen Bereich darstellt, der eher von ökonomischen denn von sozialen Erwägungen dominiert wird. Allgemeine rechtliche Erwägungen sind in diesem Bereich daher nicht von primären Interesse; siehe hierzu: Hurlburt, Law Reform Commissions in the United Kingdom, Australia and Canada, (1986), S. 470.

einandersetzen, die große Teile der Gesellschaft betreffen. Dies trifft insbesondere auf das Strafrecht zu, ein Bereich, der in jedem Land für das Zusammenleben in einer Gemeinschaft von zentraler Bedeutung ist. Law Reform Commissions sind ferner oft vertraut mit der Überprüfung des Rechts, wo dieses den Lebensweg eines Menschen begleitet - Fragestellungen also im Zusammenhang mit der Geburt, der Ehe, Kindern und letztlich auch dem Tod.[14]

2. Beispiele

Als Beispiele für Themenbereiche von Reports von Law Reform Commissions seien genannt:

- Häusliche Gewalt; Geldwäsche (Südafrika);
- Die Harmonisierung des Rechts mit Nachbarstaaten (Kenia);
- Einrichtung eines Familiengerichts (Mauritius);
- Anti-Terrorismusgesetzgebung (Indien und Pakistan);
- Strafgewalt (Australien, Uganda, Nigeria, Südafrika, New South Wales und Tasmanien);
- Bestechung und Korruption (Fidschi).[15]

---

14 Commonwealth Secretariat, Law Reform Agencies: Their Role and Effectiveness, Papier veröffentlicht im Rahmen des Meeting of Commonwealth Law Ministers and Senior Officials, Accra (Ghana), 17.-20. Oktober 2005, S. 2; zu finden unter: http://www.calras.org/Other/secretariat_paper.pdf vom 12. Februar 2011.

15 Commonwealth Secretariat, a.a.O.

III. Überblick über Law Reform Commissions weltweit

Der Grundtypus einer Law Reform Commission erfasst ein Land oder einen Staat, ist im Wesentlichen unabhängig und hat die Befugnis, eine weite Auswahl von Rechtsgebieten zu überprüfen. Gleichwohl gibt es aber auch erhebliche Unterschiede zwischen den verschiedenen Law Reform Commissions:

1. Unterschiede zwischen Law Reform Commissions

• Zum ersten unterscheiden sich bereits die jeweiligen Länder gravierend. Manche erfassen Länder mit Bevölkerungen von über 100 Millionen Menschen[16], andere nur Länder mit einer Bevölkerungszahl von unter einer Million.[17] Ferner sind die zum Teil immensen Unterschiede der jeweiligen Bruttosozialprodukte,[18] aber auch in der wirtschaftlichen Aufstellung der Länder zu nennen. Manche von ihnen sind extrem industrialisiert, andere sind eher landwirtschaftlich geprägt.

---

16 Wie beispielweise Indien, in dem über eine Milliarde Menschen leben; siehe hierzu: http://india.gov.in/knowindia/population.php vom 6. März 2011; ebenso wie Indonesien, welches ca. 240 Millionen offiziell gezählte Einwohner hat; siehe dazu: http://www.bps.go.id/65tahun/SP2010_agregat_data_perProvinsi.pdf vom 6. März 2011; oder auch Pakistan, in dem die Bevölkerungsanzahl sich auf ca. 145 Millionen Menschen beläuft; siehe: http://www.pap.org.pk/statistics/population.htm vom 6. März 2011; und schließlich Bangladesch, das ca. 133 offiziell gezählte Millionen Einwohner hat, http://www.discoverybangladesh.com/meetbangladesh/statistic.html, ebenfalls vom 6. März 2011.

17 Wie die Britischen Jungferninseln, die ca. nur 25.000 Einwohner haben; siehe hierzu: https://www.cia.gov/library/publications/the-world-factbook/geos/vi.html vom 6. März 2011; ebenso wie das Inselreich Fidschi, in dem ca. 847.000 Menschen leben; siehe: http://www.state.gov/r/pa/ei/bgn/1834.htm vom 6. März 2006; und letztlich Australiens Nördliches Territorium, in dem nach offizieller Zählung nur ca. 210.000 Menschen leben; siehe: http://www.about-australia.com/facts/northern-territory/demographics/ vom 6. März 2011.

18 So betrug das BNE pro Einwohner und Jahr für England 41.520.320 $ im Jahr 2010, während das eines Bewohners aus Malawi nur 280 $ betrug; für England siehe hierzu: http://www.destatis.de/jetspeed/portal/cms/Sites/destatis/Internet/DE/Content/Statistiken/Internationales/InternationaleStatistik/Land/Europa/VerKoenigreich,templateId=renderPrint.psml; für die statistischen Zahlen aus Malawi siehe die Seite: http://www.destatis.de/jetspeed/portal/cms/Sites/destatis/Internet/DE/Content/Statistiken/Internationales/InternationaleStatistik/Land/Afrika/Malawi,templateId=renderPrint.psml; beide Seiten vom 6. März 2011.

• Des Weiteren variieren die unterschiedlichen Law Reform Commissions in ihrer Größe und ihrer Kapazität. Während einige nur einen einzigen Teilzeit-Commissioner beschäftigen (wie Mauritius),[19] haben andere mehrere in Vollzeit Beschäftigte; gleiches gilt für die Personalausstattung.

• Unterschiede gibt es auch hinsichtlich der Unabhängigkeit der jeweiligen Law Reform Commissions. Zwar ist die Unabhängigkeit als solche die Regel, doch kann diese sich in der Praxis tatsächlichen Beschränkungen unterworfen zeigen, wie zum Beispiel hinsichtlich der finanziellen oder räumlichen Ausstattung.

• Ferner sind manche Law Reform Commissions lediglich als Gemeinschafts-unternehmen in Kooperation mit einer akademischen Institution wie in Alberta[20] (Kanada) oder in Tasmanien[21] ausgestaltet.

• Der Zuständigkeitsbereich einer Law Reform Commission besteht typischerweise darin, das geltende Recht voran zu bringen, aber diese Aufgabe kann in einem engen oder weiten Sinn verstanden werden. So haben manche Law Reform Commissions noch weitere Verantwortungsbereiche, die nicht unmittelbar mit gesetzesreformierenden Aufgaben im Zusammenhang stehen.[22]

Als Weitere Unterschiede sind zu nennen:

• Vielgestaltige Hintergründe des Rechts - nicht alle Länder können auf eine vom Common Law geprägte Rechtshistorie zurückblicken;

• Obwohl sich die große Mehrzahl der Law Reform Commissions in Commonwealth Ländern befindet, gibt es eine signifikante Minderheit von Commissions

---

19 http://www.gov.mu/portal/site/lrc/menuitem.d66262b1c6f9c26fe9b6e70ea0208a0c/ vom 6. März 2011.

20 Siehe hierzu: http://www.ualbertacentennial.ca/organization/affiliated/law_reform.html vom 6. März 2011.

21 http://www.law.utas.edu.au/reform/history.htm vom 15. Februar 2011.

22 Genannt seien hier Indien, in der auch die gerichtliche Verwaltung durch die Law Reform Commission überprüft wird; Indonesien, wo von der Law Reform Commission Vorschläge hinsichtlich der praktischen Ausbildung der Judikative gemacht werden oder abermals Indien, wo die Law Reform Commission Maßnahmen hinsichtlich der Rechtsanwendung nutzbar machen kann, um den ärmeren Bevölkerungsteilen zu helfen (für alles: Sayers, Co-operation across Frontiers in: Opeskin/Weisbrot (Hrsg.), The Promise of Law Reform, (2005), S. 244).

außerhalb des Commonwealth Staatenverbundes, wie in Hong Kong,[23] Irland,[24] und in einigen Staaten der USA;[25]

• Während die Mehrheit der Law Reform Commissions für ein ganzes Land zuständig sind, gibt es einige Commissions, die nur einen einzigen Staat, ein Territorium oder eine Provinz innerhalb einer Föderation erfassen wie in Australien, Kanada oder Nigeria - mit anderen Law Reform Commissions, die dann ihrerseits den Rest abdecken;

• Viele der Law Reform Commissions wurden vor über 20, 30 oder gar mehr Jahren gegründet;[26] demgegenüber gibt es auch einige, die erst vor kurzem eingerichtet wurden oder noch aufgebaut werden. [27]

• Diese Entwicklung war teilweise unterbrochen oder stagnierte. Manche Law Reform Commissions wurden abgeschafft und einige wurden wieder gegründet: So wurde die kanadische Law Reform Commission 1992 abgeschafft,[28] ebenso wie eine Commission, die für kanadische Provinzen zuständig war (British Co-

---

23 http://www.hkreform.gov.hk/en/index/index.htm vom 6. Februar 2011.

24 Irland hat den Commonwealth Staatenverbund im Jahre 1948 verlassen, siehe hierzu: http://www.reform.org/TheReformMovement_files/article_files/articles/leavcw.htm vom 6. März 2011.

25 Uniform Law Commission: http://www.nccusl.org/Update/; California Law Revision Commission: http://www.clrc.ca.gov/; Connecticut Law Revision Commission: http://www.cga.ct.gov/lrc/; Law Revision Commission: http://cnmilaw.org/; Michigan Law Revision Commission: http://council.legislature.mi.gov/mlrc.html; New Jersey Law Revision Commission: http://www.lawrev.state.nj.us/; New York State Law Revision Commission: http://www.lawrevision.state.ny.us/; Oregon Law Commission: http://www.willamette.edu/wucl/olc/; alle vom 6. Februar 2011.

26 Gründung der ALRC im Jahre 1975, Gründung in Sri Lanka im Jahre 1969; siehe: http://www.justiceministry.gov.lk/LAW%20COMMISSION/LAW%20COMMISSION%20OF%20SRI%20LANLKA.htm vom 6. März 2011; Gründung der Law Commission of England and Wales im Jahre 1965; siehe: http://www.lawcom.gov.uk/ vom 6. März 2011; die Gründung in der Law Commission of India erfolgte im Jahre 1955; siehe: http://www.lawcommissionofindia.nic.in/main.htm#EARLY_BEGINNINGS vom 6. März 2011).

27 Indonesien, Malawi, Ruanda, Thailand; Sayers, Co-operation across Frontiers, in: Opeskin/Weisbrot (Hrsg.), The Promise of Law Reform, (2005), S. 245.

28 1997 wurde sie wieder errichtet, jedoch erneut im Jahr 2006 abgeschafft; siehe hierzu: http://www.lawreform.vic.gov.au/wps/wcm/connect/justlib/Law+Reform/Home/About+Us/History/ vom 15. Februar 2011.

lumbia[29]). In zwei australischen Staaten erfolgte auf die Abschaffung eine Neugründung (Tasmanien[30] und Victoria[31]).

2. Etablierung versus Sparzwänge der öffentlichen Hand

Neben dem reinen zahlenmäßigen Wachstum scheint es, mit wenigen Ausnahmen, im Staatenverbund des Commonwealth und anderen vom angelsächsischen Recht geprägten Ländern, Zufriedenheit mit der Idee von unabhängiger Law Reform zu geben. Viele Law Reform Commissions arbeiten bis an die Grenze des ihnen möglichen, und teilweise sogar darüber hinaus. Viele von ihnen haben oft hochkomplexe Anfragen übertragen bekommen, die sie auf Jahre beschäftigen. Oft gibt es Unterstützung aus allen politischen Lagern für die Arbeit der Commissions. Zahlreiche Jurisdiktionen planen die Errichtung neuer Law Reform Commissions bzw. haben sie erst vor kurzem gegründet, wie beispielsweise Nordirland[32] oder South Australia.[33] Gleichwohl kann nicht außer Betracht bleiben, dass es Teile des Commonwealth gibt, in denen es kaum oder keine unabhängigen Law Reform Commissions gibt.[34]

Zudem bleiben auch Law Reform Commissions von Sparmaßnahmen der öffentlichen Haushalte nicht verschont. Oft werden sie als Luxus wahrgenommen, den sich eine Regierung in Zeiten von knappen Haushalten nicht leisten könne.[35]Die Folge ist, dass ihre Existenz wiederholt in Frage gestellt wird.[36]

---

29 Einstellung im Jahr 1997; siehe hierzu: http://www.bcli.org/bclrg/bc-law-reform-commission vom 15. Februar 2011. Neugründung als British Columbia Law Reform Group; siehe hierzu: http://www.bcli.org/bclrg vom 15. Februar 2011.

30 Beendigung der Arbeit im Jahr 1997, 2001 Neugründung als Tasmania Law Reform Institute; siehe hierzu: http://www.law.utas.edu.au/reform/history.htm vom 15. Februar 2011.

31 Abgeschafft im Jahr 1992, Neugründung 2000; siehe hierzu: http://www.lawreform.vic.gov.au/wps/wcm/connect/justlib/Law+Reform/Home/About+Us/History/Victoria/ vom 15. Februar 2011.

32 Gründung 2007; siehe hierzu: http://www.nilawcommission.gov.uk/about-us.htm vom 15. Februar 2011.

33 South Australia ist derzeit noch der einzige australische Staat ohne Law Reform Commission; siehe hierzu: http://www.law.adelaide.edu.au/library/research/government/ vom 15. Februar 2011.

34 Etwa die Hälfte aller Länder im Staatenverbund des Commonwealth haben eine Law Reform Commission; Green, The Commonwealth Yearbook 2006, (2006), S. 89.

35 MacDonald, Law Reform and its Agencies, 7 Otago Law Review, (1991), S. 100.

IV. Gang der Darstellung

Law Reform Commissions sind ein in Deutschland weitgehend unbekanntes Institut.[37] Zwar gelingt es manchem Ergebnis eines Final Reports einer Commission, die Aufmerksamkeit der deutschen Rechtswissenschaft zu erlangen,[38] doch insgesamt kann man wohl davon ausgehen, dass der heimische[39] Jurist auf die Frage „Was ist eine Law Reform Commission?" keine Antwort weiß. Dies ist bedauerlich, da ihre Arbeit einen wesentlichen Beitrag zu der Zerschlagung eines der gordischen Knoten des Rechts leisten kann, nämlich das Recht einerseits stabil zu halten, und es anderseits nicht in Starre verfallen zu lassen.[40]

---

36 Weisbrot, The Future for Institutional Law Reform, in: Opeskin/Weisbrot (Hrsg.), The Promise of Law Reform, (2005), S. 23.

37 Trefferanzahl bei der Suchmaschine „Google" mit der Einstellung „Seiten auf Deutsch": 1.210 (wobei die meisten Seiten hier auf die Möglichkeiten eines Auslandseinsatzes für Rechtsreferendare verweisen oder Bestandslisten von Bibliotheken sind); http://www.google.de/search?q=%22law+reform+Commission%22&hl=de&client=firefox-a&hs=MHX&rls=org.mozilla:de:official&prmd=ivns&source=lnt&tbs=lr:lang_1de&lr=lang_de&sa=X&ei=-AxPTYjxKMjrsgbxlMmQDQ&ved=0CAcQpwUoAQ vom 6. Februar 2011; Trefferanzahl bei der Datenbank Juris: 21 unter dem Stichwort „Law Reform Commission"; Trefferanzahl bei der Datenbank Beck-Online: 12; beide Recherchen durchgeführt am 6. April 2011.

38 Beispiele hierfür: Kötz, Einführung in die Rechtsvergleichung auf dem Gebiete des Privatrechts, (1996), S. 208; Lenhard, Die Vorschläge zur Reform des englischen Mobiliarkreditsicherungsrechts: Ein Wegweiser für eine europäische Harmonisierung?, (2010), S. 145; Hofmann, Verfassungsrechtliche Entwicklungen in Australien (1969-1989) in: Häberle (Hrsg.), Jahrbuch des öffentlichen Rechts der Gegenwart, (1990), S. 639 ff.; Kocher, Funktionen der Rechtsprechung: Konfliktlösungen im deutschen und englischen Verbraucherprozessrecht, (2007), S. 151 oder die Besprechung anlässlich des Projektes „Genes and Ingenuity: Gene Patenting and Human Health" (ALRC, Report 99, (2004), zu finden unter: http://www.alrc.gov.au/publications/report-99 vom 6.März 2011) in der deutschen Fachpresse (Spranger, Neueste Entwicklungen bei der Patentierung biotechnologischer Erfindungen in Australien, GRUR 2005, S. 469); Staudinger/Sturm/Sturm, Einl. 1 zum IPR, (2003), Rn 570.

39 Obwohl dies nicht nur unbedingt den deutschen Juristen betrifft; siehe hierzu den Ausspruch der Law Commission of England and Wales: „Vielleicht sollten wir mehr tun um den Menschen zu zeigen, dass wir existieren" („Perhaps we ought to do more to tell people we exist" nicht unerwähnt bleiben soll; zitiert aus: Atkinson, Session 2: Law Reform and Communications, S. 4, Law Reform: Challenges and Opportunities Today, Law Reform Agencies Day: Sunday 11 September 2005, London; zu finden unter: http://www.qlrc.qld.gov.au/events/communitySpeech.pdf vom 10. Februar 2011.

40 Murphy, Law Reform Agencies, (2004), S. 1.

Diese Arbeit verfolgt das Ziel, die Arbeit der Law Reform Commissions vorzustellen und die Frage zu beantworten, wie der Begriff der „Law Reform“ zu definieren ist. Ein besonderer Schwerpunkt wird hierbei auf die Australian Law Reform Commission[41] gelegt, da diese insbesondere durch ihre intensive Öffentlichkeitsbeteiligung ein herausragendes und international anerkanntes Beispiel für eine erfolgreich arbeitende Law Reform Commission darstellt. Anhand einer Übersicht über die historische Entwicklung in England und Wales und später Australien soll der Weg aufgezeigt werden, der zur Gründung dieser Einrichtungen führte. Hierbei werden die wesentlichen Grundlagen der Rechtssysteme in diesen Staaten vorgestellt und der Begriff des Common Law näher erläutert. Anhand einer Abgrenzung zu ähnlichen Einrichtungen werden die wesentlichen Elemente einer Law Reform Commission aufgezeigt. Ausführlich wird sich hierbei dem Beratungsprozess der Commissions und der damit verbundenen Öffentlichkeitsarbeit gewidmet. Besonderes Gewicht wird des Weiteren der Problematik beigemessen, wie oder auch ob eine staatliche Institution Unabhängigkeit gegenüber der jeweiligen Regierung bewahren kann. Anhand eines abstrakten Auftrags soll die Arbeitsweise einer Law Reform Commission am Beispiel der Australian Law Reform Commission in ihren einzelnen Abläufen geschildert werden. Anschließend wird ein Vergleich des Common Law zum deutschen Recht vorgenommen und der Frage nachgegangen, warum diese Organisationen bislang überwiegend nur in Staaten des Commonwealth respektive im angelsächsischen Rechtsraum existieren. Es wird dargestellt, durch welche Institutionen die Reformierung des Rechts bislang in Deutschland erfolgt. Hierbei wird sich kritisch mit den zu beobachtenden aktuellen Entwicklungen auseinandergesetzt. Anhand der Bedeutung der Entscheidungen der obersten deutschen Gerichte für die Rechtswissenschaft und die Gesellschaft wird die Frage aufgeworfen, ob die Gründung einer solchen Institution in Deutschland empfehlenswert wäre. Die Arbeit schließt mit einem Vorschlag und einem Fazit.

41 Im Folgenden: ALRC.

B. Was ist Law Reform?

I. Einleitung

Eine wesentliche Frage, die zu Beginn dieser Arbeit beantwortet werden soll, ist: Was ist „Law Reform“?[42]

Es ist wohl kaum überraschend, dass es genauso viele Konzepte von Law Reform gibt wie Konzepte von Recht oder Reform.[43] Allgemein gesagt kann davon ausgegangen werden, dass die Reformierung des Rechts an sich nichts Neues darstellt.[44] Man kann wahrscheinlich sogar so weit gehen und sagen, dass Rechtsreform so alt wie das Recht selbst ist, da jedes Rechtsystem gezwungen ist, sich den gesellschaftlichen Entwicklungen anzupassen.[45] Die Gesetze eines jeden Staates beinhalten damit den inneren Konflikt, dass sie Rechtssicherheit und Beständigkeit bieten müssen, andererseits aber auch nicht im Stillstand ver-

---

42 Der Begriff "Law Reform" wird in dieser Arbeit in der englischen Form anstelle der deutschen Übersetzung „Reform des Rechts“ oder „Rechtsreform“ gewählt.

43 MacDonald/Kong, Patchwork Law Reform: Your Idea is good in Practice, but it won´t work in Theory, 44 Osgoode Hall Law Journal, (2006), S. 12. Die Mitarbeiterin der Law Society Northern Territory, Ceresa, geht sogar so weit, aufgrund der Vielzahl der verwirrenden Definitionen nach einem Revolver zu verlangen, wenn sie das Wort "Reform" nur hört; Ceresa, Who drives Law Reform- The Courts, the Parliament or the Media, Papier präsentiert bei der Australasian Law Reform Agencies Conference, Darwin, 20.Juni 2002.

44 Sawer, The Legal Theory of Law Reform, 20 The University of Toronto Law Journal, (1970), S.183; siehe hierzu auch *Jungwirth*, der in einem nicht ganz ernst gemeinten Beispiel *Moses* als ersten Law Reformer bezeichnet. *Moses* hätte damals schon, als er vom Berg Sinai mit den Tafeln der zehn Gebote in der Hand herabstieg, wie viele Law Reformer heutzutage gute und schlechte Neuigkeiten verkündet: "Die gute Neuigkeit ist, dass ich ihn auf 10 herunterhandeln konnte. Die schlechte ist, dass Ehebruch bleibt“ („The good new is that I got him down to 10. The bad news is that adultery stays"); Jungwirth, Snapshots of Hope: The making of modern Labor; a decade of Landmark; speeches to the Fabians. (1997), S. 11

45 Zander, The Law-Making Process, (2004), S. 459. Die Gesetze der Meder und der Perser können wohl als Ausnahme bezeichnet werden, doch auch sie haben die Zeiten nicht überlebt („Das ist wahr, und das Gesetz der Meder und Perser kann niemand aufheben“; Die Bibel, Buch Daniel 6.13).

harren dürfen.[46] Rechtsreform stellt somit ein elementares Bedürfnis einer jeden Gesellschaft dar.

II. Problematik einer Definition

Weitaus schwerer wird es jedoch, wenn man versucht eine einzige, allgemeingültige Definition für den Begriff der „Law Reform" zu finden. Ein Grund hierfür ist, dass diese sich bei einer weiten, umfassenden Auslegung schon auf jeden nützlichen oder vorgeschlagenen Wandel des Rechts beziehen kann,[47] während in einer engen Auslegung wiederum nur der Prozess als solcher beschrieben wird, durch den ein derartiger Wandel erreicht oder zumindest versucht wird.[48] Die Diskussion wird dadurch erschwert, dass verschiedene Autoren zum Teil höchst unterschiedliche Auffassungen über den Begriff der Law Reform haben. Während der Begriff der „Reform" für das Recht bekannt ist und ein bedeutendes Konzept darstellt, ist der Begriff der „Law Reform" als solcher ambigue, manche Definitionen schließen sich sogar gegenseitig aus.[49] Die unterschiedlichen Deutungen verursachen nicht nur semantische Schwierigkeiten, sondern zum Teil auch erhebliche Missverständnisse.[50] Beispielweise forderte *Devlin*[51] im Jahr 1966, dass jeder, der Vorschläge mache, die Law Reform Legislation zu beschleunigen, definieren müsse, was mit „Law Reform" gemeint sei:

„Jeder Wandel im Recht reformiert das Recht, aber wir beabsichtigen dieser Äußerung eine engere Bedeutung zu geben. Auch wenn es ausschließlich eine Kriminalstrafe betrifft, würde sich niemand auf die Abschaffung der Todesstrafe

---

46 Siehe hierzu auch *Pound*: „Das Rechts muss beständig sein und darf doch nicht im Stillstand verharren" („Law must be stable and yet it cannot stand still"); zitiert aus; Bant/Harding, Exploring Private Law, (2010), S. 96; siehe hierzu auch die Einleitung dieser Arbeit unter A. IV.

47 In diesem Zusammenhang werden sowohl geringe Veränderungen durch satzungsmäßige Revisionen oder Konsolidierungen bis hin zu umfangreichen Transformationen von gesamten Rechtsgebieten erfasst; Tilbury, A History of Law Reform in Australia, in: Opeskin/Weisbrot (Hrsg.), The Promise of Law Reform, (2005), S. 3.

48 Tilbury, a.a.O.

49 Hurlburt, Law Reform Commissions in the United Kingdom, Australia and Canada (1986), S. 3.

50 Hurlburt, a.a.O.

51 *Patrick Arthur Devlin*, *Baron Devlin* (1905-1992): Britischer Jurist, der als Kritiker des britischen Rechtssystems bekannt wurde; siehe hierzu den Nachruf in der New York Times vom 11. August 1992, http://www.nytimes.com/1992/08/11/world/lord-devlin-86-a-british-judge-who-became-critic-of-the-system.html vom 2. Februar 2011.

als Law Reform beziehen. Als weites Unterscheidungsmerkmal könnte man sagen, dass wenn das Recht geändert wird, um ein anderes soziales oder politisches Ziel zu erreichen, keine Law Reform vorliegt; aber wenn die sozialen und politischen Ziele akzeptiert werden und festgestellt wird, dass das Recht mangelhaft ist, um diese auszuführen, dann sind die Änderungen notwendigerweise korrekt definiert als Law Reform."[52]

Mit diesen Worten definierte *Devlin* zwei Arten des Wandels. Einer davon ist Law Reform. Der andere nicht. In seinem nächsten Text hingegen definierte er beide als Law Reform:

„Das Erstere wird manchmal als soziale oder politische Law Reform bezeichnet, und das Letztere als „Juristen Law Reform". Es ist extrem schwer, eine Linie zu ziehen. Man könnte annehmen, zum Beispiel, dass Änderungen in der Prozessordnung „Juristen Law Reform" sind. Aber wenn man dann eine prozessuale Änderung berücksichtigt, wie es im Vorschlag enthalten ist, dass der Urteilsspruch einer Jury wirksam sein kann, ohne einstimmig zu sein, wird niemand mehr denken, dass dies eine Frage ist, die allein von Juristen entschieden werden sollte."[53]

Weitere Beispiele resultieren aus einer Debatte über die Probleme von Law Reform, die im Jahr 1964 im britischen House of Lords erfolgte. *Colville*[54] schlug

52 „Any change in the law reforms the law but we intend the expression to have a narrower meaning than that. Although it deals exclusively with a legal penalty, no one would refer to the abolition of capital punishment as law reform. As a broad distinction one may say that when the law is changed in order to reach out for a different social or political objective, it is not law reform; but when the social and political objectives are agreed and it is found that the law is defective in carrying them out, the changes necessary are properly described as law reform"; zitiert aus: Hurlburt, Law Reform Commissions in the United Kingdom, Australia and Canada, (1986), S. 3.

53 „The former is sometimes labeled social or political law reform, and the latter „lawyer´s law reform." It is extremely difficult to draw the line. One might have thought, for example, that changes in legal procedure could definitely be said to be lawyers´ law reform. But then consider a procedural change such as is embodied in the proposal that the verdict of a jury can be valid without being unanimous. No one will think that this is a question to be decided solely by lawyers"; zitiert aus: Hurlburt, a.a.O.

54 *Mark Colville; Viscount Colville of Culross* (1933-2010): Britischer Richter und Politiker; Nachruf unter The Times; http://www.timesonline.co.uk/tol/comment/obituaries/article7111974.ece vom 2. Februar 2011.

vor, zwischen „politischer Reform“ und „rechtlicher Reform“ und zwischen Law Reform, die im Rahmen eines politischen Prozesses umgesetzt werden sollte, und solcher, deren Umsetzung im Rahmen eines Law Reform Prozesses erfolgen sollte, zu unterscheiden.[55] *Simonds*[56] wollte diese Auslegung zwar hervorheben („natürlich umfasst Law Reform, in ihrem weitesten Sinne, nahezu jegliche legislative Maßnahme, die denkbar ist“[57]), betonte dabei jedoch, dass dies nicht in dem Sinne sei, in dem sein Vorredner diesen Begriff benutzt habe.[58] Seiner Ansicht nach umfasse Law Reform all die Maßnahmen, die primär in die Zuständigkeit einer der Regierungsabteilungen [Departments of State] fallen.[59] Gleich zwei Arten von Law Reform schließlich wurden vom Redner *Reid*[60] hervorgehoben. Die eine Art umfasse Bereiche, die einen politischen und sozialen Bezug aufweisen würden, so dass die Sichtweise eines Juristen allein keinen besonderen Nutzen hätte. Der andere[61] Bereich hingegen umfasse Themen, wo Reform durch rechtliche Prinzipien und nicht durch allgemeine politische Erwägungen reguliert werden könnte und sollte.[62]

---

55 United Kingdom, House of Lords Debates, Bd. 258, (1963-1964), S. 1035-1106.

56 *Gavin Turnbull Simonds, Viscount Simonds* (1881-1971): Britischer Jurist, Lord High Chancellor von 1951-1954; Halzlehurst/Whitehead/Woodland, A Guide to the Papers of British Cabinet Ministers, S. 328 (1996).

57 „of course, in its widest sense, law reform will embrace almost every legislative measure that one can think of; House of Lords Debates, a.a.O., S. 1051.

58 „but it was not in that sense that the noble Viscount was using the term“; House of Lords Debates, a.a.O.

59 House of Lords Debates, a.a.O.

60 *James Reid, Lord Reid* (1890-1975); schottischer Jurist und einer der bedeutendsten Richter Britanniens im 20. Jahrhundert; Robertson, A Dictionary of Human Rights, (1997), S. 16.

61 Umschrieben wird damit das so genannte Common Law und die darauf beruhende Gesetzgebung, das in den letzten Jahrhunderten nahezu ausschließlich durch Juristen entwickelt wurde und das als zu technisch erachtet wurde, als der der juristische Laie damit umgehen könnte; Farar, Law Reform and the Commission, (1974), S. 2.

62 United Kingdom, House of Lords Debates, Bd. 258, (1963-1964), S. 1066-1067. Problematisch an dieser Einteilung von Law Reform in die zwei Kategorien „Juristische Law Reform“ und „Politische Law Reform“ ist, dass sie zu weit gefasst sind, um tatsächlich eine klare Trennung vornehmen zu können. Letztlich ist diese Dichotomie auch unglücklich gewählt, da dadurch der Eindruck vermittelt werden könnte, dass das „Recht der Juristen“ keinen sozialen Kontext aufweist, was ein offensichtlicher Trugschluss wäre; Farar, a.a.O. Hervorhebenswert ist *Reids* Definition jedoch insbesondere deshalb, da hier erstmals überhaupt eine Unterscheidung vorgenommen wird; Hurlburt, Law Reform Commissions in the United Kingdom, Australia and Canada, (1986), S. 4.

1. Versuch einer Definition

Diese Debatte zeigt die Schwierigkeiten, die aus dem Gebrauch einer unpräzisen Terminologie hervorgehen können, und wie schwer es ist, eine einheitliche Definition für den Begriff Law Reform zu finden. Eine Diskussion zwischen einer Person, die davon ausgeht, dass Law Reform nur die technische Reform des so genannten „juristischen" Rechts bedeute und einer Person, die der Ansicht ist, dass die primäre Bedeutung von Law Reform die Examinierung des Rechts im Lichte sozialpolitischer und philosophischer Fragestellungen ist, wird vermutlich in gemeinsamer Verwirrung enden.[63] Diese würde ihren Höhepunkt erleben, wenn sich der Diskussion ein Dritter anschließen würde, der die Ansicht des kanadischen Ministers *Turner*, der für die Gründung der kanadischen Law Reform Commission verantwortlich war, teilen würde, wonach „der Prozess der Law Reform in den Kern der Gesellschaft geht, die Art von Gesellschaft die wir als Kanadier haben werden und die Art der Rechte, die wir als Individuen genießen werden, definierend."[64]

Friedman[65] betont, dass allein schon der Gebrauch des Begriffes „Law Reform" Probleme aufwirft, da die Phrase „Law Reform" eben keine objektive Bedeutung habe, sondern der Auslegung bedürfe.[66] Der Begriff würde sich auf ein Programm für den Wandel des Rechts beziehen und damit implizieren, dass der Wandel eine Wende zum Besseren hin bedeuten würde, obwohl, wie er beobachtet habe, „**jeder**, der eine Änderung vorschlage, davon ausgehe, dass seine Änderungen Gute seien."[67] Einige Autoren definieren den Begriff der Reform nicht nur als Änderung, sondern qualifizieren ihn dahingehend, dass eine Ände-

---

63 Hurlburt, a.a.O, S. 5.

64 „the process of law reform goes to the core of defining the kind of society we will have as a Canadian people and the kinds of rights which we well enjoy as individuals"; Turner, zitiert aus: Hurlburt, a.a.O.

65 *Lawrence Meir Friedman*; Amerikanischer Professor für Recht an der Stanford Law School (seit 1968); siehe hierzu http://www.law.stanford.edu/directory/profile/23/ vom 2. Februar 2011.

66 Der in diesem Zusammenhang auch davon ausgeht, dass "Law Reform" eine der großen Sorgen von Juristen sei; Friedman, The Legal System: A Social Science Perspective, (1970), S. 270.

67 Friedman, Law Reform in Historical Perspective, 13 St. Louis University Law Journal, (1969), S. 351.

rung ein Wandel zum Besseren hin sein muss.[68] Andere verengen diese Definition sogar, indem sie die Auffassung vertreten, dass „Law Reform“ eine tatsächliche Verbesserung in Form eines fördernden Effekts in der aktuellen Rechtsanwendung voraussetzt.[69] Das Problem an diesen Definitionen ist, dass sie ausschließen, eine Veränderung des Rechts als „Law Reform“ zu bezeichnen, solange nicht ersichtlich ist, ob das Recht nun besser ist oder eben nicht. Da dies in der Regel eine subjektive Frage ist,[70] helfen auch diese Definitionsversuche nur bedingt weiter. Nicht derart einschränkend ist wiederum das „Oxford Companion to Law“; dessen Definition umschließt die Änderung und Erneuerung des Rechts „in der Absicht seiner Verbesserung.“[71] Danach kann schon die bloße Änderung des geltenden[72] Rechts als Reform bezeichnet werden, ohne die zukünftigen Effekte überhaupt zu kennen.

2. Grenzen und Umfang einer Definition

Die Wörter „Reform“ und „Verbesserung“ enthalten implizite Grenzen. So umfassen sie nicht die Destruktion dessen, was reformiert oder verbessert werden soll, sondern bedeuten im Gegenteil hierzu vielmehr den Erhalt der grundlegenden Merkmale. Ein Wechsel im Recht mag eine „Reform“ sein, wenn ein Gesetz abgeschafft wird, aber nicht, wenn das Gesetz oder das Rechtssystem in seiner

---

68 “Change for the better”; Kirby, Reform the Law: Essays on the renewal of the Australian Legal System, (1983), S. 6; Tilbury, A History of Law Reform in Australia, in: Opeskin/Weisbrot (Hrsg.), The Promise of Law Reform, (2005), S. 3; erstmalig verwendet von Prof. Aubrey Diamond; Hurlburt, a.a.O.

69 “achievement of active improvement in the actual operation of the law”; Barnes, The Law Reform Commission, in: Macdonald/Humphrey, The Practice of Freedom: Canadian essays on human rights and fundamental freedoms, (1979); S. 320. Siehe hierzu auch: Tanford, Law Reform by Courts, Legislatures, and Commissions Following Empirical Research on Jury Instructions, 25 Law & Society Review, (1991), S. 155 ff.

70 Man denke nur an die deutsche Steuergesetzgebung!

71 “with a view to its improvement”; Walker, The Oxford Companion to Law, (1980), S. 729.

72 Wobei das natürlich die Frage aufwirft, ob „Law Reform“ ein pre - existentes Gesetz voraussetzt, welches durch die Gerichte ausgelegt oder durch das Parlament geändert wird. „Law Reform“ wäre damit nach dieser Auslegung dem gesetzgebenden Vorgang inhärent; gibt es damit also kein pre - existentes Gesetz, könnte es als Folge auch keine „Law Reform“ geben, da es schon nichts zum Reformieren gibt; Farar, Law Reform and the Commission, (1974), S. 3.

Gesamtheit abschafft wird.[73] Demnach lässt sich festhalten: Wenn die beiden Elemente, die dem Begriff „Law Reform" inhärent sind, Wandel und Verbesserung sind, so kommt als Drittes die Bewahrung des Rechts hinzu.[74]

Der inflationäre Gebrauch des Begriffes „Reform" birgt seine Gefahren. Er kann als „Deckmantel" für jeden noch so kleinen Wandel benutzt werden, um die großen Probleme zu verbergen.[75] Andererseits würde es eine schon übertriebene Vorsicht darstellen, es abzulehnen, einen Wandel als Reform zu bezeichnen, bis sein „Nettoergebnis" festgestellt werden kann - was im Zweifel auch solange nicht möglich ist, bis dieser Wandel durch einen Weiteren ersetzt wird. Ferner würde die Diskussion über einen „Law Change [Wandel] Prozess" anstelle der über einen „Law Reform Prozess" den Zweck des Prozesses als solchen verdecken.

3. Die Bedeutung der Form des Rechts für eine Definition

Von Bedeutung ist aber ebenso die Reform der Form des Rechts. Dieser Aspekt ist insbesondere für Länder, die das Common Law[76] als Rechtsquelle haben, von erheblicher Bedeutung, denn die Form bestimmt die Erreichbarkeit, die Verständlichkeit und die Bestimmtheit des Rechts. Die Form des Rechts hat einen nicht zu unterschätzenden Einfluss auf dessen Erreichbarkeit.[77] So wurde in England *Gardiner* nicht müde zu betonen, wie wichtig eine systematische Law Reform sei, da oftmals nicht klar sei, was das in Betracht kommende Gesetz in England denn eigentlich ist.[78] Als Vergleich zog er das holländische Recht heran:

---

73 *Hurlburt* bezeichnet es damit, dass Jakobiner und Law Reformer heute wohl keine Kollegen wären; Hurlburt, a.a.O.

74 Mit den Worten des Historikers *Macauley* im britischen Unterhaus anlässlich des Erlasses des Reform Acts aus dem Jahre 1832: „Reform, that you may preserve"; zitiert aus: Kastendieck/Rohe/Volle, Großbritannien: Geschichte, Politik, Wirtschaft, Gesellschaft, (1999), S. 41; Hurlburt, a.a.O.; Kirby, Reform the Law: Essays on the Renewal of the Australian Legal System, (1983), S. 8.

75 Hurlburt, a.a.O.

76 Siehe hierzu die vertiefende Darstellung unter Abschnitt C.

77 Winfield, The Principles of International Law, 7. Auflage, (1928), S. 289.

78 Siehe hierzu die Darstellung zu *Gardiners* Ansichten unter Abschnitt D. III. 2.

„Wenn sie in die Wohnung eines Holländers gehen und dort ein Buch entdecken, das so aussieht, als ob es etwas mit Recht zu tun haben könnte, wird ihnen der Holländer sagen, dass dies das gesamte holländische Recht sei".[79]

Unabhängig davon, wie groß der Unterschied zwischen dem holländischen und dem englischen Recht nun auch tatsächlich ist, ist ihm dahingehend zuzustimmen, dass Recht nur dann seine Wirkung voll entfalten kann, wenn auch ein Zugang zu ihm gegeben ist. Das Bemühen darum, diesen zu verbessern, stellt einen der wesentlichen Aspekte von „Law Reform" dar.[80]

III. Ergebnis und Definition

Der Begriff „Law Reform" wird in dieser Arbeit folglich gebraucht werden, um die Änderung des Rechts, die in der Absicht der künftigen Verbesserung erfolgt zu kennzeichnen. Er wird nicht in der Weise definiert, dass ein vorgeschlagener Wandel erst und nur dann als Reform bezeichnet wird, bis er sich als tatsächliche Verbesserung dargestellt hat. Diese Form der Auslegung berücksichtigt, was zum Teil als der „frühere traditionelle Blick"[81] auf den Begriff „Law Reform" bezeichnet wird, da aus diesem ersichtlich wird, dass Law Reform all die Themen umfasst, die einen großen gesellschaftlichen Einfluss haben, wie in früherer Zeit die Beendigung des Sklavenhandels, das Verbot der Kinderarbeit, die Verbesserung des Status von Frauen im Recht oder die Abschaffung der Todesstrafe.[82] Umfasst werden aber auch die kleinen und zum Teil nur technischen Veränderungen im Recht. Da man zumindest in demokratisch geführten Staaten davon ausgehen kann, dass niemand das Recht verändern will, um es zu verschlechtern, könnte man anmerken, dass eine Definition, die jede Erneuerung des Rechts in der Absicht seiner Verbesserung erfasst, folglich jegliche Veränderung des Rechts erfassen würde, so dass sie im Ergebnis unbrauchbar wäre.

---

79 „if you go into a Dutchman´s flat and see a book that looks as if it might have something to do with the law, the Dutchmen will tell you "That is the whole of Dutch law"; Gardiner, Rede vor dem House of Lords am 1. April 1965, zu finden unter: http://hansard.millbanksystems.com/lords/1965/apr/01/law-commissions-bill vom 1. April 1965. Wobei *Gardiner* an dieser Stelle widersprochen werden muss, da das holländische Recht aus mehr als einem Buch besteht; siehe hierzu: http://www.rijksoverheid.nl/#ref-justitie vom 1. Februar 2011.

80 Siehe für die Ermöglichung dieses Zugangs Abschnitt F. X. 1.

81 „once traditional view; Cretney, The Politics of Law Reform- A View from the Inside, 48 The Modern Law Review, (1985), S. 495.

82 Cretney, a.a.O.

Dem ist indes nicht so. Diese Definition schließt zum Beispiel die Einführung einer neuen Steuer,[83] routinemäßige Veränderungen oder die Errichtung eines neuen Ministeriums aus.[84] Umfasst wird von ihr vielmehr nur der Wandel, der vollzogen wird, nachdem festgestellt worden ist, dass das geltende Recht nicht so „gut“ ist, wie es sein sollte, nachdem festgestellt wurde, dass es verbessert werden soll und nachdem festgestellt worden ist, dass der vorgeschlagene Wandel es auch tatsächlich verbessern wird. Die Fragestellung wird damit durch die Absicht bestimmt und durch das, was damit erreicht werden soll.[85]

IV. Eine alternative Definition

Vielleicht kann man aber die Frage „Was ist Law Reform?“ auch einfacher und weniger theorielastig beantworten. Der ehemalige Präsident der ALRC *David Weisbrot*[86] beantwortet diese Frage in einem kurzweiligen Beispiel mit folgenden Worten: [87]

---

83 Wie beispielsweise die Planung einer Sondersteuer in Australien, um die durch die im Januar 2011 angerichteten Schäden einer Sturmflut zu beheben; siehe hierzu: http://www.tagesschau.de/ausland/steuer166.html vom 2. Februar 2011.

84 MacDonald/Kong, Patchwork Law Reform: Your Idea is good in Practice, but it won´t work in Theory, 44 Osgoode Hall Law Journal, (2006), S. 12; diese Definition stimmt auch mit der *Weisbrots* überein, wonach die Anfragen, die an Law Reform Commissions gestellt werden, sich überwiegend mit folgenden Themenbereichen befassen: Alte Gesetze, die modernisiert werden müssen; wesentliche Entwicklungen in der Wissenschaft und Technik; wandelnde politische und gesellschaftliche Anschauungen und Bereiche des Rechts, die eine föderale Herangehensweise erfordern und Harmonisierung innerhalb der verschiedenen Zuständigkeitsbereiche nötig ist; Weisbrot, The Historical Necessity of Law Reform, Rede anlässlich der "[The] Alex Castles Memorial Lecture in Australian Legal History, Adelaide 24. August 2006, S. 11; zu finden unter: http://www.alrc.gov.au/news-media/2006/alex-castles-memorial-lecture-2006-historical-necessity-law-reform vom 18. Februar 2011.

85 Hurlburt, Law Reform Commissions in the United Kingdom, Australia and Canada, (1986), S. 7.

86 Präsident der ALRC von Juni 1999 bis September 2009; siehe hierzu: http://www.alrc.gov.au/about/commissioners/past-presidents/emeritus-professor-david-weisbrot vom 6. Februar 2011.

87 *Weisbrot* orientiert sich hier an der amerikanischen TV-Show "The Extreme Makeover", in der sich Kandidaten im Laufe der Sendung plastischen Schönheitsoperationen unterziehen; http://abc.go.com/shows/extreme-makeover-home-edition/apply vom 6. Februar 2011.

„Lassen Sie uns den Fall von Fritz nehmen:

Ein 35-jähriger Schreiner, der hart arbeitet, warmherzig ist und bereit ist, mit seiner Verlobten Christy, der Liebe seines Lebens, den Bund fürs Leben einzugehen. Er hat sein ganzes Leben damit verbracht, Dinge zu bauen, den Hof der Familie zu bewirtschaften und nach seinem jungen Sohn Jake zu schauen. Aber während er sich seinen Verpflichtungen widmete, vernachlässigte er sich selbst. Nun, kurz vor seiner Hochzeit, wurde Fritz Justizminister und dachte, dass alles, was er bräuchte, sei ein Haarschnitt und ein paar neue Schuhe- mit anderen Worten, einige kleine Verbesserungen- und dass er seine Abteilung anweisen müsse, hierfür Sorge zu tragen.

Gleichwohl, kann es sein, dass was er ***wirklich*** *will ist:*

... die Möglichkeit, seine äußere Erscheinung so strahlen zu lassen wie seine innere Persönlichkeit. Fritz` Anwendungen umfassen eine Nasenkorrektur, ein Kinnimplantat, ein Mini-Brauen-Lift, angelegte Ohren, Fett - Injektionen in seine Wangen, Doppelkinnentfernung, Fettabsaugung von Bauch und Speckrollen an der Taille, eine Haartransplantation, Zahnfleisch Neuplatzierung, acht Da Vinci Porzellan Veneers und Kronen und eine Zahnaufhellung.

Jetzt, wo man das „Extrem Team“[88] einberufen werden muss- **das** ist Law Reform.“[89]

---

88 Teilnehmer der oben genannten Sendung.

89 “So let´s take the case of Fritz: a 35-year old carpenter [who] is a hard working, warm hearted man ready to tie the knot to fiancé Christy, the love of his life. He´s spent his whole life building things, running the family farm and looking after his young son Jake. But while he´s attended to his obligations, he´s neglected himself. Now, just before his wedding, Fritz became Attorney-General, and thought that all he needed was a haircut and a new pair of shoes- in other words, a few small amendments- he should instruct his Department to take of this. However, it may be that what he really wants is: an opportunity to make his outside appearance shine as brightly as his inner personality. Fritz´s procedures include a nose job, chin implant, mini brow lift, ears pinned back, fat injections to cheeks, buccal fat removal, liposuction to abdomen and love handles, hair transplant, hair restoration, gum repositioning, eight da Vinci porcelain veneers and crowns, and Zoom whitening. Now when you have to call in the “Extreme Team”, that´s law reform”; Weisbrot, The Historical Necessity of Law Reform, Rede anlässlich der “[The] Alex Castles Memorial Lecture in Australian Legal History, Adelaide 24. August 2006, S. 8; zu finden unter: http://www.alrc.gov.au/news-media/2006/alex-castles-memorial-lecture-2006-historical-necessity-law-reform vom 18. Februar 2011.

C. Was ist das Common Law?

I. Einleitung

„Im Common Law ist ein fester Schatz überlieferter Rechtsgedanken vorhanden, eine überlieferte Erkenntnis dessen, was als Recht anerkannt ist, in allen den Fällen, über welche ein Präjudiz vorliegt."[90]

Um die Entwicklungen, die zur Gründung von Law Reform Commissions führte verständlich darstellen zu können, soll zunächst das im Commonwealth vorherrschende Rechtssystem des so genannten Common Laws vorgestellt werden. Dies unterscheidet sich zum Teil maßgeblich vom deutschen Recht[91] und weißt einige Besonderheiten auf, die im Folgenden erörtert werden.

II. Überblick über die Grundlagen des Common Law

Für die Common Law Staaten gilt der Satz „Am Anfang war das Common Law".[92] Auch wenn diese Staaten zum überwiegenden Teil Verfassungen und einfache Gesetze haben, so dass zum Teil eine Kodifizierung erfolgt ist, wurde das Common Law hierdurch höchstens teilweise verdrängt, aber nie komplett abgeschafft.[93] Bis heute kann man feststellen, dass es neben den gerichtlichen Entscheidungen faktisch kaum gesetzliches Recht („statutory law") im Common Law gibt.[94] Das Common Law ist gerichtliches Fallrecht, „case law", das aus der „Natur der Sache geschöpft" wird.[95] Erklären lässt sich dies mit der geschichtlichen Entwicklung des Common Law. Dieses entwickelte sich verhältnismäßig schnell zu einem komplexen, detailliert ausgearbeiteten System. Bis ins 20. Jahrhundert waren Gesetze mit ihren ad hoc Regelungen spezieller Problembereiche in Staaten des Common Law die Ausnahme, die Aufgabe, allgemeine Regeln zu erlassen, war den Richtern vorbehalten. Der Einfluss der Universitäten auf das damalige Recht war äußerst gering, da für die Tätigkeit als Richter oder Anwalt eine akademische Ausbildung nicht erforderlich war. So wie die Wissenschaft der Medizin war das englische Rechtswesen für lange Zeit ein

90 Coester, Verwaltung und Demokratie in den Staaten Nordamerikas, (1913), S. 103.
91 Für das deutsche Recht siehe Abschnitt H. II.
92 Lundmark, Juristische Technik und Methodik des Common Law, (1998), S. 226.
93 Lundmark, a.a.O.
94 David/Brierley, Major Legal Systems in the World Today, (1968), S. 261.
95 Radbruch/Hassemer, Rechtsphilosophie III, (1990), S. 164.

zunftartig aufgebautes Unternehmen, welches sich gegen Einflüsse von außen abschottete.[96] Als Folge wurde dessen Juristerei nicht als Wissenschaft, sondern vielmehr als Handwerk gelehrt.[97] Für Common Law Länder führt dies dazu, dass trotz der heutigen hohen Bedeutung von Gesetzesrecht und dem darauf erlassenen Verwaltungsrecht für den Bürger und die Wirtschaft, der Jurist selbst das geltende Recht aufgrund der jahrhundertelangen Tradition noch immer eher in Gerichtsentscheidungen als in kodifizierten Gesetzestexten aufsucht.[98]

1. Historische Entwicklung

a) Prä – normannisches Recht

Bevor[99] die Normannen in Jahre 1066 in der Schlacht bei Hastings England eroberten[100] galt auf den britischen Inseln örtliches Guts- bzw. Gewohnheitsrecht.[101] Dieses Gutsrecht entwickelte sich aus den Gewohnheiten einer bestimmten Gesellschaft oder aus den jeweiligen Gruppen in einer Gemeinschaft heraus, so dass es auch als „lokales" Recht bezeichnet werden kann.[102] Es basierte nicht auf von einem König oder Parlament originär normiertem Recht, wurde aber wie ein solches wahrgenommen und akzeptiert.[103] Von ihm umfasst wurden Aspekte, die das tägliche Leben einer Gemeinschaft betrafen, wie die des Schutzes auf körperliche Unversehrtheit oder den des persönlichen Eigentums.[104] Es war nicht schriftlich niedergelegt, so dass es überwiegend mündlich

---

96 Höffe, Die Alte Welt im Recht, Frankfurter Allgemeine Zeitung vom 18. Mai 2009

97 Höffe, a.a.O.

98 Lundmark, a.a.O. Wobei anzumerken ist, dass in England und anderen Staaten, in denen das Common Law vorherrschend ist, mittlerweile auch mehr und mehr kodifiziert wird; siehe hierzu: Zweigert/Kötz, Einführung in die Rechtsvergleichung, 3. Auflage, (1996), S. 208.

99 Schon im ersten Jahrtausend sah sich Britannien mehreren Invasionen ausgesetzt durch die Angelsachsen aus Deutschland und den Niederlanden. Diese Stämme vertrieben die Kelten in den Westteil der Insel, das heutige Wales, und in das südliche Schottland. Die Angelsachsen selbst siedelten sich im Osten und Süden Englands an; Hinchy, The Australian Legal System, (2008), S. 2.

100 Bähr, Einführung ins Mittelenglische, 4. Auflage, (1997), S. 23.

101 Boehmer, Grundlagen der bürgerlichen Rechtsordnung, Band 2, Teil 1, (1950), S. 13; Biener, Das englische Geschworenengericht, (1852), S. 61

102 Brenner, Precedent Inflation, (1992), S. 58; Hinchy, The Australian Legal System, (2008), S. 3.

103 Hinchy, a.a.O.

104 Hinchy, a.a.O.

an die nachfolgenden Generationen weitergegeben wurde.[105] Problematisch daran war, dass der Handel über die jeweiligen Gebiete hinaus erschwert wurde, da das Recht aufgrund seiner engen Verbundenheit mit dem täglichen Leben der jeweiligen prä-normannischen Königreiche respektive Stämme signifikant von Königreich zu Königreich variierte.[106] Da die Angelsachsen wiederum ihr eigenes Gewohnheitsrecht mitgebracht hatten, das von dem der früher das Land beherrschenden Kelten abwich, herrschte bald eine unüberschaubare Vielfalt von ungeschriebenem Recht im gesamten Land.[107] Frühere Versuche der Schaffung von Rechtseinheit im Land blieben bis zu diesem Zeitpunkt nur fragmentarisch.[108]

b) Entwicklung des „gemeinen Rechts"

Nach der Eroberung sahen sich *William* („*der Eroberer*")[109] und seine Nachfolger schon zahlenmäßig nicht in der Lage, im ganzen Land anstelle von einheimischen Richtern nun Normannen einzusetzen.[110] Diesem Missstand wurde entgegengetreten, indem die normannischen Richter[111] von den Royal Courts of

105 Hinchy, a.a.O.

106 Keenan, Smith & Keenan´s English Law: Text and Cases, 15. Auflage, (2007), S. 5.

107 Hinchy, a.a.O.; Baker, An Introduction to English Legal History, 4. Auflage, (2002), S. 1 ff.

108 Nach der Dänischen Invasion im 9. Jahrhundert sah der damalige König *Alfred der Große*, König von Wessex (871 bis 899), einen Zusammenschluss der verschiedenen Königreiche als Schutz vor den dänischen Invasoren zu gewährleisten, als erforderlich an. Ferner hielt er es für nötig, eine Antwort auf das so genannte „Danelaw" (wodurch möglicherweise das Wort „Law" überhaupt erst Einzug in die englische Sprache fand, Hinchy, The Australian Legal System, (2008), S. 5) zu geben. Des Weiteren sollte die Kodifikation von Teilen des existierenden angelsächsischen Rechts die Einigkeit zwischen den verschiedenen angelsächsischen Königreichen stärken Es folgten die so bezeichneten „Dooms" (angelsächsisch für „Gesetz"), die zwar nicht als Kodifizierung des damaligen Rechts verstanden werden können, so dass sie keinen signifikanten Einfluss auf die Entwicklung des Common Law in England hatten, die auf diese Weise aber erheblich zum Einigungsprozess der Königreiche beitrugen; Hinchy, a.a.O.

109 „the Conqueror", (1027-1087); siehe hierzu: David/Brierley, Major Legal Systems in the World Today, (1968), S. 261.

110 Lundmark, Juristische Technik und Methodik des Common Law , (1998), S. 113; Schmoeckel, Auf der Suche nach der verlorenen Ordnung: 2000 Jahre Recht in Europa: Ein Überblick, (2005), S.110.

111 Diese königlichen Richter waren jedoch nicht professionell rechtlich ausgebildet, vielmehr waren sie königliche Offizielle und entstammten oft religiösen Orden; Hinchy, The Australian Legal System, (2008), S. 8, Fußnote 36.

Justice[112] ausgesandt wurden und durch die verschiedenen Ortschaften fuhren, um anschließend zusammen zu kommen, um ihre jeweiligen Gerichtsfälle zu diskutieren und in Folge dessen aneinander anzugleichen.[113] Die Ergebnisse dieser Treffen bildeten die Grundlage für die Entwicklung einer mit dem Namen „Common Law"[114] bezeichneten und auf Gewohnheitsrecht und den Tatsachen der ihnen vorgebrachten Fälle beruhenden Sammlung von Rechtsnormen.[115] Dieses „gemeine" („common") englische Recht bildete damit den Gegensatz zu den lokalen Gewohnheiten.[116] Die schriftliche Niederlegung diente dabei als Methode, gerichtliche Entscheidungen, die auf dem bestehenden Gewohnheitsrecht beruhten, zu dokumentieren.[117] Der Begriff „Common Law", welches die königlichen Richter in ihrer Entscheidungsfindung anzuwenden hatten, umschrieb damit, dass dieses im gesamten Königreich zu gelten habe, also Allgemeingültigkeit besaß.[118]

---

112 Der königliche Gerichtshof („King´s Court") oder auch Curia Regis (Lateinisch für King´s Court) genannt, spielte eine entscheidende Rolle während dieser Zeit, auch wenn er aufgrund seiner Zusammensetzung und dem ihm zugewiesenen Aufgaben noch nicht als Gericht im heutigen Sinne bezeichnet werden kann. Zu Beginn umfasste die Tätigkeit der Curia Regis Finanz- und allgemeine Verwaltungsaufgaben, die Verwaltung der Justiz, Sachverhalte, die die Kirche betrafen und Maßnahmen der ausführenden Regierung. Als die staatliche Verwaltung im Laufe der Zeit an Komplexität zunahm, wurden nicht-judikative Aufgaben von der Curia Regis abgezogen und anderen Institutionen übertragen. Eine tragende Rolle in der Verbreitung der Rechtsprechung des Curia Regis spielten die oben dargestellten umherreisenden Richter („Itinerant justices"). Diese handelten als Vertreter der Curia Regis, so dass sie dessen Entscheidungen in die jeweiligen Bezirke überbrachten und dort anwendeten. Als Teil ihrer strafrechtlichen Befugnis konnten die Richter Juries instruieren, sich der Aufklärung bestimmter kriminalrechtlicher Vorfälle zu widmen. Des Weiteren wurden neue Gerichte, bekannt als die „Court of common Pleas" (oder auch: „the Bench") errichtet, um die Rechtseinheit voranzutreiben; Plucknett, A Concise History of the Common Law, 5. Auflage, (2001), S. 106 ff.; Hinchy, The Australian Legal System, (2008), S. 11; David/Brierley, Major Legal Systems in the World, (1968), S. 263.

113 Genannt das „General Eyre". Die Richter wurden in bestimmte Bezirke ausgesandt, um eine Anhörung über alle gerichtlichen Fälle, die seit dem letzten „General Eyre" stattgefunden hatten, durchzuführen; Plucknett, a.a.O., S. 103.

114 Der Begriff „Common Law " kann in diesem Zusammenhang daher auch mit „einheitliches Recht" übersetzt werden; Zweigert/Kötz, Einführung in die Rechtsvergleichung auf dem Gebiete des Privatrechts, 3. Auflage, (1996), S. 180.

115 Siehe auch: Dawson, A History of Law Judges, (1999), S.132 ff.

116 Radbruch/Hassemer, Rechtsphilosophie III, (1990), S. 164.

117 Okafo, Reconstructing Law and Justice in a Postcolony, (2009), S. 26.

118 Lundmark, Juristische Technik und Methodik des Common Law , (1998), S. 113.

Die erste, originäre Bedeutung von „Common Law“ war damit „gemeines Recht“.[119] Die normannischen Eroberer hatten so die Grundlagen für die Errichtung einer Zentralregierung eingeführt, die sich als die Basis für ein zentralisiertes Verwaltungssystem darstellte, aus dem eine einheitliche Justiz überhaupt erst hervorgehen konnte.[120]

Die Zentralisierung der Verwaltung von Kriminal- und Ziviljustiz stellt sich damit als ein signifikanter Faktor für die zukünftige Entwicklung des Common Laws in England dar.[121] Die starke Stellung der englischen Königsgerichte und das sich daraus entwickelnde Common Law war ungeschriebenes Recht, das alle Bürger band. Nicht Gesetze, sondern Präjudizien waren die maßgeblichen Rechtsquellen.[122]

Zusammenfassend lässt sich damit feststellen, dass schon im 12. und 13. Jahrhundert nahezu alle Grundvoraussetzungen, die für die Entwicklung des Common Law erforderich waren, geschaffen wurden: der Beginn eines durch eine Jury[123] besetzten Strafprozesses, die Einsetzung von Zentralgerichten, die

---

119 Auch wenn von dieser historischen Auslegung heute kaum noch Gebrauch gemacht wird, findet sich die Idee noch heute im „Commonwealth“ und im Begriff „common good“ („Gemeinwohl“); Lundmark, a.a.O.

120 Um Gesetz und Ordnung in dem von ihm eroberten Land sicherzustellen, sandte *William I* seine Krieger als Chief Lords (oder auch „tenant-in-chief“, der sein Land direkt vom König erhielt) in England aus; Hinchy, The Australian Legal System, (2008), S. 7. Im Gegenzug zu den Rechten, den diese über den jeweiligen Landstrich und seine Einwohner erhielten, waren sie verantwortlich für die Regierung und den Schutz der Bevölkerung. Ebenso erhielten sie die Befugnis, Steuern einzutreiben, Militärdienst zu verlangen und, wo nötig, Maßnahmen für den Erhalt der Ortschaft zu treffen. Im Austausch für diese Pflichten erhielten die Bewohner Land von den durch William eingesetzten Chief Lords. Dieser Vorgang, durch den eine Verbindung zum Königshaus hergestellt wurde, wurde als „subinfeudation“ bezeichnet. Feudalismus operierte damit als Verwaltungssystem basierend auf Landbesitz und erwies sich als effektiv, Gesetz und Ordnung in England unter Leitung des Königs zu gewährleisten; Fritze/Robison, Historical Dictionary of Late Medivieval England, 1272-1485, (2002), S. 454.

121 Hinchy, a.a.O., S. 9, der an dieser Stelle auch *Kiralfy* zitiert, wonach die größte Leistung der Regentschaft von *Henry II* (1154-89) darin bestünde, nicht das Recht selbst geschaffen zu haben, sondern die Bedürfnisse, die für die Entwicklung des Common Law erforderlich sind, befriedigt zu haben.

122 Hager, Rechtsmethoden in Europa, (2009), S. 86.

123 Auch in England gab es zum Teil nur als brutal oder als äußerst fehleranfällig zu bezeichnende Methoden, um die vermeintliche Schuld des Angeklagten zu beweisen. So war es beispielsweise eine beliebte Methode, dem Angeklagten ein heißes Eisen an die

schriftliche Niederlegung von Menschenrechten in der so genannten Magna Charta[124] und das geschriebene System.[125] Auf dieser vor fast tausend Jahren geschaffenen Basis fußt das Common Law bis heute.

Hand zu bandagieren und es dort für drei Nächte zu lassen. Zeigten sich nach dessen Entfernung Verbrennungen an der Hand, so galt die Schuld als bewiesen (Hinchy, The Australian Legal System, (2008), S. 9.). Ein anderes Vorgehen war der Prozess des „Wager of Law". Bei diesem wurde der Angeklagte angewiesen, mindestens 12 Personen zu finden, vor denen der Angeklagte einen Schwur der Unschuld zu leisten hatte. Um den Angeklagten für unschuldig zu befinden, mussten diese 12 Personen ihrerseits einen Schwur leisten, dass der Angeklagte die Wahrheit sage. Der Schwur dieser 12 so genannten „compurgators" bezog sich nicht auf die Fakten der in Frage stehenden Tat, sondern einzig auf die Vertrauenswürdigkeit des Angeklagten selbst; Plucknett, A Concise History of the Common Law, (1956) S. 115.

124 Der Herrschaft von *Henry II* folgte die seiner Söhne, *Richard I* (1189-99) und *John* (1199-1216). Während der Regentschaft von *John* wandten sich die Barone und Ritter gegen ihn. Durch die Instabilität der politischen Lage sah sich John gezwungen, am 15. Juni 1215 in Runnymede in England mit den unzufriedenen Ständen abzuhalten. Hierbei wurde eine mündliche Übereinkunft über wesentliche Punkte, die die Rolle der Krone betrafen, getroffen. Diese mündliche Übereinkunft wurde in der Großen Charta von 1215 festgehalten, die so genannte Magna Charta. Ein Jahr später wurde eine modifizierte Version dieses Dokuments herausgegeben, die vom Königshaus bevorzugt wurde. Nichtsdestotrotz hat die Basis des Rechtsstaates ihren Ursprung in diesem Dokument. Kapitel 39 und 40 der Magna Charta bilden die Grundlage für zwei essentielle Aspekte eines Rechtsstaates: Kapitel 39 bestimmt, dass "no free man shall be seized or imprisoned, or stripped of his rights or possessions, or outlawed or exiled, or deprived of his standing in any other way, nor will we proceed with force against him, or send others to do so, except by the lawful judgement of his equals or by the law of the land", zitiert aus: Hinchy, The Australian Legal System, (2008), S. 13. Ferner bestimmt Kapitel 40 dass "To no one we will sell, to no one deny or delay right or justice". Mit anderen Worten heißt das, dass kein Mensch mit einer Kriminalstrafe belegt werden kann, seiner Bürgerrechte oder seines Eigentums verlustig gehen kann mit Ausnahme einer rechtlichen Anordnung. Im Zusammenhang gelesen ergibt sich, dass Kapitel 39 und 40 bestimmen, dass die Krone selbst Rechtssubjekt ist. Hieraus konnte sich die heutige Rechtsordnung, nämlich dass die Regierung Rechtssubjekt ist, erst entwickeln; für alles: Hinchy, The Australian Legal System, (2008), S. 12 ff.

2. Entscheidungen als Präjudiz

Das Common Law bezeichnet damit zunächst das von den königlichen Richtern geschaffene richterliches („judge-made“[126]) Gewohnheitsrecht. Darüber hinaus umschreibt dieser Begriff aber auch allgemeine Rechtsgrundsätze und ein bestimmtes juristisches Denken.[127] *Corbin* fasste diese Systematik mit folgenden Worten zusammen:

„Das Common Law ist keine Sammlung von Gesetzen; es ist eine Methode. Es ist die Schöpfung von Recht im Rahmen eines induktiven Prozesses.“[128]

a) „Doctrine of stare decisis“

Das Common Law kann daher als Modell umschrieben werden, in dem Substanz und Verfahren eine untrennbare, aufeinander bezogene Einheit bilden und dessen Rechtsquellen sich aus dem Fallrecht und überpositivistischen Rechtsgrundsätzen ergeben.[129] Eine ganz wesentliche Rolle spielt hierbei die Lehre von der bindenden Wirkung präjudizieller Entscheidungen („doctrine of stare decises“- „stare decisis“- „let the decision stand““- „lass die Entscheidung stehen“[130]).[131]

---

125 Die so genannten „writs“ bildeten im mittelalterlichen Gerichtsverfahren die technische Grundlage. Diese waren Befehle des Königs, in dem die Justizbeamten unter kurzer Beschreibung des Streitgegenstands angewiesen wurden, einen bestimmten Beklagten vor Gericht zu laden. Ausgestellt wurden writs auf einseitigen Antrag des Klägers gegen Zahlung im Namen des Königs. Da sich die Sachverhalte glichen, entwickelten sich für den Inhalt der writs schon bald standardisierte Formen (forms of action), in die nur noch Namen und Wohnsitz der Parteien eingesetzt werden mussten. Schon gegen Ende des 12. Jahrhunderts gab es ungefähr 75 feststehende writs, die später in halbamtlichen Verzeichnissen, den „Registers of Writs“ zusammengefasst wurden und auf diese Weise unter den Juristen eine weite Verbreitung fanden; Zweigert/Kötz, Einführung in die Rechtsvergleichung auf dem Gebiete des Privatrechts, 3. Auflage, (1996), S. 181.

126 Crabbe, Legislate Drafting, Band 1, (1993), S. 201.

127 Lepsius, Verwaltungsrecht unter dem Common Law : amerikanische Entwicklungen bis zum New Deal, (1997), S. 34.

128 „The Common Law is not a body of rules; it is a method. It is the creation of law by the inductive process“; Corbin, What is the Common Law ?, 3 American Law School Review, (1912), S. 75.

129 Lepsius, a.a.O.

130 „let the decision stand“; David/Brierley, Major Legal Systems in the World Today, (1968), S. 316.

Diese kann als der (theoretische?[132]) fundamentale Unterschied zwischen englischer und kontinentaler juristischer Methodik bezeichnet werden.[133] Im weitesten Sinne kann man Präjudizien als die Gesamtheit von richterlichen Entscheidungen in einem Rechtssystem verstehen.[134] Da aber nicht jede Entscheidung für jeden Fall entscheidend sein kann, umfassen sie somit in einem engeren Sinne nur die Entscheidungen, die für die Entscheidung des in Frage stehenden Falles von Bedeutung sein können.[135] Präjudizien sind aber auch all die Entscheidungen, die einen möglichen Einfluss auf folgende Entscheidungen haben können, so dass im Ergebnis theoretisch jede Vorentscheidung zu einem Präjudiz werden kann.[136]

Ordnung in dieses Chaos bringt die doctrine of stare decisis, die besagt, dass jedes englische Gericht an jede einzelne Entscheidung eines ihm im Instanzenzug übergestellten Gerichts gebunden ist.[137] Der Begriff der „Bindung“ ist derart zu verstehen, dass das untergeordnete Gericht der Vorentscheidung folgen muss, und zwar ohne Rücksicht darauf, ob diese in ständiger Rechtsprechung bestätigt wurde oder ob sie nur vereinzelt geblieben ist.[138] Ohne Belang ist auch, ob die Vorentscheidung bzw. der in ihr aufgestellte Grundsatz letzte Woche oder im vorigen Jahrhundert erlassen wurde, ebenso wie es ohne Relevanz ist, ob die vom Gericht aufgestellten Grundsätze wegen gewandelter sozialer Verhältnisse oder aus anderen Gründen so heutzutage nicht mehr zweckmäßig erscheinen mögen.[139]

---

131 Zweigert/Kötz, Einführung in die Rechtsvergleichung auf dem Gebiete des Privatrechts, 3. Auflage, (1996), S. 253.

132 Siehe hierzu mehr unter H. III.

133 Zweigert/Kötz, a.a.O.

134 Lundmark, Umgang mit dem Präjudizienrecht, JuS 2000, S. 546.

135 Lundmark, a.a.O.

136 Lundmark, a.a.O.

137 Zweigert/Kötz, a.a.O.; Okrent, Torts and Personal Injury Law, 4. Auflage, (2009), S. 19. Diese Bindungswirkung ist mit Ausnahme der Richter in Großbritannien an die Rechtsprechung des Europäischen Gerichtshofes (siehe hierzu: European Communities Act 1972, Teil 1, Nr.3, S. 1) gesetzlich erstaunlicherweise, soweit bekannt, nicht normiert (Lundmark, a.a.O, S. 547).

138 Zweigert/Kötz, a.a.O.

139 Zweigert/Kötz, a.a.O.

Diese umfassende Bindung an die Doktrin hat sich erst in der zweiten Hälfte des 19. Jahrhunderts entwickelt;[140] sie ist kein Werk des Gesetzgebers, sondern der Judikative selbst,

„die damit gleichsam ihrer eigenen Fesseln Schmied gewesen ist.“[141]

b) Richterliche Fortbildung des Common Laws

Die englischen Richter haben jedoch Wege gefunden, an einem unpassenden Präjudiz vorbeizukommen („to distinguish a precedent“) und sich auf diese Weise ein gewisses Maß an Freiheit und Flexibilität zu sichern.[142] So besteht eine Bindung an eine Vorentscheidung nämlich nur dann, wenn der tragende Grund dieser Entscheidung, die „ratio decendi“, auch den jetzt zu entscheidenden Fall erfasst.[143] Auch wenn zwei Fälle nie die gleichen Tatsachen zugrunde liegen haben, können die Fakten von zwei Fällen vergleichbar sein.[144] Es kann aber auch der Fall gegeben sein, dass keinerlei Übereinstimmung zu finden ist. Zwischen einem Präjudiz zu unterscheiden („to distinguish“) beschreibt daher den Fall, dass sich der Richter gezwungen sieht, eine abweichende Entscheidung zu treffen, weil die Fakten sich im vorentschiedenen Fall so wesentlich von denen im vorliegenden Fall unterscheiden, dass dessen Befolgung unpassend wäre.[145] Gleichwohl kann es in vielen Fällen äußerst fraglich sein, was „ratio decendi“ der Vorentscheidung ist und was bloßes „obiter dictum“, welches gerade nicht bindend ist.[146] Kaum verwunderlich ist es somit, dass die Unterscheidung zwischen bindenden und nicht bindenden Vorentscheidungen eine der wesentlichen

---

140 Entscheidungen des House of Lords wurden für die unteren Gerichte bindend. Die Entwicklung des Präjudiziensystems erfolgte in einem langsamen Prozess und gelangte erst im 19. Jahrhundert zur vollen Anerkennung. Einen wesentlichen Faktor hierbei spielte hierbei die Entstehung des Buchdrucks, durch den frühere Entscheidungen überhaupt erst zur Verfügung standen. Ferner erfolgte eine Veränderung des geistigen Klimas. Durch den Buchdruck entstand auch der Rationalismus. Man kann daher sagen, dass Buchdruck und Aufklärung zusammen fielen. Die Findung des Rechts wurde textbezogen und wissenschaftlich, vermehrt setzten sich Richter mit Vorentscheidungen auseinander; siehe hierzu und für die weitere Entwicklung: Hager, Rechtsmethoden in Europa, (2009), S. 87 ff.

141 Zweigert/Kötz, a.a.O.

142 Wheeler, Essentials of the English Legal System, (2006), S. 59; Zweigert/Kötz, a.a.O.

143 Zweigert/Kötz, a.a.O.

144 Okrent, Torts and Personal Injury Law, 4. Auflage, (2009), S. 19.

145 Greene, Final appeal: decision-making in Canadian Courts of appeal, (1998), S. 201.

146 Hager, Rechtsmethoden in Europa, (2009), S. 93; Zweigert/Kötz, a.a.O.

Aufgaben eines Juristen im Common Law ist.[147] Die Beantwortung dieser Frage kann der mit der Sache befasste Richter nur durch intensives Prüfen der Vorentscheidung, durch Auswertung der anwaltlichen Argumente und der Heranziehung ähnlicher Vorentscheidungen abschließend beurteilen; mit anderen Worten: nur aufgrund eines Denkprozesses, der bestimmten richterlichen „Kunstregeln" folgt, der jedoch offen ist für das Einfließen bewusster oder unbewusster Wertentscheidungen.[148] Die Rolle der richterlichen Entscheidungen ist damit nicht nur, die rechtlichen Regelungen anzuwenden, sondern auch, diese zu definieren.[149] Der Einfallsreichtum englischer Richter und Anwälte bei der Anwendung von Verfahrensvorschriften und jener zuvor gefassten Entscheidungen auf neue Situationen ermöglicht somit die Entwicklung und Angleichung des Common Law.

Oder, um es mit den Worten von *Holmes* zusammenzufassen:

„Das Leben des Rechts war nicht logisch: es war Erfahrung."[150]

147 Zander, The Law-Making Process, (2004), S. 275.

148 Zweigert/Kötz, a.a.O. Wie die ratio decendi im Einzelnen entwickelt wird siehe: Lundmark, Juristische Technik und Methodik des Common Law, (1998), S. 141 ff.

149 David/Brierley, Major Legal Systems in the World Today, (1968), S. 316.

150 „The life of the law has not been logic: it has been experience"; Holmes, The Common Law , (2005), S. 3.

III. Problematik des Common Law

1. Grenzen der Rechtsfortbildung

Die überwiegende Zufriedenheit mit diesem dynamischen Rechtssystem zeigte sich darin, dass manche Juristen im Königreich sogar die Ansicht vertraten, dass Gesetze einen Eingriff, gar einen „Fremdkörper“ im Common Law darstellen würden.[151] Es wurde vor der „Tyrannei““ von generellen Prinzipien gewarnt, die eine logische Struktur auf Kosten des wirklichen Lebens darstellen würden, Kodifizierung sei gar „außerirdisch“[152] [„alien“] im lebenden Recht.[153] Nur in den Fällen, in denen die Beseitigung eines erkannten Missstands für erforderlich gehalten wurde, wurde das punktuelle Tätigwerden des Gesetzgebers anerkannt.[154] Als Folge dessen war das Parlament wenigstens theoretisch darum bemüht, beim Erlass von Gesetzen keine speziellen und allzu umfangreichen Rechtsnormen zu erlassen, sondern allenfalls ergänzende und korrektive Maßnahmen einzuführen, die von den Richtern nach eigenen Ermessen fortentwickelt werden konnten.[155] Oft wurde aber nur schon bestehendes Richterrecht in Gesetze integriert.[156] Dieses in der Theorie gut funktionierende System stieß indes in der Praxis an seine Grenzen: Der Spielraum für die richterliche Rechtsentwicklung ist dadurch inhärent begrenzt, dass ein Gericht nur über die Sache entscheiden darf, mit dem es

---

151 Beispielsweise *William Blackstone*, der das Common Law mit dem Argument verteidigte, dass es in sich logischer aufgebaut sei als Gesetzesrecht. *Jeremy Bentham* hingegen verneinte dies leidenschaftlich; siehe hierfür: Summers, Form and Function in a legal system: a general study, (2006), S. 174. Siehe auch: Steinmetz, Begegnungen vor Gericht: eine Sozial - und Kulturgeschichte des englischen Arbeitsrechts (1850-1925), (2002), S. 129; Mertens, Gesetzgebungskunst im Zeitalter der Kodifikationen: Theorie und Praxis der Gesetzgebungstechnik aus historisch vergleichender Sicht, (2004), S. 310; Luke, The Common Law : Judicial Impartiality and Judge-Made Law; zitiert aus: Kreling, In Praise of Common Law and Equity and against Statute Law, 13 Legal Notes, (1991), S.1.

152 Siehe hierzu: Kötz, Taking Civil Codes Less Seriously, in: Kötz/Basedow/Hopt/Zimmermann, Undogmatisches, (2005), S. 50.

153 Für die Darstellung der Auffassungen siehe: Sawer, The Legal Theory of Law Reform, 20 The University of Toronto Law Journal, (1970), S. 191.

154 Zweigert/Kötz, Einführung in die Rechtsvergleichung auf dem Gebiete des Privatrechts, 3. Auflage, (1996), S. 259.

155 Mertens, a.a.O

156 Lundmark, Juristische Technik und Methodik des Common Law , (1998), S. 113.

befasst ist.[157] Ferner wurde die Kritik laut, dass das Verfahren der stare decisis einer logischen Überprüfung nicht stand halte, so dass die zwingende Kraft eines Präjudizes in aller Regel nur illusorisch sei.[158] Dazu trat die umso bedeutendere Tatsache, dass bis Mitte des 20. Jahrhunderts bereits viele Gesetze bezüglich des englischen Rechts erlassen worden waren,[159] so dass die Möglichkeiten richterlicher Rechtsfortbildung äußerst gering waren.

May[160] fasste den Zustand des englischen Rechts schon Mitte des 19. Jahrhunderts mit folgenden Worten zusammen:

"Das Herz zerreißende Verspätungen und ruinöse Kosten waren das Los der Kläger. Die Justiz war dilettantisch, ungenau und abwegig. Für die Reichen war es eine kostspielige Lotterie- für die Armen bedeutete es, dass Recht vorenthalten zu bekommen oder den sicheren Untergang. Die Klasse, die am meisten von den dunklen Mysterien des Rechts profitierte, waren die Juristen selbst."[161]

157 Zu diesen Grenzen siehe auch: Weisbrot, The Future for Institutional Law Reform, in: Opeskin/Weisbrot (Hrsg.), The Promise of Law Reform, (2005), S. 30.

158 Meistens nicht erkannt würde, dass in der Anwendung einer aus Fällen gewonnenen Norm oder eines Rechtssatzes auf neue Fälle die nicht - syllogistischen Elemente des juristischen Denkens überwiegen würden. Folge seien eine Reihe von Missbräuchen in Form von unzulässigen Ableitungen aus juristischen Verallgemeinerungen und unzulässige Übertragungen von Rechtbegriffen im Sinne einer „hasty generalization"; Stone; zitiert aus: Fikentscher, Methoden des Rechts, Band 1, (1975), S. 138.

159 Zweigert/Kötz, Einführung in die Rechtsvergleichung auf dem Gebiete des Privatrechts, 3. Auflage, (1996), S. 197.

160 *Thomas Erskine May* (1815- 1886) war ein englischer Rechtstheoretiker. Durch seine Forschungen leistete er einen wesentlichen Beitrag zur Entwicklung der modernen englischen Jurisprudenz (Cosgrove, Scholars of the Law: English Jurisprudence from Blackstone to Hart, (1996), S. 147 ff.).

161 "Heart-breaking delays and ruinous costs were the lot of suitors. Justice was dilatory, expensive, uncertain, and remote. To the rich it was a costly lottery: to the poor a denial of right or certain ruin. The class who profited most by its dark mysteries were the lawyers themselves."; zitiert aus: May, The Constitutional History of England, Band 2, (1863), S. 549. Auch wenn dies einen aktuellen Kommentar über den Zustand des geltenden Rechts darstellen könnte, stammt dieser aus dem Jahr 1861.

2. Zeitraubende Recherche

Das Wachstum des Common Law war wie bereits dargestellt ein langsamer, schrittweiser Prozess der von der Zeit von William dem Eroberer bis heute andauert. Die Organe des Common Law tragen somit das Gepräge von vielen verschiedenen Zeitaltern.

Das auf ein konkretes Thema zutreffende abstrakte Recht beruht in der Regel sowohl auf richterlichen Entscheidungen, die auf der Grundlage des Common Law ergingen, als auch auf einer Reihe von gesetzgeberischen Maßnahmen, die möglicherweise zu verschiedenen Zeiten erlassen wurden und demzufolge in verschiedenen Texten enthalten und zum Teil auch völlig überaltert sind. So enthält das United Kingdom Statute Book bis heute einen beachtlichen Anteil sehr alter Gesetzgebung. Ungefähr 15 Acts wurden vor 1300, weitere 14 in den Jahren von 1301 bis 1400 erlassen, die jeweils alle noch in Kraft sind.[162]

Die dadurch nötige Überprüfung der Wechselwirkung zwischen diesen verschiedenen Quellen ist zeitraubend und setzt vor allem den Zugang zu einer Vielzahl von Bänden von Urteilssammlungen sowie von im Laufe eines Jahres erlassenen Gesetzen voraus.

---

162 Stand 2005; zitiert aus Caldwell, A Vision of Tidiness: Codes, Consolidations and Statute Law Revision aus: Opeskin/Weisbrot (Hrsg.), The Promise of Law Reform, (2005), S. 43.

3. Fehlende Gesamtverantwortung

Letztlich gab es kein Ministerium, wie beispielsweise ein Justizministerium, welches die alleinige Verantwortung für den Zustand des Gesamtrechtssystems hatte.[163] Ausschüsse, die aus Rechtsexperten zusammengesetzt waren, wurden für bestimmte Reformen in bestimmten Bereichen eingesetzt. Dies waren aber keine ständigen Ausschüsse, so dass es oftmals an hinreichend qualifizierten Mitarbeitern und Mitteln fehlte. Ferner waren auf die technische Reform des Rechts ausgerichtete Projekte für die Regierung für gewöhnlich nicht von primärem Interesse.[164]

IV. Schlussfolgerung

Für die Reformbewegung bestand somit die einzige wirkliche Entwicklungsmöglichkeit in der Gesetzgebung. Um diesen Missständen entgegenzutreten, wurde die Gründung einer Behörde beschlossen, die ihre Rechtsgrundlage in einem Gesetz statt in einer Verwaltungsentscheidung haben sollte. Deren Mitglieder sollten von der jeweils herrschenden Regierung unabhängig sein und das Recht auf freie Forschung und der Unterbreitung von Reformvorschlägen haben.

---

163 Erst am 9. Mai 2007 wurde in England durch Zusammenlegung von Teilen des Home Office mit dem Department for Constitutional Affairs (früher bekannt als Lord Chancellor's Department) ein eigenes Justizministerium gegründet; http://www.publications.parliament.uk/pa/cm200607/cmselect/cmconst/466/466.pdf vom 7. März 2011.

164 Siehe hierzu auch *Croucher*, wonach Parlamente sich gerne vor so genannten "hot potato" (zu dt. "heißes Eisen") Themen hüten würden; Croucher, Law Reforming- the whys, wherfores, and where-tos, Rede anläßlich der Legal Studies Teachers Conference, Parliament House, Sydney, 24. August 2007, S. 2; zu finden unter: http://www.docstoc.com/docs/35604617/Law-Reforming--the-whys_-wherefores-and-where-tos-by-Professor vom 17. Februar 2011.

D. Entwicklung der Law Reform Bestrebungen in England

In diesem Kapitel sollen die historischen Entwicklungen dargestellt werden, die im Jahr 1965 in der Gründung der ersten Law Reform Commission in England und Wales gipfelten. Dies war ein langsamer Prozess, der im Mittelalter seinen Anfang nahm und nur als „steiniger Weg“ bezeichnet werden kann.

I. Entwicklung im 16. Jahrhundert

Lange bevor die Idee von unabhängigen Law Reform Commissions Wirklichkeit wurde, versuchten englische Juristen eine Lösung für den Umgang mit dem ständig wachsendem Umfang des Rechts zu finden. Einen ersten Versuch initiierte *Francis Bacon*[165] im Jahr 1593, indem er ein Projekt im Parlament vorstellte, das die Reduzierung der Masse an Gesetzen zum Ziel hatte.[166] Seiner Ansicht nach waren diese „so viele an der Zahl, dass weder die gewöhnlichen Leute mit ihnen umgehen können noch die Juristen sie ausreichend verstehen können.“[167] Diese Aufgabe richtete er an alle Juristen im House of Commons,[168] die sich indes gut darin verstanden, den Aufruf zu überhören. Einige Jahre später (1607) wurde die Fähigkeit des Parlaments, unangenehme Vorschläge zu übergehen,

---

165 *Francis Bacon* (1561-1626), englischer Philosoph, Jurist und Politiker; für mehr siehe: Shapiro, Sir Francis Bacon and the Mid-Seventeenth Century Movement for Law Reform, The American Journal of Legal History, Vol. 24 (1980), S. 331 ff; Horstman, The Parliament of 1621 Revisited: The Beginnings of Impeachment in: Sharp/Fissel, Law and authority in early modern England, Essays presented to Thomas Garden Barnes, S. 77 ff.

166 Neave, Law Reform in the 21st Century- Some Challenges for the Future, Rede vom 11. Oktober 2001, Victorian Law Reform Commission, zu finden unter: http://www.lawreform.vic.gov.au/wps/wcm/connect/Law+Reform/Home/Newsroom/Speeches/LAWREFORM+-+Law+Reform+in+the+21st+Century+speech vom 5. Januar 2011.

167 “so many in number that neither the common people can practise [sic] them nor the lawyers sufficiently understand them”; zitiert aus: Kerr, Law Reform in Changing Times, 96 Quarterly Law Review, 1980, S. 517.

168 Das House of Commons stellt das so genannte Unterhaus des Britischen Parlaments dar. Diese Kammer ist die politisch entscheidende. Das Parlament setzt sich neben dem House of Commons noch aus der Krone und dem so genannten Oberhaus, dem House of Lords, zusammen; siehe hierfür: Kiesow, Reformdebatten im House of Commons, (2007), S. 4.

ein weiteres Mal unter Beweis gestellt als König *James I*, der den Vorschlag von *Bacon* enthusiastisch unterstützte,[169] das Parlament dazu einlud, den „Rost von den Gesetzen zu kratzen, so dass es gesäubert und den Betroffenen bekannt werde."[170] Der Rost blieb, der Ruf nach einer Entrümpelung verhallte. Ob derer Vorgänge noch nicht entmutigt, wagte *Bacon* 1616, mittlerweile Lord Chancellor,[171] einen erneuten Vorschlag für die Reform des Rechts. In seiner Schrift über die „Verbesserung des Rechts"[172] forderte er erneut eine Revision des Common Law. Dazu plante er die Gründung einer Behörde, die aus so genannten „Commissionern" bestehen und die sich der Überprüfung und Berichterstattung an das Parlament über das geltende Recht widmen sollte.[173] Geradezu unnötig ist zu erwähnen, dass auch dieses Mal *Bacon* nur die Grundlage dazu legte, in Geschichtsbüchern des 21. Jahrhunderts als erster Befürworter von organisierter Law Reform erwähnt zu werden.

II. Entwicklung im 19. Jahrhundert

In den folgenden Jahrhunderten wurde sich in England nicht mit der Idee gesetzlicher Law Reform befasst. Dies änderte sich im 19. Jahrhundert, als Mitte des Jahrhunderts in England Diskussionen über die Methoden zur Verwirklichung von Reformen des geltenden Rechts begannen.

---

169 Und auch noch weiter ging als dieser, indem er die Kodifizierung des Rechts favorisierte, Farar, Law Reform and the Law Commission, (1974), S. 4.

170 "to scrape the rust off the laws" (…)"so that they "might be cleared and made known to the subjects"; zitiert aus: Kerr, Law Reform in Changing Times, 96 Quarterly Law Review, (1980), S. 517.

171 Im Unterschied zu Deutschland oder Frankreich ist die Justiz in England erst seit 2007 an ein (Justiz-)Ministerium angebunden (siehe hierzu die Fn bei Abschnitt C. III. 3.). Die Verbindung des politischen Systems und der Justiz erfolgte daher für lange Zeit durch einen der Richter des House of Lords, dem so genannten „Lord Chancellor". Auf diese Weise erfüllte er auch die Funktion eines Justizministers. Ferner war er Sprecher des House of Lords in dessen gesetzgebender Funktion; für eine Auseinandersetzung mit dieser Doppelrolle und gegenwärtige Reform Entwicklungen siehe: Kocher, Funktionen der Rechtsprechung: Konfliktlösungen im deutschen und englischen Verbraucherprozessrecht, (2007), S. 160 und Tschentscher, Demokratische Legitimation der Dritten Gewalt, 82006), S. 290.

172 „Compiling and Amendment of the Laws of England"; Bacon, The Works of Francis Bacon, Baron of Verulam, Viscount St. Alban, and Lord High Chancellor of England: Law Tracts. Maxim of the Law, Band IV, (1826), S. 364 ff.

173 Bacon, a.a.O.

1. Benthams Einfluss auf Law Reform

In dieser Zeit wurden Anstrengungen unternommen, das geltende Recht zu „entmystifizieren“ und es als Anweisung von praktischen Regeln zu verstehen.

Einen wesentlichen Einfluss hierauf hatte insbesondere *Bentham*,[174] da dieser erstmalig ernsthaft die Defekte des englischen Rechts offenlegte und sich leidenschaftlich für die Kodifikation aussprach.[175] *Brougham*[176] bezeichnete sich selbst als tief beeinflusst von *Benthams* Vorstellungen, so dass er einen Vorschlag für die Idee der Law Reform entwickelte.[177] Seine Rede über Law Reform am 7. Februar 1828 im House of Lords, in der er sich für die Gründung einer Commission aussprach, die die Defekte des englischen Rechts beheben lösen sollte, kann hierbei als ein Meilenstein[178] bezeichnet werden.[179]

„Es war Augustus Stolz (...), dass er Rom in Steinen vorfand und es in Marmor verlies. Aber wie viel edler wird der Stolz unseres Herrschers sein, wenn er sagen kann, dass er das Recht teuer fand, und es günstig zurück ließ; es als verschlossenes Buch fand - es als lebenden Buchstaben hinterließ; es im Vermögen der Reichen fand - und dem Erbe der Armen übergab (...).

Eine bescheidende Anfrage an seine Majestät, betend dass er gnädigerweise eine Commission errichte, um die Defekte, verursacht durch Zeit und andere Din-

---

174 *Jeremy Bentham* (1748-1832) kann als Begründer des klassischen Utilitarismus bezeichnet werden, als Vordenker eines modernen Wohlfahrstaates und Sozialreformer; Kaspar, Der klassische Utilitarismus- Jeremy Bentham und John Stuart Mill, (1999), S.3 ff.

175 Farar, Law Reform and the Law Commission, (1974), S. 5.

176 *Henry Brougham* (1778-1868), englischer Jurist, der sich neben der Law Reform beispielsweise entschieden gegen die Sklavenhaltung einsetzte; für eine Darstellung siehe: Lobban, Henry Brougham and Law Reform, 115 The English Historical Review, (2000), S. 1184 ff.

177 “The age of Law Reform and the age of Jeremy Bentham are one and the same”; Brougham, zitiert aus: Farar, Law Reform and the Law Commission, (1974), S. 4.

178 Brougham, Opinions of Lord Brougham, on Politics, Theology, Law, Science, Education, Literature, etc, etc: As Exhibited in His Parliamentary and Legal Speeches, and Miscellaneous Writings, S. 14, 2001.

179 Diese Rede dauerte insgesamt 6 Stunden und 3 Minuten, wobei ihm als einzige vom House of Lords zugestandene Erfrischung ein Korb Orangen zur Verfügung stand; aus: Kerr, Law Reform in Changing Times, 96 Quarterly Law Review, (1980), S. 517.

ge, des Rechts des englischen Reichs, zu untersuchen (...) und die Heilmittel hiergegen, die für diesen Zweck nützlich wären."[180]

Seine Rede fand weiten Zuspruch, führte aber zu keinem praktischen Ergebnis. Nachdem *Brougham* im Jahr 1830 zum Lord Chancellor ernannt wurde, gründete er 1833 die „Royal Commission on the Consolidation of Statute Laws".[181] Diese ereilte das Schicksal der rechtlichen Bedeutungslosigkeit. Zwar veröffentlichte sie im Jahr 1835 ihren Report, aber es wurde nichts getan, um diesen auch tatsächlich umzusetzen.[182] Im Laufe der Zeit wurden weitere Common Law Commissions, eine Criminal Law Commission[183] neben den so genannten ad hoc Committees gegründet.[184] Zwanzig Jahre nach der Gründung, 1853, nachdem mittlerweile *Cranworth*[185] Lord Chancellor geworden war, wandte sich dieser in einem Brief[186] an den damaligen Finanzminister mit der Bitte, ihm aus der Schatzkasse die erforderlichen Mittel für die Ernennung von fünf Commissio-

180 "It was the boast of Augustus (…) that he found Rome of brick, and left it of marble…But how much nobler will be our Sovereign's boast, when he shall have to say, that he found law dear, and left it cheap; found it a sealed book- left it living letter; found it the patrimony of the rich- left it in the inheritance of the poor (….) an humble Address be presented to His Majesty praying that he will graciously be pleased to issue a Commission for inquiring into the defects, occasioned by time and otherwise, in the Laws of this realm of England (…), and the remedies which may expedient for the same"; zitiert aus: Kerr, Kerr, Law Reform in Changing Times, 96 Quarterly Law Review, (1980), S. 517.

181 Kerr, Law Reform in Changing Times, 96 Quarterly Law Review, (1980), S. 517.

182 Kerr, a.a.O.

183 Die fünf Criminal Law Commissioners wurden im Jahr 1833 durch König *William IV* berufen. Alle waren als herausragende Juristen und liberale Reformer bekannt und hatten sich zum Ziel gesetzt, das gesamte Kriminalrecht zu kodifizieren. Am Ende brachten sie auf 2.324 Seiten brachten acht Reports heraus. Auch wenn ihr Vorhaben einer umfassenden Kodifizierung am Ende nicht gelang war ihre Arbeit maßgeblich für eine Reihe von im 19. Jahrhundert vorgenommenen Reformen des Kriminalrechts; Hostettler, A History of Criminal Justice in England and Wales, (2008), S. 202. Siehe hierzu auch: Hostettler, The politics of criminal Law Reform in the nineteenth century, (1992).

184 Hurlburt, Law Reform Commissions in the United Kingdom, Australia and Canada, (1986), S. 255.

185 *Robert Monsey Rolfe Cranworth*, (1790 – 1868), englischer Jurist und zweimaliger Lord Chancellor; siehe den Nachruf unter: Kurtzel/von Gottschall/Bienemann (Hrsg.), Unsere Zeit: Deutsche Revue der Gegenwart, Band 4, Teil 2, S. 559 (1868).

186 Genau diesen Brief hatte 115 Jahre später der damalige Lord Chancellor *Gardiner* während der Debatte um das Law Commissions Bill 1965 als Kopie im House of Lords dabei; Kerr, Law Reform in Changing Times, 96 Quarterly Law Review, (1980), S. 517.

ners für die Gründung eines „Boards for Consolidation and Digesting the Statute Law“ zur Verfügung zu stellen.[187] Dieser Bitte wurde indes nicht nachgekommen, so dass auch dieses Mal die Hoffnung nach einer planmäßig betriebenen Law Reform nicht erfüllt wurde.

2. “A Century of Law Reform”

Nichtsdestotrotz können die Änderungen, die durch *Broughams* Rede und die Gründung der Reform Commissions erreicht wurden, als bedeutend bezeichnet werden, so dass diese Zeit auch als das „Century of Law Reform“ bezeichnet wird.[188] Zwar gelang nicht die gewollte umfassende Kodifizierung, doch in Teilbereichen konnten durchaus Erfolge gefeiert werden. So wurde 1852 das altertümliche System der Klagegründe (cause of action) und Plädoyers (pleading) vereinfacht, 1860 erfolgten im Einfluss der Reformbewegung wesentliche Kodifizierungen im Kriminalrecht.[189]

Im Zusammenhang mit Law Reform gab es ferner eine Welle von Statute Law Revision durch das Statute Law Committee im Jahr 1868.[190] Diesem wurde die Aufgabe übertragen, eine überarbeitete Version der Gesetze zu erstellen und den Prozess der Statute Law Revision und der Konsolidierung zu überwachen.[191] Innerhalb der nächsten vierzig Jahre wurden 29 Statute Law Revision Acts erlassen, die überwiegend auf Empfehlungen dieses Committees basierten.[192] Ferner erfolgte zur Jahrhundertwende der Erlass von Acts, die sich mit so unter-

---

187 Hierzu forderte er lediglich 3.400 Pfund pro Jahr, einen Raum und die nötige Büroausstattung, Kerr, a.a.O.

188 Hostettler, A History of Criminal Justice in England and Wales, (2008), S. 202.

189 Kerr, a.a.O.

190 Caldwell, A Vision of Tidiness: Codes, Consolidations and Statute Law Revision aus: Opeskin/Weisbrot (Hrsg.), The Promise of Law Reform, (2005), S. 43. Der Auftrag hierzu wurde jedoch schon im Jahre 1861 durch den Statute Law Revision Act 1861 (UK) gesetzlich normiert.

191 Crabbe, Legislate Drafting, Band 1, (1993), S. 198.

192 Bis 1969 wurden diese Acts “Statute Law Revision Acts” genannt. Anschließend folgte eine Änderung in „Statute Law (Repeals) Acts“. Diese Zahl wurde indes in den Folgejahren nicht bei behalten - so wurden in den Jahren 1909 bis 1952 lediglich drei Statute Law Revision Bills verabschiedet. 1953 wurde die Verantwortung für statute law revision dem Parliamentary Counsel übergeben, der in den Jahren von 1953 bis 1965 insgesamt sieben Acts produzierte. Mit Gründung der englischen Law Reform Commission 1965 wurde die Zuständigkeit für statutory law revison als eine der Kompetenzen der Law Reform Commission ausgestaltet; Caldwell, a.a.O.

schiedlichen Bereichen wie dem Seerecht, der Schiedsgerichtsbarkeit oder dem Verbrauchsgüterkauf befassten.[193]

Gleichwohl blieben diese verschiedenen, wenn auch durchaus erfolgreichen Maßnahmen, immer nur ad hoc Antworten auf besondere Probleme. Jede Initiative auf Kodifizierung blieb damit nur fragmentarisch und auf ein limitiertes Feld begrenzt, so dass es zu keiner Zeit die Maschinerie einer systematischen, umfassenden Law Reform gab.[194]

193 Kerr, Law Reform in Changing Times, 96 Quarterly Law Review, (1980), S. 518.
194 Kerr, a.a.O.

III. Entwicklungen im 20. Jahrhundert

Die Idee einer auf Dauer eingerichteten Institution, die das Recht einer Überprüfung unterziehen sollte, lebte auch im 20. Jahrhundert fort.

Doch diesmal kam der Ruf nicht aus England, sondern aus den Vereinigten Staaten von Amerika, als der Richter *Benjamin Cardozo* sich 1921 mit folgendem Aufruf an die juristische Öffentlichkeit wandte:

„Den Gerichten wird in der Adaption des Rechts, die sie betreiben und auch betreiben sollen, nicht geholfen. Der Grund hierfür ist, dass es niemanden gibt, dessen Aufgabe es ist, Warnungen darüber auszusprechen, dass Hilfe benötigt wird (...). Wir brauchen einen Kurier, der die Nachrichten einer Notlage übermittelt (...). Heutzutage arbeiten Gerichte und die Legislative in Separierung und Distanz. Die Strafe hieraus wird von beiden bezahlt durch verschwendete Anstrengungen in der Produktion und in der geminderten Qualität des Produkts (...). Legislative und Judikative bewegen sich in stolzer und stiller Isolation voneinander. Eine Agency muss gegründet werden um zwischen ihnen zu vermitteln."[195]

1. Law Reform durch Committees

Cardozos Ruf blieb in England zunächst ungehört. Gleichwohl wurde auch hier der Gedanke der Law Reform weiter voran getrieben. So wurde 1934 durch

195 „The courts are not helped as they could and ought to be in the adaption of law to justice. The reason they are not helped is because there is no one whose business it is to give warning that help is needed...We must have a courier who will carry the tidings of distress...Today courts and legislation work in separation and aloofness. The penalty is paid both in the wasted effort of production and in the lowered quality of the product. (...). Legislature and courts move on in proud and silent isolation. Some agency must be found to mediate between them"; Cardozo, A Ministry of Justice, 35 Harvard Law Review, (1921) S. 113-114.Cardozos Ruf führte schließlich im Jahre 1934 zur Gründung der New York Law Revision Commission. Diese gibt es bis heute; (siehe hierzu: http://www.lawrevision.state.ny.us/index.php vom 7. März 2011), so dass sie als die älteste Einrichtung, die sich der Idee der Reform des Rechts verschreiben hat, gilt. Siehe hierzu auch: MacDonald, The New York Law Revision Commission, 28 The Modern Law Review, (1965), S. 1 ff.

Lord Chancellor *Sankey*[196] ein Law Revision Committee gegründet, das mit Reformvorhaben betreffend des Zivil - und Krimanalrechts durch den Lord Chancellor beauftragt wurde. Seine Aufgabe war zu überprüfen, welche Aspekte des Rechts einer Überarbeitung im Lichte moderner Umstände bedürfen.[197] Dieses Committee bestand aus Richtern, Anwälten und Professoren. Bis zum Kriegsausbruch im Jahre 1939, in dem das Committee seine Arbeit einstellte, hatte es acht Reports herausgebracht, die Privatrecht zum Thema hatten; diese Reports erwiesen sich als äußerst einflussreich in allen Common Law Ländern[198] und als Folge wurden sieben reformierende Acts in England erlassen.[199] 1952 wurde dieses Committee nach dem Krieg durch *Lord Chancellor Simonds* als Law Reform Committee wiederbelebt,[200] 1959 erfolgte die Gründung des Criminal Law Revision Committees.[201]

Im Allgemeinen beschäftigten sich diese Einrichtungen überwiegend mit der Technik des Rechts. Die eingeschränkte Themenauswahl und das fehlende Initiativrecht dieser Committees wurden von den englischen Reformern kritisiert.[202] Sie wollten mehr Bereiche des Rechts einer Überprüfung unterziehen. Gesellschaftliche Aspekte des Rechts und notwendige Reformen sollten nicht exklusiv dem politischen Prozess überlassen werden. Mitte der 50er Jahre des letzten Jahrhunderts intensivierte sich diese Debatte. Mehrere prominente Juristen äußersten ihre ernsthafte Besorgnis über die Notwendigkeit solcher Reformen und brachten ihre Unzufriedenheit über die ihrer Ansicht nach nicht ausreichenden Mechanismen zur Verwirklichung von Reformen zum Ausdruck.[203] Sie sahen solche Unzulänglichkeiten, dass sie sogar Schriften veröffentlichten, die sich

196 *John Sankey* (1866-1948), Britischer Jurist und Mitglied der Labour Partei; siehe hierzu http://www.archiveswales.org.uk/anw/get_collection.php?inst_id=1&coll_id=78172&expand= vom 17. Februar 2011.

197 Farrar, Law Reform and the Law Commission (1974), S. 133 (App. A).

198 Sawer, The Legal Theory of Law Reform, 20 University of Toronto Law Review, (1970), S. 183, 184.

199 Farrar, a.a.O.

200 Tilbury, A History of Law Reform in Australia, S. 9, in: Opeskin/Weisbrot (Hrsg.), The Promise of Law Reform (2005), S.9.

201 Wheeler, Essentials of the English Legal System (2006), S. 349.

202 Siehe hierzu: Kerr, Law Reform in Changing Times, 96 Quarterly Law Review, (1980), S. 518.

203 Beispielsweise Devlin, Samples of Law Making, 1962; Wade, The Machinery Of Law Reform, 24 The Modern Law Review, (1961), S. 3ff; Gardiner, The Machinery of Law Making in England, (1953), 69 Law Quarterly Review, S. 46 ff.

statt an Juristen an die breite Öffentlichkeit richteten, um diese über die Notwendigkeit von Rechtsreformen zu informieren.[204]

Diese Aufrufe und die Besorgnis der beteiligten Juristen spielten bei der späteren Gründung der englischen Law Commission im Jahr 1965 eine wesentliche Rolle.[205] Historisch gesehen war die Gründung dieser Committees mehr ein Kompromiss, da durch sie keine systematische Überprüfung des Rechts stattfand.[206] Gleichwohl zeigten ihre Beschränkungen, dass eine permanente Einrichtung erforderlich war, um die Reformziele auch tatsächlich zu erreichen, so dass ihre Gründung aus historischer Sicht durchaus als wichtig bezeichnet werden kann.[207]

---

204 *Harvey Moore*, Brief an die Zeitung "The Times" vom 18. März 1952. Er schlug vor, dass ein Justizminister ernannt werden sollte, der dem Lord Chancellor verantwortlich sein sollte für Law Reform. *Lord Schuster* schlug daraufhin, als Antwort auf den Brief, am 24. März 1952, ebenfalls in einem Schreiben an die Times vor, dass ein dritter Law Officer ernannt werden sollte, der dem Lord Chancellor in Belangen der Law Reform assistierend zur Seite stehen sollte; Farar, Law Reform and the Law Commission, (1974), S.19.

205 Die Gründung der späteren Law Commission of England and Wales wird auch als die „logische Folge" dieser Entwicklung beechnut; siehe hierzu Sawer, The Legal Theory of Law Reform, 20 University of Toronto Law Review, (1970), S. 183 ff; Hennessy, Independence and Accountability of Law Reform Agencies, in Opeskin/Weisbrot (Hrsg.), The Promise of Law Reform, (2005), S. 72.

206 Beide Committees haben mittlerweile ihre Arbeit beendet; Wheeler, Essentials of the English Legal System (2006), S. 349, 350.

207 Für eine umfassende Darstellung der Arbeit der Committees: Blair, The Law Reform Committee: The First Thirty Years, 64 Civil Justice Quarterly, (1982).

2. Die Idee einer Law Reform Commission of England and Wales

„ich habe keinen Zweifel daran, dass das schlimmste am Recht seine Form ist und das zuallererst aufgrund seiner Masse.“[208]

a) „Law Reform NOW“

Die Gründung von Teilzeit Committees dämpfte nicht das Verlangen für eine substantiierte Law Reform Aktivität in England. In den folgenden Jahren sprachen sich viele Juristen für eine systematische Reform des englischen Rechts aus.[209] Oft wurde dabei die Gründung eines Justizministeriums oder einer Einrichtung, die sich mit der Reform des Rechts befassen sollte, vorgeschlagen.[210] Basierend auf diesen Entwürfen eröffneten *Gerald Gardiner*[211] und *Professor Andrew Martin*[212] im Jahre 1963 mit der Veröffentlichung ihres Werks „Law Reform NOW“ erneut die öffentliche Debatte. In diesem vertraten sie ihre Ansichten darüber, welche Bereiche des Rechts reformbedürftig seien. Sie kamen zu dem Schluss, dass das englische Recht einer gründlichen Revision bedürfe und Subjekt einer systematischen Entwicklung und Reform sein sollte.[213] Ausgehend von der Prämisse, das „vieles im englischen Recht nicht zeitgemäß ist,

---

208 „I have no doubt at all that the worst part of the law is its form, and this is in the first place because of its bulk"; Gardiner, Some Aspects of Law Reform, New Zealand Law Journal, (1969), S. 175.

209 Für eine gute Zusammenfassung der damaligen verschiedenen Ideen siehe u.a.: Farar, Law Reform and the Law Commission, (1974), S. 19.

210 Farar. a.a.O.

211 *Gerald Gardiner* (1900-1990), wird als einer der führenden Juristen seiner Zeit bezeichnet. *Gardiner* war langjähriger Befürworter der Reformierung des Rechts und setzte sich für die Beachtung von Menschenrechten u.a. im Rahmen der Abschaffung der Apartheid in Südafrika ein; Herbstein, White Lies: Canon Collins and the secret war against apartheid, (2004), S. 34, 190, 222 und: Cretney, Law, Law Reform and the Family, (1998), S. 5.

212 *Andrew Martin* (1906-1985); auch wenn er hauptsächlich durch seine Mitarbeit an „Law Reform NOW“ bekannt wurde, lag sein beruflicher Schwerpunkt auf seiner Tätigkeit als Professor für International and Comparative Law an der University of Southampton, an die er 1963 berufen wurde; Cretney, Law, Law Reform and the Family, (1998), S. 5.

213 Gardiner/Martin, Law Reform NOW, (1963), Kapitel 1. Kapitel 1 dieses Werks kann auch als "Blaupause" ("Blueprint") für die Law Commission bezeichnet werden; Farar, Law Reform and the Law Commission, (1974), S. 20.

und Teile davon sogar schockierend",[214] schlugen sie die Gründung einer permanent eingerichteten, auf einem Gesetz beruhenden Institution vor. Diese sollte sich aus nicht weniger als fünf exklusiv für diese Einrichtung hauptamtlich arbeitenden, hochqualifizierten Juristen, zusammensetzen. Sie würden als „Law Commissioners" bezeichnet und für die Dauer von mindestens fünf Jahren ernannt werden. Law Commissioners sollten nicht nur vom Lord Chancellor ernannte Beamte sein, sondern darüber hinaus ein hohes Maß an Unabhängigkeit genießen. Ihre Hauptaufgabe sollte sein, das geltende Recht ohne Einflüsse durch die Regierung zu überprüfen, es auf den neuesten Stand zu bringen und auf diesem zu halten. Vergleichende Studien mit anderen Rechtskreisen würden dabei helfen, Stärken und Schwächen des eigenen Rechts zu erkennen und zu verbessern. Zu ihrer Unterstützung sollten juristisch ausgebildete Mitarbeiter zur Verfügung stehen.[215]

b) Das „White Paper" von 1965

Im Juni 1964 - zweifelsohne in Erwartung der Regierungswahlen im Oktober desselben Jahres[216] - übersandte *Martin* an *Gardiner* einen Entwurf eines Law Reform Bills.[217] Noch im selben Jahr wurde *Gardiner* zum Lord Chancellor unter *Harold Wilsons* Labour Regierung[218] ernannt. Diesen Posten hatte er, so wird berichtet, jedoch nur unter der Bedingung angenommen, dass die von ihm und *Martin* erarbeitete Idee einer unabhängigen Law Reform Commission auch umgesetzt werden würde.[219] Diese Bedingung wurde von der Labour Party ange-

---

214 „much of our English law is out of date, and some of it shockingly so"; Gardiner/Martin, Law Reform NOW, (1963), S. 1.

215 Für alle Vorschläge im Einzelnen siehe: Gardiner/Martin, Law Reform NOW, (1963), Kapitel 1.

216 Cretney, Law, Law Reform and the Family, (1998), S. 5.

217 Cretney, a.a.O.

218 Wheeler, Essentials of the English Legal System, (2006), S. 350. Siehe hierzu auch: Parsons, Harald Wilson and the Labour Government, in: Capet/Pichardie (Hrsg.), Les anées Wilson, 1964-1970, (1999), S. 227 ff.

219 Zander, The Law-Making Process, (2004), S. 461; siehe hierzu Cretney, The Politics of Law Reform - a View from the Inside, 48 Modern Law Review, (1985), S. 493, 494; Wheeler, Essentials of the English Legal System, (2006), S. 350

nommen,[220] so dass schon kurz nach dem Regierungsantritt im Januar 1965 ein „White Paper"[221] mit dem Titel „Proposals for English and Scottish Law Commissions"[222] veröffentlicht wurde.

In diesem „White Paper" hieß es wie folgt:

„eines der Merkmale einer fortschrittlichen Gesellschaft ist, dass ihre Gesetze nicht nur gerecht sind, sondern auch dass sie auf dem neuesten Stand gehalten werden und allen zugänglich sind, die von ihnen betroffen sind.

Es kann nicht gesagt werden, dass das heutige Recht diese Anforderungen zufriedenstellend erfüllt."[223]

---

220 Nach einer vorherigen Überprüfung des Vorschlags durch das Lord Chancellor's Office. Das Wahlmanifest der Labour Party, The New Britain, hatte daraufhin eine Verpflichtung zu der Gründung einer solchen Einrichtung zum Inhalt und es scheint, als ob das Thema "Law Reform" einer der Schwerpunkte der damaligen Wahl war; Cretney, The Politics of Law Reform - a View from the Inside, 48 Modern Law Review, (1985), S. 493, 494 und Cretney, Law, Law Reform and the Family, (1998), S. 5.

221 Ein "White Paper" ist ein verbindliches Dokument, das sich auf ein bestimmtes Thema bzw. Problem fokussiert. Im Commonwealth of Nations ist „White Paper" der informelle Name für ein parlamentarisches Papier. Diese werden von den Regierungen herausgegeben. Die Veröffentlichung eines „White Papers" ist oftmals ein starkes Indiz für den Willen der Regierung, ein neues Gesetz zu erlassen. Im Kontrast hierzu sind die so genannten „Green Paper", die vergleichsweise regelmäßig veröffentlicht werden, offener gehalten. Sie sind vorläufige Reports der jeweiligen Regierung, in dem das weitere Verfahren mit einem Gesetzesvorschlag dargestellt wird, aber ohne dass sich daraus eine Verpflichtung zur Umsetzung durch die Regierung ergeben würde. Gleichwohl ist dessen Veröffentlichung oft der erste Schritt im Rahmen eines Gesetzgebungsvorhabens und kann zur Herausgabe eines auf dem „Green Paper" aufbauendem „White Papers" führen; Joshi/Biswal, Writing Skills for Technical Purposes (2006), S. 72.

222 Great Britain Lord Chancellor's Department, Proposals for English and Scottish Law Commissions: An Act to provide for the constitution for commissions for the reform of the law, Teil 22, Cmnd (Command Paper). 2573, (1965); hierbei wurde auf die Vorschläge *Gardiners* eingegangen, die jedoch zum Teil erheblich modifiziert wurden: Der Autor *Stephen Cretney* konnte 1996, nach Ablauf der 30jährigen Sperrfrist, Einblick in Dokumente erlangen, aus denen die damals gemachten politischen Kompromisse hervorgehen, die gemacht wurden, um das Ziel einer Law Reform Commission zu erreichen (Cretney, The Law Commission; True Dawns and False Dawns, 59 Modern Law Review, (1996), S. 631 ff. und das erste Kapitel in: Cretney, Law, Law Reform and the Family (1998), S. 1 ff.

Gardiner setzte sich in diesem Papier ausführlich mit den Mängeln des englischen Rechts auseinander und illustrierte diese anschaulich:

„Das englische Recht ist in etwa 3.000 parlamentarischen Acts, wovon die ältesten aus dem Jahr 1235 datieren (....) und über 300.000 mitgeteilten Fällen zusammengefasst.“[224]

Die künftigen Commissioners sollten ihre Aufträge vom Lord Chancellor erhalten und ihm neben einem jährlich zu veröffentlichen Report ihre Ausarbeitungen präsentieren. Sofern sich dieser nach Konsultation mit anderen Ministern mit den Ergebnissen einverstanden zeigen würde, würden diese dem Parlament vorgelegt, das daraufhin legislativ tätig werden und die Reformvorschläge umsetzten würde.[225]

223 “one of the Hallmarks of an advanced society is that its laws should not only be just but also that they be kept up to date and be readily accessible to all who are affected by them. The state of the law today cannot be said to satisfy these requirements."; Great Britain Lord Chancellor´s Department, Proposals for English and Scottish Law Commissions: An Act to provide for the constitution for commissions for the reform of the law, Teil 22, Cmnd. 2573, (1965), S. 1. Siehe auch: http://www.lawteacher.net/english-legal-system/lecture-notes/law-reform.php vom 17. Februar 2011.

224 „English law today is contained in some 3.000 Acts of Parliament, the earliest of which dates from 1235, (…), and in over 300.000 reported cases“; a.a.O.

225 a.a.O.

c) „Nonsens“ im Common Law

Dieses White Paper zog direkt die Aufmerksamkeit des Parlaments auf sich.[226] Noch im selben Monat wurde die Gesetzesvorlage für die Gründung der Law Commissions im Parlament eingeführt, die breiten Zuspruch erhielt. In einer Rede am 1. April 1965 im House of Lords unterstrich *Gardiner* erneut seine Argumente. Dabei ging er vertiefend auf einzelne Bereiche ein: so sei das geltende Kriminalrecht seit über 100 Jahren keiner Überprüfung mehr unterzogen worden, das Arbeitsrecht weise zum Teil erhebliche Lücken auf, ebenso wie das Familienrecht.[227] Das System des englischen Rechts bezeichnete er hierbei schlicht als „Nonsens“[228] und führte dies anhand von folgendem Beispiel eindrucksvoll vor:

„Nehmen sie irgendein Thema, das Sie möchten - etwas sehr einfaches- sagen wir, das Recht der Eheschließung (was der Natur der Sache entsprechend viel einfacher als das Scheidungsrecht ist), das nur eine Sache von Qualifikationen und Formalitäten ist.

Wo ist unser Recht hierzu enthalten?

Die Antwort hierzu ist, dass es im: Marriages Contracts and Consanguinity Act, 1540; dem Marriages Pre-Contract Act, 1548; dem Marriages Confirmation Act, 1804; dem Marriages Confirmation Act, 1808; dem Marriage Act, 1823; dem Marriage Act, 1824; dem Marriages Confirmation Act, 1825; dem Marriage Confirmation Act, 1830; dem Marriage Act, 1835; dem Marriage Act, 1836; dem Marriage Act, 1840; dem Marriage (Society of Friends) Act, 1860; dem Marriage Confirmation Act, 1860; 1143 dem Marriage (Society of Friends) Act, 1872; dem Marriages Validity Act, 1886; dem Marriage Act, 1886; dem Foreign Marriages Act, 1892 — denken Sie daran, meine Lords- Ausländer heiraten ["think of that, my Lords: marrying foreigners!], dem Marriage Act, 1898; dem Marriages Validity Act, 1899; dem Marriages Legalisation Act, 1901; dem Marriages Legalisation Act, 1903; dem Provisional Order (Marriages) Act, 1905; dem Marriage with Foreigners Act, 1906; dem Deceased Wife's Sister's Marriage Act, 1907; dem Naval Marriages Act, 1908; dem Marriages in Japan (Validity) Act, 1912; dem Marriage of British Subjects (Facilities) Act,

---

226 Cretney, Law, Law Reform and the Family, (1998), S. 5.

227 Rede vom 1. April 1965, zu finden unter: http://hansard.millbanksystems.com/lords/1965/apr/01/law-commissions-bill vom 7. März 2011

228 a.a.O.

1915; und dann, typisch ["and then, typically, the"] dem Marriage of British Subjects Facilities (Amendment) Act, 1916; und dem Deceased Brother's Widow's Marriage Act, 1921; und dem Marriages Validity (Provisional Orders) Act, 1924; dem Age of Marriage Act, 1929; dem Marriage Measure, 1930; dem Marriage (Prohibited Degrees of Relationship) Act, 1931; the Marriage (Naval, Military and Air Force Chapels) Act, 1932; dem Marriage (Extension of Hours) Act, 1934, dem Banns of Marriages Measure, 1934; dem Marriage Act, 1939; dem Marriages Validity Act, 1939; dem Marriage (Members of His Majesty's Forces) Act, 1941; und dem Matrimonial Causes (War Marriages) Act, 1944 enthalten ist"[229]

Insbesondere aber die Vollzeitbeschäftigung der künftigen Mitglieder der Commission wurde als wesentlich von *Gardiner* erachtet; für ihn war es unmöglich, eine effektive Reform des englischen Rechts „gelegentlich in der Freizeit am Nachmittag" zu erarbeiten, da so nur „an der Oberfläche gekratzt"[230] werden

---

229 "Take any subject you like — something very simple — say, the law on getting married (which is naturally very much simpler than the law on getting unmarried) which is just a question of qualifications and formalities". I said, "Where is our law on getting married contained?" The answer was that it was contained in the Marriages Contracts and Consanguinity Act, 1540; the Marriages Pre-Contract Act, 1548; the Marriages Confirmation Act, 1804; the Marriages Confirmation Act, 1808; the Marriage Act, 1823; the Marriage Act, 1824; the Marriages Confirmation Act, 1825; the Marriage Confirmation Act, 1830; the Marriage Act, 1835; the Marriage Act, 1836; the Marriage Act, 1840; the Marriage (Society of Friends) Act, 1860; the Marriage Confirmation Act, 1860; 1143 the Marriage (Society of Friends) Act, 1872; the Marriages Validity Act, 1886; the Marriage Act, 1886; the Foreign Marriages Act, 1892—think of that, my Lords: marrying foreigners!—the Marriage Act, 1898; the Marriages Validity Act, 1899; the Marriages Legalisation Act, 1901; the Marriages Legalisation Act, 1903; the Provisional Order (Marriages) Act, 1905; the Marriage with Foreigners Act, 1906; the Deceased Wife's Sister's Marriage Act, 1907; the Naval Marriages Act, 1908; the Marriages in Japan (Validity) Act, 1912; the Marriage of British Subjects (Facilities) Act, 1915; and then, typically, the Marriage of British Subjects Facilities (Amendment) Act, 1916; and the Deceased Brother's Widow's Marriage Act, 1921; and the Marriages Validity (Provisional Orders) Act, 1924; the Age of Marriage Act, 1929; the Marriage Measure, 1930; the Marriage (Prohibited Degrees of Relationship) Act, 1931; the Marriage (Naval, Military and Air Force Chapels) Act, 1932; the Marriage (Extension of Hours) Act, 1934 (that sounds rather like licensing law); the Banns of Marriages Measure, 1934; the Marriage Act, 1939; the Marriages Validity Act, 1939; the Marriage (Members of His Majesty's Forces) Act, 1941; the Matrimonial Causes (War Marriages) Act, 1944; a.a.O.

230 "in your spare time on an occasional afternoon", "hardly did more than scratch the soil": Rede vom 1. April 1965, a.a.O.

würde. Keine dieser Anforderungen wurde bis zu diesem Zeitpunkt in England durch die Committees erfüllt.[231]

IV. Gründung der Law Commission of England and Wales

Noch im gleichen[232] Jahr erfolgte am 15. Juni 1965 der Erlass des Law Commissions Act 1965,[233] der, betreut durch *Gardiner*, zur Gründung der ersten beiden britischen Law Commissions (eine für England und Wales und eine für Schottland) im Vereinigten Königreich führte.[234] Direkt am nächsten Tag wurden die Namen der ersten fünf Commissioners veröffentlicht, die anschließend ihre Arbeit aufnahmen.[235]

---

231 Murphy, The Rise, Decline and Current Status of Canada´s Law Reform Agencies, 30 Commonwealth Law Bulletin, (2004), S. 903.

232 Dieser Vorgang kann nur als ungewöhnlich schnell bezeichnet werden und ist wohl der Einlösung des gemachten Versprechens an Gardiner geschuldet gewesen; Cretney, Law, Law Reform and the Family, (1998), S. 5 und Farar, Law Reform and the Law Commission, (1974), S. 22.

233 Erste Lesung am 20. Januar 1965, zweite Lesung am 8. Februar 1965; Farar, Law Reform and the Law Commission, (1974), S. 23, 24.

234 Es gibt eine Reihe Literatur über die Law Commission of England and Wales. Da sie die erste Institution ihrer Art war, gab es möglicherweise ein erhöhtes Bedürfnis, diese der Öffentlichkeit vorzustellen. Der erste Präsident der Law Commission of England and Wales, Sir Leslie Scarman, veröffentlichte eine Reihe von Schriften, in denen er die Arbeit vorstellte, ihre Struktur beschrieb und für sie warb. Siehe hierzu (Beispiele): Scarman, Law Reform: The New Pattern, (1968); Scarman, Inside the English Law Commission, 57 American Bar Association Journal (1971), S. 867 ff.; Scarman, The Work of the Law Commission for England and Wales, 8 University of Western Ontario Law Review, (1968), S. 33 ff.; Scarman, Law Reform- The Experience of the Law Commission, 10 Journal of the Society of Public Teachers of Law, (1968), S. 96 ff; Scarman, Law Reform- Lessons from English Experience, 3 Manitoba Law Journal, (1968), S. 47). Weitere Werke aus dieser Zeit unter anderem Marsh, Law Reform in the United Kingdom: A New Institutional Approach, 13 William and Mary Law Review (1971), S. 263 ff.; Diamond, The Work of the Law Commission, 10 The Law Teacher, (1976), S. 11 ff.; Sutton, The English Law Commission: A New Philosophy of Law Reform, 20 Vanderbilt Law Review, (1967), S. 1009 ff.; Dworkin/Dworkin, The Law Commissions Act, 1965, 28 The Modern Law Review, (1965), S. 675 ff. und Gardiner, Methods of Law Reform, 13 St. Louis University Law Journal (1968), S. 3 ff. Für eine gute, moderne Darstellung der Arbeitsweise der Law Commission of England and Wales: Arden, The Work of the Law Commission in: Freemann (Hrsg.), Current Legal Problems, (2000), S. 559, 564.

235 Zander, The Law-Making Process, (2004), S. 462.

1. Anforderungen an die Law Reform Commissions

Die Aufgaben der künftigen Law Reform Commissions wurden im Act präzisiert. So hieß es in diesem u.a., dass

„es die Pflicht der (...) Commissions sein soll, das gesamte Recht im Überblick zu behalten (....) mit einem Blick auf dessen systematische Entwicklung und Reform, einschließlich insbesondere der Kodifizierung von Gesetzen, der Eliminierung von Anomalien, der Abschaffung von obsoleten und überflüssigen Erlassen, der Reduzierung der Anzahl von Einzelerlassen und generell die Vereinfachung und die Modernisierung des Rechts.“ [236]

Die Aufgaben der Commission waren des Weiteren:

(a) „(der Commission) sollten alle Vorschläge für die Gesetzesreform zugehen, damit sie alle Vorschläge, die ihr gemacht oder die an sie verwiesen werden, berücksichtige;

(b) [die Commission] soll (von Zeit zu Zeit) dem Minister Programme für eine Überprüfung der verschiedenen Rechtsbereiche im Hinblick auf eine Reform unterbreiten, zusammen mit Empfehlungen (sei es durch die Commission oder eine andere Institution) von wem eine solche Überprüfung durchgeführt werden sollte;

(c) [die Commission] soll aus den vom Minister gebilligten Empfehlungen Gesetzesentwürfe für die Untersuchung verschiedener Rechtsbereiche oder Vorschläge für deren Reform vorbereiten;

(d) [die Commission] soll (von Zeit zu Zeit) (auf Verlangen des Minsters) umfassende Programme zur Konsolidierung von Gesetzen vorbereiten, gemäß den vom Minister genehmigten Programmen;

(e) [die Commission] soll Regierungsabteilungen und anderen Behörden oder Körperschaften auf Regierungsebene [des Vereinigten Königreiches oder der

---

236 "It shall be the duty of ... the Commissions ... to keep under review all the law ... with a view to its systematic development and reform, including in particular the codification of such law, the elimination of anomalies, the repeal of obsolete and unnecessary enactments, the reduction of the number of separate enactments and generally the simplification and modernisation of the law ..." Art. 3 Law Reform Act 1965 (UK); zu finden unter: http://www.lawcom.gov.uk/act.htm vom 17. Februar 2011.

Schottischen Verwaltung] Rat und Auskunft in Bezug auf Reformvorhaben oder Gesetzesänderungen erteilen;

(f) [die Commission] soll Rat und Informationen über Rechtssysteme anderer Länder einholen, falls sich dies für die Arbeit der Commission als nützlich erweist.“ [237]

2. Auf Dauer, in Vollzeit

Die Commissions wurden als permanente Institutionen mit fest angestellten Mitgliedern, die von Vollzeitkräften im Rahmen ihrer Arbeit unterstützt wurden, eingerichtet.[238] Damit wurde eine der zentralen Forderungen der Law Reform Befürworter erfüllt. Ihre ersten Reports widmeten sich straf -, familien- und zivilrechtlichen Fragestellungen.[239]

---

237 “(a) (the Commission should to) receive and consider any proposals for the reform of the law which may be made or referred to them; (b) to prepare and submit to the Minister from time to time programmes for the examination of different branches of the law with a view to reform, including recommendations as to the agency (whether the Commission or another body) by which any such examination should be carried out; (c) to undertake, pursuant to any such recommendations approved by the Minister, the examination of particular branches of the law and the formulation, by means of draft Bills or otherwise, of proposals for reform therein; (d) to prepare from time to time at the request of the Minister comprehensive programmes of consolidation and statute law revision, and to undertake the preparation of draft Bills pursuant to any such programme approved by the Minister; (e) to provide advice and information to government departments and other authorities or bodies concerned at the instance of the Government [of the United Kingdom or the Scottish Administration] with proposals for the reform or amendment of any branch of the law; (f) to obtain such information as to the legal systems of other countries as appears to the Commissioners likely to facilitate the performance of any of their functions.“; Art. 3 Abs. Abs. 1 a)-f) Law Commissions Act 1965.

238 Art. 1 Abs. 3, Art.5 Law Commissions Act 1965.

239 Eine Auflistung aller Reports der Law Commission of England and Wales findet sich unter: http://www.lawcom.gov.uk/docs/LC_reports_list.pdf vom 8. März 2011.

V. Die Law Commission of England and Wales in der Gegenwart

Die Law Commission of England and Wales gibt es bis heute und hat in den letzten Jahren erfolgreiche Arbeit geleistet. Schätzungsweise 68% ihrer bislang veröffentlichten Reports wurden durch das Parlament umgesetzt und für einige steht die Entscheidung der Regierung noch aus.[240] 2009 wurde der Law Commission Act 2009[241] erlassen und ein Protokoll zwischen der Law Commission und dem Lord Chancellor (im Auftrag der Regierung) abgeschlossen. Ziel hiervon ist u.a. die Verbesserung der Implementationsrate der Empfehlungen der Commission durch das Parlament. Der Act trat am 12. Januar 2010 in Kraft. Er fordert den Lord Chancellor auf, jährlich dem Parlament über das Ausmaß über die Umsetzung von Empfehlungen der Law Commission zu berichten. Der erste Report durch den Lord Chancellor wurde am 24. Januar 2011 veröffentlicht.[242]

240 http://www.lawcom.gov.uk/about.htm#b vom 8. März 2011.

241 Zu finden unter: http://www.lawcom.gov.uk/docs/Law_Commission_Act_2009.pdf vom 8. März 2011.

242 Siehe hierzu die Homepage der Law Commissison of England and Wales: http://www.lawcom.gov.uk/about.htm vom 8. März 2011.

E. Der Weg zur Gründung der Australian Law Reform Commission

I. Einleitung

In diesem Kapitel sollen die wesentlichen Eckpunkte in der historischen Entwicklung der Law Reform in Australien dargestellt werden. Durch die weite Klassifizierung, die eine solche Untersuchung erfordert, kann nicht die gesamte Historie einer jeden Jurisdiktion behandelt werden. Ferner kann in diesem Rahmen keine absolut präzise Chronologie geschrieben werden, da bis zum heutigen Zeitpunkt die Geschichte der Law Reform in Australien im Wandel ist und, selbst wenn sie zugänglich sind,[243] die meisten Originaldokumente, die die Entwicklung der Law Reform und ihrer Commissions in Australien behandeln, nicht ausgewertet sind.[244]

1. Das Commonwealth of Australia

Das Commonwealth of Australia[245] ist ein auf einem föderalistischen Staatssystem aufbauender Bundesstaat, dem sechs Gliedstaaten angehören (Queensland, New South Wales, Victoria, South Australia, Western Australia und Tasmania[246]).[247] Diese Staaten haben alle jeweils ihre eigene Verfassung, ihre eigenen

---

243 Siehe hierzu besonders: Petrow, "Lost Cause? Law Reform in Tasmania 1941-1969", 13 University of Tasmania Law Review, (1994), S. 369, 371.

244 Tilbury, A History of Law Reform, in: Opeskin/Weisbrot (Hrsg.), The Promise of Law Reform, (2005), S. 3. Zu Ausnahmen siehe auch: O´Brien, The Victorian Chief Justice´s Law Reform Committee, 8 Melbourne University Law Review, (1972), S. 461-462.

245 Durch die offizielle Staatsbezeichnung „Commonwealth of Australia" wird klargestellt, dass Staatsoberhaupt auch heute noch die britische Königin ist. Am 6. November 1999 erfolgte eine Volksabstimmung darüber, ob die Queen weiterhin als Staatsoberhaupt gewünscht würde. Dies wurde mit 60% der abgegebenen Stimmen bejaht, so dass Australien die Chance nicht nutze, zur Republik zu werden. Faktisch ist Australien daher noch immer eine konstitutionelle Monarchie; Simon, KulturSchlüssel Australien, (2001), S. 154.

246 Der Einfachheit halber werden in dieser Arbeit die englischen Namen für die Staaten benutzt.

Regierungen und eigene Parlamente.[248] Die australischen Bürger werden auf Bundesebene sowohl im Repräsentantenhaus als auch im Senat vertreten.[249] Nur für die in der Verfassung genannten Gebiete steht dem Bund die Gesetzgebungszuständigkeit zu,[250] so dass das gesamte übrige Zivil - und Handelsrecht genau wie das Strafrecht in die Angelegenheit der Einzelstaaten fällt.[251]

Folge hiervon ist, dass in einem Land mit knapp 22 Millionen Einwohnern[252] insgesamt sechs verschiedene Rechtssysteme existieren.[253] Dazu kommen noch

---

247 Australiens sechs Gliedstaaten repräsentieren die sechs britischen Kolonien, die sich 1901 zusammenschlossen, um das Commonwealth of Australia zu bilden. Dieser Zusammenschluss wird auch oft als die „Geburt“ Australiens (“the birth of a nation“) bezeichnet. Siehe hierzu: http://australia.gov.au/about-australia/our-government vom 9. März 2011 und Sharieff/Khan/Balakishan (Hrsg.), Encyclopedia of World Geography, (2007), S. 164. Erste Hauptstadt Australiens wurde Melbourne. 1907 erhielt der Australische Bund mit dem Dominionstatus die nahezu vollständige Unabhängigkeit vom Mutterland Großbritannien; siehe hierzu: French/French, Reflections on the Australian Constitution, (2003), S. 32 ff.

248 http://www.nsw.gov.au/ (New South Wales); http://www.qld.gov.au/ (Queensland); http://www.tas.gov.au/ (Tasmanien); http://wa.gov.au/ (Western Australia); http://www.vic.gov.au/ (Victoria); http://www.sa.gov.au/ (South Australia); alle vom 8. März 2011. Insgesamt hat Australien damit neun Parlamente - ein Bundesparlament, sechs in den Staaten und zwei in den Territorien; http://www.aph.gov.au/Senate/pubs/txtnov96.htm vom 28. Januar 2009. Siehe hierzu auch: Gifford, Understanding the Australian Legal System, (1997), S. 17 ff.; Für die geschichtliche Entwicklung siehe: Hinchy, The Australian Legal System, (2008), S. 74 ff. Ferner fällt in die Verantwortlichkeit der Staaten das so genannte „Tagesgeschäft“, das von einer Regierung erwartet wird, wie Gesundheitsvorsorge, Bildung, Transportwesen etc.pp.; Moon/ Sharman, Australian Politics and government: The Commonwealth, the States, and the Territories, (2003), S. 1.

249 Stark vereinfacht gesagt werden in beiden Häusern des Commonwealth Parliaments die australischen Staaten entsprechend ihrer Größenverhältnissen vertreten. Die Befugnisse der beiden Häuser ergeben sich aus der Australian Constitution. Jedes vorgeschlagene Gesetz muss beide Häuser passieren, um in Kraft treten zu können; siehe hierzu Hinchy, The Australian Legal System, (2008), S. 114 ff.

250 Dies umfasst beispielsweise Bereiche wie die Landesverteidigung, das Währungs-, Geld- und Münzwesen und die Zölle, das Versicherungs- und Bankwesen ebenso wie das Eherecht; Zweigert/Kötz, a.a.O., S. 217.

251 Zweigert/Kötz, a.a.O.

252 https://www.cia.gov/library/publications/the-world-factbook/geos/as.html vom 8. März 2011.

die Territorien,[254] in denen Bundesrecht gilt. Gleichwohl sind in der Praxis die Rechtsordnungen der verschiedenen Staaten weithin identisch oder sich zumindest sehr ähnlich, da sich das Recht im ganzen Land nach dem Vorbild des Common Law entwickelte und sich kein Staat von diesem Ausgangspunkt wesentlich entfernt hat.[255]

2. Die australische Judikative

Beim australischen Gerichtssystem muss zwischen den Gerichten der einzelnen Staaten und den Bundesgerichten unterschieden werden. Neben den unteren Gerichten hat jeder Staat einen Surpreme Court.[256] Dem übergestellt sind die obers-

---

253 Wobei sich darunter mit 495.772 Einwohnern so kleine Populationen wie die von Tasmanien befinden (Stand Dezember 2007); http://www.dpac.tas.gov.au/divisions/cdd/ocya/children_and_young_people_in_tasmania_snapshot/demographics vom 8. März 2011.

254 Dem Commonwealth of Australia wurde die Befugnis übertragen, in bestimmten Bereichen rechtsetzend tätig zu werden. Die Bereiche, die nicht vom Bund abgedeckt wurden, fielen daraufhin verfassungsgemäß in die Zuständigkeit der Staaten. Jede Landfläche, die innerhalb der australischen Grenzen liegt und die nicht von einem der Staaten beansprucht wurde, wird "Territorium" genannt. Territorien haben nach der australischen Verfassung im Gegensatz zu den Staaten nicht das Recht, eine eigene Regierung zu berufen oder in der Weise Gesetze zu erlassen, wie dies die Staaten können. Gemäß der australischen Verfassung erlässt das Commonwealth of Australia die Gesetze für die Territorien. Verwirrend in der Praxis ist, dass die beiden australischen Territorien Northern Territory und Capital Territory oftmals wie Staaten behandelt werden. Diese beiden Territorien, zusammen mit Norfolk Island, verwalten sich aufgrund eines Gesetzes der australischen Regierung, in denen ihnen die Befugnis hierzu und zur Gesetzgebung übertragen wurde, selbst. Dies unterscheidet sie erheblich von den Staaten, da deren Rechte in der Verfassung definiert sind und somit nicht durch gesetzgeberischen Akt wieder entzogen werden können. Mit Zustimmung des Parlaments können aus Territorien Staaten werden (Art. 21 Australian Constitution, http://www.aph.gov.au/senate/general/constitution/chapter6.htm vom 12. Februar 2011); http://australia.gov.au/about-australia/our-government/government-in-australia-faq#what-is-the-difference-between-a-state-and-a-territory vom 12. Februar 2011.

255 Zweigert/Kötz, a.a.O.

256 Insgesamt gibt es somit neun voneinander unabhängige Gerichtsbarkeiten in Australien. Auf der Staaten - und Territorialebene finden sich jeweils ein Surpreme Court, der der mittleren Ebene (District Courts bzw. County Courts in Victoria), die sich in jedem Staat (mit Ausnahme von Tasmanien) befinden, übergeordnet ist. Keine mittlere Ebene existiert in den Territorien. Unterhalb dieser mittleren Ebene sind die Magistrates oder Local Courts angesiedelt; Hinchy, The Australian Legal System, (2008), S. 164 ff.

ten[257] Bundesgerichte,[258] von denen der bedeutendste der High Court of Australia[259] ist. Dieser ist als letzte Instanz zuständig für Berufungen gegen die Urteile der Surpreme Courts. Ferner entscheidet er über verfassungsrechtliche Fragen und Fälle von signifikanter bundesrechtlicher Relevanz.[260]

II. Law Reform in Australien

1. Einleitung

Das Bedürfnis nach Law Reform ist nicht neu in Australien. Australien ist ein Land mit einer Vielzahl von rechtlichen Traditionen. In mehr als 40.000 Jahren schufen die Kooris, Murris, Nungas, Yamagee und andere Aborigini -Stämme ein komplexes und doch egalitäres System des Rechts.[261] Mit der Kolonialisierung brachten Sträflinge, Soldaten und Siedler britisches Recht in das Land. Dieses wurde vorherrschend in den im ganzen Land wachsenden Städten und Dörfern.[262] Einwanderer, die aus anderen Ländern kamen, brachten wiederum ihre eigenen Traditionen und Gesetze mit.[263] Mit Beginn der Kolonialisierung[264]

---

257 Die Bundesgerichte sind, mit Ausnahme der Territorien, nicht zu vollen Instanzenzügen ausgebildet, so dass es nur oberste Bundesgerichte gibt; Zweigert/Kötz, a.a.O.

258 Als weitere Australische Bundesgerichte seien der Federal Court, der Family Court und der Federal Magistrates Court zu nennen; siehe Hinchy, a.a.O.

259 Geregelt in der Australian Constitution in Kapitel III, Abschnitt 71: "The judicial power of the Commonwealth shall be vested in a Federal Supreme Court, to be called the High Court of Australia, and in such other federal courts as the Parliament creates, and in such other courts as it invests with federal jurisdiction." Sitz des High Courts ist in der Hauptstadt Canberra. Er beruht auf dem Judiciary Act 1903. In diesem wird u.a. der Aufbau des Australischen Gerichtswesens geregelt, zu finden unter: http://www.austlii.edu.au/au/legis/cth/consol_act/ja1903112/ vom 8. März 2011.

260 Wobei er nicht über die Frage entscheiden kann, ob ein Gesetz in die verfassungsrechtlich geschützten Positionen eines Bürgers eingreift, da die australische Verfassung im Gegensatz zur amerikanischen keinen Katalog von "Grundrechten" enthält; Zweigert/Kötz, a.a.O.

261 Scutt, Reforming the Law, 2 Legaldate, (1990), S. 1; Hinchy, The Australian Legal System, (2008), S. 44 ff.

262 Scutt, a.a.O.

263 Schon die erste Flotten (First Fleet) von Siedlern im Jahre 1788 brachten nicht nur Britische Sträflinge, sondern auch Deutsche, Norweger und Amerikaner an Australiens Küsten. Irische Sträflinge folgten 1791 und lange bevor überhaupt eine nennenswerte europäische Immigration nach Australien erfolgte, wanderte eine Vielzahl von Chinesen (wohl zu viele für den australischen Geschmack, da 1855 ein Gesetz erlassen wurde, um

im Jahre 1788 wurde britisches Recht als überragend angesehen.[265] Es verdrängte bestehende native Rechte und Bräuche und ignorierte das Recht derer, die einen anderen als einen britischen Hintergrund hatten.[266] Unabhängig, wie dieses Vorgehen zu bewerten ist, führte es zumindest dazu, dass über viele Jahre in Australien Recht unzureichend umgesetzt wurde, denn viele britische Gesetze waren schlicht nicht passend für ein Land in einem anderen Teil der Welt, dass eine Vielfalt von Kulturen und Traditionen in sich vereinte.[267] Schon früh war daher ersichtlich, dass die gewaltige Umsetzung der aus dem Mutterland England durch die Siedler importierten Rechtssätze nicht ohne Probleme von statten gehen würde.[268] Da Australien bis zur der Föderation der Australischen Kolonien 1901 eine britische Kolonie war, hatte das Britische Parlament das „letzte Wort“[269] in der Etablierung des „neuen“ australischen Rechtssystems. Entscheidungen der britischen Gerichte wurden auch für australische Gerichte als bin-

---

den Zufluss der chinesischen Einwanderer zu stoppen; Scott, A Short History of Australia, (2004) S. 214), Japaner und Malayen im 19. Jahrhundert ein. Ferner kamen so viele Griechen nach Australien, dass Melbourne mittlerweile nach Athen und Thessaloniki die drittgrößte griechische Stadt der Welt ist. Seit dem Ende der „white Australia policy“, die ein von Rassismus geprägtes dunkles Kapitel australischer Geschichte darstellt, ist Australien von einer Völkervielfalt geprägt, deren Hauptgruppen nach den Briten Italiener und Chinesen bilden; West/Murphy, A Brief History of Australia, (2010), S. 9 und Jupp, From white Australia to Woomera: The story of Australian immigration, (2007), S. 8 ff. Für eine interessante Darstellung der langen Geschichte der Sträflingsdeportationen siehe: Köberer, Schwimmende Gefängnisse in: Böllinger/Lautmann (Hrsg.), Vom Guten, das noch stets das Böse schafft, (1993), S. 196 ff., insbesondere S. 205 für die Deportationen nach Australien.

264 Australien wurde am 29. April 1770 mit Landung in Botany Bay (dem heutigen Sydney) von dem britischen Seefahrer *James Cook* „entdeckt“ und für die britische Krone in Besitz genommen; für eine spannende Darstellung der Reise *Cooks* siehe: Horwitz, Cook - Die Entdeckung eines Entdeckers, 5. Auflage (2002), insbesondere S. 207 ff.

265 Dies wurde auch gesetzlich normiert, indem das britischen Parlament im Jahre 1828 ein Gesetz erließ, das bestimmte, dass in den australischen Kolonien grundsätzlich das Common Law (einschließlich des am 25. Juli 1828 anzuwendenden englischen Gesetzesrechts) gelte; Zweigert/Kötz, Einführung in die Rechtsvergleichung auf dem Gebiete des Privatrechts, (1996), S. 216.

266 Siehe hierzu: Janssen, Die Übertragung von Rechtsvorstellungen auf fremde Kulturen am Beispiel des englischen Kolonialrechts, (2000), S. 68 ff.

267 Scutt, a.a.O.

268 Kirby, Reform the Law: Essays on the Renewal of the Australian Legal System, (1983), S. 52.

269 „ultimate say“; Scutt, Reforming the Law, 2 Legaldate, (1990), S. 1.

dend angesehen.[270] Manche Defizite konnten zwar durch die damaligen Richter behoben werden, doch änderte dies nichts an dem Bedürfnis nach einer konzeptionellen Herangehensweise an das „geerbte“ Recht, um dies insbesondere an die junge australische Gesellschaft anzupassen.[271]

2. Ad hoc Law Reform

Institutionelle Law Reform, die auf ein bestimmtes Thema begrenzt ist (zum Beispiel Straf- oder Prozessrecht), oder die direkt mit einem bestimmten Ziel errichtet wurde (wie die Investigation und Verhinderung von Korruption) ist die produktivste und auch älteste Quelle von Law Reform in Australien. Diese Form der Law Reform entstammt aus vielen Quellen, insbesondere den Royal Commissions, den Board of Inquiries, Parlamentskommittees,[272] den Regierungsabteilungen und so genannten Uniform Law Initiatives.[273]

Im Kontext von ad hoc Law Reform taucht im Jahre 1870 in der ersten Kolonie, New South Wales, erstmalig der Begriff „Law Reform Commission“ auf, da Bedenken gegen zu dieser Zeit vor Gericht geltende Kronzeugenregelung hervorgebracht werden und Änderungsvorschlage gesucht werden.[274] Als Folge

---

270 Dies wurde erst im Jahre 1986 beendet, indem die Rechtsmittel zum Privy Council Vereinigten Königreich abgeschafft wurden und der High Court of Australia zum obersten Instanzgericht in australischen Rechtsstreitigkeiten ernannt wurde; Patapan, Judging democracy: the new Politics of the High Court of Australia, (2000), S. 18.

271 Law Reform war zu dieser Zeit geprägt von den Anstrengungen einzelner Personen in Führungspositionen, die dafür sorgten, dass das Koloniale Recht den australischen Bedingungen angepasst und entsprechend in den Parlamenten umgesetzt wurde. Ein Beispiel hierfür sind die umfangreichen Reformen von *Samuel Griffith* in Queensland, der sich insbesondere durch die Kodifikation der Strafgesetze hervorgetan hat und *Robert Torrens*, der das System von Grundeigentum in South Australia in das australische Rechtssystem transformiert hat; siehe hierzu: Finnane, Penality and Policy: Griffiths and the Limits of Law Reform in colonial Queensland, 8 Australian Cultural History 84, (1989), S. 87-90 und Castles, An Australian Legal History, (1982), S. 456-461.

272 Für eine Übersicht über Commissionen, Committees und andere mit Reformvorhaben befassten Einrichtungen bis 1980: Marshall, The Literature on Royal Commissions, Select Committees of Parliament and Boards of Inquiry Held in Australia 1856-1980 (1990). Siehe auch ALRC, Annual Report, Report 3 (1975), S. 44.

273 Goldring, Uniformity, Harmonisation or Restatement: Desirability and Implementation, 68 Reform, (1995-1996), S.10-12.

274 Tilbury, A History of Law Reform, in: Opeskin/Weisbrot (Hrsg.), The Promise of Law Reform, (2005), S. 4 .

wird noch in diesem Jahr die erste Law Reform Commission Australiens durch Patentanmeldung gegründet.[275] Ein weiterer Grund für die Gründung liegt in den Reformbestrebungen im Mutterland England, die bereits zu Reformen geführt hatten, so dass die Gründung der australischen Commission auch als Reaktion hierauf verstanden werden kann.[276] Diese erste australische Law Reform Commission bestand aus sechs Teilzeit - Commissionern und hatte zwei wesentliche Aufgaben: Erste war den „Stand des geltenden Rechts der Kolonien" zu untersuchen und dem Parlament Vorschläge über die Überprüfung, Konsolidierung und der Verbesserung des Rechts zu machen.[277] Ferner hatte sie die Aufgabe, die Arbeit und Vorgehensweise der australischen Gerichte zu überprüfen.[278] Während in Großbritannien die Idee der Law Reform Commission großen Anklang fand, waren mit der Gründung in New South Wales in Australien zwar Bemühungen ersichtlich; als ihre größte Leistung kann ihr Report „The Consolidation of the Criminal Law" aus dem Jahre 1871 bezeichnet werden, der zum Criminal Amendment Act 1883 (NSW) führte, auf dem das moderne Kriminalrecht des Staates New South Wales noch heute im wesentlichen basiert,[279] doch sind die weiteren Ergebnisse dieser von den Commissioners nebenberuflich betriebenen Commission als gering zu bezeichnen, so dass das Experiment in Vergessenheit geriet.[280]

Victoria gründete im Jahr 1896 ebenfalls eine aus 14 Mitgliedern bestehende „Royal Commission on Law Reform".[281] Dieser Commission wurde ein weit gefasster Aufgabenbereich übertragen, der sich insbesondere mit der Justizverwaltung befassen sollte.[282] Die Commission legte 1899 ihren Report vor,[283] der aber in der Praxis keine Umsetzung fand.[284]

---

275 Woods, A History of Criminal Law in New South Wales: The Colonial Period 1788-1900, (2000), S. 247.

276 Manchester, A Modern Legal History of England and Wales 1750- 1950, (1980), S. 133-135, 198-143, 144-150; Hurlburt, Law Reform Commissions in the United Kingdom, Australia and Canada, (1986), S. 101.

277 Bennett, A History of the Supreme Court of New South Wales, (1974), S. 73.

278 Tilbury, A History of Law Reform in Australia, in: Opeskin/Weisbrot (Hrsg.), The Promise of Law Reform, (2005), S. 5.

279 Siehe hierzu: Woods, A History of Criminal Law in New South Wales: The Colonial Period 1788-1900, (2002), S. 245 ff.

280 Kirby, Reform the Law: Essays on the Renewal of the Australian Legal System, (1983), S. 53; Bennett, A History of the Supreme Court of New South Wales, (1974), S. 73.

281 Tilbury, A History of Law Reform in Australia, in: Opeskin/Weisbrot (Hrsg.), The Promise of Law Reform, (2005), S. 5.

282 Tilbury, a.a.O.

3. Revision und Konsolidierung von Gesetzen

Die Revision und Konsolidierung von Gesetzen konstituieren signifikante frühe Versuche von Law Reform in Australien. Den Anfang machte Victoria mit einer Konsolidierung des gesamten Rechts des Bundesstaats im Jahre 1864.[285] Queensland folgte mit einer umfangreichen Konsolidierung im Jahre 1867.[286] Auch in New South Wales waren erneute Reformbestrebungen ersichtlich - so wurden im Laufe des 19. Jahrhunderts vier Kollektionen von Gesetzen, die praktische Bedeutung hatten, veröffentlicht.[287] Aber, wie schon die erste Law Reform Commission aus dem Jahre 1870, scheiterte die mit der Aufgabe befasste Royal Commission, die 1893 mit dem Ziel gegründet wurde, das koloniale Recht zu überprüfen und eigens mit fünfzig Mitarbeitern besetzt wurde, nur drei Jahre später an der puren Masse der ihr übertragenen Aufgabe.[288] Als erfolgreicher erwies sich die Ernennung im Jahre 1897 von *C.H. Heydon* als alleinigen „Commissioner for Consolidation and Revision of the Staute Law".[289] Seine Arbeit resultierte in den Statute Law Revision Acts in den Jahren 1891 und 1902 und insgesamt 185 überarbeiteten Gesetzen.[290] 1952 stellte *Paton* heraus, dass der Konsolidierungsprozess in Australien um einiges weiter ging als in Eng-

---

283 Law Reform- Report of the Royal Commission for Inquiring as to the Means of avoiding Unnecessary Delays and Expense, and of Making Improvements in the administration of Justice and in the Working of the Law: Together with Evidence and appendices, Papers presented to Parliament, Legislative Assembly, 1899-1900, Vol. III, Nr. 15, S. 365; zitiert aus Tilbury, a.a.O.

284 Dean, A Multitude of Counsellors: A History of the Bar of Victoria, (1968), S. 116-118.

285 Moore, A Century of Victorian Law, 16 Journal of Comparative Legislation and International Law (3rd Series), (1934), S. 183-184.

286 McPherson, The Supreme Court of Queensland: History, Jurisdiction and Procedure, (1989), S. 64.

287 Bennet, A History of the New South Wales Bar (1969), S. 65-66, 105-106.

288 Tilbury, A History of Law Reform in Australia, in: Opeskin/Weisbrot (Hrsg.), The Promise of Law Reform, (2005), S. 5.

289 Tilbury, A History of Law Reform in Australia, in: Opeskin/Weisbrot (Hrsg.), The Promise of Law Reform, (2005), S. 6.

290 Statute Law Consolidation Commission, Report of the Royal Commissioner [Heydon] von 1902; Tilbury, a.a.O. Was *Heydon* erreicht hatte, spiegelte sich in weiteren Pioniererfolgen von *Cockle, Pring, Wilson, Power* und *Lilley* in Queensland wieder; Bennett, Historical Trends in Australian Law Reform, 9 University of Western Australia Law Review, (1970), S. 219-220 und Higinbotham in Victoria (Morris, A Memoir of George Higinbotham: an Australian politician and Chief Justice of Victoria (1895), Kapitel XXVII). Siehe hierzu auch: Berry, Keeping the statute book up to date: a personal view, 36 Commonwealth Law Bulletin, (2010), S. 84.

land.[291] Acht Jahre später, 1960[292], waren Konsolidierungen fast des gesamten (mit Ausnahme von Western Australia[293]) Gesetzesrechts in Australien erfolgt.[294]

Zum Zeitpunkt ihrer Gründung in der Mitte des 20. Jahrhunderts wurden die Aufgaben der Gesetzesrevision und der Konsolidierung, folgend dem englischen Beispiel,[295] den Law Reform Commissions übergeben.[296] Das Ziel der Adaption der geerbten englischen Gesetzgebung in das australische Recht[297] war somit zu Beginn eine der wesentlichen Aufgaben der australischen Law Reform Commissions.[298] In den letzten Jahren ist jedoch die Tendenz zu beobachten, dass diese spezielle Aufgabe im Kontext anderer Institutionen behandelt wird.[299]

---

291 Paton, Reception of the Common Law in: Paton (Hrsg.) The Commonwealth of Australia: The Development of Laws and Constitution (1952), S. 16.

292 Der Zeitpunkt der Konsolidierung und des Neudruckes des gesamten Gesetzesrechts des Northern Territory; Tilbury, A History of Law Reform in Australia, in: Opeskin/Weisbrot (Hrsg.), The Promise of Law Reform,(2005), S. 6.

293 Benett, Historical Trends in Australian Law Reform, 9 University of Western Australia Law Review, (1970), S. 222-223.

294 Tilbury, A History of Law Reform in Australia, in: Opeskin/Weisbrot (Hrsg.), The Promise of Law Reform (2005), S. 6.

295 Diese Aufgaben stellen noch heute einen wesentlichen Aspekt der Arbeit der Law Reform Commissions des Vereinigten Königreiches dar: siehe hierzu Law Commission of England and Wales, Annual Report 2003-2004, S. 35, zu finden unter: http://www.lawcom.gov.uk/docs/lc288.pdf vom 3. Januar 2011; Scottish Law Commission, Annual Report 2003, Report 194 (2004), S. 20-21; zu finden unter www.scotlawcom.gov.uk/download_file/view/367/ vom 13. Januar 2011.

296 Siehe für die ALRC: Australian Law Reform Commission Act 1996 (Cth) s 21 (1) (a) (ii), (iii), (b) und (c).

297 Zum Beispiel: New South Wales Law Reform Commission, First Report on Statute Law Revision, Report 10, (1971), zu finden unter: http://www.lawlink.nsw.gov.au/lrc.nsf/pages/r10report vom 16. Februar 2011.

298 Für Nachweise zu dieser Aufgabe siehe Law Reform Commission of Western Australia, United Kingdom Statutes in Western Australia, Project 75, (1994),[1.4]. Diese Arbeit befasst sich insbesondere mit den Erfolgen von individuell durchgeführter Law Reform, besonders von *Leo Cussen* in Victoria. Siehe auch Moore, A Century of Victorian Law, 16 Journal of Comparative Legislation and International Law (3rd Series), (1934), S. 178-180.

299 Tilbury, A History of Law Reform in Australia, in: Opeskin/Weisbrot (Hrsg.), The Promise of Law Reform (2005), S. 6.

4. „Lone Rangers"

Die besondere Bedeutung individueller Initiative im Rahmen des Law Reform Prozesses in Australien wurde bereits dargestellt.[300] In seiner stärksten Ausprägung ist dies das individuelle Handeln eines einzelnen, „allgemeinen" Law Reformers für eine bestimmte Jurisdiktion. Variationen dieser Herangehensweise an Reformen traten in Victoria, New South Wales und Tasmanien auf.[301]

a) Dr. Hearn's Code

Zuerst sei hier die bemerkenswerte Geschichte von „*Dr. Hearn's Code*" in Victoria genannt.[302] *Professor William Edward Hearn*, der erste Dekan des Fachbereichs Rechtswissenschaften an der University of Melbourne und Mitglied des Legislative Council of Victoria, strebte nach nichts anderem als der Kodifizierung des gesamten allgemeinen Rechts in Victoria in einem Gesetz, das er in „The General Code 1885" zusammenfasste. *Hearn* präsentierte diesen dem Council im Jahre 1885.[303] Obwohl er einen befürwortenden Report eines Joint Committees beider Häuser[304] erhielt, unterlag das Victorianische Parlament dem Widerstand der juristischen Profession. Diese lehnte den Vorschlag ab, so dass sein Vorhaben, „Australiens interessantestes Experiment in angewandter Rechtswissenschaft"[305] umzusetzen, letztlich scheiterte.

---

300 Siehe hierzu erneut Abschnitt E. II. 3.

301 Tilbury, A History of Law Reform in Australia, in: Opeskin/Weisbrot (Hrsg.), The Promise of Law Reform, (2005), S. 7.

302 Dazu besonders Castles, An Australian Legal History, (1982), S. 480-485.

303 Tilbury, a.a.O.

304 Das Parlament in Victoria setzt sich aus zwei Häusern, dem so genannten Upper (auch Legislative Council) und dem so genannten Lower House (auch Legislative Assembly) zusammen; siehe hierzu: http://www.parliament.vic.gov.au/assembly vom 17. Februar 2011.

305 „Australia's most interesting experiment in applied jurisprudence"; zitiert aus: Bennett, Historical Trends in Australian Law Reform, 9 University of Western Australia Law Review, (1970), S. 216.

b) Peden in New South Wales

Während *Hearns* inoffizielle Position als „Victorias hoffnungsvoller Hammurabi"[306] einflussreiche parlamentarische und juristische Unterstützung hervorrief, wurde in New South Wales die Idee einer offiziellen Ernennung eines einzelnen, allgemeinen Law Reformers verfolgt.[307] 1920 erfolgte die Ernennung von *Professor John Beverly Peden*[308] als Commissioner für Law Reform.[309] *Peden* zeichnet sich verantwortlich für eine Gesetzesrevision im Jahre 1924.[310] Die Arbeit von *Pedens* Commission wurde im Jahre 1931 eingestellt.[311]

c) Victoria

Die Ernennung eines einzelnen Law Reform Commissioners für den Bundesstaat Victoria erfolgte 1974 mit der Einrichtung des „Offices of Law Reform Commissioners,"[312] was den ersten Versuch mit offizieller Law Reform außerhalb des Parlaments in Victoria darstellte.[313] Dieser Vollzeitbeschäftigte Commissioner war damit beauftragt, den Justizminister in Victoria zu beraten, Recherche zu betreiben und diesem zu berichten. In dieser Arbeit wurde er durch ein „Law Reform Advisory Council" unterstützt, das mit Juristen, insbesondere

---

306 Babylonischer König *Hammurabi* (1728 v. chr.- 1686 v. Chr.); auch bekannt im Zusammenhang mit dem Kodex Hammurabi, Sammlungen von Gesetzen und Erlassen und ältester, vollständig überlieferter Gesetzeskodex; Zollondz, Grundlagen Qualitätsmanagement: Einführung in Begriffe, Geschichte, Systeme (2006), S. 403; Campell, A History of the Melbourne Law School 1857-1973 (1977), S. 70.

307 Tilbury, A History of Law Reform in Australia, in: Opeskin/Weisbrot (Hrsg.), The Promise of Law Reform, (2005), S. 7.

308 Dekan der Sydney Law School und Mitglied des New South Wales Legislative Council; für mehr siehe das Kapitel "Sir John Peden: Representing the public interest" in: Turner/Hogan, The worldly art of politics, (2006) S. 155 ff.

309 New South Wales Legislative Council and Legislative Assembly, Joint Volumes of Papers Presented to the Legislative Council and Legislative Assembly and Ordered to be Printed, Vol. 1, (1922), S. 7; zitiert aus Tilbury, a.a.O.

310 Statute Law Revision Act 1924 (NSW); Turner/Hogan, The worldly art of politics, (2006), S. 162.

311 Hurlburt, Law Reform Commissions in the United Kingdom, Australia and Canada, (1986), S. 102.

312 Law Reform Act 1973 (Vic.)

313 Tilbury, A History of Law Reform in Australia, in: Opeskin/Weisbrot (Hrsg.), The Promise of Law Reform, (2005), S. 8.

Rechtprofessoren, und Experten aus anderen Disziplinen besetzt war.[314] Während die ersten drei aufeinanderfolgenden Commissioners eine Reihe von Reports anfertigten, die sich hauptsächlich mit Aspekten des Strafrechts befassten, fand es die Victorianische Regierung letztlich inadäquat, Empfehlungen zu folgen, die formal nur die Ansichten einer einzelnen Person repräsentierten. Die Regierung begründete dies mit dem Argument, dass derartige Empfehlungen eine genaue Überprüfung „durch andere kompetente Personen durchlaufen sollten, um das Risiko von eigenwilligen Vorschlägen für Law Reform zu verhindern."[315] 1984 wurde das Experiment mit der Gründung der Law Reform Commission beendet.[316]

d) Tasmanien

Eine gegenteilige Entwicklung erfolgte in Tasmanien. Neo - liberale Einflüsse führten im Jahr 1989 zu der Abschaffung der Law Reform Commission. Sie wurde durch einen einzelnen Law Reform Commissioner ersetzt, der berechtigt war, Committees zu ernennen, die ihn mit Referenzen assistieren sollten.[317] Während die beiden erfolgreichen tasmanischen Commissioner etwa die 20 Reports produzierten, wurde das Büro im Jahr 1997 faktisch geschlossen, nachdem die Funktionen des Commissioners zum Director of the Legal Aid Commission transferiert wurden.[318]

---

314 Tilbury, a.a.O.

315 "should have to undergo scrutiny by other competent persons in order to reduce the risk of idiosyncratic proposals for reform" aus: Victoria, Parliamentary Debates, Legislative Council, 3. Oktober 1984, S. 510-511 (Kennan, damaliger Justizminister des Staates Victoria); zitiert aus: Tilbury, a.a.O.

316 Law Reform Commission Act 1984 (Vic.) Art. 23 Abs.3.

317 Law Reform Commissioner Act 1988 (Tas.).

318 Siehe hierzu www.law.utas.edu.au/reform/history.html vom 17. Februar 2011. Heute hat Tasmanien ein so genanntes Law Reform Institute; siehe hierzu auch Abschnitt A. III. 1.

5. Law Reform durch Committees

Die in England gegründeten Law Reform Committees[319] können als Vorstufe zu Law Reform Commissions bezeichnet werden. Diese Entwicklung vollzog sich auch in Australien.

a) Eine australische Antwort

Die erste offizielle Antwort auf die in England ausgelösten Reformbewegungen kam 1941 mit der Gründung des tasmanischen Law Reform Committees.[320] Ebenfalls 1941 etablierte New South Wales ein Law Reform Committee.[321] In Victoria erfolgte 1944 die Gründung des Chief Justice's Law Reform Committee.[322] Ein wesentliches Ziel in der institutionellen und anfänglichen Arbeit dieser Committees war, für eine Harmonisierung des englischen mit dem australischen Recht zu sorgen und nach Möglichkeiten zu suchen, inwieweit die von dem Englischen Law Revision Committee vorgeschlagenen Änderungen in das australische Recht implementiert werden könnten.[323]

b) Entwicklungen in den 1960er Jahren

Eine zweite Gründungswelle von Law Reform Committees fand in den 1960er Jahren statt: 1961 erfolgte die Gründung in New South Wales,[324] 1967 in Western Australia[325] und 1968 in South Australia.[326] Zu diesem Zeitpunkt war die Arbeit weniger auf die Harmonisierung mit England, als vielmehr auf die Lö-

---

319 Siehe D. III. 1.

320 Hurlburt, Law Reform Commissions in the United Kingdom, Australia and Canada (1986), Seite 102.

321 Hurlburt, a.a.O.;

322 Coghill, Law Reform in Victoria, 3 Res Judicate, (1946), S. 69-70; Tilbury, A History of Law Reform in Australia, in: Opeskin/Weisbrot (Hrsg.), The Promise of Law Reform, (2005), S. 9.

323 Dazu Tilbury, History of Law Reform in Australia, in: Opeskin/Weisbrot (Hrsg.), The Promise of Law Reform, (2005), S. 8. Siehe auch: Coghill, a.a.O.

324 Für eine vertiefende Darstellung: Bennett, Historical Trends in Australian Law Reform, 9 University of Western Australia Law Review, (1970), S. 235.

325 Bennett, a.a.O.

326 Kelly, The South Australian Law Reform Committee, 3 Adelaide Law Review, (1970), S. 481 ff.

sung für eigene, australische Rechtsprobleme ausgerichtet.[327] Gleichwohl hat der Erfolg des englischen Law Reform Committees und die Erfolge des Victorian und Tasmanian Committees die Entscheidung für die Gründung von weiteren Committees wesentlich beeinflusst.[328] Die australischen Committees waren äußerst produktiv; während das englische Committee 1960 acht Reports herausgebracht hatte, von denen sechs umgesetzt wurden,[329] konnte das Victorian Committee auf die beachtliche Zahl von sechsundzwanzig Veröffentlichungen verweisen.[330] Als äußerst produktiv erwies sich ferner das tasmanische Committee.[331]

c) Merkmale der australischen Committees

Charakteristisch für diese in den Jahren von 1940 bis 1970 gegründeten Committees war, dass sie alle jeweils Teilzeit Organisationen darstellten, in denen Richter und andere Juristen neben ihrer Hauptätigkeit arbeiteten.[332] Des Weiteren erhielt keines dieser Committees, mit Ausnahme von Western Australia,[333] adäquate finanzielle Unterstützung beispielsweise für Verwaltung oder Recherchetätigkeiten von ihren jeweiligen Regierungen.[334] Ferner war ihre Tätigkeit weitgehend unbekannt, schon allein da es keine gesetzliche Basis gab, aufgrund

---

327 Bennett, A History of the New South Wales Bar (1969), S. 174; so wurde das Committee in New South Wales mit der Aufgabe betraut, sich mit den Vorschriften der Gerichtsverfassung und den Prozessordnungen zu befassen.

328 Tilbury, A History of Law Reform in Australia, in: Opeskin/Weisbrot (Hrsg.), The Promise of Law Reform (2005), S. 9.

329 Farrar, Law Reform and the Law Commission, (1974), S. 135 (Appendix B).

330 O'Brien, The Victorian Chief's Justice Law Reform Committee, 8 Melbourne University Law Review, (1972), S. 440.

331 Für eine weitergehende Darstellung über die Arbeit dieses Komitees siehe: Petrow, Lost Cause? Law Reform in Tasmania 1941-1969, 13 University of Tasmania Law Review, (1994), S. 369, insbesondere S. 384.

332 Tilbury, A History of Law Reform in Australia, in: Opeskin/Weisbrot (Hrsg.), The Promise of Law Reform, (2005), S. 10.

333 Bennett, Historical Trends in Australian Law Reform, 9 University of Western Australia Law Review, (1970), S. 235.

334 Woodman, Record of the Third Commonwealth and Empire Law Conference (1966), S. 393, 395; Petrow, Lost Cause? Law Reform in Tasmania 1941-1969, 13 University of Tasmania Law Review, (1994), S. 378; Kelly, The South Australian Law Reform Committee (1967-1970), 3 Adelaide Law Review, (1970), S. 481, 484-485.

derer sie zur Vorlage an die jeweiligen Parlamente angewiesen wären.[335] Des Weiteren waren die Committees in Tasmanien und New South Wales, ebenso wie die englischen Committees, Beschränkungen hinsichtlich der von ihnen zu bearbeitenden Referenzen unterworfen, die sie von ihren jeweiligen Justizministern erhielten.[336] Die Regierungen und die Committees selbst vertraten die Auffassung, dass sie sich nur mit dem so genannten „lawyer´s law"[337] befassen würden, was zu dem falschen Schluss führte, dass sie weder politische Aspekte[338] oder gesellschaftliche Fragen[339] behandeln würden.

d) Zusammenfassung

Insgesamt lässt sich feststellen, das keine klare Richtung, wie die Committees ihre Arbeit durchführen sollten, ersichtlich war: Viele ihrer Projekte waren von politischen Einflüssen geprägt, die sich auf die Arbeit der Committees auswirkten und die Ergebnisse inkonsistent werden ließen: beispielsweise lehnte das Victorian Chief Justice's Committee im Jahre 1968 eine Überprüfung des Rechts auf Abtreibung ab,[340] während es zwei Jahre später sich doch dieser an-

---

335 Petrow, Lost Cause? Law Reform in Tasmania 1941-1969, 13 University of Tasmania Law Review, (1994), S. 391; Zelling, Law Reform in South Australia: An Interview with Mr. Justice Zelling, 37 Legal Services Bulletin, (1977), S. 180.

336 Tilbury, A History of Law Reform in Australia, in: Opeskin/Weisbrot (Hrsg.), The Promise of Law Reform, (2005), S. 10. Anders stellte sich die Situation jedoch bei den Committees in Victoria, Western Australia und South Australia dar - diese konnten ihr Arbeitsprogramm frei bestimmen, auch wenn sie in der Praxis mehrheitlich Vorschlägen der jeweiligen Justizminister folgten; Bennett, Historical Trends in Australian Law Reform, 9 University of Western Australia Law Review, (1970), S. 235, insbesondere Fn 149; Kelly, The South Australian Law Reform Committee (1967-1970), 3 Adelaide Law Review, (1970), S. 481; O´Brien, The Victorian Chief Justice's Committee, 8 Melbourne University Law Review, (1972), S. 461.

337 Insbesondere Benjafield, Methods of Law Reform in: Woodman (Hrsg.), Record of the Third Commonwealth and Empire Law Conference (1966), S. 395 (NSW); Petrow, Lost Cause? Law Reform in Tasmania 1941-1969, 13 University of Tasmania Law Review, (1994), S. 373-374, 380 (Tas).

338 "policy"; Siehe Mason, Law Reform in Australia, 4 Federal Law Review, (1971), S. 215.

339 "political questions"; O´Brien, The Victorian Chief Justice's Committee, 8 Melbourne University Law Review, (1972), S. 446-450.

340 Anders als die ALRC heute konnte das Victorian Chief Justice's Committee ihre Themenauswahl selbst bestimmen, Tilbury, A History of Law Reform in Australia, in: Opeskin/Weisbrot (Hrsg.), The Promise of Law Reform, (2005), S.10.

nahm.[341] Gleichwohl können die Ergebnisse dieser Teilzeit Committees, trotz ihrer Beschränkungen, als bedeutsam bezeichnet werden. Auch wenn die Implementationsrate als eher gering zu bezeichnen ist,[342] haben sie doch zum Teil eine beachtliche Zahl von Reporten vorgelegt, wie zum Beispiel 68 Reports durch das South Australia Committee.[343] Daher kann dieses Kapitel der Geschichte der australischen Law Reform nur als wesentlich für die weitere Entwicklung von Law Reform in Australien bezeichnet werden. [344]

Die „Ära“ dieser Committees endete mit der Gründung der permanenten Law Reform Commissions in New South Wales, Victoria, Tasmanien and Western Australia in den späten 60ern und frühen 70ern. Einzig das Northern Territory Committee,[345] das im Jahre 1976 gegründet wurde, existiert bis heute.[346]

---

341 O'Brien, The Victorian Chief Justice's Committee, 8 Melbourne University Law Review, (1972), S. 446-450.

342 Hurlburt, Law Reform Commissions in the United Kingdom, Australia and Canada (1986), S. 150, 151.

343 Hurlburt, a.a.O., S. 149. Der Titel des letzten Reports war: Law Reform Committee of South Australia, Effect of Mistake Upon Contracts, (1987), Report 106.

344 Hurlburt, a.a.O., S.102.

345 Das Northern Territory Law Review Committee wurde auf einer part-time Basis im April 1976 gegründet. Im Mai 1979 wurde ein Vollzeit-Mitglied ernannt; Kirby, Law Reform. How to Cope, Rede anläßlich der Australasian Law Students` Association, Annual Conference, Brisbane 14. Mai 1981, S. 16, Fußnote 19; zu finden unter: http://www.michaelkirby.com.au/images/stories/speeches/1980s/vol7/1981/242-Australasian_Law_Students%27_Association_-_Law_Reform_-_How_to_Cope.pdf vom 18. Februar 2011.

346 http://www.nt.gov.au/justice/policycoord/lawmake/lawref.shtml vom 17. Februar 2011.

III. Gründung von Law Reform Commissions in Australien

1. Eine neue Ära

Die Gründung von Teilzeit Law Reform Committees dämpfte nicht das Verlangen nach einer substantiierten Law Reform Aktivität.[347] Die 1965 in England durch *Gardiner* gegründete Commission markierte den Beginn einer neuen Ära und eines qualitativ neuen Prinzips für den Umgang mit Law Reform. Dieses fand bald darauf Einzug auf Staats - und Territorialebene in Australien. 1966 wurde die New South Wales Law Reform Commission durch administrativen Act gegründet und nahm im Jahr 1967 ihre Arbeit auf.[348] Dieser Gründung folgte die Errichtung von permanenten Law Reform Commissions in den Staaten Queensland (1968),[349] (wobei zu erwähnen ist, dass Queensland nie den Umweg über ein Committee ging, sondern direkt eine Law Reform Commission gründete), South Australia im Jahre 1968,[350] 1971 im Australian Capital Territory[351], 1972 in Western Australia[352], 1974 in Tasmanien,[353] und Victoria verspätet im Jahre 1984.[354]

2. „Lawyer´s Law"

Mit Ausnahme von New South Wales und Victoria waren die Mitglieder der Commissions überwiegend Teilzeitmitarbeiter,[355] was dazu führte, dass die Ar-

347 Siehe hierzu erneut Gardiner, Law Reform NOW, (1963), Kap. 1.

348 Law Reform Commission Act 1967 (NSW); http://www.lawlink.nsw.gov.au/lawlink/lrc/ll_lrc.nsf/pages/LRC_aboutus vom 17.Februar 2011.

349 Law Reform Commission Act 1968-72 (Qld); http://www.qlrc.qld.gov.au/aboutus.htm vom 17. Februar 2011.

350 Proclamation, SA Government Gazette, 19. September 1968, S. 853; zitiert aus: Kelly, The South Australian Law Reform Committee, 3 Adelaide Law Review, (1970), S. 481.

351 Law Reform Commission Ordinance 1971 (ACT).

352 Law Reform Commission Act 1972 (WA); http://www.lrc.justice.wa.gov.au/1_history.html vom 17. Februar 2011.

353 Law Reform Commission Act 1974 (Tas).

354 Law Reform Commission Act 1984 (Vic); siehe hierzu: http://www.lawreform.vic.gov.au/wps/wcm/connect/justlib/Law+Reform/Home/About+Us/History/Victoria/ vom 17. Februar 2011.

355 Sie wurden aber in ihrer Arbeit durch ein Sekretariat unterstützt; Tilbury, A History of Law Reform in Australia, in: Opeskin/Weisbrot (Hrsg.), The Promise of Law Reform, (2005), S.13.

beit der Reform Commissions zu Beginn sehr von der Arbeitsweise der Committees geprägt war.[356]

Während die Commissions extrem produktiv waren,[357] waren ihre Umsetzungsraten mäßig.[358] Darüber hinaus wurde zu diesem Zeitpunkt Law Reform mit einem besonderen Schwerpunkt auf dem so genannten „lawyer's' law"[359] betrieben - ein Blickwinkel, der stark von der finalen Analyse durch die Ministerien geprägt war.[360] So ging auch die New South Wales Commission selbst davon aus, dass „im Ganzen, die Arbeit der Commission während ihrer ersten Dekade komplexe technische Aspekte des Rechts umfasste, die überwiegend für Juristen von Interesse waren."[361] Natürlich konnte selbst diese Arbeit maßgebliche Fragestellungen von rechtlichen Grundsätzen umfassen, wie beispielsweise die von der Commission durchgeführte Untersuchung zur Frage der Volljährigkeit.[362] Im Großen und Ganzen lässt sich jedoch festhalten, dass die Commissions, wie schon die Committees vor ihnen, die Befassung mit klassischerweise in die Politik eingebetteten Themenbereichen eher scheuten.[363]

---

356 Tilbury, a.a.O.

357 So veröffentlichte die ACT Law Reform Commission 8 Reports bis Ende 1979, die New South Wales Law Reform Commission veröffentlichte 26 Reports bis Ende 1976, die Queensland Law Reform Commission 20 Reports bis Ende 1976, Tasmania Law Reform Commission 8 Reports bis 1976, die Western Australian Law Reform Commission 25 Reports bis 1976; für alles: Tilbury, a.a.O.

358 Beispielsweise New South Wales Law Reform Commission, 14 von 26 Reports teilweise implementiert, Rate 54%; Law Reform Commission of Western Australia, 12 Reports, Rate 48%; siehe hierfür: Tilbury, a.a.O.

359 Croucher, Law Reform- the why, wherefores and where- tos, Rede anläßlich der Legal Studies Teachers Conference, Sydney, 24. August 2007, S. 3; http://www.docstoc.com/docs/35604617/Law-Reforming--the-whys_-wherefores-and-where-tos-by-Professor vom 17. Februar 2011 und Tilbury, a.a.O.

360 Hurlburt, Law Reform Commissions in the United Kingdom, Australia and Canada (1986), S. 143.

361 "taken as a hole, the work of the Commission during its first decade involved complex technical aspects of the law which were of interest mainly to lawyers"; New South Wales Law Reform Commission; http://www.lawlink.nsw.gov.au/lawlink/lrc/ll_lrc.nsf/pages/LRC_history3 vom 17. Februar 2011. Siehe hierzu auch Hurlburt, a.a.O.

362 New South Wales Law Reform Commission, Infancy in Relation to Property and Contracts, Report 6, (1969).

363 Tilbury, A History of Law Reform in Australia, in: Opeskin/Weisbrot (Hrsg.), The Promise of Law Reform, (2005), S.13.

IV. Rufe nach einer nationalen Law Reform Institution

Während damit die Gründung von Law Reform Committees und Commissions auf Ebene der australischen Bundesstaaten aktiv erfolgte, konnte von einer diesbezüglichen Bewegung auf nationaler Ebene zu dieser Zeit noch keine Rede sein. Dies heißt jedoch nicht, dass dieses Bedürfnis nicht auch für ganz Australien erkannt wurde. Schon lange, bevor sie überhaupt gegründet wurde, wurde in Australien über die Gründung einer nationalen Law Reform Commission debattiert.[364] So schlug im Jahre 1957 *Shatwell*[365], mithin noch vor der Gründung der Law Commission of England and Wales im Jahr 1965, die Gründung einer nationalen Gruppe aus Committees vor, die sich der Bearbeitung von reformbedürftigen Bereichen des Rechts widmen sollte.[366] In der darauffolgenden Diskussion und als Antwort auf *Shatwell* unterbreitete *Dixon*[367] den Vorschlag, Law Reform auf einer nationalen Basis durch die Einrichtung eines Federal Committees for Law Reform zu etablieren.[368] Diese Diskussion hielt die folgenden Jahre an, führte aber jedoch zu keinem praktischen Ergebnis.[369]

---

364 ALRC, Annual Report 2000, 25 Years Australian Law Reform Commission, Report 90, (2000), S. 7.

365 Damaliger Dekan der Faculty of Law an der Universität Sydney; http://sydney.edu.au/senate/HonRich.shtml vom 12. Februar 2011.

366 Shatwell, Some reflections on the problems of law reform, 31 Australian Law Journal, (1957), S. 325.

367 Damaliger Chief Justice of Australia; http://adbonline.anu.edu.au/biogs/A140010b.htm vom 12. Februar 2011.

368 Dixon, Comments on KO Shatwell´s "Some reflections for law reform", 31 Australian Law Journal, (1957), S. 342. Es kann davon ausgegangen werden, dass *Dixons* geplante Einrichtung Vorschläge für Law Reform entwickeln würde, die sowohl von den Staaten und vom Commonwealth berücksichtigt werden würden, so dass die Einrichtung von Law Reform Commissions auf Staatsebene überflüssig werden würde; Hurlburt, Law Reform Commissions in the United Kingdom, Australia and Canada, (1986), Seite 106.

369 Siehe hierzu unter anderem den von Richter *Mason* im Jahr 1971 entwickelten Entwurf; Mason, Law Reform in Australia, 4 Federal Law Review, (1971), S. 197, S. 212-214.

V. Die Gründung der Australian Law Reform Commission

Nachdem das Konzept von institutionalisierten Law Reform Commissions in der Common Law Welt an Popularität gewann, und das Bedürfnis nach einer bundeseinheitlichen Gesetzgebung drängender wurde, erreichten die akademischen Rufe nach nationaler Law Reform schließlich auch das Parlament.

1. Der Australian Law Reform Commissions Act 1973

1969 hatte die sich damals in der Opposition befindende Labor Partei[370] in ihrem Wahlprogramm einen Vorschlag für die Gründung einer nationalen Law Reform Commission.[371] Diese Kommission sollte unter Einbringung der australischen Staaten Angelegenheiten des ganzen Landes bearbeiten. Der Vorschlag wurde durch die seit 1972 an der Macht stehende *Whitlam* - Regierung[372] 1973 ins Parlament eingebracht, jedoch von einigen Staatsjustizministern zunächst abgelehnt.[373] Die zuvor gefassten Ideen wurden daraufhin modifiziert.

Schließlich wurde am 23. Oktober 1973 ein Gesetzesentwurf unter dem Namen „Law Reform Commission Act 1973" im Parlament vorgelegt. In diesem wurde die Gründung einer australischen Einrichtung, die sich der Reform des Rechts widmen sollte, unter der Bezeichnung „Law Reform Commission" vorgeschlagen.

---

370 Ähnlich wie in Großbritannien gibt es in Australien die eher linksgerichtete Australian Labour Party, sowie die konservative Liberal Party of Australia (Homepage der Partei unter: http://www.liberal.org.au/ vom 12. Februar 2011). Die Schreibweise ohne „u" in „Labor" ist kein Rechtschreibefehler in dieser Arbeit, sondern dem australischen Englisch geschuldet. 1912 wurde der Name von „Labour" in „Labor" geändert, da es Standard ist, dass „ou" als „u" gesprochen wird; siehe hierzu http://www.alp.org.au/australian-labor/labor-history/ vom 12. Februar 2011.

371 Hurlburt, Law Reform Commissions in the United Kingdom, Australia and Canada, (1986), Seite 106.

372 *Edward Gough Whitlam*, 21. Premierminister Australiens; http://www.whitlam.org/gough_whitlam vom 12. Februar 2011.

373 ALRC, Annual Report 2000, 25 Years Australian Law Reform Commission, Report 90, (2000), S. 8.

Der damalige Justizminister *Murphy* merkte hierzu an:

„Zweck dieses Gesetzes ist die Gründung einer Law Reform Commission um die Aufgabe der Law Reform in Australien auf nationaler Ebene bewältigen zu können. Die Regierung ist beunruhigt zu sehen, dass das Rechtssystem, unter dem die Menschen leben, verantwortlich ist für die sozialen Bedürfnisse unserer Zeit. Die Vorschriften, die die Beziehungen von Menschen untereinander und mit der Regierung regeln, sollten gegenwärtige Werte und Belange widerspiegeln.“[374]

Seiner Meinung nach war es erforderlich, dass dasselbe Recht überall in Australien gelten sollte; eine in Vollzeit beschäftigte Expertenkommission, welche losgelöst vom tagespolitischen Druck arbeiten würde, wäre seiner Ansicht nach in der Lage, Law Reform in einer verständlichen und einheitlichen Basis zu erarbeiten.[375] Diese Gesetzesvorlage war nun ein voller Erfolg. Alle großen Parteien unterstützen sie.[376] Selbst der Sprecher der Opposition sprach davon, „dass dieser Entwurf keinen Kontroversen offen stünde“[377] (zumindest nicht, solange die Law Reform Commission noch nicht gegründet war - die Zukunft möge anders aussehen[378]).

---

374 "The purpose of this Bill is to establish a Law Reform Commission, to enable the task of law reform in Australia to be tackled on a national scale. The Government is concerned to see that the system of law under which people live is responsive to the social needs of our time. The rules which govern the relationship of persons with each other and with the Government should reflect current values and concerns."; Murphy, Parliamentary Debates, Senate Hansard, 23. Oktober 1973; zitiert aus: Hurlburt, Law Reform Commissions in the United Kingdom, Australia and Canada, (1986), Seite 107.

375 "to deal with law reform on a comprehensive and uniform basis"; a.a.O.

376 a.a.O.

377 a.a.O. *Kirby* beschreibt diese Übereinstimmung als nicht verwunderlich, da die neuen Law Reform Commissions zu dieser Zeit eine wesentliche Hilfe gegen den politischen Druck, den sich Parlamente, ausgesetzt sahen, boten; Kirby, Reform the Law: Essays on the renewal of the Australian Legal System, (1983), S. 54.

378 Siehe hierzu die Darstellung unter Abschnitt E. VIII. 3.

2. Inkrafttreten des Acts am 1. Januar 1975

Das Gesetz wurde im Dezember 1973 vom Parlament verabschiedet und trat am 1. Januar 1975 in Kraft. Erster Präsident der ALRC war der Richter *Michael Kirby*.[379] Die Commission errichtete ihr erstes Büro in Sydney.[380] Zunächst war angedacht, dass der Sitz der Commission in der Hauptstadt Canberra sein sollte, doch zur damaligen Zeit fehlten die räumlichen Voraussetzungen. Das Büro in Sydney war daher zunächst nur als temporäre Lösung mit dem Ziel des späteren Umzugs nach Canberra gedacht. Gleichwohl wurde in der Praxis von diesen Plänen Abstand genommen, so dass das primäre Büro der ALRC auch heute noch in Sydney beheimatet ist.[381]

VI. Rolle und Funktionen der ALRC nach dem Australian Law Reform Commissions Act

Die Rolle und Funktionen der ALRC ergeben sich aus dem vom Australian Law Reform Commissions Act von 1975.[382] Sie können wie folgt zusammen gefasst werden:

Die ALRC setzt sich zusammen aus einem Präsidenten, einem stellvertretenden Präsidenten und mindestens vier anderen Mitgliedern.[383] Die Ernennung der Mitglieder erfolgt durch den Justizminister.[384] Der Präsident und sein Stellvertreter müssen hauptberuflich bzw. in Vollzeit bei der ALRC beschäftigt sein.[385] Die ALRC erhält in Art. 21 Abs. 1 des Acts als Aufgabe, das vom Justizminister [Attorney-General] zur Bearbeitung übertragene Commonwealth Law unter dem

---

379 Weitere Commissioners der ersten Besetzung der ALRC waren Prof. *Alex Castles, Gareth Evans* und *Prof. Gordon Hawkins*; ALRC, Annual Report 2000, 25 Years Australian Law Reform Commission, Report 90, (2000), S.10.

380 ALRC, Annual Report 2000, a.a.O.:

381 In den Jahren 1983-1987 und 1994-1999 gab es ein kleines Büro der ALRC in Canberra; ALRC, Annual Report 2000, 25 Years Australian Law Reform Commission, Report 90, (2000), S. 10.

382 Der Act wurde 1996 modifiziert, so dass die ALRC mittlerweile auf dem Australian Law Reform Commission Act von 1996 beruht.

383 Artikel 6 Abs. 1 Australian Law Reform Commission Act 1996. Für die gegenwärtige personelle Situation der ALRC siehe E. III. 3. ab).

384 Art. 7 Abs. 1 Australian Law Reform Commission Act 1996. Für die Anforderungen an künftige Mitglieder der ALRC siehe F. IV. 1.

385 Art. 8 Abs. 1 Australian Law Reform Commission Act 1996.

Blickwinkel der systematischen Entwicklung und Reform des Rechts zu überprüfen. Durch diese Vorgehensweise soll das Recht:

„(a) in Übereinstimmung mit gegenwärtigen Verhältnissen gebracht werden können;

[sollen]

(b) Defekte in Gesetzen eliminiert werden können;

(c) Gesetze vereinfacht werden;

(d) neue oder effektivere Methoden umgesetzt werden können für die Verwaltung und Verteilung von Gerechtigkeit;

e) und der Zugang zum Recht verbessert werden.“[386]

Als besondere Aufgabe wurde der ALRC ferner mit auf den Weg gegeben, dass sie Vorschläge zu erarbeiten hat über die Angleichung der Rechtsvorschriften der Staaten und der Territorien.[387] Aus Art. 24 Abs. 1 a) des Acts folgt, dass die ALRC die Pflicht hat, bürgerliche Freiheiten zu schützen. Hieraus folgt, dass ihre Vorschläge sich nicht in Widerspruch zum Internationalen Pakt über bürgerliche und politische Rechte[388] (Art. 24 Abs. 2 b)) setzen dürfen. Die ALRC erhält ihre Aufträge [References] vom Justizminister; sie wird also nicht initiativ tätig und darf ohne einen Auftrag auch nicht substantiell tätig werden.[389] Die ALRC ist durch den Justizminister dem Parlament gegenüber verantwortlich. Sie hat jedoch die Befugnis, dem Justizminister Vorschläge für mögliche Reformprojekte machen zu können.[390]

Der ALRC steht es ferner frei, in den [final] Report alle Empfehlungen aufnehmen, die sie einfließen lassen will.[391] Dabei ist aber festzuhalten, dass die letzt-

---

386 “a) that it meets current needs; and b) removing defects in the law; and c) simplifying the law; and d) adopting new or more effective methods for administering the law and dispensing justice; e) and providing improved access to justice.”; Art. Art. 21 Abs. 1 Australian Law Reform Commissions Act 1996.

387 Art. 21 Abs. 1 d) Australian Law Reform Commission Act 1996.

388 Auch: UN-Zivilpakt (International Convenant of Civil and Political Rights).

389 http://www.alrc.gov.au/about vom 8. März 2011.

390 Art. 20 Abs. 1 Australian Law Reform Commission Act 1996.

391 Art. 21 Abs. 2 Australian Law Reform Commission Act 1996.

endliche Kontrolle über die Commission beim Justizminister verbleibt. Primäre Funktion der ALRC ist, wie in Art. 21 Abs. 2 des Acts normiert, dem Justizminister von jeder Überprüfung oder Beratung, die sie tätigt, zu berichten.

VII. Die Kirby Jahre der ALRC (1975-1984)

Die Geschichte der ALRC wäre ohne die Darstellung der Arbeit des ersten Präsidenten *Michael Kirby* unvollständig, da dieser Vorstellungen von der Arbeit einer Law Reform Commission hatte, die das Bild der ALRC bis heute nachhaltig prägen.[392] Die Periode seiner Ernennung war charakterisiert von bemerkenswerter Schlagkraft und Innovation. *Kirby* selbst[393] ging davon aus dass seine Herangehensweise an Law Reform stark vom Konzept von *Professor Julius Stone*[394] und dessen Jurisprudenz beeinflusst war, der mit seiner Emphase für die Interaktion von Recht und Gesellschaft die Tür für einen interdisziplinären Blickwinkel geöffnet hat.[395]

---

392 Auch wenn *Kirby* zugibt, nicht von Beginn an von dieser Ernennung begeistert gewesen sein. 1974 wurde *Kirby* zum Richter der Arbitration Commission ernannt, wo er verantwortlich war für die industriellen Beziehungen der nationalen maritimen Belange. Im Dezember 1974 traf er, als er in einen Aufzug des Temple Court in Sydney stieg, *Lionel Murphy*, den damaligen Justizminister. Dieser teilte ihm unter Anbietung eines Glases Champagner mit, dass er, *Kirby*, genau die Person sei, nach der er suche und er der erste Präsident der ALRC werden sollte. *Kirbys* Reaktionen waren die, wie er es bezeichnet, eines typischen Juristen: „Reform, Reform, sind die Dinge nicht schon schlimm genug?“ Doch *Murphy* blieb hartnäckig und verfügte über einen beachtlichen Vorrat an Champagner. Als *Murphy* das Glas zu einem siebten Toast erhob, erwiderte *Kirby* diesen schwankend und fügte sich letztlich in sein Schicksal; siehe hierzu Kirby, The Law Reform Commission and the Essence of Australia, Reform 77, (2000), S. 60.

393 Insbesondere Kirby, Law Reform as Ministering to Justice in: Blackshield (Hrsg.), Legal Change: Essays in Honour of Julius Stone, (1983), S. 201.

394 *Julius Stone* (1907-1985), englischer Rechtstheoretiker und Professor für Recht an der Universität Sydney von 1942-1972 und starker Kritiker der englischen Rechtsmethodik. Siehe hierzu: Goldie/Knoll, In Memoriam: Professor Julius Stone (1907-1985), The American Journal of International Law Vol. 80, (1986), S.141-144.

395 Siehe hierzu: Stone, The Province and Function of Law, Law as Logic, Justice and Social Control: A Study in Jurisprudence, (1950); Stone, Social Dimensions of Law and Justice, (1966).)

1. Die Bedeutung der Öffentlichkeitsbeteiligung für Kirby

Während die ALRC nach dem Australian Law Reform Commissions Act lediglich ein „klassisches“[396] Law Reform Mandat hatte, besaß *Kirby* darüber hinaus klar definierte Ansichten darüber, wie Law Reform in einem modernen, liberalen und demokratischen Staat zu sein habe.[397] Er akzeptierte, dass das so genannte „black letter law“[398] ein Ausgangspunkt für die Arbeit der ALRC sein würde - er ging jedoch davon aus, dass die Essenz einer effektiven Law Reform

---

396 “Klassisch” in dem Sinne, dass der Australian Law Reform Commissions Act 1975 in den wesentlichen Elementen dem britischen Law Commissions Act 1965 glich.

397 Kirby, Reform the Law: Essays on the Renewal of the Australian Legal System (1983), hier insbesondere Kapitel 3. *Kirby* zeigte sich zu dieser Zeit äußerst engagiert, “Werbung” für seine Auffassung von Law Reform zu machen; siehe hierzu unter anderem: Law Reform Experiments in Australia, Papier präsentiert im Rahmen des United Kingdom National Committee on Comparative Law Colloquium on „Methods of Law Reform“, September 1979, zu finden unter: http://www.michaelkirby.com.au/images/stories/speeches/1970s/vol4/1979/120-UK_National_Committee_on_Comparative_Law_Colloquium_-_Law_Reform_Experiments_in_Australia.pdf vom 12. Februar 2011; Law Reform in Australia: Antipodean Reflections: in: Law Reform in the Commonwealth: Report of the Meeting of Law Reform Agencies (Commonwealth Secretariat London 1977, siehe hierzu: http://www.michaelkirby.com.au/images/stories/speeches/1970s/vol2/1977/50-Meeting_of_Commonwealth_Law_Reform_Agencies_-_Law_Reform_in_Australia_-_Antipodean_Reflections.pdf vom 12. Februar 2011). 2007 erfolgte ein “Update” dieser Rede im Rahmen einer Rede am 17. Juli 2007 bei der Law Commission of Ireland unter dem Titel „More Promises of Law Reform: An Antipodean Reflection”, zu finden unter:http://www.hcourt.gov.au/assets/publications/speeches/former-justices/kirbyj/kirbyj_17jul07.pdf vom 12. Februar 2011; siehe auch: A national Approach to Law Reform, 1 Legal Service Bulletin (1975), S. 287; Law Reform in Australia, 25 Chitty´s Law Journal (1977), S. 171; Public Involvement: Yes, but how? 5 Reform, (1977), S. 8; Public Hearings for Law Reform, 2 Reform, (1976), S. 20, “Law Reform, why?”, 50 Australian Law Journal (1976), S. 1 und “Uniform Law Reform –Will We Live to See It?”, 8 Sydney Law Review (1977), S. 1. Siehe auch die Homepage von Kirby, auf der viele Reden und Veröffentlichungen von ihm zum Download bereitstehen: www.michaelkirby.com.au vom 12. Februar 2011.

398 Die Bezeichnung „black letter law“ umschreibt in einer engeren Definition die Grundlagen in einem bestimmten Bereich des Rechts, die allgemein bekannt sind und über deren Auslegung es keine Kontroversen gibt. In einer weiten Auslegung umfasst der Begriff „Black letter law“ das geltende Recht, so dass es am Besten mit „Dogmatik“ des angelsächsischen Rechts wiedergegeben werden kann; siehe hierzu: Haltern, Europarecht: Dogmatik im Kontext, (2005), S. 8 und Banakar/Travers, Understanding Law and Society, (2010), S. 7 ff.

für das Verständnis der Rolle des „black letter laws" in der Gesellschaft allgemein sei.[399] Seiner Ansicht nach sollten alle Australier in der Lage sein, am Law Reform Prozess zu partizipieren. Eine derartige Law Reform würde eine Methode verlangen, die volle und offene Konsultation schätzen und fördern würde, die die Einbeziehung der Öffentlichkeit als wesentlich erachten würde und die sich Publikationen nützlich machen würde, um eine möglichst große Öffentlichkeitsbeteiligung hervorzurufen.[400] Durch dieses Verständnis von der Arbeit einer Law Reform Commission mit der Folge der Fokussierung auf die gesellschaftlichen und sozialen Auswirkungen des Rechts würde *Kirby* nicht nur Erfahrungen, Bedenken und Ansichten von einer Vielzahl potentieller Interessenvertreten erlangen, sondern auch Einblicke in andere Disziplinen als der Rechtswissenschaft gewinnen.

2. Die „Kirby – Methode"

Um dieses Ziel zu erreichen, führte er eine Reihe von Recherchemethoden ein:

- die Ernennung von ehrenamtlichen Beratern aus einer Vielzahl von Fachrichtungen;

- die Veröffentlichung von Diskussionspapieren (Discussion Paper) und Zusammenfassungen von Diskussionspapieren;

- die Durchführung von öffentlichen Anhörungen;

- der Gebrauch von Umfragen, Gutachten und Fragebögen und

- die Ermöglichung des Engagements sowohl von spezialisierten Beratern als auch von der Öffentlichkeit.[401]

Ferner war *Kirby* einer der ersten Law Reformer, der die Relevanz der öffentlichen Medien für die Zwecke der Law Reform erkannte. Seiner Auffassung nach

---

399 Siehe hierzu auch das Kapitel dieser Arbeit "Was ist Law Reform" (Abschnitt B.).

400 Tilbury, A History of Law Reform in Australia, in: Opeskin/Weisbrot (Hrsg.), The Promise of Law Reform, (2005), S.13. Wie diese Anforderungen in der Praxis umgesetzt werden, wird in Abschnitt F. X. dargestellt.

401 ALRC, Annual Report 2000, 25 Years Australian Law Reform Commission, Report 90, (2000), S. 11; Siehe hierzu die vertiefende Darstellung unter Abschnitt F. X.

war Information das Gegengift zur Ungerechtigkeit, und Ungerechtigkeit der Feind von Law Reform.[402] Diese Herangehensweise an den Umgang mit Law Reform, „kongenial in einem Land, dessen Bewohner robuste und egalitäre Individuen [seien]“ [403] repräsentierte bald den Standard für die meisten Law Reform Commissions.[404] Jeder Vorschlag, dass Law Reform sich nur mit der Reform des Rechts „der Juristen“ befassen sollte, blieb nun ohne Unterstützung.[405] Es folgte eine produktive Dekade der Law Reform. Thematisch sich mit völlig unterschiedlichen Bereichen des Rechts befassende Reports wurden in den Folgejahren veröffentlicht; Untersuchungen zum Beweisrecht[406] und zur Diffamierung,[407] die thematisch eher für Juristen von Interesse waren, ebenso wie Themen, die einen enormen gesellschaftlichen und sozialen Bezug hatten, wie das Gewohnheitsrecht der Aboriginis,[408] künstliche Befruchtung[409] oder das Recht der eheähnlichen Lebensgemeinschaften.[410] In den frühen 1980er - Jahren konnte *Kirby* zu Recht behaupten, dass Law Reform sich in Australien in „voller Blüte“ befand.[411]

402 ALRC, Annual Report 2000, 25 Years Australian Law Reform Commission, Report 90, (2000), S. 11.

403 „congenial to a country of robust and egalitarian individuals“; zitiert aus Kirby, The Law Reform Commission and the Essence of Australia, 77 Reform, (2000), S. 60.

404 Wobei anzumerken ist, dass die englische Law Commission die von *Kirby* favorisierten Arbeitsweisen der möglichst weiten Öffentlichkeitsbeteiligung ablehnt; Siehe hierzu F. X. 2. bc).

405 Siehe hierzu Law Reform Commission of Victoria, Annual Report 1991-1992, Report 51, (1992), S. 120 – 123.

406 ALRC, Evidence, Report 38, (1987), zu finden unter: http://www.alrc.gov.au/report-38 vom 21. Februar 2011.

407 ALRC, Unfair Publication: Defamation and Privacy, Report 11 (1979); http://www.alrc.gov.au/report-11 vom 14. Dezember 2010.

408 ALRC, Recognition of Aboriginal Customary Laws, Report 31 (1986); zu finden unter: http://www.alrc.gov.au/publications/report-31 vom 10.März 2011.

409 Zum Beispiel New South Wales Law Reform Commission, Artificial Conception: In Vitro Fertilization, Report 58 (1998), zu finden unter: http://www.lawlink.nsw.gov.au/lrc.nsf/pages/r58out vom 12. Februar 2011.

410 Zum Beispiel New South Wales Law Reform Commission, De Facto Relationships, Report 36, (1983), zu finden unter: http://www.lawlink.nsw.gov.au/lrc.nsf/pages/R36TOC vom 12. Februar 2011.

411 “in full flower”; zitiert aus: Kirby, Reform the Law: Essays on the renewal of the Australian legal system, (1983), S. 30.

3. Ein kritischer Blick

Kirby sah jedoch die Funktion, die eine Law Reform Commission zu erfüllen hat, durchaus auch kritisch. Als Gründe für die Einrichtung von Law Reform Commissions in nahezu ganz Australien in der damaligen Zeit vermutet er, dass dieses Streben dem Zeitgeist geschuldet gewesen sei; komplexe Sachverhalte könnten so gelegentlich durch das Vorhandensein einer permanenten Law Reform Institution „entschärft“ werden. Im Ergebnis hätten diese damit aber oft nichts anderes als eine politische Alibifunktion erfüllt - die Gründung einer finanziell unterausgestatteten, unterbesetzten Behörde als Placebo für Beschwerden der Bevölkerung über Defekte in der Gesetzgebung.[412] Eine andere Interpretation für die „boomende Industrie“[413] sah er darin, dass die Gesetzgeber die starke Zunahme der Probleme hinsichtlich der Rechtsanwendung in Zeiten, die sich in einem rapiden Wandel befinden, erkannt hatten. Dazu kam die Erkenntnis, dass die gesetzgebenden Institutionen die Bedürfnisse von Modernisierung und Überprüfung des Rechts aufgrund von Inkompetenz oder Widerwillen oft nur unzureichend erfüllten. Die dauerhaft eingerichteten Law Reform Commissions wurden damit nach seiner Ansicht mit der Intention errichtet, das sich daraus ergebende institutionelle Vakuum zu füllen.[414]

VIII. Die Post-Reform-Ära für Law Reform Commissions

Wenn die Periode von 1975 bis zu den späten 1980er Jahren damit ein „goldenes Zeitalter“ für Law Reform repräsentiert, dann sollte dies nicht auf Dauer sein. Nachdem der anfängliche „Honeymoon“ verklungen war, stellte man nahezu verwundert fest, dass auch Law Reform nicht in der Lage war, alle sozialen und politischen Probleme, die sich aus dem geltenden Recht ergaben, zu lösen.[415] Kritik an der Arbeit der Commissions kam zunächst in England,[416] später

---

412 Kirby, Reform the Law: Essays on the Renewal of the Australian Legal System, (1983), S. 52. Siehe hierzu auch: Wilenski, Political problems of administrative responsibility and reform, Australian Journal of Public Administration 38, (1979), S. 347.

413 Shtein, Law reform-A booming industry, Australian Current Law Review 2, (1970), S. 18.

414 Kirby, Reform the Law: Essays on the Renewal of the Australian Legal System, S. 52, aber auch Kapitel 2, “Filling the institutional vacuum, (1983), S. 28 ff.

415 Hierzu auch White, Consultation, Commissions and Context: A Comparative Study of the Law Commission and the Australian Law Reform Commission, (2005), S. 11.

in Australien auf, wobei ein Großteil der geäußerten Meinungen als nicht unbedingt sachlich zu bezeichnen sind, angesichts der enormen Aufgabe der Commissions, „all the law“[417] bzw. „the law“[418] zu überprüfen.[419]

1. Wandel im öffentlichen Sektor

Zudem bewegte sich das politische Umfeld in eine Richtung, die sich für das Projekt der Law Reform als nicht vorteilhaft darstellte. Die in Australien in den Jahren zwischen 1966 und 1984 gegründeten Law Reform Commissions waren das Produkt einer politischen Ära, die vom Wohlfahrts-Liberalismus geprägt war.[420] In den 1990er Jahren sahen sie sich nun einem neo-liberalen politischen Umfeld gegenüber, das sich ökonomische Effizienz auf die Fahnen geschrieben hatte.[421]
Praktisch umfasste dies die „Verschlankung“ des Staates, Privatisierung von Teilen des öffentlichen Sektors und die Anwendung von Strategien der Privatwirtschaft auf die öffentliche Verwaltung.[422]

In Australien sind hier insbesondere zu nennen:

- ein signifikanter Rückgang der staatlichen Unternehmensbeteiligung hin zur Privatisierung;[423]

---

416 Beispielsweise North, Law Reform: Processes and Problems, 101 Law Quarterly Review, (1985), S. 338; Samuels, The Law Commission: Do we really need it?, 136 New Law Journal, (1986), S. 747; Oerton, The Law Commission: in Need of Support, 136 New Law Journal, (1986), S. 1071; Hooson, Reform of the Legislative Process in the Light of the Law Commissions Work, 17 The Law Teacher, (1983), S. 67; Cretney, The Politics of Law Reform- A View from the Inside, 49 Modern Law Review, (1985), S. 493; North, The Law Commission- Methods and Stresses, 3 Liverpool Law Review, (1981), S. 5; Oerton, A Lament for the Law Commission- A View from the Inside, Countrywise Press Chichester, (1987), Kapitel 8.

417 Art. 3 Abs. 1 Law Commissions Act 1965.

418 Art. 21 Abs. 1 (i) Australian Law Commissions Act 1996.

419 White, a.a.O.

420 Tilbury, A History of Law Reform in Australia, in: Opeskin/Weisbrot (Hrsg.), The Promise of Law Reform, (2005), S.13.

421 Tilbury, a.a.O.

422 Seit Mitte der achtziger Jahre des 20. Jahrhunderts gab es insbesondere in den angelsächsischen westlichen Demokratien wesentliche Änderungen im öffentlichen Sektor; siehe hierzu Pollitt/Bouckaert: Public Management Reform - A Comparative Analysis, (2004), S. 2, 6 ff.

• eine nationale Strategie der Deregulierung und der Förderung des Wettbewerbs;[424]

• die Reduzierung der Verschuldung des öffentlichen Sektors; dies wurde erreicht durch neue Budgetpraktiken und den Verkauf von Regierungsbeteiligungen;[425]

• eine extrem hohe Beteiligung Privater Investoren an neuen Infrastrukturentwicklungen, die traditionellerweise von der Regierung finanziert wurden (wie zum Beispiel private Autobahnen).[426]

Der öffentliche Sektor in Australien übertrug somit wesentliche Verantwortungsbereiche auf Dritte, was zur Folge hatte, dass sie dem öffentlichen Wettbewerb ausgesetzt und so die Marktregeln wesentlich geändert wurden.[427]

2. Verwaltungsmodernisierung- Public Sector Management

Zusätzlich zu diesen großen strukturellen Änderungen gab es ebenso wesentliche Änderungen im Zusammenhang mit der so genannten Verwaltungsmoderni-

423 Beispiele hierfür sind der Verkauf der sich ursprünglich in staatlicher Hand befindenden Unternehmen wie der Commonwealth Bank, der Fluggesellschaft Qantas, des Telekommunikationsunternehmens Telstra (partiell) sowie der Verkauf aller Hauptstadt Flughäfen, aus: Hennessy, Independence and Accountability of Law Reform Agencies, in: Opeskin/Weisbrot (Hrsg.), The Promise of Law Reform, (2005), S. 74.

424 Dies war die Folge eines Reports eines unabhängigen Komitees: Independent Committee of Inquiry into Competition Policy in Australia, National Competition Policy (1993), Homepage unter http://ncp.ncc.gov.au/ vom 17. Februar 2011.

425 Die australische Regierung erzielte auf diese Weise Einnahmen in den neunziger Jahren des letzten Jahrhunderts in Höhe von 61 Milliarden AU$; siehe hierzu: Moon, The Australian Public Sector and New Governance,58 Australian Journal of Public Administration, (1999), S. 114-115.

426 Siehe hierzu: Hennessy, Independence and Accountability of Law Reform Agencies in: Opeskin/Weisbrot (Hrsg.), The Promise of Law Reform, (2005), S. 74.

427 Moon, a.a.O. Eine Diskussion über die Gründe für die Reformen des öffentlichen Sektors findet sich in Pollitt/Bouckaert: Public Management Reform- A Comparative Analysis, 2. Auflage, (2004), Seite 24-38.

sierung („public sector management") zum „neuen" public management (kurz: NPM).[428]

Der traditionelle öffentliche Sektor, insbesondere im Bereich der Daseinsvorsorge, betonte den Zugang zu Serviceleistungen, die Gleichbehandlung der Öffentlichkeit und Übereinstimmung mit den Regulatoren für den Umgang mit öffentlichen Geldern.[429] Nach der Verwaltungsmodernisierung standen nun die Effizienz, die Effektivität und Qualität, definierte Zielvorgaben und die Messbarkeit von Erfolgen und die Umsetzung von Managementvorgaben im Vordergrund.[430] Die Öffentlichkeit wurde nun als „Kunde" bezeichnet.[431] Diese neue Herangehensweise wird klar im Better Practice Guide for Australian Government Agencies beschrieben,

„wonach es von herausragender Bedeutung ist, dass Regierungsmaßnahmen - und Praktiken nicht über Gebühr aus Gründen der Erfüllung auf Kosten der Durchführung gehen."[432]

---

428 Siehe hierzu für Australien: McLaughlin/Osborne/Ferlie, New Public Management, (2002), S. 198 ff. Als Katalysatoren für einen nicht unerheblichen Teil dieser Änderungen dienten die Reports von einigen Untersuchungen über den öffentlichen Sektor in Australien, wie zum Beispiel die Royal Commission on Australian Government Administration (auch genannt die "Coombs Commission"), die 1976 einen Report veröffentlichte oder die 1982 von *Peter Wilenski* veröffentlichte Untersuchung: Review of the New South Wales Government Administration, Unfinished Agenda: Further Report; zitiert aus: Hennessy, Independence and Accountability of Law Reform Agencies in: Opeskin/Weisbrot (Hrsg.), The Promise of Law Reform, (2005), S. 75. Zu *Wilenskis* Untersuchung siehe auch: O'Brien, The Employment Implications of „New Public Management". Changing public sector industrial relations in Australia: An Overview, The University of New South Wales, Working Paper Series 127, (1999), S. 6; zu finden unter: http://wwwdocs.fce.unsw.edu.au/orgmanagement/WorkingPapers/wp127.pdf vom 17. Februar 2011.

429 Hennessy, a.a.O.; O'Faircheallaigh/Wanna/Weller, Public sector management in Australia: new challenges, new directions, (2000), S. 163 ff., S. 177 und Funnell/Cooper, Public sector accounting and accountability in Australia, (1998) S. 3 ff. ("Defining the Public Sector")

430 Parker/Gould, Changing public sector accountability: critiquing new directions, 23 Accounting Forum, (1999), S. 109.

431 Hennessy, a.a.O. Siehe auch: Doyle/McEachern, Environment and Politics, (2008), S. 243.

432 "it is therefore important to ensure that governance arrangements and practices do not focus unduly on conformance at the expense of performance"; Australian National Audit Office, Public Sector Governance Volume 1: Framework, Processes and Practices, (2003), S. 23, zu finden unter:

3. Folgen für die ALRC

In dieser Umgebung wurden Law Reform Commissions als ineffizient erachtet - was zum Teil auch zutreffend war, zumindest dann, wenn man Umsetzungsraten als einzigen Maßstab heranzieht, an dem der Erfolg von Law Reform Commissions gemessen wird.[433] Es ist daher nicht weiter verwunderlich, dass, trotz mancher befürwortenden Meinungen,[434] das neue politische Umfeld ein „sich steigerndes Desinteresse, wenn nicht sogar Skepsis, der Arbeit von Law Reform Commissions gegenüber“ [435] zur Schau stellte.

Diese politische Einstellung gegenüber Law Reform Commissions bedeutete eine Reform ihrer selbst. In seiner extremsten Form hatte dies sogar die Abschaffung von Law Reform Commissions zur Folge.[436] Diese Entwicklung dauert bis heute an.

---

http://www.anao.gov.au/director/publications/betterpracguides.cfm3 vom 25. Juli 2010. Siehe hierzu auch: Funnel, The Curse of Sisyphus: Public Sector Audit Independence in an Age of Economic Rationalism, 56 Australian Journal of Public Administration, (1997), S. 87 ff.

433 Siehe hierzu auch den Abschnitt „Das Ohr der Regierung“ unter F. IX.

434 Siehe hierzu Parliament of Australia, House of Representatives Standing Committee on Legal and Constitutional Affairs, Law Reform: The Challenge Continues: A Report of the Inquiry into the Role and Function of the Law Reform Commission of Australia (1994), zu finden unter: http://www.alrc.gov.au/sites/default/files/pdfs/publications/1994Report.pdf vom 8. März 2011.

435 “developing a lack of interest, if not skepticism, towards the work of law reform agencies in part of governments”; Queensland Law Reform Commission, Annual Report (1997), (aus einem Brief des damaligen Präsidenten der Queensland Law Reform Commission, *de Jersey*, an den Attorney-General); zitiert aus: Tilbury, A History of Law Reform in Australia, in: Opeskin/Weisbrot (Hrsg.), The Promise of Law Reform, (2005), S.15.

436 Beispielsweise schaffte Victoria 1982 seine Law Reform Commission, mit der Begründung, dass diese zu bürokratisiert sei, ab (Law Reform Commission (Repeal) Act 1992 (Vic), zu finden unter: http://www.austlii.edu.au/au/legis/vic/hist_act/lrca1992293/ vom 12. Februar 2011) Im Jahr 2000 erfolgte jedoch die Wiederbelebung der Victorian Law Reform Commission (Victorian Law Reform Commission Act 2000 (Vic), zu finden unter: http://www.austlii.edu.au/au/legis/vic/consol_act/vlrca2000344/ vom 12. Februar 2011). Siehe hierzu auch Abschnitt A. III. 2.

a) Parliamentary Inquirys der ALRC im Jahre 1994 und 2010

Eine weiterer „Lackmustest" für die Arbeit der ALRC sind ihre Überprüfungen durch parlamentarische Committees, die in den letzten Jahren vorgenommen wurden bzw. gegenwärtig durchgeführt werden.

aa) Parliamentary Inquiry der ALRC im Jahre 1994

Im Jahre 1994 wurde durch das Australische Parlament (House of Representatives Standing Committee on Legal and Constitutional Affairs), eine Revision der ALRC vorgenommen, in der ihre Rolle, ihre Funktionen und ihre Arbeitsweise evaluiert wurden.[437] Ein besonderer Schwerpunkt wurde hierbei auf die Effizienz der ALRC und die Frage gelegt, inwieweit die Abläufe verbessert werden können.[438] Folge der Untersuchung waren u.a. Änderungen im Australian Law Reform Commissions Act.[439] Trotz einiger Kritik an der ALRC kam das Committee zu dem Schluss, dass die ALRC eine „Quelle unabhängiger Information"[440] sei, die die Integrität der unterbreiteten Vorschläge sicherstelle.[441]

ab) Parliamentary Inquiry der ALRC im Jahre 2010

Am 23. November 2010 wurde durch das Senate Standing Committee on Legal and Constitutional Affairs eine erneute Überprüfung der ALRC angeregt.[442] Hintergrund hiervon war, dass insbesondere im Jahr 2009 erhebliche Kürzungen

---

437 Parliament of Australia, House of Representatives Standing Committee on Legal and Constitutional Affairs, Law Reform-The Challenge Continues, Canberra, 1994; zu finden unter: http://www.alrc.gov.au/sites/default/files/pdfs/publications/1994Report.pdf vom 8. März 2011.

438 a.a.O.

439 Parliament of Australia, a.a.O.

440 "source of independent information"; a.a.O., S. 58.

441 a.a.O.

442 Law Council of Australia, Senate Standing Committee on Legal and Constitutional Affairs, Inquiry into the Australian Law Reform Commission, zu finden unter: http://www.lawcouncil.asn.au/shadomx/apps/fms/fmsdownload.cfm?file_uuid=D90FB65D-0BBC-98E7-1E84-FA6EA67F0335&siteName=lca vom 8. März 2011. Siehe hierzu auch das Hintergrundpapier der ALRC: First submission to the Senate Legal and Constitutional Affairs Committee Inquiry into the Australian Law Reform Commission, (Background Submission), vom 23. Dezember 2010, zu finden unter: http://www.alrc.gov.au/sites/default/files/pdfs/publications/Barnett%20Submission%20December%202010%20.pdf vom 8. März 2011.

am Budget der ALRC vorgenommen wurden.[443] Dies hatte beispielsweise bei der personellen Ausstattung der ALRC zur Folge, dass gegenwärtig nur ein in Vollzeit (die gegenwärtige Präsidentin *Rosalind Croucher*[444]), vier in Teilzeit arbeitende Commissioner und 15 Mitarbeiter bei der ALRC beschäftigt sind- dies bedeutet einen erheblichen Rückgang gegenüber den Vorjahren - so waren im Jahr 2000 bei der ALRC vier in Vollzeit arbeitende Commissioner, 4 in Teilzeit und 22 Mitarbeiter beschäftigt, 1994 gar 6 Vollzeit Commissioner, 11 Teilzeit Commissioner und 46 Mitarbeiter.[445] Ziel der Untersuchung soll damit u.a. sein, herauszufinden inwieweit sich diese Reduzierungen auf die Qualität der Arbeit der ALRC auswirken.[446]

Die ALRC beobachtet in ihrer Stellungnahme zu der Untersuchung vom 3. März 2011 diese Kürzungen mit äußerster Besorgnis, da insbesondere eine ausreichende finanzielle Ausstattung ein wesentlicher Faktor bei der Bewahrung der Unabhängigkeit und der Erstellung von qualitativ hochwertigen Reports sei.[447] Sie verweist dabei auf ihre seit über 35 Jahren erfolgreiche Arbeit und wirft die (berechtigte) Frage auf, inwieweit im Rahmen einer solchen Untersuchung zuverlässig über die Zukunft einer solchen Einrichtung wie der ihren entschieden werden könne.[448] Reporting Date für die endgültigen Ergebnisse der Untersuchung war der 31. März 2011.[449]

---

443 [Second and] Final Submission to the Senate Legal and Constitutional Affairs Reference Committee Inquiry into the Australian Law Reform, S.4 vom 3. März 2011; siehe: http://www.alrc.gov.au/sites/default/files/pdfs/publications/ALRC%20Final%20Submission.pdf vom 8. März 2011.

444 http://www.alrc.gov.au/about/commissioners/Rosalind-Croucher vom 8. März 2011.

445 Final Submission, a.a.O., S. 5.

446 Für die Terms of Reference der Untersuchung siehe: http://www.aph.gov.au/senate/committee/legcon_ctte/law_reform_commission/tor.htm vom 8. März 2011.

447 Final Submission, a.a.O., S. 5. Siehe hierzu auch die Eingaben (u.a. vom Federal Court of Australia, anderen Law Reform Commissions, Professoren und Vereinigungen) zu der Inquiry, in denen ähnliche Befürchtungen geäußert werden und die große Bedeutung der Arbeit der ALRC hervorgehoben wird: http://www.aph.gov.au/senate/committee/legcon_ctte/law_reform_commission/submissions.htm vom 8. März 2011. Dieselbe Besorgnis äußert auch *Kirby*, der eine generelle Zunahme der politischen Kontrolle über Law Reform Commissions beobachtet; E – Mail Korrespondenz der Verfasserin dieser Arbeit mit *Kirby* vom 10. März 2011.

448 Final Submission, a.a.O., S. 18.

449 http://www.aph.gov.au/senate/committee/legcon_ctte/law_reform_commission/info.htm vom 8. März 2011.

ac) Der Final Report der Inquiry vom 8. April 2011

Der Final Report der Inquiry des Committees wurde am 8. April 2011 veröffentlicht.[450] Erfreulich an den Ergebnissen des Reports ist, dass das Committee die herausragende Stellung der ALRC deutlich hervorhebt. Der Fortbestand der ALRC wird zu keinem Zeitpunkt von dem Committee in Frage gestellt. Zwar werden die Budgetkürzungen der ALRC als unvermeidbar aufgrund der Haushaltslage bezeichnet, aber es wird gleichzeitig der dringende Aufruf geäußert, diese Kürzungen auf ein Minimum zu beschränken.[451] Das Committee selbst beschreibt die gegenwärtige finanzielle Lage der ALRC als „prekär".[452] Es wird auf die große Bedeutung von in Vollzeit beschäftigten Commissionern hingewiesen und gefordert, ihre Anzahl auf mindestens zwei zu erhöhen.[453] Ebenso wurde auf die hohe Relevanz einer ausreichenden finanziellen Ausstattung für die Durchführung von Reisen für Zwecke der Konsultation hingewiesen.[454]

b) Ausblick

Die Folgen dieses Reports werden sich in der Zukunft zeigen.[455] Mögen die Mahnungen des Committees für die gegenwärtige Regierung Anlass sein, die Kürzungen des Budgets der ALRC einer erneuten Revision zu unterziehen, so dass sie weiterhin die Art von Arbeit leisten kann, die zur Durchführung von Law Reform erforderlich ist.

---

450 Law Council of Australia, Legal and Constitutional Affairs References Committee, Inquiry into the Australian Law Reform Commission, zu finden unter: http://www.aph.gov.au/senate/committee/legcon_ctte/law_reform_commission/report/report.pdf vom 1. Mai 2011.

451 Die Kürzungen bestehen bis zum Haushaltsjahr 2013 – 2014; Final Report, a.a.O., S. 55.

452 Final Report, a.a.O., S. 53.

453 Siehe die gesamten Empfehlungen des Committees unter: Final Report, a.a.O., S. 57 ff.

454 Siehe aber auch die abweichende Meinung im „Dissenting Report by Government Senators", in der der Umbau der Verwaltungsstruktur vorgeschlagen wird; Final Report, a.a.O., S. 59 ff.

455 Eine Reaktion wird in den nächsten Monaten zu erwarten sein (Stand 1. Mai 2011).

4. „A Crowded Field“

Darüber hinaus ist, seitdem auch andere Einrichtungen als die Law Reform Commissions im öffentlichen und privaten Sektor die von den Law Reform Commissions entwickelte Arbeitsmethodik „adoptierten“, das Bedürfnis nach einer ständig eingerichteten Behörde deutlich gesunken.[456] Der Kontext, in dem Law Reform agiert, hat sich in den letzten 36 Jahren, in denen die ALRC besteht, merklich geändert.[457] Law Reform Commissions haben nicht länger ein Monopol auf Law Reform Aktivität.[458] Sie sehen sich mittlerweile einem Wettbewerb mit einer Fülle von Institutionen ausgesetzt, die die Regierung beraten, so dass argumentiert werden könnte, dass kein Bedürfnis mehr für sie speziell bestünde.[459]

Zusammenschlüsse von „Joint Ministerial Councils“, in denen die Bundes-, Staats und Territorialminister (teilweise auch unter Beteiligung der neuseeländischen Kollegen) aus ähnlichen Portfolios agieren, wurden in den letzten Jahren aktiv auf dem Gebiet der Harmonisierung und Modernisierung des Rechts über Grenzen hinweg. So war das Council of Australian Governments (COAG), das sich aus dem Prime Minister, Staats - Premierministern und den Chief Minis-

456 Hierzu äußerst instruktiv: Weisbrot, What´s the Value of a Full Time Standing Law Reform Commission? (Papier präsentiert bei der Australasian Law Reform Agencies Conference, Darwin, 20. Juni 2002; zu finden unter: http://www.docstoc.com/docs/38101450/Australian-Law-Reform-Agencies-Conference-%28ALRAC%29 vom 12. Februar 2011.

457 Siehe hierzu die erneut die Ausführungen unter Abschnitt E. VIII. und: Hennessy, Independence and Accountability of Law Reform Agencies in: Opeskin/Weisbrot (Hrsg.), The Promise of Law Reform, (2005) S. 72, 73 sowie Weisbrot, What´s the Value of a Full Time Standing Law Reform Commission? a.a.O., S. 2, 3.

458 Rees, The Birth and Rebirth of Law Reform Agencies (Papier präsentiert anlässlich der Australasian Law Reform Agencies Conference 2008, Vanatu 10.-12. September 2008), S. 8; zu finden unter: http://www.lawreform.vic.gov.au/wps/wcm/connect/justlib/Law+Reform/resources/1/d/1de3d100450c2e39a123e3067e306f2f/ALRAC+Paper+_NeilRees.pdf vom 17. Februar 2011.

459 Neave, Law Reform in the 21st Century: Challenges for the Future, Rede vom 11. Oktober 2001, zu finden unter: http://www.lawreform.vic.gov.au/wps/wcm/connect/Law+Reform/Home/Newsroom/Speeches/LAWREFORM+-+Law+Reform+in+the+21st+Century+speech vom 17. Februar 2011.

ters[460] zusammensetzt, mit der Frage befasst, eine gemeinsame Herangehensweise an Fragen der Stammzellenforschung zu erreichen.[461] Das Standing Committee of Attorneys - General,[462] dessen Mitglieder unter anderem der australische Justizminister und der australische Innenminister sind, wiederum setzte sich für eine Harmonisierung der gemeinsamen Verantwortungsbereiche ein. Des Weiteren ist das System von aktiven und gut unterstützten Committees in beiden Häusern des australischen Parlaments mittlerweile gängige Praxis.[463] Diese Committees übernehmen mehr und mehr die Aufgaben, die ursprünglicherweise in den Aufgabenbereich der ALRC fielen.[464] Darüber hinaus agieren sowohl ressortinterne als auch externe Regierungscommittees,[465] Task Forces[466] und Arbeitsgruppen im Bereich von Law Reform Aktivitäten, wobei die meisten von ihnen hierbei Techniken verwenden, die von der ALRC entwickelt wurden.[467] Auch innerhalb des Portfolios des Justizministers [„Attorney – General´s"] sind mittlerweile mehrere Institutionen vorhanden, die spezia-

---

460 Der Chief Minister ist der Vorsitzende einer Regierung in einem Territorialgebiet wie dem Australian Capital Territory oder dem Northern Territory; siehe hierzu: http://www.chiefminister.act.gov.au/ und http://www.nt.gov.au/ntg/chiefmin.shtml (beide vom 1. Mai 2011).

461 Auf ihrer Homepage stellt die COAG als ihre Aufgabe die Förderung von politischen Reformen dar; http://www.coag.gov.au/about_coag/index.cfm vom 5. Oktober 2010.

462 http://www.ag.gov.au/ vom 5. Oktober 2010.

463 Weisbrot, The Future for Institutional Law Reform, in Opeskin/Weisbrot (Hrsg.), The Promise of Law Reform, (2005), S. 20.

464 Beispiele hierfür sind unter anderem: Wie Datenschutz im Computer-Zeitalter gewährleistet werden kann; wie den technischen Fortschritten in der Biomedizin begegnet werden soll; der Umgang mit steigenden Kosten im Justizsystem. Teilweise enthalten die Reports die Feststellung, dass eine Referenz an die ALRC eine Idee wäre, um auf diese Weise weitergehende Recherche und Beratung zu gewinnen; Weisbrot, a.a.O. Für eine umfassende Darstellung der parlamentarischen Arbeit im Bereich der Law Reform Aktivität siehe: Payne, Law Reform and the Legislature, in: Opeskin/Weisbrot (Hrsg.), The Promise of Law Reform, (2005), S. 302 ff.

465 Beispielsweise das Special Interdepartmental Committee on Protection Against Violence (SIDC-PAV). Eine Kurzbeschreibung dieser Institutionen gibt: Opeskin, Law Reform in a Federal System, Melbourne University, Rede vom 4. April 2001, zu finden unter: http://www.docstoc.com/docs/40625033/Law-Reform-in-a-Federal-System vom 13. Februar 2011.

466 Zu nennen ist hier die Attorney-General´s National Pro Bono Task Force (2000-2001), der die ALRC unterstützend zur Seite stand; Weisbrot, a.a.O.

467 Handford, The Changing Face of Law Reform, 73 The Australian Law Journal (1999), S. 506; Weisbrot, The Future for Institutional Law Reform, in Opeskin/Weisbrot (Hrsg.), The Promise of Law Reform, (2005) S. 20.

lisierten Rat hinsichtlich der Reform des Rechts bieten.[468] Ähnliche Entwicklungen sind im Bereich der Reform des Strafrechts[469] und des Wirtschaftsrechts[470] zu beobachten. Royal Commissions und andere ad hoc zusammengestellte Gruppen werden eingesetzt, um bestimmte, die Öffentlichkeit bewegende Themen, zu untersuchen und Empfehlungen für Law Reform abzugeben.[471]

In den letzten Jahren war ferner mehr und mehr die Tendenz zu beobachten, dass private Berater von öffentlichen Institutionen mit der Aufgabe betraut wurden, bestimmte Themen unter dem Aspekt von Law Reform, insbesondere durch den Einsatz empirischer Methoden, zu bearbeiten.[472]

---

468 Darunter das Adminstrative Review Council; das Family Law Council; Australian Human Rights and Equal Opportunity Commission (HREOC); das Office of the Federal Privacy Commissioner; das National Alternative Resolution Advisory Committee; das International Legal Services Advisory Committee und das Copyright Law Review Committee; für alles Weisbrot, a.a.O.

469 Seit Beginn der neunziger Jahre des letzten Jahrhunderts wird Strafrechtsreform auf nationaler Ebene von dem Model Criminal Law Officers Committee (MCLOC) betrieben, mit dem Ziel, eine Harmonisierung der Bundes-, Staats- und Territorialstrafgesetze zu erreichen; http://www.scag.gov.au/lawlink/scag/ll_scag.nsf/pages/scag_mcloc vom 5. Oktober 2010.

470 Zu nennen sind hier das Corporate Law Economic Reform Project (CLERP) (http://www.treasury.gov.au/documents/264/PDF/clerp.pdf vom 5. Oktober 2010) oder das Tax Simplification Project. Siehe hierzu Costello (Schatzmeister des Commonwealth of Australia), Review of Audit Regulation and Corporate Disclosure (Pressemitteilung vom 27. Juni 2002), in dem er den Beratungsprozess im Rahmen von CLERP darstellt; siehe hierzu die Homepage unter: http://www.treasurer.gov.au/DisplayDocs.aspx?pageID=&doc=pressreleases/2002/034.htm&min=phc vom 5.Oktober 2010.

471 So gab es beispielsweise eine Royal Commission, die sich mit dem Kollaps der HIH Versicherungsgesellschaft befasste (HIH Royal Commission, www.hihroyalcom.gov.au vom 7. Oktober 2010) oder eine eigens eingesetzte, die sich mit der Bauindustrie in Australien auseinandersetzte (Royal Commission into the Building and Construction Industry, www.royalcombci.gov.au vom 7. Oktober 2010). Für eine umfassende Darstellung der Royal Commissions: Sackville, Law Reform Agencies and Royal Commissions: Toiling in the Same Field? in: Opeskin/Weisbrot, The Promise of Law Reform (Hrsg.), (2005), S. 274 ff. Für eine kritische Auseinandersetzung siehe Weisbrot, Australian Lawyers, (1990), S. 41 - 43.

472 Dazu: Simmonds, Professional and Private Bodies, in Opeskin/Weisbrot (Hrsg.), The Promise of Law Reform, (2005), S. 261 ff (insbesondere S. 265 ff.). Die ALRC unterstützte im Report Managing Justice diese akademische Herangehensweise; ALRC, Managing Justice: A Review of the Federal Civil Justice System, Report 89, (2000), S. 8 ff. Zu finden unter http://www.alrc.gov.au/report-89 vom 9. Oktober.

F. The Essential Elements - Die wesentlichen Elemente: Eigenschaften einer modernen Law Reform Commission

I. Einleitung

Trotz aller Konkurrenz, Kritik und Sparmaßnahmen im öffentlichen Sektor scheint es, als ob Law Reform Commissions, wie von *Weisbrot* bildlich umschrieben, ähnlich wie Vampire schwer zu töten sind.[473] Andererseits kann, wie dargestellt, das Feld der im Law Reform Bereich tätigen Institutionen mittlerweile als „überfüllt“[474] bezeichnet werden.

1. Nachteile des „Crowded Fields“

Ein offensichtlicher Nachteil dieser mannigfaltigen Law Reform Aktivitäten ist ihre Vergänglichkeit. Anders als etablierten Law Reform Commissions fehlt diesen Einrichtungen die Erfahrung, auf die sie zurückgreifen können. Ferner gibt es oftmals keine qualitativen Kontrollmechanismen, oder die Möglichkeit, die Öffentlichkeit wirksam in den Prozess mit einzubeziehen. Ad hoc Institutionen sind meistens nicht in der Lage, zu einem späteren Zeitpunkt wirksam am Reform-Prozess mitzuwirken, was ein Nachteil ist in einem Bereich, in dem lange Zeitrahmen eher die Regel, denn die Ausnahme sind.[475] Daher können solche alternativen Einrichtungen zwar als lohnenswert bezeichnet werden, aber letztlich sind sie „weit entfernt vom Idealen.“[476]

473 “Happily, law reform commissions, like vampires, appear to be difficult to kill”; Weisbrot, The Future for Institutional Law Reform, in: Opeskin/Weisbrot (Hrsg.), The Promise of Law Reform, (2005), S. 24.

474 Weisbrot, a.a.O, S. 20.

475 Siehe hierzu auch den Abschnitt “Langlebigkeit” unter F. VIII.; Weisbrot, a.a.O., S. 22.

476 “but very far from ideal”; zitiert aus: The Commonwealth Secretariat, Law Reform Agencies: Their Role and Effectiveness, Meeting of Commonwealth Law Ministers and Senior Officials, Accra (Ghana), 17.-20. Oktober 2005; S. 3 ff: zu finden unter: http://www.calras.org/Other/secretariat_paper.pdf vom 19. Februar 2011.

Law Reform Commissions müssen sich daher qualitativ von diesen Organisationen unterscheiden; sie müssen, wie vom ehemaligen Präsidenten der New Zealand Law Commission *Robertson*[477] beschrieben

„um ihre Existenz zu rechtfertigen in einer anderen Liga spielen."[478]

2. Die besonderen Eigenschaften einer Law Reform Commissison

Folglich stellt sich die Frage, welche Elemente wesentlich sind, die eine Law Reform Commission auszeichnen und vor allem welche sie von anderen Institutionen unterscheidet, die sich ebenfalls der Law Reform verschrieben haben.

a) Durch Sawer entwickelte Merkmale

In einem im Jahre 1970 veröffentlichten, und oft zitierten Papier reflektiert der australische *Professor Sawer*[479] die Gründung der fünf Jahre zuvor erfolgten Law Commission of England and Wales.[480] *Sawer* identifizierte zunächst drei Schlüsselmerkmale dieser neuen Law Reform Körper: Sie waren auf Dauer eingerichtet, beschäftigten ihre Mitarbeiter in Vollzeit und waren autoritativ. Als ein weiteres, wesentliches (wenn nicht sogar entscheidendes) Merkmal arbeitete er ferner das Merkmal der Unabhängigkeit heraus.[481]

---

477 *Bruce Robertson*, ehemaliger Präsident der New Zealand Law Commissison; http://www.lawcom.govt.nz/about/commissioners vom 27. März 2011.

478 "(...) to justify their existence, they must be in a different league"; Robertson, Law Reform: What is our knitting? How do we stick to it?; Papier präsentiert im Rahmen der Association of Law Reform Agencies of Eastern and Southern Africa, Cape Town, 15-17. März 2005, S. 16, zu finden unter: http://www.lawcom.govt.nz/sites/default/files/speeches/2005/03/ALREASA%20speech%20170205.pdf vom 15. April 2011.

479 *Geoffry Sawer* (1910-1996), australischer Professor für Recht an der Australian National University und anerkannter Experte für die öffentliche australische Verwaltung; siehe den Nachruf unter http://www.presscouncil.org.au/pcsite/apcnews/nov96/news.html vom 17. Februar 2011 und Weisbrot, The Future for Institutional Law Reform, in: Opeskin/Weisbrot (Hrsg.), The Promise of Law Reform, (2005), S. 22.

480 Sawer, The Legal Theory of Law Reform, (1970), 20 University of Toronto Law Review, S. 183 ff.

481 Sawer, a.a.O.

b) Ergänzungen durch Weisbrot

Über 30 Jahre später fügte der ehemalige Präsident der ALRC *Weisbrot* diesen Attributen vier weitere hinzu: Merkmale einer Law Reform Commission seien danach des Weiteren, dass sie generalistisch aufgestellt seien, dass sie interdisziplinär arbeiten, dass sie beratend seien und umsetzungsorientiert („implementation-minded"[482]).[483]

c) Gang der Darstellung

Anhand dieser von *Sawer* und *Weisbrot* entwickelten Merkmale sollen im folgenden Abschnitt die wesentlichen Elemente einer Law Reform Commission herausgearbeitet werden. Hierbei erfolgt eine Differenzierung der Elemente in solche, die „greifbar" (materiell) sind, und in Elemente, die sich zwar nicht in Zahlen beziffern lassen, aber gleichwohl wesentlich für den Erfolg einer Law Reform Commission sind. Diese werden als so genannte „ungreifbare" (immaterielle) bezeichnet.

Die Notwendigkeit vieler dieser „ungreifbaren" Elemente war bei der Gründung noch nicht ersichtlich, sondern hat sich erst im Lauf der Jahre herausgebildet.[484] Nicht jedes Element ist für jede Commission von gleicher Bedeutung. Trotzdem können die Merkmale, die alle Law Reform Commissions teilen, auf die Elemente hindeuten, die das „Herzstück" jeglicher Commissionsarbeit darstellen.[485]

---

482 Weisbrot, What´s the value of a Full Time Standing Law Reform Commission (Papier präsentiert im Rahmen der Australasien Law Reform Agencies Condernce, Darwin, 20. Juni 2002), S. 11, http://www.docstoc.com/docs/38101450/Australian-Law-Reform-Agencies-Conference-%28ALRAC%29 vom 12. Februar 2011 und: Weisbrot, The Future for Institutional Law Reform, in Opeskin/Weisbrot (Hrsg.), The Promise of Law Reform, (2005), S. 18 ff.; siehe hierzu auch die Darstellung unter Abschnitt F. IX.

483 Weisbrot, a.a.O.

484 Vergleiche hierzu auch Petersson, The Essential Elements, Papier präsentiert im Rahmen der Australasian Law Reform Agencies Conference: Access to Justice-Rhetoric or Reality, Wellington (Neuseeland), 16. April 2004, S. 2, von der der Idee einer weiteren Unterteilung stammt; zu finden unter: http://www.lawcom.govt.nz/sites/default/files/speeches/2004/04/Session%208B%20-%20Essential%20Requirements%20-%20Petersson.pdf vom 18. Februar 2011.

Die materiellen Voraussetzungen einer Law Reform Commission werden unter den Titeln „Finanzielle Ausstattung", „Räumlichkeiten", „Personal" und „Vollzeitbeschäftigung der Mitglieder" erfasst, die immateriellen unter den Titeln „Autoritativ", „Generalistisch", „Langlebigkeit", „das Ohr der Regierung", „Beratend", „Unabhängigkeit" und „Internationalität".

Auf die jeweiligen Besonderheiten der ALRC wird im Rahmen der betreffenden Abschnitte eingegangen.

II. Finanzielle Ausstattung

Die wesentliche Bedeutung einer ausreichenden finanziellen Ausstattung kommt in den jährlichen Finanzberichten, den die Law Reform Commissions in ihren Jahresberichten („Annual Reports"[486]) veröffentlichen, klar zum Ausdruck. Die jüngste Vergangenheit hat allzu deutlich gezeigt, wozu eine unzureichende Ausstattung einer Commission führt.[487]

---

485 Siehe hierzu auch: Sackville, The Role of Law Reform Agencies in Australia, (1985), 59 Australian Law Journal, (1985), S. 152-157; ders. Law Reform Agenies and Royal Commissions: Toiling in the same Field? in: Opeskin/Weisbrot (Hrsg.), The Promise of Law Reform, (2005), S. 275; Hurlburt, Law Reform Commissions in the United Kingdom, Australia and Canada, (1986), S. 297 ff; Handford, The Changing Face of Law Reform, 73 The Australian Law Journal, (1999), S. 507 ff; Parliament of Australia, House of Representatives Standing Committee on Legal and Constitutional Affairs, Law Reform: The Challenge Continues: A Report of the Inquiry into the Role and Function of the Law Reform Commission of Australia (1994), Kapitel 4; zu finden unter: http://www.alrc.gov.au/sites/default/files/pdfs/publications/1994Report.pdf vom 8. März 2011

486 Zum Beispiel: Annual Reports der ALRC: http://www.alrc.gov.au/about/annual-reports; Annual Reports der Law Commission of England and Wales: http://www.lawcom.gov.uk/ann_reports.htm; Annual Report Scottish Law Commission: http://www.scotlawcom.gov.uk/publications/reports/latest-annual-report/; New Zealand Law Commission: http://www.lawcom.govt.nz/project/publication/annual-report/2010/annual-report-2009-2010 alle vom 20. März 2011.

487 Siehe auch: Warner, Institutional Architecture, in: Opeskin/Weisbrot (Hrsg.), The Promise of Law Reform, (2005), S. 80 und siehe hierzu auch das aktuelle Beispiel der ALRC; First submission to the Senate Legal and Constitutional Affairs Committee Inquiry into the Australian Law Reform Commission, (Background Submission), vom 23. Dezember 2010; zu finden unter: http://www.alrc.gov.au/sites/default/files/pdfs/publications/Barnett%20Submission%20December%202010%20.pdf vom 8. März 2011.

Die meisten Commissions sind auf Unterstützung durch die jeweilige Regierung angewiesen, deren Höhe von ihr jährlich im Haushaltsplan festgelegt wird. Teilweise können sie auf zusätzliche finanzielle Unterstützung durch die Anwaltskammern oder andere der juristischen Profession nahestehende Organisationen zurückgreifen.[488] In manchen Fällen erfolgt die Budgetierung durch Privatpersonen oder ausländische Organisationen.[489]

1. Budgets ausgewählter Law Reform Commissions

Meist handelt es sich hierbei nicht um große Geldbeträge. So arbeitet die Scottish Law Reform Commission mit einem jährlichen Budget von 1.541.307 €,[490] die Law Commission of England and Wales wird mit 4.385.300 £[491] jährlich unterstützt.[492] Auf einer per capita Basis bedeutet dies ungefähre Kosten von etwas mehr als 10 Cent pro Einwohner.[493] Zugegebenermaßen stellen die Kosten für die Law Reform Commissions oft nicht den einzigen Kostenfaktor im Sektor „Law Reform" dar. Während Staats - und Bundesagenturen, die sich mit dem Thema „Law Reform" befassen, traditionell ihre Kosten offen legen, sind die Kosten für spezialisierte Commissions, insbesondere wenn sie Teil von internen Regierungsabteilungen sind, schwerer zu beziffern.[494] Doch auch wenn der zuerst genannte Faktor mit zehn multipliziert wird, ist die Summe, die in Law Reform investiert wird, gering im Vergleich zu denen, die für Wissenschaft oder

488 Partington, Research, in: Opeskin/Weisbrot (Hrsg.), The Promise of Law Reform, (2005), S. 144.

489 Wie beispielweise das British Columbia Law Institute, das Zuwendungen aus der rechtlichen Profession und der Industrie erhält; Partington, a.a.O.

490 Jahr 2009; aus: Scottish Law Commission, Annual Report 2009, S. 31, http://www.scotlawcom.gov.uk/publications/reports/latest-annual-report/ vom 22. Februar 2011.

491 Ca. 5.234.244 €, Stand 6. September 2010, http://www.xe.com/ucc/convert.cgi.

492 Jahr 2009; aus: Law Commission of England and Wales, Annual Report 2009, S. 69, http://www.lawcom.gov.uk/docs/lc323_web.pdf vom 22. Februar 2011.

493 Bevölkerung von England und Wales im Jahr 2008 54.450 Mio; Bevölkerung von Schottland im Jahr 2008 5.169 Mio vom 6. September 2010, http://www.statistics.gov.uk/cci/nugget.asp?id=1352 vom 6. September 2010.

494 Petersson, The Essential Elements, Papier präsentiert im Rahmen der Australasian Law Reform Agencies Conference: Access to Justice-Rhetoric or Reality, S. 3, Wellington (Neuseeland), 16. April 2004, zu finden unter: http://www.lawcom.govt.nz/sites/default/files/speeches/2004/04/Session%208B%20-%20Essential%20Requirements%20-%20Petersson.pdf vom 18. Februar 2011.

Sport bereitgestellt werden.[495] Law Reform wird auch in Zukunft weder eine Goldmedaille bei den Olympischen Spielen gewinnen, noch ein Heilmittel gegen den Krebs erfinden.[496] Doch zeigt sich an dieser Stelle der Unterschied im Marketing von erfolgreicher Law Reform und der Vermarktung von Sport und Wissenschaft: Fortschritte in der Wissenschaft und Erfolge im Sport werden in der Öffentlichkeit bejubelt - das Recht hingegen feiert seine größten Erfolge, wenn es unauffällig und unbeachtet funktioniert.[497]

2. Finanzielle Ausstattung der ALRC

Die finanzielle Ausstattung der Australian Law Reform Commission in den Jahren 2008-2009 wird im Annual Report 2009-2010[498] dargestellt. Danach betrugen die der ALRC zur Verfügung gestellten Mittel bis zum Stichtag 30. Juni 2010 rund 3.387 Mio. AU$.[499]

III. Räumlichlichkeiten

Innerhalb des Bereichs der materiellen essentiellen Elemente einer Law Reform Commission gibt es einige Voraussetzungen, die unter dem Begriff „räumliche Ausstattung" zusammen gefasst werden können. Dazu zählen Büroräume, Literatur sowie die Möglichkeit, zu veröffentlichen.

Kirby hat im ersten Report der ALRC im Jahre 1975 eine strukturierte „To Do" List vorgelegt, aus der hervorgeht, was aus seiner Sicht für die Gründung einer neuen Law Reform Commission erforderlich ist:[500] Nach dieser „ist es überlebenswichtig, dem Justizminister, seinem Department und dem Parlament nah zu sein, um sicherzustellen, dass Law Reformer nicht den Anschluss daran verlie-

---

495 Für den Sport in Deutschland siehe beispielsweise: http://www.bmi.bund.de/cln_165/DE/Themen/PolitikGesellschaft/Sport/Sportfoerderung/sportfoerderung_node.html vom 8. März 2011.

496 So *Petersson* zynisch; Petersson, a.a.O.

497 Petersson, a.a.O.

498 ALRC, Annual Report 2009-2010, Report 113, (2010), zu finden unter: http://www.alrc.gov.au/sites/default/files/pdfs/publications/AR.pdf vom 12. März 2011.

499 Ca. 2.47 Mio €; Stand 12. März 2011; http://www.xe.com/ucc/convert.cgi?language=de&Amount=3.387&From=AUD&To=EUR.

500 ALRC, A First Report, (1975), S. 10-20.

ren, was politisch realisierbar ist und sich auf diesem Weg die parlamentarische Unterstützung zu erhalten“ Er präzisiert diese Anforderungen, indem er weiterhin ausführt: „Ich bin der Ansicht, dass die Commissioners in engem täglichen Kontakt mit ihren Kollegen stehen sollten und schnellen Zugang zur Bücherei und anderen Recherchemöglichkeiten in ihrem Umfeld haben sollten“.[501]

Die Ausstattung mit einer Bücherei und Recherchemöglichkeiten muss 35 Jahre später ausgeweitet werden auf das Postulat des umfassenden elektronischen Zugangs zu elektronischen Datenbanken, Internetzugang und die Akquise von interdisziplinärem Wissen, das für spezifische Projekte erforderlich ist.[502] Ebenso ist das Betreiben einer Homepage unabdingbare Voraussetzung für eine vollumfängliche Ausstattung, auch wenn in absehbarer Zukunft noch die Printausgaben der Reports veröffentlicht werden.[503]

IV. Das Personal

Nicht zweifelsfrei unter die ein oder andere Gruppierung lassen sich die Anforderungen an das Personal, die Menschen, die in einer Law Reform Commission arbeiten, erfassen. So gibt es zum Beispiel kein klares, spezifisches Kriterium, das dabei helfen könnte, das Personal zu identifizieren, das zukünftig den größten Erfolg als Law Reformer haben wird. Darüber hinaus sind erfolgreiche Reformer zu einem nicht unerheblichen Teil für die immateriellen Bestandteile[504] einer Law Reform verantwortlich, sei es, weil sie diese mitbringen oder weil sie diese aufrechterhalten.

---

501 Für alles: “it is vital to be close to the Attorney-General, his Department and Parliamentary Counsel to ensure that the law reformers do not get out of touch with what is politically feasible and likely to secure parliamentary time and support. [It is also] my belief that the Commissioners ought to be in close daily contact with their professional colleagues and enjoying ready access to library and other research facilities in the area“”; zitiert aus: ALRC, A First Report, (1975), S. 11-12.

502 Partington, Research, S. 141; Warner, Institutional Architecture, S. 66; beide in: Opeskin/Weisbrot (Hrsg.), The Promise of Law Reform, (2005).

503 Dies allein schon um sicherzustellen, dass es ein stabiles Archiv von Law Reform Materialien für die Zukunft gibt; Petersson, The Essential Elements, Papier präsentiert im Rahmen der Australasian Law Reform Agencies Conference: Access to Justice-Rhetoric or Reality, Wellington (Neuseeland), 16. April 2004, S. 4; zu finden unter:http://www.lawcom.govt.nz/sites/default/files/speeches/2004/04/Session%208B%20-%20Essential%20Requirements%20-%20Petersson.pdf vom 18. Februar 2011.

504 Siehe hierzu F. I. 2. c).

1. Funktionen und Auswahlkriterien für Commissioner und Mitarbeiter einer Law Reform Commission

Im Folgenden werden die Funktionen und Anforderungen, die an einen Commissioner, einen Mitarbeiter und einen Berater einer Law Reform Commission gestellt werden, dargestellt.

a) Personelle Besetzung einer Law Reform Commission

Law Reform Commissions setzten sich für gewöhnlich aus einem Präsidenten und diesem unterstehenden Commissioners zusammen. Sowohl der Präsident als auch die Commissioner werden von den Regierungen der jeweiligen Commissions ernannt.

aa) Der Präsident einer Law Reform Commission

Dem Präsident einer Law Reform Commissison obliegt die finale Zuständigkeit für die abgegebenen Empfehlungen und Reformvorschläge einer Law Reform Commission.[505] Er bestimmt das strategische Vorgehen und trägt die abschließende Verantwortung für die Verwaltung der Commission. Des Weiteren entscheidet er über die Personalpolitik einer Commission, wobei er auf die Einbeziehung aller Mitarbeiter, insbesondere der Teilzeitkräfte, hinzuwirken hat. Der Präsident übernimmt die Vertretung der Commission in der Öffentlichkeit und ist Ansprechpartner des Justizminsters und des Parlaments.

ab) Commissioners einer Law Reform Commission

Die Rolle eines Commissioners einer Law Reform Commission besteht darin, in Absprache mit dem Präsidenten, eine Führungsposition innerhalb der Commission einzunehmen. Commissioners sollen das so genannte „Tagesgeschäft" einer Commission übernehmen. Dabei wirken sie wesentlich bei der Erstellung der finalen Empfehlungen in einem Report mit. Commissioner übernehmen auf je-

---

505 ALRC: First submission to the Senate Legal and Constitutional Affairs Committee Inquiry into the Australian Law Reform Commission, (Background Submission), vom 23. Dezember 2010, S. 11, zu finden unter: http://www.alrc.gov.au/sites/default/files/pdfs/publications/Barnett%20Submission%20 December%202010%20.pdf vom 8. März 2011.

der Ebene Verantwortung für die Durchführung eines Projekts und überwachen die Arbeit der Mitarbeiter.[506]

ac) Auswahlkriterien

Die Mindestanforderungen an einen zukünftigen Commissioner sind im Allgemeinen im Gesetz, aufgrund dessen die Gründung der jeweiligen Commission erfolgte, dargestellt. So schreibt beispielsweise der oft kopierte Law Commissions Act 1965 vor, dass Commissioner „passend qualifiziert sein sollten durch das Ausüben einer Richterstelle oder durch die gesammelten Erfahrungen als Barrister oder Solicitor oder eines Rechtsgelehrten an einer Universität."[507] Teilweise werden wie im Australian Law Reform Commissions Act 1996 einige Jahre Berufserfahrung gefordert, bevor eine Ernennung als Commissioner in Betracht kommen kann.[508] Die Grenze „rechtliche Berufserfahrung" als Kriterium für die Ernennung eines Commissioners ist jedoch nicht starr. Ermessen kann dort ausgeübt werden, wo die Statuten einer Commission die Ernennung eines Commissioners erlauben, der Berufserfahrung außerhalb der juristischen Profession gesammelt hat. So gestattet der Australian Law Reform Commissions Act 1996 die Beschäftigung von Personen, die „nach Ansicht des Justizministers aufgrund ihrer besonderen Qualifikationen, Ausbildung oder Erfahrungen für

---

506 Für eine weitere Beschreibung ihrer Aufgaben siehe: ALRC: First submission to the Senate Legal and Constitutional Affairs Committee Inquiry into the Australian Law Reform Commission, a.a.O., S. 12.

507 Im Ganzen: „persons appearing to the Lord Chancellor to be suitably qualified by the holding of judicial office or by experience as a barrister or solicitor or as a teacher of law in a University"; Art. 1 Abs. 2 Law Commissions Act 1965. Siehe hierzu auch: Art. 7 Australian Law Reform Commission Act 1996 .

508 Der australische Act verlangt hierfür fünf Jahre; Art. 7 Abs. 2 b Australian Law Reform Commission Act 1996.

eine Ernennung in Betracht kommen.“[509] Der kanadische Act enthielt die weitere Bedingung, dass „der Justizminister seine Auswahl nicht auf Mitglieder der rechtlichen Gemeinschaft beschränken soll“ und forderte, dass die Commissioners „die sozio-ökonomische und kulturelle Vielfalt in Kanada und verschiedene Disziplinen darstellen und das Wissen des Common Law und Zivilrechtssystemen reflektieren sollen.“[510] Darüber hinaus sind Bestechlichkeit, Unvermögen oder Fehlverhalten Gründe, die in manchen Commissionen für die Aberkennung der Commissionertätigkeit führen können.[511]

In der Praxis sind Präsidenten der Law Reform Commission und Commissioner jedoch überwiegend Richter, Juraprofessoren und ehemalige Anwälte, die für die Dauer ihrer Beschäftigung bei der Law Reform Commission von ihrer bisherigen Tätigkeit freigestellt werden.[512]

---

509 „in the Governor-General´s opinion, suitable for appointment because of the person´s special qualifications, training or experience”; Art. 7 Abs. 2 d) Australian Law Reform Commission Act 1996. Die nichtjuristischen Mitglieder der ALRC waren u.a. ein Kriminologe, ein Soziologe, ein Professor für Medizin und ein Volkswirt; Neave, Law Reform and Social Justice, in: Opeskin/Weisbrot (Hrsg.), The Promise of Law Reform, (2005), S. 362. In der Literatur wird teilweise die Frage diskutiert, ob nicht mehr Nichtjuristen bei Law Reform Commission beschäftigt werden sollten. Dies wird zum Teil mit dem Argument abgelehnt, dass diese nicht wie ein Jurist in der Lage seien, das Recht umfassend zu verstehen. Gegen dieses Argument trägt *Hurlburt* den wohl berechtigten Einwand vor, dass dies dann aber kein Problem des Nichtjuristen sei, sondern vielmehr des Gesetzgebers, der Gesetze verfassen würde, die selbst ein Mensch mit ausreichender Intelligenz nicht verstehen könnte. Seiner Ansicht nach sollten die Commissions daher danach streben, Mitarbeiter auch aus anderen Professionen zu beschäftigen; Hurlburt, Law Reform Commissions in the United Kongdom, Australia and Canada, (1986), S. 314.

510 „the Minister of Justice shall not restrict consideration to members of the legal community“ (…) „the Commissioners should be broadly representative of the socio-economic and cultural diversity of Canada, represent various disciplines and reflect knowledge of the Common Law and civil law systems“; Art. 7 Abs. 2, Abs. 3 Law Commission of Canada Act 1996. Kandadische Autoren warnen denn auch vor einer Dominaz innerhalb einer Commission von Juristen, da diese dazu führen könnte, soziologische Probleme als rechtliche zu erfassen, für die die einzige Lösung eine Gesetzesänderung sei; siehe hierzu: Samek, A Case for Social Law Reform, 55 Canadian Bar Review, (1977), S. 409 ff.

511 Art. 17 Australian Law Reform Commission Act 1996.

512 Siehe für die ALRC: die gegenwärtige Präsidentin *Rosalind Croucher* hatte einen Lehrstuhl für Recht an der Macquarie Universität inne; die weiteren Commissioner *Bruce Lander*, *Arthur Emmet*, *Berna Collier* und *Susan Kenny* sind alles ehemalige Bundesrichter; siehe hierzu http://www.alrc.gov.au/about/commissioners. Die englischen Law

b) Mitarbeiter

Commissioners werden in ihrer Arbeit von so genannten Reseachers und Consultants[513] unterstützt. Nahezu alle Commissions haben einen solchen in Vollzeit arbeitenden Mitarbeiterstab.[514] Während aber die Qualifikationen für Commissioners in allgemeinen Anforderungen gesetzlich umrissen sind, sind die Auswahlkriterien für dieses Personal ungleich schwerer zu erfassen.[515] Dazu kommt, dass sich weder die verschiedenen Commissions, noch die Literatur, bei der der Frage, welche Kriterien bei der Personalentscheidung relevant sind, als homogen darstellen.[516] Mag es sich noch als einfach herausstellen, herausragende Beispiele aus der Vergangenheit zu finden, ist es schwer, im Vorfeld eine Checkliste zu erstellen, die die erforderlichen Anforderungen eingrenzt. Nachdem Postgraduierten Programme eingeführt wurden, in denen die technischen Anforderungen gelehrt werden, die erforderlich sind, um Gesetze zu entwerfen,[517] könn-

---

Commissioners waren vor ihrer Tätigkeit Anwälte, Professoren und Richter; siehe http://www.lawcom.gov.uk/public.htm. Dieselbe „Mischung" findet sich auch bei der neuseeländischen Commisison (http://www.lawcom.govt.nz/about/commissioners), wie auch bei der schottischen (http://www.scotlawcom.gov.uk/commissioners-and-staff/); alle Seiten besucht am vom 12. März 2011.

513 Warner, Institutional Architecture, in Opeskin/Weisbrot (Hrsg.), The Promise of Law Reform, (2005), S. 64.

514 Warner, a.a.O. Zum Teil wird die Beschäftigung von ihnen jedoch als kritisch gesehen. So warnte der ehemalige Chief Justice (zu dt.: Präsident des obersten Gerichtshofs) des Staates Victoria *Young* vor denen „die dafür bezahlt werden, Law Reformers" zu sein („those who are paid to be law reformers"). Er zeigte sich über die oft fehlende Arbeitserfahrung besorgt und befürchtete, dass eine Law Reform Commission sich „verpflichtet fühlen könnte, Reformvorschläge zu entwickeln um ihre Existenz zu rechtfertigen" („will necessarily feel obliged to keep producing recommendations for reform in order to justify its existence"); Young, zitiert aus: Warner, a.a.O. .

515 Innerhalb der Mitarbeiter gibt es überwiegend juristisch arbeitendes Personal und solches, dass die Funktion eines Sektretariats erfüllt. Die folgende Darstellung beschränkt sich auf die Auswahlkriterien für die erst genannte Gruppe.

516 Macdonald, Continuity, Discontinuity, Stasis and Innovation, in: Opeskin/Weisbrot (Hrsg.), The Promise of Law Reform, (2005), S. 98; Petersson, The Essential Elements, Papier präsentiert im Rahmen der Australasian Law Reform Agencies Conference: Access to Justice-Rhetoric or Reality, S. 5, Wellington (Neuseeland), 16. April 2004, siehe:http://www.lawcom.govt.nz/sites/default/files/speeches/2004/04/Session%208B%20- %20Essential%20Requirements%20-%20Petersson.pdf vom 18. Februar 2011.

517 Vorschlag von *Petersson*, a.a.O.; wobei dieser Vorschlag für die Auswahl bei der ALRC von geringerer Relevanz sein dürfte, da die ALRC wie bereits oben (siehe Abschnitt E. VI.) ausgeführt selbst keine eigenen Gesetzesvorschläge entwirft.

te man zunächst in den Programmen der Universitäten nach auf „Law Reform" spezialisierten Kursen schauen und fordern, dass künftige Mitarbeiter eine bestimmte Auswahl belegt haben.[518] Aber auch das führt nur zu der ungleich anspruchsvolleren Frage, welche Inhalte hier vermittelt werden sollen.[519] Die Gründungsstatuten der Commission schweigen hier zum Großteil und beschränken sich darauf, die Aussage zu treffen, dass Mitarbeiter wesentlich sind für die Funktionsfähigkeit einer Commission.[520] Daher bietet es sich an, die Anforderungen heranzuziehen, die Law Reform Commissions selbst an Bewerber stellen, die künftig mit ihnen arbeiten wollen.[521] Schlagwörter in vergangenen Kampagnen waren hier Charakteristika wie Erfahrung, Expertise, Talent, Verständnisfähigkeit und Engagement als notwendig zu erfüllende Kriterien für eine Position, die fordernde und wichtige Arbeit verspricht.[522]

---

518 Siehe zum ein vom Commonwealth Secretariat angebotener Kurs: http://www.thecommonwealth.org/news/34580/34581/215033/211009legislativedrafting.htm vom 22. Februar 2011 oder der Masterstudiengang der Universität Manchester: http://www.findamasters.com/search/courseDetails.aspx?CID=11069 vom 22. Februar 2011.

519 Gewöhnlicherweise umfassen die Kurse auf dem Weg zum Curriculum unter anderem Verfassungsrecht, Common Law , Vertragsrecht, Rechtsgeschichte, Kautelarjurisprudenz, Wirtschaftsrecht, Statistik- um nur ein paar zu nennen; siehe zum Beispiel Universität Oxford:http://www.law.ox.ac.uk/postgraduate/mjur.php vom 22. Februar 2011; Universität Sydney: http://www.llm-guide.com/university/56/sydney-law-school-university-of-sydney vom 22. Februar 2011.

520 Für die ALRC: Art. 43 Australian Law Reform Commission Act 1996.

521 Eine Reihe von Law Commissions ermutigen ferner Studenten der Rechtswissenschaften, mit ihnen zu arbeiten. In den meisten Fällen erfolgt dies auf der Basis von unbezahlten Praktika; die ALRC bietet beispielsweise das „Legal Internship Program" an, das Studenten aus aller Welt offen steht; siehe hierzu http://www.alrc.gov.au/about/legal-internship-program vom 22. Dezember 2010. Die Law Commission of England and Wales schreibt darüber hinaus jedes Jahr einen Wettbewerb aus, um Recherche Assistenten zu gewinnen, die für die Dauer von 12 Monaten in ein Beschäftigungsverhältnis übernommen werden; http://www.lawcom.gov.uk/docs/Advert_2011.pdf vom 22. Dezember 2010.

522 Auch wenn die Statuten der Commissions theoretisch die Beschäftigung von Nichtjuristen gestatten, ist der Großteil der Mitarbeiter juristisch ausgebildet; Neave, Law Reform and Social Justice, in: Opeskin/Weisbrot (Hrsg.), The Promise of Law Reform, (2005), S. 362; Petersson, The Essential Elements, Papier präsentiert im Rahmen der Australasian Law Reform Agencies Conference: Access to Justice-Rhetoric or Reality, Wellington (Neuseeland), 16. April 2004, S. 13; zu finden unter: http://www.lawcom.govt.nz/sites/default/files/speeches/2004/04/Session%208B%20-%20Essential%20Requirements%20-%20Petersson.pdf vom 18. Februar 2011.

Mittlerweile über 40 Jahre alt könnte diese Passage daher auch für eine Rekrutierungskampagne geschrieben worden sein, die nächste Woche startet:

„Wir brauchen begabte und enthusiastische Juristen, ganz besonders Junge. Wir bieten Arbeit in einem temporären oder unbefristeten Beschäftigungsverhältnis, die wichtig und interessant ist und für Männer und Frauen eine Herausforderung darstellt."[523]

523 „We need able and enthusiasitic lawyers, especially young ones, and we can offer work in a temporary or permanet capacity, which is important, interesting, and to men and women of ability a stimulating challenge"; Law Commission of England and Wales, First Annual Report 1965-1966, (1966), S. 3.

2. Funktionen und Auswahlkriterien für Berater einer Law Reform Commission

Am anderen Ende dieses Spektrums besteht neben der Festanstellung innerhalb der Commission für Commissions die Möglichkeit, Berater einzustellen.[524] In vielerlei Weise gleicht der Einsatz von Beratern dem von lediglich befristet eingestellten Commissionern oder Mitarbeitern. Gleichwohl wird dieser Einsatz zum Teil als problematisch gesehen, da durch Beratungsgesellschaften die Wahrscheinlichkeit erhöht werden könnte, dass hierdurch eine Kluft zwischen dem Berater und der Commission entstehe.[525]

Ein im Jahr 2003 veröffentlichter Bericht über die Law Commission of England and Wales[526] befürwortete zwar den Einsatz von befristet beschäftigten Commissionern, kam hinsichtlich der Beschäftigung von Beratern aber zu dem Ergebnis, dass deren Einsatz Konfliktpotential aufweise; so könne ein externer Berater ein Projekt nicht in der Art und Weise „besitzen", wie dies beim einem Commissioner der Fall sei.[527] Nur der Commissioner würde ein geradezu kollektives Gemeinschaftsgefühl an den Produkten der Commission aufgrund seiner Zugehörigkeit entwickeln können.[528] Die Arbeit einer Law Reform Commission profitiert zweifelsohne von den Anstrengungen einer Gruppe. Wie in den Bedenken hinsichtlich der Eignung von externen Beratern in der Englischen Commission dargestellt,[529] muss es innerhalb der Commission das Bewusstsein eines gemeinsamen „Eigentumsrechts"[530] an den Ausarbeitungen und den abschlie-

524 Diese Möglichkeit gestatten alle Commissions; Warner, Institutional Architecture, in: Opeskin/Weisbrot (Hrsg.), The Promise of Law Reform, (2005), S. 65. Für die ALRC siehe Art. 44 des Australian Law Reform Commission Act 1996: "The Commission may engage persons with suitable qualifications and experience as consultants to the Commission."

525 Petersson, a.a.O., S. 10.

526 Halliday, Quinquennial Review of the Law Commission, (2003), zu finden unter: http://www.dca.gov.uk/majrep/lawcom/halliday.htm vom 18. Februar 2011.

527 Warner, Institutional Architecture, in: Opeskin/Weisbrot (Hrsg.), The Promise of Law Reform, (2005), S. 65.

528 Halliday, a.a.O., Abschnitt 9.7.

529 Halliday, a.a.O.

530 Bezeichnet als „ownership"; Petersson, The Essential Elements, Papier präsentiert im Rahmen der Australasian Law Reform Agencies Conference: Access to Justice-Rhetoric or Reality, Wellington (Neuseeland), 16. April 2004, S. 13; zu finden unter: http://www.lawcom.govt.nz/sites/default/files/speeches/2004/04/Session%208B%20-%20Essential%20Requirements%20-%20Petersson.pdf vom 18. Februar 2011.

ßenden Empfehlungen geben.[531] Haftungsausschlüsse wie „Die Ansichten sind die der Autoren und geben nicht notwendigerweise die Ansichten der Commission wieder“ sind nicht unüblich in den Vorbereitungs- oder Beratungsdokumenten.[532] Würden sie aber im abschließenden Report verwendet werden, würde sich das kontraproduktiv darstellen, denn warum sollte eine Regierung Empfehlungen folgen, denen eine Commission ihre Unterschrift verweigert? Sicherlich gibt es Beispiele von nicht übereinstimmenden Reports oder Projekten, die nur in Veröffentlichungen und nicht in einem abschließenden Report geendet haben. Solche Resultate treten von Zeit zu Zeit auf. Die soziale oder politische Realität kann sich während eines Projekts ändern, so dass Commissioner in diesen Fällen erwartungsgemäß verschiedene Meinungen präsentieren. Während aber für Law Reform Commissions und Gerichte der zweiten Instanz vorausgesetzt wird, dass sie unterschiedliche und alternative Positionen prüfen müssen, gibt es eine größere Erwartung, dass eine Law Reform Commission einen Konsens erreicht. In dieser Erwartung steckt eine gewisse Ironie. Warum sollte eine Institution, die mehr als ein Beratungsorgan denn als gesetzgebende Gewalt verstanden werden kann (und es auch ist), nicht entgegengesetzte Empfehlungen abgeben, die der Politik die Wahl überlässt, welchem Vorschlag sie sich letztlich anschließen wird? Dies könnte einfach an dem Grund liegen, dass Law Reform Commissions einen vereinigenden Vorschlag veröffentlichen sollen, der mit Blick auf eine spätere Umsetzung durch die Legislative erstellt wurde. Gesetzesrecht selbst repräsentiert letztlich nur einen Konsens und lässt keinen Raum für individuelle Meinungen in abweichenden Paragrafen oder Abschnitten.[533] Gleichwohl kann davon ausgegangen werden, dass die möglicherweise auftretenden Probleme wie Eigentumsrechte an Ausarbeitungen oder Projektverantwortlichkeit im Berater-

531 Der Gedanke des „Eigentumsrechts“ wurde ebenfalls im Quinquennial Review in Abschnitt 3.3 genannt. In diesem wurden die Unterschiede zwischen von der Regierung übertragenen Referenzen und Themen [in diesem Zusammenhang bezeichnet als „items“-], die von der Commission selbst gewählt wurden, hervorgehoben; danach sei die Tendenz zu beobachten, dass diesen so genannten „items“ eine Aufmerksamkeit in der Form zukommen würde, als würden sie der Commission „gehören“. Für die Nachteile, die hieraus entstehen können, siehe: Halliday, Quinquennial Review of the Law Commission, (2003), Abschnitt 3.1 bis 3.3; zu finden unter: http://www.dca.gov.uk/majrep/lawcom/halliday.htm vom 18. Februar 2011.

532 Diese Haftungsausschlüsse wurden am Beispiel der Kanadischen Beratungsverträge gestaltet; Petersson, a.a.O., S. 13, Fn 33.

533 Für alles: Petersson, a.a.O., S. 14.

vertrag festgelegt werden könnten.[534] Ferner ist es teilweise schlechthin unmöglich, in bestimmten Untersuchungen auf die Hilfe externer bezahlter Berater zu verzichten, denn nicht immer stellen genügend Experten ihr Wissen den Commissions unentgeltlich zur Verfügung.[535]

Zusammenfassend kann damit festgehalten werden, dass das Wichtigste bei der Einbringung von externem Fachwissen ist, dass die Commissions die Herangehensweise wählen sollten, die am besten mit ihrer Arbeitsweise und ihren Projekten in Einklang zu bringen ist.[536]

534 Als Beispiel kann hier die (mittlerweile ehemalige, siehe Abschnitt A. III. 2.) Kanadische Law Reform Commission aufgeführt werden, die regelmäßig Vertragsangebote verschickte und darüber hinaus die Ergebnisse unter dem Namen des Forschers veröffentlicht; Peterson, a.a.O., S. 10.

535 Hierauf weist auch Partington in hin; Research, in: Opeskin/Weisbrot (Hrsg.), The Promise of Law Reform, (2005), S. 141.

536 Siehe hierfür auch Petersson, a.a.O.

V. Vollzeit-Beschäftigung der Mitglieder

Viele verschiedene Modelle sind im Laufe der Jahre aufgetreten, wie eine Law Reform Commission strukturiert und verwaltet sein sollte.[537] Oftmals standen hier jedoch eher finanzielle Aspekte als ein optimales Arbeitsergebnis im Vordergrund.[538] In den letzten Jahren wurde oftmals die Anzahl der in Vollzeit Beschäftigen Mitarbeiter reduziert,[539] so dass die meisten Law Reform Commissions gegenwärtig eine Kombination aus Voll - und Teilzeitbeschäftigen haben.[540]

1. Die Notwendigkeit der Vollzeit – Beschäftigung

Wie bereits ausgeführt[541] war die Vollzeitbeschäftigung der Mitglieder eines der wesentlichen Attribute der von *Gardiner* aufgeführten Merkmale einer Law Reform Commission, da seiner Ansicht nach die Aufgabe der Law Reform nicht erfolgreich als Nebenbeschäftigung zu der eigentlichen beruflichen Tätigkeit bewältigt werden könne.[542]

537 So hat bislang, 36 Jahre nach *Gardiner*, nahezu jede Law Commission auch in Teilzeit arbeitende Mitglieder und es scheint, als ob die Regierungen für die Frage der totalen Vollzeitbeschäftigung auf diesem Ohr taub sind; siehe hierzu auch Hurlburt, Law Reform Commission in the United Kingdom, Australia and Canada, (1986), S. 303.

538 Weisbrot, The Future for Institutional Law Reform, in: Opeskin/Weisbrot (Hrsg.), The Promise of Law Reform, (2005), S. 26; siehe hierzu auch die gegenwärtige personelle Ausstattung der ALRC, die aufgrund der Budgetkürzungen mittlerweile das in der Sache von ihr abgelehnte Teilzeit-Modell darstellt; E. VIII. 3. ab).

539 Siehe hierzu nur Abschnitt E. VIII. 3. a) dieser Arbeit.

540 Warner, Institutional Architecture, in: Opeskin/Weisbrot (Hrsg.), The Promise of Law Reform, (2005), S. 64.

541 Siehe Abschnitt D. IV. 2.

542 Was zum Teil wohl auch seiner Frustration mit den Ergebnissen des Law Reform Prozesses geschuldet war, der von Teilzeit-Commisisonern betrieben wurde; Handford, The Changing Face of Law Reform, 73 Australian Law Journal, (1999), S. 509.

Sutton, ein ehemaliges Mitglied der New South Wales Law Reform Commission, drückte die gleiche Befürchtung aus, als er sagte:

„Die Wahrheit ist, dass Law Reform, wenn es richtig gemacht wird, ein langsames, komplexes und zeitraubendes Geschäft ist (....). Diese Sache kann nicht adäquat oder innerhalb vernünftiger Zeitrahmen erledigt werden durch Mitglieder, die die Aufgabe „im letzten Rest des Tages" oder am Wochenende in Angriff nehmen."[543]

2. Wesentliches Unterscheidungsmerkmal

Wie bereits oben ausgeführt ist es für eine Law Reform Commission von erheblicher Bedeutung, sich von der Vielzahl von im Law Reform Bereich tätigen Institutionen abzugrenzen. Dies kann (auch) durch das Element der Vollzeitbeschäftigung ihrer Mitglieder erreicht werden:[544] Die Arbeit einer Law Reform Commission verlangt neben Expertenwissen auch ihre eigene Expertise, auf die sie im Rahmen der täglichen Arbeit, unabhängig von dem in Frage stehenden Reformprojekt, zurückgreifen können muss.[545] Koordinierte Hintergrundrecherche, Methodenentwicklung und Kontakte für Konsultation, interdisziplinäre Recherche und eine Vielzahl anderer Schritte, die bis zur Veröffentlichung des finalen Reports erforderlich sind, verlangen jeweils ein hohes Maß an Fachwissen und Erfahrung, aber auch und vor allem: Zeit.[546] Teilweise sind die übertrage-

543 „The truth is that law reform, if it is to be done properly, is a slow, complex, and time-consuming business (…). This sort of thing cannot be done adequately or within reasonable time limits by members serving part-time who come to the task "at the fag end of the day" or at week-ends"; Sutton, The Pattern of Law Reform in Australia (Antrittsrede an der University of Queensland vom 5. August 1969), S. 15.

544 Weisbrot, a.a.O.

545 Weisbrot, a.a.O.

546 *Weisbrot* beschreibt dies wie folgt: „eine auf Dauer eingerichtete Law Reform Commissison braucht mindestens ein paar in Vollzeit Beschäftigte (und engagierte) Commissioner sowie eine kritische Masse von Mitarbeitern, die bei der Recherche unterstützend mitwirken, um ein qualitativ hochwertiges Produkt zu bieten. So wird die intellektuelle Energie geboten; das Engagement, die interne Konstanz; ebenso die Zeit für Kontemplation, für Konsultation und empirische Studien, die nötig sind, um umfassende Rechercheprojekte auszuführen und zum Abschluss zu bringen. Ebenso von Bedeutung sind die Bewahrung einer gewissen Kontinuität und die Bildung eines gemeinsamen Gedächtnisses (durch Aufzeichnungen und Akten) über die Zeit. Auch der Erhalt der Expertise ist von erheblichem Interesse, bedenkt man die Zeit, der es auch dann, wenn das Parlament hierzu gewillt ist [in der Praxis] bedarf, Empfehlungen umzusetzen und dem

nen Referenzen hoch komplex, so dass es unter Umständen Jahre dauern kann, bis ein Ergebnis vorliegt.[547] Innerhalb der Commissions muss es daher Mitarbeiter geben, die auch später noch qualifizierten Rat zu vorherigen Projekten erteilen können. Ferner erfordert die Arbeitsweise einer Commission, insbesondere im Feld der Konsultation, oftmals einen erheblichen zeitlichen Einsatz.[548] Vollzeitbeschäftigung innerhalb der Commission stellt sich aber auch als ein wesentlicher Faktor für die Effizienz einer Commission dar.[549] Zwar ist Teilzeitbeschäftigung innerhalb der Commission durchaus nicht nur negativ zu bewerten: Es kann teilweise von Vorteil sein, Mitglieder zu beschäftigen, die auf ihre beruflichen Erfahrungen aus anderen Bereichen zurückgreifen können.[550] Dies ist schließlich auch einer der Gründe, warum Commissions unterstützend auf die Expertise externer Berater in bestimmten Projekten zurück greifen.[551] Dagegen eine Commission überwiegend, statt nur unterstützend, mit solchen Kräften zu besetzen, spricht jedoch, dass erst ein Mitglied, das in Vollzeit beschäftigt ist, seine ganze berufliche Aufmerksamkeit der Commission widmen kann und vertraut ist mit allem, was in der Commission passiert.[552] Dies ist bei einem Teil-

---

häufigen Bedarf, Eingaben bei anderen Institutionen (für gewöhnlich parlamentarische Komitees) zu machen, die ähnliche Themen betreffen."

„...a standing law reform commission needs at least some full – time (and engaged) Commissioners and a critical mass of strong research staff in order to achieve a high quality product. That is what provides the intellectual energy; the commitment (indeed, the preoccupation); the internal consistency; and the time for contemplation, consultation and empirical study, which are necessary to design and complete major research projects.It is also necessary to provide some consistency and corporate memory (including records and files) over time. (...) Preservation of the expertise is also important, given the time it takes to implement recommendations even where the government is disposed to do so, and the frequent need to make submissions to other bodies (usually parliamentary committees) considering similar issues"; Weisbrot, What´s the value of a Full Time Standing Law Reform Commission (Papier präsentiert im Rahmen der Australasien Law Reform Agencies Condernce, Darwin, 20. Juni 2002), S. 7,
zu finden unter: http://www.docstoc.com/docs/38101450/Australian-Law-Reform-Agencies-Conference-%28ALRAC%29 vom 12. Februar 2011.

547 Handford, The Changing Face of Law Reform, 73 The Australian Law Journal, (1999), S. 518.

548 Beispielsweise erfordern öffentliche Anhörungen oft mehrtätige Reisen; siehe hierzu Abschnitt F. X. 2. bb).

549 Hurlburt, Law Reform Commission in the United Kingdom, Australia and Canada, (1986), S. 300.

550 Handford, a.a.O., S. 510.

551 Für die ALRC siehe Abschnitt G. II. 2.

552 Hurlburt, a.a.O.

zeitmitglied schon allein zeitlich oft nicht möglich. Ferner steht ein in Vollzeit beschäftigtes Mitglied nicht in dem Konflikt, möglicherweise auch ganz verschiedenen Tätigkeiten die jeweils erforderliche Zeit zukommen lassen zu müssen. Der wichtige Austausch mit Kollegen unterliegt somit keinen über das übliche Maß hinausgehenden zeitlichen Limitierungen.

3. Schlussfolgerung

Somit sollte Vollzeitbeschäftigung, zumindest eines Mitgliedes, Ziel einer jeden Commission sein, denn erst durch die hierdurch entstehenden Vorteile unterscheidet sich eine Law Reform Commission von der Myriade von Teilzeit-Committees, Interessengruppen und anderen Institutionen.[553] Diese können zwar sicherlich auch hilfreiche Eingaben im Rahmen des Law Reform Prozesses machen, aber es ist schwer vorstellbar, dass sie aufgrund ihrer personalen Ausstattung in der Lage sind, wirklich bedeutende Reformprojekte voran zu treiben.[554]

---

553 Weisbrot, What's the value of a Full Time Standing Law Reform Commission (Papier präsentiert im Rahmen der Australasien Law Reform Agencies Condernce, Darwin, 20. Juni 2002), S. 7, zu finden unter: http://www.docstoc.com/docs/38101450/Australian-Law-Reform-Agencies-Conference-%28ALRAC%29 vom 12. Februar 2011 und Handford, a.a.O.

554 Wobei angemerkt werden muss, dass auch die in Teilzeit arbeitenden Commissions im Laufe der letzten Jahre zum Teil hervorragende Arbeit geleistet haben. Gleichwohl ist es nicht realistisch zu erwarten, dass eine auf einer Teilzeit-Basis operierende Commission auf Dauer so effektiv arbeiten kann, wie dies eine in Vollzeit operierende könnte; Hurlburt, a.a.O., S. 302.

VI. Autoritativ

Ein kritischer Faktor in der Anerkennung und Bewahrung des Respekts für die Arbeit einer Law Reform Commission ist die Sicherstellung, dass ihre Veröffentlichungen höchsten Ansprüchen gerecht werden.[555] Nur so kann eine Commission Empfehlungen abgeben, die sowohl realistisch als auch umsetzbar sind und die maßgeblichen Experten zur Teilnahme an der Untersuchung gewinnen.[556] Der Report einer Commission sollte einen unabhängigen und andauernden[557] Wert haben als der maßgebliche Text in dem jeweiligen Thema,[558] und das auch dann, wenn die Empfehlungen am Ende nicht durch die Regierung umgesetzt werden.[559]

555 *Weisbrot* geht davon aus, dass diese Arbeit geradezu "pedantisch" („meticulous“) verrichtet werden müsse; Weisbrot, The Future for Institutional Law Reform, in: Opeskin/Weisbrot (Hrsg.), The Promise of Law Reform, (2005), S. 25 .

556 Warner, Institutional Architecture, in: Opeskin/Weisbrot (Hrsg.), The Promise of Law Reform, S. 58 (2005); Handford, The Changing Face of Law Reform, (1999), 73 Australian Law Journal, S. 508.

557 Aus diesem Grund gehen auch mehr und mehr Commissions dazu über, ihre kompletten Reports einzuscannen und auf ihren Homepages der Öffentlichkeit zur freien Verfügung zu stellen; Weisbrot, a.a.O.

558 Nutzer des Reports einer Commissions sind für gewöhnlich Regierungen, Gerichte und Juristen. Die Bedeutung, die einem Report zukommt, lässt sich auch aus dem australischen Interpretation Act 1901(Cth) erkennen. Dieser gestattet in Art. 15 Abs. 2 b die Zitierung der Reports in Gerichtsentscheidungen zu allen Zwecken. Ähnliche Vorschriften sind in den meisten Ländern und Staaten des Commonwealth ebenfalls vorhanden; Handford, The Changing Face of Law Reform, 73 Australian Law Journal, (1999), S. 509.

559 Weisbrot, The Future for Institutional Law Reform, in: Opeskin/Weisbrot (Hrsg.), The Promise of Law Reform, (2005), S. 25. Siehe hierfür auch die Zahl der Zitierungen durch australische Gerichte und wissenschaftliche Aufsätze von Reports der ALRC; Opeskin, Measuring Sucess, in: Opeskin/Weisbrot (Hrsg.), The Promise of Law Reform, (2005), S. 218. Für eine Commission bietet dies eine Möglichkeit zu demonstrieren, dass sie qualitativ hochwertige Arbeit leistet; Neave, Law Reform in the 21st Century Century: Challenges for the Future, Rede vom 11. Oktober 2001, zu finden unter: http://www.lawreform.vic.gov.au/wps/wcm/connect/Law+Reform/Home/Newsroom/Speeches/LAWREFORM+-+Law+Reform+in+the+21st+Century+speech vom 17. Februar 2011.

1. Zitierungen von Reports der ALRC

Die hohe Relevanz für Wissenschaft und Judikative von Reports einer Law Reform Commission zeigt sich auch in den Zitierungen der Reports. Die ALRC veröffentlicht daher jedes Jahr in ihrem Annual Report die Anzahl der Zitierungen ihrer Veröffentlichungen. Für das Jahr 2009-2010 konnten insgesamt 2 Zitierungen durch den High Court of Australia, 12 durch den Federal Court und 38 Zitierungen von anderen Gerichten verzeichnet werden. In den Medien (TV, Presse, Online und Radio) konnten insgesamt 393 Erwähnungen ihrer Arbeit festgestellt werden.[560]

2. Der Einfluss einer Law Reform Commissison – ein Beispiel

Teilweise gelingt es einer Law Reform Commission auch maßgeblichen Einfluss auf sich ändernde soziale Verhältnisse oder den "Zeitgeist" zu nehmen[561] - oder, wie von *Holmes* umschrieben auf „die gefühlten Bedürfnisse der Zeit."[562] Ein herausragendes Beispiel hierfür liefert der Report der ALRC zum Gewohnheitsrecht der Aboriginis aus dem Jahr 1986,[563] der durch die Anerkennung eines Naturrechts der Aboriginis einen wesentlichen Einfluss auf die internationale Rechtsprechung genommen hat.

Im Jahr 1992 entschied der High Court of Australia in dem Verfahren *Mabo versus Queensland*,[564] dass die Inbesitznahme Australiens durch die britische Krone im Jahre 1788 entgegen der bislang herrschenden Ansicht nicht dazu

---

560 ALRC, Annual Report 2009-2010, Report 113, (2010), S. 159 ff.; zu finden unter: http://www.alrc.gov.au/sites/default/files/pdfs/publications/AR.pdf vom 5. Februar 2011.

561 Weisbrot, The Future for Institutional Law Reform, in: Opeskin/Weisbrot (Hrsg.), The Promise of Law Reform, (2005), S. 37.

562 „the felt social necessities of the time"; zitiert aus: Holmes, The Common Law, (2005), S. 3.

563 Der jedoch bis heute nicht komplett durch die Regierung umgesetzt wurde; ALRC, Recognition of Aboriginal Customary Laws, Report 31 (1986); zu finden unter: http://www.alrc.gov.au/publications/report-31 vom 10. März 2011.

564 Mabo v Queensland (No 2) (1992) 175 CLR 1. In dem Verfahren hatte *Eddie Mabo*, der ein Bewohner der in der nördlichen Torres Strait gelegenen Murray Inseln war, auf die Festellung geklagt, dass trotz der Erlangung der Souveränität durch die britische Krone bislang bestehende Eigentumsverhältnisse am Land nicht beeinträchtigt worden seien und somit fortbestünden; Menzel, Völkerrechtsprechung: Ausgewählte Entscheidungen zum Völkerrecht in Retrospektive, (2004), S. 261.

führte, dass die traditionellen Rechte der Aboriginis erloschen waren.[565] Bei seiner Entscheidungsfindung orientierte sich das Gericht wesentlich an dem oben genannten Report.[566] Vor dieser Entscheidung war bislang strikt im Sinne der so genannten „Terra – Nullis - Doctrin" argumentiert worden, die besagte, dass Australien unbewohnt in Besitz genommen worden sei.[567] Nach *Mabo* war damit klargestellt, dass die Krone nur dann eine uneingeschränkte Verfügungsmacht („absolute title") über ein Gebiet habe, wenn dieses tatsächlich nicht bewohnt sei.[568] Sei der Fortbestand der Tradition damit nachweisbar, habe dies zur Folge, dass der Landanspruch durch die Kolonialisierung nicht annulliert wurde.[569] Mit der Entscheidung des High Courts wurde damit erstmalig, über 200 Jahre nach der ersten Besiedlung Australiens durch Europäer die Form eines „nativen",[570] gewohnheitsrechtlichen Besitzrechts der Ureinwohner anerkannt, das im Jahre 1993 schließlich zum Erlass des Native Title Acts führte.[571] Die *Mabo* Entscheidung wurde über die Grenzen Australiens bekannt und wird heute oft als Refe-

565 Dehne, Australien, (2004), S. 80.

566 Siehe hierzu beispielhaft: Kirby, Are we there yet? in: Opeskin/Weisbrot (Hrsg.), The Promise of Law Reform, (2005), S. 440; Fisher, Out of context: the liberalization and appropriation of "customary" law as assimilatory practice, 4 ACRAWSA e-journal, (2008), S.6, zu finden unter: http://www.acrawsa.org.au/files/ejournalfiles/47FISHEROutofcontextlastone.pdf vom 19. März 2011; Selby, Tomorrow's Laws, (1995), S. 217; Simpson, Mabo, International Law,Terra Nullis and the Stories of Settlement: An Unresolved Jurisprudence, 19 Melbourne University Law Review, (1993-1994), S. 195 ff und Blagg, Crime, Aboriginality and the Decolonisation of Justice, (2008), S. 155. Für weitere Verwendungen des Reports siehe auch: Coates, Doing justice differently, S. 5 ff., Papier präsentiert bei der Australasian Law Reform Agencies Conference, Darwin, 20.Juni 2002.

567 Menzel, a.a.O. „Terra Nulllis", als welches Australien von den britischen Kolonialisten bezeichnet wurde, beschreibt ein unbekanntes und unkultiviertes Ödland, mit nicht nennenswerter sozialer Organisation. Über 20.000 Aboriginis wurden im Laufe der „weißen" Kolonialiserung Australiens getötet; siehe hierzu: Stacy, Indigenous rights discourse in Australia, 6 Critical Criminology, (1995), S. 63.

568 Janssen, Die Übertragung von Rechtsvorstellungen auf fremde Kulturen am Beispiel des englischen Kolonialrechts, (2000), S. 127.

569 Leitner, Die Aboriginis Australiens, (2006), S. 77.

570 Weisbrot, The Future for Institutional Law Reform, in: Opeskin/Weisbrot (Hrsg.), The Promise of Law Reform, (2005), S. 37.

571 Die streitgegegenständliche Inselgruppe wurde daraufhin den Ureinwohnern zurückerstattet; Conrad, Regimes der Segregation - Kolonialismus, Recht und Globalisierung, Rechtsgeschichte 3, (2003), S. 196. Siehe hierzu auch die gesamte Ausgabe des Reform Journals, Issue 93, der ALRC aus dem Jahre 2009, dass Essays zum Thema „Native Title" zum Inhalt hatte.

renzquelle in Verfahren über die Rechte indigener Völker herangezogen[572] und bietet damit ein gutes Beispiel dafür, wie weit ein Report auf gesellschaftliche Entwicklungen Einfluss nehmen kann.

VII. Generalistisch

Die Entscheidung, spezifische Ressourcen dem alleinigen Zweck von Law Reform zu widmen, machte es möglich, Projekte in einem größeren Ausmaß durchzuführen, als es vorher der Fall war. *Scarman* notierte hierzu im Jahr 1967:

„um den Herausforderungen, die Law Reform beinhaltet, begegnen zu können und diese zu bewältigen, dürfen wir nicht nur nach dem technischen Verständnis des Juristen rufen, sondern müssen ein volles Verständnis, und Mitgefühl, für die Gewohnheiten, Gefühle und Werte des gewöhnlichen Bürgers entwickeln. Solange diese Herausforderungen nicht bewältigt sind, wird Law Reform in Wahrheit ein öder Versuch bleiben. Eine Schwierigkeit zeigt sich hierbei von Anfang an: Keine unser bisher bestehenden Einrichtungen vereint bislang die Mischung aus rechtlichem Verständnis, sozialem Bewusstsein und Einflussmöglichkeiten um die Dinge zu tun, die erforderlich sind.“[573]

1. Vorteile einer generalistischen Commission

Wie bereits oben dargestellt ist eine starke Zunahme und Verbreitung von Law Reform Aktivitäten zu verzeichnen.[574] Daher ist es von erheblicher Bedeutung für eine Law Reform Commission, für eine möglichst große Zahl von Reformprojekten als primärer Ansprechpartner der Regierung für die Bearbeitung in Betracht zu kommen. Dies kann am Besten dadurch erreicht werden, wenn sie in ihrer Arbeitsweise generalistisch aufgestellt ist, sie sich also nicht auf einen bestimmten Bereichs des Rechts spezialisiert hat. Auf diese Weise ist eine Law

---

572 Menzel, a.a.O.

573 "(...) to meet and overcome the challenge of law reform, we must not call only for the technical learning of the lawyer, but for a full understanding of, and sympathy with, the habits, feelings and values of ordinary men. Unless this challenge is met, law reform will be, in very truth, a barren exercise. A difficulty presents itself at the outset: it is that none of our existing institutions possesses, in itself, the blend of technical learning, social awareness, and power to get the things done that are required"; Scarman, Law Reform: The New Pattern, (1968), S. 7-8.

574 Siehe hierzu E. VIII. 4.

Reform Commission in der Lage, sich ohne einen verengenden Blick einer Vielzahl von Rechtsgebieten zu widmen und damit am Ende aus der sich daraus ergebenden Flexibilität einen „Wettbewerbsvorteil" gegenüber anderen Institutionen zu gewinnen.[575]

Eine in ihrer Arbeitsweise generalistisch aufgestellte Law Reform Commission bietet daher die Vorteile,

- dass sie jegliche gegenwärtige und oft zerstreute Law Reform Aktivitäten überwacht und so eine koordinierende oder zumindest vermittelnde Funktion einnehmen kann;[576]

- sie Kohärenz bieten kann für das generelle Projekt der Law Reform;[577]

- sie für Harmonisierung und Vervollständigung von Gesetzen werben kann;[578]

- und sie über Kategorien hinausgehen kann, die von spezialisierten Institutionen verengt dargestellt wurden.[579]

2. Grenzen der Generalisierung

Als Teil der Unternehmensidentität ist es jedoch ebenso von Bedeutung, dass eine Law Reform Commission ein klares Verständnis ihres Mandats und dessen Grenzen hat. Mit anderen Worten: Eine Commission muss wissen, was sie kann

---

575 Weisbrot, a.a.O.

576 Weisbrot, a.a.O.

577 Weisbrot, a.a.O.

578 Diesem Punkt kommt beispielweise in Australien mit seinem oftmals fragmentarischen Recht Bedeutung zu, kann aber wohl durchaus auf viele andere Staaten übetragen werden; Weisbrot, a.a.O.

579 Als Beispiel hierfür das Thema „Gewalt in der Familie", durch das die Rechtsgebiete Strafrecht, Familienrecht, Wohnvorschriften, sozialrechtliche, prozessuale und verwaltungsrechtliche Fragen angesprochen werden, dass Bundes- und Landesgetzgebung umfasst und viele nicht - rechtliche Bereiche umfasst wie Gesundheit, Armut und Drogenabhängigkeit (hierfür erneut: Weisbrot, a.a.O.).

und was sie können sollte.[580] In diesem Zusammenhang wurden und werden generalistischen Commissions oft Mandate übertragen, die hoffnungslos weit gefasst sind. Die systematische Überprüfung und Entwicklung des gesamten Rechts kann hierbei nur als Sisyphus - Aufgabe verstanden werden.[581] Konsequenterweise haben daher alle Commissions von Beginn an innerhalb der Limitierungen gearbeitet, die Ihnen durch ihre Ressourcen auferlegt werden.[582] Projektauswahlkriterien und der Verhandlungsprozess über die Referenzen müssen sich folglich auch nach der Überlegung richten, ob überhaupt die Möglichkeit besteht, ein bestimmtes Projekt zu bearbeiten, insbesondere wenn dessen Durchführung einen hohen administrativen Aufwand für die Commission bedeutet.[583] Die von *Scarman* eingangs geschilderte geforderte Mischung sieht sich daher oft mit den durch die Budgets der Commissions gesetzten Grenzen konfrontiert.

Gleichwohl sollte, insbesondere in sich entwickelnden Bereichen für potentiell neue Referenzen, die komplex sind und mehrere Portfolios umfassen, die Kernfrage einer Law Reform Commission sein:

„Wenn die Commission das Projekt nicht übernimmt, wer könnte es dann tun?“[584]

---

580 Petersson, The Essential Elements, Papier präsentiert im Rahmen der Australasian Law Reform Agencies Conference: Access to Justice-Rhetoric or Reality, Wellington Neuseeland), 16. April 2004, S. 13; zu finden unter: http://www.lawcom.govt.nz/sites/default/files/speeches/2004/04/Session%208B%20-%20Essential%20Requirements%20-%20Petersson.pdf vom 18. Februar 2011.

581 Petersson, a.a.O., S. 14.

582 Petersson, a.a.O.

583 Petersson, a.a.O.

584 “If the Commission doesn′t take on this project, who else possibly could?”; Weisbrot, The Future for Institutional Law Reform, in: Opeskin/Weisbrot (Hrsg.), The Promise of Law Reform, (2005), S. 30. Die Arbeit der ALRC über den Schutz der menschlichen Erbinformation ist ein gutes Beispiel eines äußerst anspruchsvollen Projekts im Rahmen eines generalistischen Mandats (ALRC, Essentially Yours: The Protection of Human Genetic Information in Australia, Report 96, (2003); zu finden unter: http://www.alrc.gov.au/publications/report-96 vom 11. März 2011). Die ALRC hat in diesem Report in herausragender Weise unter Beweis gestellt, dass sie auch als generalistische Commission in der Lage ist, sich in fachfremde Gebiete einzuarbeiten. (siehe hierzu auch die Reaktionen in der deutschen Fachpresse unter Abschnitt A. IV. Fn 38).

3. Spezialisierte Institutionen

Im Vergleich hierzu haben spezialisierte Institutionen enger gefasste Mandate, die damit oft handhabbarer sind. Während diese Spezialisten daher von einigen als Bedrohung[585] für generalistische Commissions wahrgenommen werden, ist es in der Praxis doch eher schwer vorstellbar, dass es jemals einen Mangel an Gesetzen geben wird, die reformbedürftig sind.[586] Viele Komponenten des Prozesses sind übertragbar. Folglich sahen sich die spezialisierten Commissions damit in der Lage, auf der Expertise, die innerhalb der generalistischen Commissions entwickelt wurde, aufzubauen.

4. Gegenseitige Ergänzung

Für den überwiegenden Teil der Arbeit der Law Reform Commissions stellt sich diese Vermengung der Arbeitsweisen und Methoden jedoch als ein Vorteil dar - je größer die Zahl der rechtlichen Entscheidungen ist, die auf der Basis umfassender Recherche und Konsultation getroffen werden, um größer ist die Hoffnung, dass das Recht insgesamt besser wird. *Neaves* beschrieb dies mit den Worten:

„Techniken, die in Pionierarbeit von den Law Reform Commissions entwickelt wurden, wurden durch den öffentlichen Sektor verbreitet und „main-streamed". Während der 1980er und 1990er Jahre wurde es für Regierungsabteilungen mehr und mehr zur Gewohnheit, Diskussionspapiere zu veröffentlichen und gewisse Formen der Öffentlichkeitsbeteiligung durchzuführen."[587]

---

585 Petersson, The Essential Elements, Papier präsentiert im Rahmen der Australasian Law Reform Agencies Conference: Access to Justice-Rhetoric or Reality, Wellington (Neuseeland), 16. April 2004, S. 14; zu finden unter: http://www.lawcom.govt.nz/sites/default/files/speeches/2004/04/Session%208B%20-%20Essential%20Requirements%20-%20Petersson.pdf vom 18. Februar 2011.

586 Vgl. Petersson, a.a.O.

587 "On the other hand techniques pioneered by law reform commissions have been diffused and „mains-streamed" troughout the public sector. During the 1980s and 1990s it became much more common for government departments to puplish discussion papers and to undertake some forms of community consultation."; Neave, Law Reform in the 21st Century- Some Challenges for the Future, Rede vom 11. Oktober 2001, Victorian Law Reform Commission, zu finden unter: http://www.lawreform.vic.gov.au/wps/wcm/connect/Law+Reform/Home/Newsroom/Sp

Die Mandate, die den unterschiedlichen Einrichtungen übertragen werden, können damit vielmehr als sich gegenseitig ergänzend verstanden werden. Zugebenermaßen bedeutet Generalist zu sein auch oft, die Projekte übertragen zu bekommen, die sonst niemand bearbeiten will.[588] Dies heißt aber auch, die Projekte übertragen zu bekommen, die sonst niemand bearbeiten kann.[589]

VIII. Langlebigkeit

Law Reform ist ein zeitintensiver Prozess. Schon ein Jahr nach ihrer Gründung stellte die Law Commission of England and Wales fest, dass

> *„Eile der Feind von gründlicher Law Reform sei“.*[590]

Der Umgang mit dem Recht kann sich im Einzelfall oder im Rahmen einer Gesetzesänderung als furchtbare Fehlentscheidung darstellen, deren Behebung unvermeidlich länger dauert. Ferner hat das Recht die Tendenz, über die Zeit eine Komplexität zu entwickeln, die schädlich ist oder es schließlich gar unverständlich macht. Davor warnt auch die ALRC, wenn sie schreibt:

„Die Zeitrahmen müssen stets generös bemessen sein und die Ressourcen ausreichend genug sein, um adäquat Zeit für Recherche, eine weitreichende Öffentlichkeitsbeteiligung und die Möglichkeit zur Reflexion zu haben, um Empfehlungen abgegeben zu können, die die Zeit überdauern.“[591]

---

eeches/LAWREFORM+-+Law+Reform+in+the+21st+Century+speech vom 5. Januar 2011.

588 Da die Arbeit oftmals kontrovers ist oder zumindest kontroverse Aspekte beeinhaltet; Hannaford, Implementation, in: Opeskin/Weisbrot (Hrsg.), The Promise of Law Reform, (2005), S. 222.

589 Petersson, a.a.O., S. 15.

590 “haste is the enemy of sound law reform"; Law Commission of England and Wales, First Annual Report 1965-1966 (1966), S. 25.

591 „ (…) the time frames still must be generous enough, and the (…) ressources substantial enough, to allow adequate time for enough research, widespread community consultation and opportunities for reflection, in order to make recommendations that will stand the test of time“; ALRC, Annual Report 2002-2003, Report 97, (2003), ix; zu finden unter: http://www.austlii.edu.au/au/other/alrc/publications/reports/97/04_Comments_from_President.html vom 21. Februar 2011.

Law Reform Commissions brauchen das Element der Langlebigkeit; dies nicht nur, um ein Projekt zu vervollständigen, sondern auch, um es durch die Implementierungsphase zu begleiten.[592] Weitere Vorteile einer auf Dauer eingerichteten Commission sind zudem die Bewahrung von Arbeitserfahrung, die Möglichkeit, Langzeitprojekte zu übernehmen und eine größere Sichtbarkeit in der Öffentlichkeit.[593]

Langlebigkeit wird oft im Zusammenhang mit Beständigkeit genannt und als notwendiges Merkmal von generalistischen Commissions aufgeführt.[594] Dennoch ist sogar der Bestand von nationalen Commissions nur so beständig wie die die Commissions ermöglichende Gesetzgebung.[595] Beispielsweise sind nur wenige Commissions in die verfassungsmäßige Struktur eines Landes aufgenommen worden.[596] Beständigkeit für die nächsten 10, 20 oder gar 50 Jahre ist somit

---

592 Petersson, The Essential Elements, Papier präsentiert im Rahmen der Australasian Law Reform Agencies Conference: Access to Justice-Rhetoric or Reality, S. 15, Wellington (Neuseeland), 16. April 2004, S. 18; zu finden unter: http://www.lawcom.govt.nz/sites/default/files/speeches/2004/04/Session%208B%20-%20Essential%20Requirements%20-%20Petersson.pdf vom 18. Februar 2011. Eine Indikation für die zu erwartenden Zeitrahmen wurde im Review der Englischen Commission gegeben: Danach dauerte es durchschnittlicherweise 5 Jahre und vier Monate einen Report zu erarbeiten und zu publizieren (in den Jahren 1997- 2001). Die Dauer zwischen der Veröffentlichung und der tatsächlichen Umsetzung eines Reports betrug durchschnittlich 3 Jahre und 1 Monat; Halliday, Quinquennial Review of the Law Commission,Abschnitt 6.7, (2003), zu finden unter: http://www.dca.gov.uk/majrep/lawcom/halliday.htm vom 18. Februar 2011. Ferner steigt in dem Maße wie eine Commission in den so genannten „after-sales-service", also in die Phase nach der Implementierung, involviert ist, die zeitliche Einbindung eines Projektes. Daraus kann gefolgt werden, dass unabhängig davon, ob ein Projekt 6 Monate oder 6 Jahre benötigt, diese Zeit ermöglicht werden muss.

593 Warner, Institutional Architecture in: Opeskin/Weisbrot (Hrsg.), The Promise of Law Reform, (2005), S. 57.

594 Sawer, The Legal Theory of Law Reform, 20 University of Toronto Law Review, (1970), S.183 und oben F. I. 2. a).

595 Hierauf verweist Warner in: Institutional Architecture in: Opeskin/Weisbrot (Hrsg.), The Promise of Law Reform, (2005), S. 66. Dies wird duch die bereits erfolgte Abschaffung von Law Reform Commissions nur allzu eindrucksvoll unter Beweis gestellt; siehe erneut Abschnitt A. III. 1.

596 Verfassungsmäßig verankert ist die Law Reform Commission beispielsweise in Malawi, Constitution of Malawi, Kapitel XII, Art. 132 ff; http://www.sdnp.org.mw/constitut/dtlindx.html vom 26. September 2010.

stets ein ungewisser Faktor.[597] Doch auch wenn Beständigkeit daher nicht von Anfang an garantiert ist, kann sie durch die Wertschätzung für die Arbeit einer Commission für die Zukunft erreicht werden.[598] Dafür ist erforderlich, dass sich eine Law Reform Commission wandelt und sich, wenn nötig, an sich ändernde gesellschaftliche Umfelder anpasst.[599]

Mit anderen Worten:

Die Commissions, die gegenwärtig als beständige Institutionen erscheinen, sind nicht mehr die Commissions, als die sie gestartet sind.[600]

---

597 Warner, Institutional Architecture in: Opeskin/Weisbrot (Hrsg.), The Promise of Law Reform, (2005), S. 67.

598 Petersson a.a.O., S. 16.

599 Warner, a.a.O.

600 Petersson, a.a.O.

IX. Das Ohr der Regierung – „Implementation minded“

Dem englischen Parlamentarier *Thring*[601] wird der Satz

„Gesetze werden gemacht um verabschiedet zu werden, so wie Rasierklingen gemacht werden, um verkauft zu werden“

zugeschrieben.[602]

1. Die Abhängigkeit einer Law Reform Commission von ihrer Regierung

Der Report einer Law Reform Commission hingegen setzt sich nicht von alleine in geltendes Recht um. Während somit eine Commission immer hofft, dass ihre Vorschläge umgesetzt werden, gibt es keine Garantie dafür, dass dies auch tatsächlich passiert.[603] Die Commission kann Vorschläge machen und Rat erteilen, wie in der jeweiligen Untersuchung am besten vorgegangen werden sollte, aber die Umsetzung als solche liegt im Verantwortungsbereich der jeweiligen Regierung.

Dieses Wechselspiel wurde schon im Report aus dem Jahre 1975 von der ALRC wie folgt beschrieben:

„Am Ende werden es das Parlament und die Exekutive sein, die sicherstellen, ob wir eine entscheidende Rolle spielen. Wenn die Exekutive es ablehnt, uns Angelegenheiten von Bedeutung zu übertragen oder uns die finanziellen Ressourcen und Mittel verweigert, um die Ergebnisse zu liefern, dann wird das mutige Kon-

---

601 *Henry Thring* (1818-1907) war der Vorsitzende des United Kingdom Parliamentary Counsel Office in der zweiten Hälfte des 19. Jahrhunderts. *Thring* ermahnte seine Kollegen dazu, Gesetze in einer Weise zu verfassen, dass ein Gesetz „als immer sprechend betrachtend werden sollte“; siehe hierzu: Vogenauer, Die Auslegung von Gesetzen in England und auf dem Kontinent: eine vergleichende Untersuchung der Rechtsprechung und ihrer historischen Grundlagen, Band 2, (2001), S.1131; Tanner, The Legislative Process in the House of Representatives, S. 1 (Wellington 2006), http://www2.justice.govt.nz/lac/pubs/2006/The%20Role%20of%20PC%20-%20July%202006%20%28LAC%20Seminar%29.pdf vom 21. Februar 2011.

602 “Bills are made to pass as razors are made to sell.” Für die Ursprünge dieses Kommentars siehe: Engle, Bills are made to pass as razors are made to sell: Practical constraints in the preparation of legislation, 4 Statute Law Review, (1983), S. 7 ff.

603 Murphy, Law Reform Agencies, (2004), S. 44.

zept zu Fall gebracht werden. Wenn das Parlament es ablehnt, unseren Vorschlägen Zeit zu widmen oder es unterlässt, zeitnah Gesetze für deren Umsetzung zu entwerfen, dann wird das Schicksal, das unsere Arbeit erwartet, das sein, in der Schublade zu enden. Entschließen sich aber das Parlament und die Exekutive, ihre Anstrengungen zu verbinden und dabei unsere Reports zu berücksichtigen, und dort, wo es sich lohnt ist, dem Recht die Druckerlaubnis zukommen zu lassen, dann wird sich die Widerstandsfähigkeit unseres Systems zeigen."[604]

Reformvorschläge einer Law Reform Commission müssen daher so entworfen werden, dass sie einen tatsächlichen Einfluss auf die Politik einer Regierung nehmen können. Darüber hinaus müssen sie sich den Respekt und die Zustimmung sowohl von der Regierung als auch von der Öffentlichkeit verdienen. Dies alles zu erreichen hängt damit entscheidend von ihrer Fähigkeit ab, Empfehlungen zu entwerfen, die praktikabel und für eine direkte Umsetzung geeignet sind.[605] Erforderlich hierfür ist ein klares Verständnis sowohl von den Möglichkeiten als auch von den Limitierungen einer Law Reform Commission.[606] In Zeiten, in denen Mittel für öffentliche Einrichtungen angezweifelt werden und durch Deregulierung und Privatisierung Verantwortlichkeiten übertragen werden, kann zumindest innerhalb der gegenwärtigen Verhältnisse die Antwort auf die scherzhafte Frage „bevorzugen sie die ideale Lösung oder die Pragmatische?"[607] wohl leider nur Letztere sein.[608]

---

604 „But in the ultimate, it will be for the Parliament and the Executive to ensure that we play a proper role. If the Executive declines to refer matters of importance or refuses funds and facilities to allow us to "deliver the goods", this brave concept will fail. If Parliament declines to afford our proposals parliamentary time or to devise some procedures for the rapid consideration of proposals, the fate of pigeon-holes is all that will await our labours. If, however, the Executive and the Parliament bend their efforts to giving our reports consideration, and, when merited, the imprimatur of law, the resilience of our system will be proved."; ALRC, Annual Report 1980, Report 17, (1980), S. 4.

605 Weisbrot, The Future for Institutional Law Reform, in: Opeskin/Weisbrot (Hrsg.), The Promise of Law Reform, (2005), S. 35.

606 Weisbrot, a.a.O.

607 „do you recommend the ideal solution or the pragmatic one?"; ; Weisbrot, a.a.O. .

2. Umsetzung der Reports der ALRC durch die Regierung

Die jährlich von den Law Reform Commissions veröffentlichten Annual Reports heben die Arbeit hervor, die ganz- oder zum Teil durch das Parlament implementiert wurde. Für die ALRC stellt sich die Umsetzungsrate beispielweise wie folgt dar:

a) Definitionen der Umsetzungsrate durch die ALRC

Die ALRC bezeichnet einen Report als „im Wesentlichen“[609] umgesetzt, wenn die Mehrheit der im Report enthaltenen Empfehlungen, einschließlich der Schlüsselempfehlungen, durch die umgesetzt wurden, an die sich die Empfehlungen richten. Ein Report wird als „teilweise“[610] umgesetzt definiert, wenn zumindest manche der Empfehlungen von denen umgesetzt wurden, an die der Report adressiert war. Die ALRC unterscheidet außerdem zwischen den Reports, auf die eine positive Rückmeldung von denen erfolgte, an die sich die Empfehlungen richteten, aber noch auf eine tatsächliche Umsetzung gewartet

608 Weisbrot, a.a.O., der an dieser Stelle ebenfalls anmerkt, dass zu Beginn der Aufnahme von Law Reform Aktivitäten das Kernstück jeglicher signifikanter Tätigkeit die Empfehlung von neuen Gesetzen oder erheblichen Veränderungen des geltenden Rechts war. Durch ein komplexeres Umfeld seien jedoch heute Law Reform Commissions gezwungen, einen Mix aus Strategien und Herangehensweisen für zum Teil unterschiedliche Adressaten zu bieten. Beispielweise erfoderten im Managing Justice Report (ALRC, Managing Justice: A Review of the Federal Civil Justice System, Report 89, (2000), zu finden unter http://www.alrc.gov.au/report-89 vom 9. Oktober 2010) nur ein geringer Teil der insgesamt 138 Empfehlungen legislatives Handeln, während sich der Rest an die Australischen Gerichte (mit dem Aufruf, eine neue Herangehenweise für die Bearbeitung von Fällen zu wählen), juristische Fakultäten, rechtliche Vereinigungen und eine weitere Zahl von Vereinigungen die potentiell Einfluß nehmen können auf den Kosten und Zugang zur Justiz, wandte. Ebenso waren die 144 Empfehlungen im Essentially Yours Report (ALRC, Essentially Yours: The Protection of Human Genetic Information in Australia, Report 96, (2003); zu finden unter: http://www.alrc.gov.au/publications/report-96 vom 11. März 2011) an insgesamt 131 verschiedene Adressaten gerichtet, denen mit der Beifügung eines Umsetzungsplans (S.79 ff. des Reports) für die Empfehlungen eine Arbeitshilfe an die Hand gegeben wurde.

609 „substantially

610 „partially“

wird und denen, die innerhalb der letzten zwei Jahre vervollständigt wurden, aber eine formale Antwort noch aussteht.[611]

b) Umsetzung im Geschäftsjahr 2009 – 2010

Von den insgesamt 77 Reports der ALRC, die bis zum Abschluss des Geschäftsjahres 2009-2010 beendet wurden, wurden

a) 61 % der Reports “im Wesentlichen” umgesetzt;
b) 29 % der Reports “teilweise” umgesetzt”;
c) 5% waren bis zu diesem Datum unter Beratung ohne jegliche Umsetzung;
d) und nur 5% der Reports wurden nicht umgesetzt.[612]

Demzufolge wurden 90% der Reports der ALRC im Wesentlichen oder teilweise umgesetzt, was eine Steigerung von 8% gegenüber dem Vorjahr ist.[613]

3. Die Umsetzungsrate als alleiniger Maßstab?

Diese Zahlen zeigen ein auf den ersten Blick zunächst recht erfreuliches Ergebnis - die Arbeit der ALRC scheint überwiegend auf Zustimmung des Parlaments gestoßen zu sein, da insgesamt nur 5% der Reports nicht umgesetzt wurden. Aber was ist mit diesen 5%? Und den 29%, die nur „teilweise" umgesetzt wurden? Ist das nicht schon ein Misserfolg, der zu Denken geben sollte?

Dies wirft die Frage auf, ob die Umsetzungsrate durch das Parlament der alleinige Maßstab für die tatsächliche Qualität der Arbeit einer Law Reform Commission bzw. den Erfolg eines Reports sein sollte. Dagegen könnte sprechen, dass die Umsetzung eines Reports oft durch Faktoren bestimmt wird, auf die eine Law Reform Commission ohnehin keinen Einfluss nehmen kann. Die Gründe hierfür sind mannigfaltig: Es kann ein Konflikt zwischen verschiedenen Regierungsabteilungen vorliegen oder gar ein Regierungswechsel nach Veröf-

611 ALRC, Annual Report 2009-2010, Report 113, Program 1.1. Key Performance Indicators, S. 25; zu finden unter: http://www.alrc.gov.au/sites/default/files/pdfs/publications/AR.pdf vom 5. Februar 2011.

612 Annual Report, a.a.O.; an dieser Stelle im Report auch statistisch dargestellt.

613 Annual Report, a.a.O.

fentlichung des Reports erfolgt sein, möglicherweise wandelt sich das politische Klima nach der Veröffentlichung in vorher ungeahnter Weise,[614] der Einfluss relevanter Lobbyisten kann zu stark sein oder aber auch einfach der triviale Grund gegeben sein, dass der zuständige Minister schlicht nicht interessiert ist.[615] Welche Ursachen auch immer der Nichtumsetzung zu Grunde liegen- die Folge ist, dass früher für interessant befundene Projekte nun nach der Veröffentlichung aus Gründen für obsolet gehalten werden, die außerhalb des Machtbereichs einer Commission liegen. Warum sollte also eine Commission für Umstände zur Verantwortung gezogen werden, die außerhalb ihrer Sphäre liegen? Vermutlich dieselben Überlegungen brachten die Law Reform Commission of Western Australia in ihrem Annual Report 2002-2003 zu dem Schluss:

„die Commission bewertete die Umsetzung ihrer Reports als Indikator für ihre Leistungen. Die Anwendung dieses Standards wird jedoch nicht weiter fortgeführt. Auch wenn sie von Bedeutung ist, entzieht sich die Umsetzung dem Verantwortungsbereich der Commission und obliegt der Kontrolle von anderen.“[616]

Problematisch an dieser Auffassung ist jedoch, dass es illusorisch ist zu denken, dass eine Law Reform Commission sich völlig frei machen könne von der Aufnahme ihrer Reports durch die jeweilige Regierung.[617] Eine Law Reform Commission ist keine akademische Institution, deren einzige Aufgabe die Recherche

---

614 Siehe hierzu das aktuelle Beispiel der Atompolitik und die politischen Diskussionen, die sich in Folge des Reaktorunglücks in Japan im März 2011 ergaben: statt vieler siehe Hefty, Kehrtwende in der Atompolitik, Frankfurter Allgemeine Zeitung vom 17. März 2011 und Rötzer, Auch US-Präsident vollzieht Wende in Atompolitik, Heise Online vom 18. März 2011, zu finden unter http://www.heise.de/tp/r4/artikel/34/34376/1.html vom 19. März 2011.

615 Was *Kirby* als äußerst frustrierenden Zustand beschreibt: Kirby, Are we there yet? in: Opeskin/Weisbrot (Hrsg.), The Promise of Law Reform, (2005), S. 438.

616 “The Commission formerly considered implementation of its reports as a performance indicator but the use of this standard has been discontinued. While it is important, implementation is beyond the Commission´s area of responsibility and under the control of others”; Law Reform Commission of Western Australia, Annual Report 2002-2003 (Perth, 2003), S.5, zu finden unter: http://www.lrc.justice.wa.gov.au/2publications/reports/annual/LRC02-03.pdf vom 21. Februar Oktober 2011.

617 Weisbrot, The Future for Institutional Law Reform, in: Opeskin/Weisbrot (Hrsg.), The Promise of Law Reform, (2005), S. 36.

und Ausarbeitung von wissenschaftlich wertvollen Untersuchungen ist.[618] Ihr primäres Ziel ist es, durch ihre Arbeit die Regierungspolitik zu beeinflussen[619]- dies ist auch einer der wesentlichen Gründe für ihre Förderung aus öffentlichen Mitteln.[620]

Nachteilig für Law Reform Commissions ist dabei jedoch, dass die meisten Maßnahmen, die darauf abzielen, die Erfolgsquote einer Einrichtung zu messen, sich auf Zahlen fokussieren - was sich als vergleichsweise einfach zu ermitteln darstellt im Gegensatz zur Ermittlung von den tatsächlichen Einflüssen eines Reports auf die Gesellschaft, Gerichte, Wissenschaft usw. Derartige Maßnahmen privilegieren damit zwangsläufig die quantitative Performance gegenüber der Qualität im Sinne von: „If you can´t count it, it doesn´t count“.[621]

Das Ergebnis hiervon ist durchaus kritisch zu betrachten. Eine solch allein auf die Zahlen fokussierte, pauschale Betrachtung unterschlägt geradezu zwangsläufig den Fakt, dass „nicht alles was zählt, auch gezählt werden kann.“[622] Manche Bereiche können nur qualitativ bewertet werden“.[623] Ansonsten besteht die Gefahr, dass zu viel Gewicht auf „Wirtschaftlichkeit, Effizienz und Effektivität“ gelegt wird, anstelle von anderen Werten, die die Arbeit einer Regierung aus-

---

618 Weisbrot, The Future for Institutional Law Reform, in: Opeskin/Weisbrot (Hrsg.), The Promise of Law Reform, (2005), S. 36.

619 Weisbrot, a.a.O.

620 Weisbrot, a.a.O.

621 Siehe hierzu auch: Hennessy, Independence and Accountability of Law Reform Agencies, in: Opeskin/Weisbrot (Hrsg.), The Promise of Law Reform, (2005), S. 85. Für die Messung des tatsächlichen Erfolgs einer Commission siehe: Opeskin, Measuring Success, in: Opeskin/Weisbrot (Hrsg.), The Promise of Law Reform, (2005), S. 202 ff und Neave, Law Reform in the 21st Century- Some Challenges for the Future, Rede vom 11. Oktober 2001, Victorian Law Reform Commission, zu finden unter: http://www.lawreform.vic.gov.au/wps/wcm/connect/Law+Reform/Home/Newsroom/Speeches/LAWREFORM+-+Law+Reform+in+the+21st+Century+speech vom 5. Januar 2011.

622 "Not everything that counts can be counted. Some matters can only be judged- that is to say they can only be assessed in a qualitative way"; zitiert aus: Spigelman, Quality in an Age of Measurement: The Limitations of Performance Indicators, Rede anläßlich der Sydney Leadership Alumni Lecture, Sydney 28. November 2001, zu finden unter: http://www.lawlink.nsw.gov.au/lawlink/supreme_court/ll_sc.nsf/pages/SCO_speech_spigelman_281101 vom 19. März 2011. Siehe hierzu auch: Opeskin, Measuring Sucess, in: Opeskin/Weisbrot (Hrsg.), The Promise of Law Reform, (2005), S. 208.

623 Spigelman, a.a.O.

zeichnen wie „Akzessibilität, Fairness, Objektivität, Partizipation, Aufrichtigkeit und Rationalität".[624]

Oder um es mit den Worten *Oscar Wildes* auszudrücken:

„Nur ein Zyniker kennt den Preis von allem und den Wert von nichts."[625]

4. Maßnahmen zur Steigerung der Umsetzung der Reports

Mehrere Initiativen wurden daher vorgeschlagen, um die Umsetzungsraten von Law Reform Commissions durch Maßnahmen zu erhöhen, die außerhalb des Verantwortungsbereichs der Commissions liegen.[626] So wurde bereits in einigen Jurisdiktionen eine gesetzliche Verpflichtung aufgenommen, dass das die Law Reform Commission budgetierende Ministerium dazu anhält, Law Reform Reports innerhalb einer gewissen Zeitspanne dem Parlament vorzulegen.[627] Art. 23 des Australian Law Reform Commissions Act 1996 verlangt beispielsweise, dass der Justizminister jeden Report der ALRC innerhalb einer Zeitspanne von

---

624 „economy, effiency and effetiveness- in competition with other values of government activity, such as accessibility, openesss, fairness, impartiality, participation, honesty and rationality; Spigelman, a.a.O.

625 "only a fool knows the price of everything and the value of nothing"; zitiert aus; Perlman, Looking back to see ahead, (1989), S. 151. Siehe hierzu auch Opeskin, der jedoch an dieser Stelle aus dem dem Zyniker einen Dummkopf macht; Opeskin, a.a.O.

626 Wobei jedoch anzumerken ist, dass innerhalb der Commissions, in denen unterschieden werden kann zwischen Projekten, die auf eigene Initiative bearbeitet werden und denen, die von der Regierung übertragen werden, ein deutliches Missverhältnis zugunsten der Umsetzungsraten der letzteren Gruppe ersichtlich ist; Justice and Electoral Committee (New Zealand), Report into the Law Commission (2002), Abschnitt 2 [the "New Zealand Review"]; zitiert aus: Peterson, The Essential Elements, Papier präsentiert im Rahmen der Australasian Law Reform Agencies Conference: Access to Justice-Rhetoric or Reality, S. 18, Wellington (Neuseeland), 16. April 2004, S. 18; zu finden unter: http://www.lawcom.govt.nz/sites/default/files/speeches/2004/04/Session%208B%20-%20Essential%20Requirements%20-%20Petersson.pdf vom 18. Februar 2011;
siehe auch: Quinquennial Review unter Abschnitt 3; Halliday, Quinquennial Review of the Law Commission, (2003), zu finden unter:
http://www.dca.gov.uk/majrep/lawcom/halliday.htm vom 18. Februar 2011.

627 Art. 23 Australian Law Reform Commission Act 1996; Art. 16 New Zealand Law Commission Act 1985, Art. 24. Art 5 Abs. 2 Law Commission of Canada Act 1996 des kanadischen Acts verlangte außerdem, dass der Minister auf Reports der Commission zu antworten habe.

15 Sitzungstagen dem Parlament vorzulegen hat. Eine andere Option ist zu verlangen, dass sich von einer Regierung schnellstmöglich die Zeit genommen werden muss, um Law Reform Vorschläge zu bearbeiten.[628] Ebenso wurden spezialgesetzliche Regelungen vorgeschlagen, um eine effektivere und zeitnahe Umsetzung der Reports zu gewährleisten[629] und Wege diskutiert, wie den Commissions selbst die Implementierung erleichtert werden kann.[630] Charakteristisches Merkmal dieser Initiativen mit dem Ziel der Steigerung der Umsetzungsrate ist die Idee, dass der legislative Prozess an die Law Reform Tätigkeit adaptiert werden sollte. Dabei darf jedoch nicht außer Betracht bleiben, dass auch wenn geringe Umsetzungsraten eine Law Reform Commission (möglicherweise) schlecht dastehen lassen, die letzte Verantwortlichkeit, wie auch zutreffenderweise von der Law Reform Commission of Western Australia hervorgehoben,[631] für einen Wandel bei der jeweiligen Regierung liegt.[632] Empfehlungen können wie bereits ausgeführt aus einer Vielzahl von Gründen nicht umgesetzt werden, die nichts mit dem Inhalt des Reports als solchen zu tun haben.[633] Des Weiteren wirft der Faktor „Umsetzung“ als Bezugsgröße für den Erfolg einer Commission weitere Fragen auf; so gibt es das Problem, dass Regie-

---

628 Report of the Standing Orders Committee (New Zealand), Review of Standing Orders, (2003), Kapitel 5, Implementation of Law Commissions Reports, S. 53, zu finden unter: http://www.parliament.nz/NR/rdonlyres/F8DDE7EF-40C4-4E79-B02B-FAB5F99B0C55/14184/DBSCH_SCR_2639_2281.pdf vom 21. Februar 2011.

629 Im Quinquennial Report wird unter Empfehlung Nummer 30 aufgeführt, dass das Lord Chancellor´s Department in Abstimmung mit der Law Commission und den relevanten Ministerien einen Gesetzesvorschlag initiieren sollen, der die Prüfung von Law Reform Vorschlägen erleichtern soll; Halliday, Quinquennial Review of the Law Commission, (2003), Abschnitt 2.1; zu finden unter: http://www.dca.gov.uk/majrep/lawcom/halliday.htm vom 18. Februar 2011.

630 Hierzu wieder der Quinquennial Review; unter Abschnitt7.4 werden im Rahmen der so genannten RROs [Regulatory Reform Orders] die Vorteile dargestellt, die die eigenständige Ausarbeitung von Gesetzesvorschlägen durch die Law Commission selbst mit sich bringen könnten (im Wesentlichen wird auf den Faktor der Zeitersparnis hingewiesen); Quinquennial Review, a.a.O.

631 Siehe oben, F. IX. 3.

632 Siehe auch: North, Problems of Law Reform, New Zealand Law Review 2002, S. 406.

633 Diese Probleme treten im Übrigen nicht nur bei Law Reform Commissions auf. Eine Untersuchung im Jahre 2005 zeigte die substantielle Nicht-Umsetzung von Reports von parlamentarischen Komitees über mehrere Jahre auf; Ryle/Pryor, Hot Topics Given Cold Shoulder, Sydney Morning Herald, 21. Juni 2005; zu finden unter: http://www.smh.com.au/news/national/hot-topics-given-cold-shoulder/2005/06/20/1119250928049.html vom 21. Februar 2011.

rungen Reports erst mit zum Teil erheblicher[634] Verzögerung umsetzen. An welchem Punkt kann dann gesagt werden, dass ein Report nicht umgesetzt worden und eine Commission damit „erfolglos" sei?[635] Umgekehrt, ist eine Commission „erfolgreich", deren Report umgesetzt wird, aber die Reform im Ergebnis nicht nachhaltig ist?[636] Ebenso muss eine Commission der latenten Gefahr begegnen, über die Größe „Umsetzung" in den Einflussbereich von politischen Debatten und daraus folgenden Kompromissen hereingezogen zu werden.[637]

5. Schlussfolgerung

Dies ist die Basis, auf der sie sich einer legislativen Überprüfung stellen müssen. Hohe Umsetzungsraten sollten nicht die alleinige raison d´ etre einer Commission sein.[638] Dabei geht es nicht darum, Umsetzung als Vorsatz einer Commission komplett abzulehnen, sondern vielmehr darauf hinzuweisen, dass eine Law Reform Commission von der späteren Umsetzung nicht „besessen" sein sollte.[639]

---

634 Der Report der ALRC zum Beweisrecht (ALRC, Evidence, Report 38, (1987), zu finden unter: http://www.alrc.gov.au/report-38 vom 21. Februar 2011) wurde im Jahr 1987 von der ALRC vorgelegt, der Erlass des Evidence Acts erfolgte im Jahr 1995; der Report zum Thema des Schutzes von Design (ALRC, Designs, Report 74, (1995), zu finden unter: http://www.alrc.gov.au/report-74 vom 21. Februar 2011) wurde 1995 vorgelegt, der Erlass des Designs Acts erfolgte im Jahr 2003. Beide Reports wurden somit beide erst acht Jahre (!) nach der Vorlage der Reports implementiert.

635 Opeskin, Measuring Succes, in: Opeskin/Weisbrot (Hrsg.), The Promise of Law Reform, (2005), S. 217.

636 Opeskin, a.a.O.

637 Diese Folgen wären unter der Annahme, dass eine Commission ein Umsetzungsziel von 100 % hätte, im Kontext einer Minderheits- oder einer Koalitionsregierung wohl zu befürchten. Eine Umsetzungsrate von 100 % wäre damit im Umkehrschluss unter einer möglichen Preisgabe einer unabhängigen Berichterstattung im Rahmen einer Mehrheitsregierung leichter zu erreichen; Peterson, The Essential Elements, Papier präsentiert im Rahmen der Australasian Law Reform Agencies Conference: Access to Justice-Rhetoric or Reality, Wellington (Neuseeland), 16. April 2004, S. 20; zu finden unter: http://www.lawcom.govt.nz/sites/default/files/speeches/2004/04/Session%208B%20-%20Essential%20Requirements%20-%20Petersson.pdf vom 18. Februar 2011.

638 Hannaford, Implementation, S. 229; Hennessy, Independence and Accountability of Law Reform Agencies, S. 85; beide in: Opeskin/Weisbrot (Hrsg.), The Promise of Law Reform, (2005).

639 Weisbrot, The Future for Institutional Law Reform, in: Opeskin/Weisbrot (Hrsg.), The Promise of Law Reform, (2005), S. 36.

Gelegentliche oder sogar nur partielle Umsetzung sollte das eigentliche Ziel der Arbeit von Law Reform Commissions sein, will sie ihre Integrität, die sowohl von der Öffentlichkeit als auch der Regierung erwartet wird, bewahren.[640] Hierzu muss es eine Commission im Umkehrschluss in Kauf nehmen, dass ein Report, der nicht das Gefallen der Regierung findet, eventuell ganz abgelehnt wird.

Dieser von den Commissions zu bewältigende „Spagat" wird von der Law Commission of England and Wales mit den Worten beschrieben:

„Law Reform ist kein Ende in sich, oder eine Aktivität, die nur für Juristen und Rechtsgelehrte von Interesse ist. Ihr Zweck ist einen wirklichen Nutzen für die Öffentlichkeit (Bürger, Organisationen und Institutionen), die unter dem Recht leben und dieses nutzen, zu schaffen."[641]

---

640 Hannaford, a.a.O.

641 „Law Reform is not an end in itself, or an activity only of interest and benefit to lawyers and legal academics. Its purpose is to achieve real benefits for the public (citizens, organisations, and institutions) that live under and use the law"; Halliday, Quinquennial Review of the Law Commission, (2003), Abschnitt 2.1; zu finden unter: http://www.dca.gov.uk/majrep/lawcom/halliday.htm vom 18. Februar 2011.

X. Beratend

Als eines der wesentlichen Ziele von Law Reform wird die Eröffnung des Zugangs zum Recht für alle verstanden.

1. Einleitung

Die ehemalige Präsidentin der Queensland Law Reform Commission *Atkinson*[642] stellt diesen Gedanken anhand der Metapher von *Franz Kafka* aus seinem Roman „Der Prozeß" dar: *Kafka* verwendete hier das Bild eines Ganges, von dem viele Türen abgingen, um die Unerreichbarkeit des Rechts zu symbolisieren; es gibt eine Tür zum Recht, durch welche dieses leuchtend scheint, doch der Zugang zu dieser Tür wird durch einen Wärter versperrt, der dem nach seinem Recht suchendem Mann den Zugang verwehrt.[643] In dieser Beschreibung über den Zugang des Rechts kommt der Gedanke zum Ausdruck, dass der Weg zum Recht verlockend nah erscheint, aber etwas - in diesem Fall der Wärter - diesem

642 *Roslyn Atkinson* war bis zum 20. Dezember 2010 Präsidentin der Queensland Law Reform Commission; http://www.qlrc.qld.gov.au/MembersAndStaff.htm vom 5. Januar 2011.

643 „Während der vielen Jahre beobachtet der Mann den Türhüter fast ununterbrochen. Er vergißt die anderen Türhüter und dieser erste scheint ihm das einzige Hindernis für den Eintritt in das Gesetz. Er verflucht den unglücklichen Zufall, in den ersten Jahren laut, später als er alt wird brummt er nur noch vor sich hin. Er wird kindisch und da er in dem jahrelangen Studium des Türhüters auch die Flöhe in seinem Pelzkragen erkannt hat, bittet er auch die Flöhe ihm zu helfen und den Türhüter umzustimmen. Schließlich wird sein Augenlicht schwach und er weiß nicht ob es um ihn wirklich dunkler wird oder ob ihn nur seine Augen täuschen. Wohl aber erkennt er jetzt im Dunkel einen Glanz, der unverlöschlich aus der Türe des Gesetzes bricht. Nun lebt er nicht mehr lange. Vor seinem Tode sammeln sich in seinem Kopfe alle Erfahrungen der ganzen Zeit zu einer Frage, die er bisher an den Türhüter noch nicht gestellt hat. Er winkt ihm zu, da er seinen erstarrten Körper nicht mehr aufrichten kann. Der Türhüter muss sich tief zu ihm hinunterneigen, denn die Größenunterschiede haben sich sehr zuungunstes des Mannes verändert. „Was willst Du denn jetzt noch wissen" fragt der Türhüter, „Du bist unersättlich." „Alle streben doch nach dem Gesetz" sagt der Mann, „wie so kommt es, dass in den vielen Jahren niemand außer mir Einlass verlangt hat". Der Türhüter erkennt, dass der Mann schon am Ende ist und um sein vergehendes Gehör noch zu erreichen brüllt er ihn an:"Hier konnte niemand sonst Einlaß erhalten, denn dieser Eingang war nur für Dich bestimmt. Ich gehe jetzt und schließe ihn."; Kafka, Der Prozeß, S. 227.

dem im Wege steht.[644] Diese Metapher spiegelt populäre Ansichten über den Zugang, respektive über die Unzugänglichkeit, des Rechts wieder. Aber dort, wo sich in *Kafkas* Welt die Suche nach dem Einlass am Ende als hoffnungslos herausstellt, versuchen Law Reform Commissions diesen Zugang zu ermöglichen.[645] Die Öffnung dieser Tür wird als eine der wesentlichen Aufgaben einer Law Reform Commission angesehen, sowohl von ihnen selbst,[646] als auch von den die Referenzen übertragenen Institutionen.[647] Ein wesentlicher Aspekt hierbei ist, dass eine Law Reform Commission vollständig in der Öffentlichkeit agiert. Ein klares Bekenntnis zu einer extensiven Öffentlichkeitsbeteiligung als wesentliches Element der Recherche und Ergebnisfindung ist die conditio sine qua non einer Law Reform Commission.[648] Letztlich ist es diese Herangehensweise, die sie von anderen Institutionen unterscheidet, die Aspekte von Law Re-

---

644 Beispiel übernommen aus: Atkinson, Law Reform and Community Participation, in: Opeskin/Weisbrot (Hrsg.), The Promise of Law Reform, (2005), S. 161.

645 Atkinson, a.a.O.

646 Die mitterweile abgeschaffte Law Commission of Canada notierte hierzu auf ihrer Homepage den Aufruf „Ihre Beteiligung an der Arbeit der Commission und die fortschreitende Erneuerung unseres Rechtssystems ist essentiell. Bringen Sie sich ein und machen Sie einen Unterschied!“ („Your Particiaption in the Law Commission´s Work, and in the ongoing renewal of our legal system, is essential. Get involved and make a difference!” (zitiert aus: Atkinson, Law Reform and Community Participation in: Opeskin/Weisbrot (Hrsg.), The Promise of Law Reform (2005), S. 165). Auf der Homepage der Law Commission of England and Wales findet sich der Hinweis, dass sie sich in ihrer Arbeit auch von den Ansichten der Öffentlichkeit lenken lassen, die ihr von den erlebten Schwierigkeiten hinsichtlich der Rechtsanwendung oder in der Suche nach rechtlichen Lösungen mitteilen würden („[…] general public, who tell as of the difficulties they have experienced in applying the law or in seeking legal remedies“); Law Commission of England and Wales, www.lawcom.gov.uk vom10. Juli 2008.

647 Beispielweise begannen die die Terms of Reference aus dem Jahre 1999 über das australische Ziviljustizsystem mit den Worten des Justizministers „unter Berücksichtigung des Bedürfnisses nach einem einfacherern, günstigerem und leichter zugänglichem Rechtssystem“ („having regard to the need for a simpler, cheaper und more accessible legal system“; ALRC, Managing Justice: A Review of the Federal Civil Justice System, Report 89, (2000), zu finden unter http://www.alrc.gov.au/report-89 vom 9. Oktober 2010. Selbiges Ziel wurde bei der Veröffentlichung des Reports durch den Justizminster im Jahr 2000 kundgetan; Atkinson, Law Reform and Community Participation in: Opeskin/Weisbrot (Hrsg.), The Promise of Law Reform, (2005), S. 164.

648 Weisbrot, The Future for Institutional Law Reform, in: Opeskin/Weisbrot (Hrsg.), The Promise of Law Reform, (2005) S. 32.

form Tätigkeit in ihr Portfolio aufgenommen haben.[649] Hierbei nimmt die Beratung, die Konsultation, einen wesentlichen Schwerpunkt ein.

2. Durchführung der Konsultation

Law Reform Commissions begehen unterschiedliche Wege, um Konsultation umfassend durchzuführen. Gemeinsames Merkmal der Konsultationsmethodik aller modernen Law Reform Commissions ist, dass die relevanten Interessenvertreter beratend herangezogen werden, bevor der Final Report veröffentlicht wird.[650] Der Umfang und die Art dieses Engagements bestimmen sich im Regelfall nach dem zu bearbeitenden Thema[651] und den so genannten Terms of Reference.[652] Themen, die eher eng bzw. technisch gefasst sind, tendieren dazu, mehr für Experten wie Rechtspraktiker, Industrieverbände und Regierungsabteilungen in diesem Bereich von Interesse zu sein.[653] Andere Referenzen hingegen, bei-

---

649 Weisbrot, a.a.O.

650 Bzw. sich bemüht wird, diese heranzuziehen: Kirby, Law Reform- Ten Attributes for Success (Rede bei der Law Reform Commission of Ireland, Dublin 17. Juli 2007), S. 3; zu finden unter: http://www.lawreform.ie/_fileupload/Speeches/KirbyJ3rdProgAnnualConference.pdf vom 10. Oktober 2010. Siehe auch: Davis, Targeted Consultations, in: Opeskin/Weisbrot (Hrsg.), The Promise of Law Reform, S. 148 ff (2005).

651 North, Law Reform, Processes and Problems, 101 Law Quartely Review, (1985), S. 340.

652 Für eine näherere Beschreibung der Terms of Reference siehe Abschnitt G. II. 2.

653 In diese Kategorie fallen beispielsweise die Untersuchungen der ALRC zum Marine Insurance Act 1909 (ALRC, Review of the Marine Insurance Act 1909 (Cth), Report 91 (2001); zu finden unter http://www.alrc.gov.au/report-91 vom 8. Oktober 2010) und die Untersuchung zum Judiciary Act 1903(ALRC, The Judical Power of the Commonwealth: A Review of the Judiciary Act and Related Legislation, Report 92, (2001), zu finden unter: http://www.alrc.gov.au/report-92 vom 8. Oktober 2010). Hinsichtlich der Untersuchung zum Marine Insurance Act sei es für eine Handelsnation wie Australien jedoch verwunderlich gewesen, wie wenig Unterstützung durch die Medien erfolgte, was ein nur geringes Feedback aus der Öffentlichkeit zur Folge hatte; Weisbrot, The Future for Institutional Law Reform, in: Opeskin/Weisbrot (Hrsg.), The Promise of Law Reform, S. 32 (2005). Siehe auch: Kirby, Law Reform- Ten Attributes for Success (Rede bei der Law Reform Commission of Ireland, Dublin 17. Juli 2007), S. 3; siehe: http://www.lawreform.ie/_fileupload/Speeches/KirbyJ3rdProgAnnualConference.pdf vom 10. Oktober 2010.

spielweise solche der ALRC, die sich der Stellung des Kindes im Recht,[654] der Gleichberechtigung,[655] dem Gewohnheitsrecht der Aboriginis[656] oder dem Schutz der menschlichen Erbgutinformation[657] widmeten, riefen ein großes Interesse und Beteiligung innerhalb der Bevölkerung hervor.[658] Die Art und Weise, wie Konsultation durchzuführen ist, wird daher in einem hohem Maße von dem Inhalt der Fragestellung bestimmt, so dass für eine Law Reform Commission unterschiedliche Herangehensweisen erforderlich sind.[659]

a) Konsultationsdokumente

Als erstes Werkzeug im Rahmen des Konsultationsprozesses einer Law Reform Commission ist die Veröffentlichung von schriftlichen Dokumenten zu nennen. Law Reform Commissions veröffentlichen im Rahmen der Bearbeitung eines Reformprojekts für gewöhnlich eine Reihe von Konsultationspapieren. In diesen

---

654 Zum Beispiel: ALRC, Seen and heart: Priority for the Children in the Legal Process, Report 84, (1997), zu finden unter: http://www.alrc.gov.au/publications/report-84 vom 8. Oktober 2010.

655 Zum Beispiel: ALRC, Equality before the Law: Women´s Equality, Report 69, (1994), http://www.alrc.gov.au/report-69-part-2 vom 8. Oktober 2010.

656 ALRC, Recognition of Aboriginal Customary Laws, Report 31 (1986); zu finden unter: http://www.alrc.gov.au/publications/report-31 vom 10.März 2011.

657 ALRC, Essentially Yours: The Protection of Human Genetic Information in Australia, Report 96, (2003); zu finden unter: http://www.alrc.gov.au/publications/report-96 vom 11. März 2011).

658 Weisbrot, The Future for Institutional Law Reform, in: Opeskin/Weisbrot (Hrsg.), The Promise of Law Reform, (2005), S. 32.

659 Wobei hier wesentliche Unterschiede hinsichtlich der Art der Konsultation zwischen den verschiedenen Law Reform Commissions auszumachen sind: Während die Law Reform Commissions in England (und Wales) und Schottland zur Konsulation weit überwiegend den Rat von Juristen einholten, war die ALRC von Anfang an aufgrund ihrer Themenauswahl, die oftmals kontroverse und sensibel zu behandelnde Themen zum Inhalt hatte, geradezu gezwungen, eine breitere Öffentlichkeit anzusprechen, um ein umfassendes Bild über ein Thema zu erhalten. So beeinhalteten die ersten Untersuchungen Beschwerden gegen die Polizei (ALRC, Complaints Against Police and Supplementary Report, Report 1&9 (1978), zu finden unter: http://www.alrc.gov.au/publications/reports-1-9 vom 10. Oktober 2010), Fahren unter Drogen- und Alkoholeinfluss (ALRC, Alcohol, Drugs and Driving, Report 4 (1976), zu finden unter: http://www.alrc.gov.au/report-4 vom 10. Oktober 2010) oder den Erlass einer gesetzlichen Regelung über menschliche Organspenden (ALRC, Human Tissue Transplants, Report 7 (1977), zu finden unter: http://www.alrc.gov.au/report-7 vom 10. Oktober 2010).

werden die Terms of Reference eines Projekts und die maßgeblichen Fragestellungen, verbunden mit ersten Vorschlägen und bislang erkannten Schwerpunkten dargestellt. Für die Öffentlichkeit bieten sie damit die Möglichkeit, sich mit dem Projekt zu befassen und hierauf basierende Eingaben an die Commissions über das jeweilige Thema zu machen.

Für die ausführliche Beschreibung dieser Dokumente wird auf den Abschnitt G. II. 5. dieser Arbeit verwiesen.

b) Öffentliche Anhörungen

Als zweite Methode im Rahmen der Durchführung der Konsultation einer Law Reform Commission sind die öffentlichen Anhörungen (so genannte „town hall“ Versammlungen oder „public hearings“) zu nennen.[660]

ba) „der gewöhnliche Australier“

Die öffentlichen Anhörungen sind ein wesentlicher Bestandteil der von *Kirby* geprägten Philosophie über die praktische Ausgestaltung der Ausführung von Law Reform.[661] *Kirby* selbst bezweifelte, „dass Anwälte, Richter oder Offizielle oder so genannte “informierte Menschen“ das Monopol auf Weisheit innehätten“,[662] so dass der „gewöhnliche“[663] Australier in den Konsultationsprozesses

660 So genannte „public hearings“; Rees, Strategic and Project Planning, in Opeskin/Weisbrot (Hrsg.), The Promise of Law Reform, S. 125.

661 Siehe hierzu auch: Kirby, Reform the Law: Essays on the renewal of the Australian legal system, (1983), S. 51 ff.

662 „didn´t believe that lawyers or judges or officials or so called „informed people“ had the monopoly on wisdom“, Interview mit Kirby vom 11. August 2000, Sydney, zitiert aus: White, Consultation, Commissions and Context: A Comparative Study of the Law Commission and the Australian Law Reform Commission, (2005), S. 208.

663 „ordinary citizens“; Kirby, Law Reform in Australia: Antipodean Reflections in: Law Reform in the Commonwealth: Report of the Meeting of Law Reform Agencies (Commonwealth Secretariat London 1977, S. 26; zu finden unter: http://www.michaelkirby.com.au/images/stories/speeches/1970s/vol2/1977/50-Meeting_of_Commonwealth_Law_Reform_Agencies_-_Law_Reform_in_Australia_-_Antipodean_Reflections.pdf vom 12. Februar 2011.

einbezogen werden sollte.[664] Die hohe Bedeutung der Meinung der vom Recht unmittelbar Betroffenen hatte *Kirby* zu Beginn seiner juristischen Tätigkeit feststellen können, als er pro bono u.a. Aboriginis und Kriegsgegner verteidigte. Defekte des Rechts, die ihm vorher nicht bewusst gewesen seien, hätten sich für ihn erst im Rahmen dieser Arbeit gezeigt. Das Recht vor Ort unterschied sich auf einmal wesentlich von dem in Büchern.[665] Ferner hatte *Kirby* als Homosexueller selbst die Erfahrung gemacht, dass das Recht oft repressiv, ungerecht und grausam war.[666] Des Weiteren sah sich *Kirby* zu Beginn seiner Präsidentschaft bei der ALRC dem Problem ausgesetzt, eine im Verhältnis zum Mutterland England verhältnismäßig kleine Commission mit beschränkten Ressourcen zu leiten.[667] Indem große Beratergruppen in den Konsultationsprozess mit einbezogen wurden, konnte die ALRC ihre finanziellen Grenzen negieren und so den erforderlichen Zugang zu rechtlicher - und nicht - rechtlicher Expertise erlangen.[668] Letztlich ermöglichte die landesweite Einbeziehung von Beratern die Nation als Ganzes in den Prozess zu involvieren.[669]

---

664 Für Zahlen aus den ersten Jahren: ALRC, Annual Report 1975 (Report No. 3, 1975), S. 40-41; Kirby, Public Involvement: Yes, But How?, 5 Reform, (1977), S. 8). Wobei anzumerken ist, dass sich die ALRC hiermit geradezu eine Verpflichtung gegenüber der Öffentlichkeit gegenüber auferlegt hat; zum Beispiel wurde im Multiculturalism Report bestimmt, „dass es für die ALRC von besonderer Bedeutung sei, die Mitglieder der nicht-englischsprachigen und anderen ethnischen Gemeinschaften zu ermutigen, Eingaben zu der Untersuchung zu machen, da es, in einem weitem Umfang, um den Schutzes kultureller Rechte gehe“ ([„it was thought to be“] important for the Commission to encourage members of non-English speaking and other ethnic communities to contribute submissions to the inquiry because it is, to a large extent, about protecting their cultural rights“, ALRC, Multiculturalism and the Law, Report 57, (1992), S. 6, zu finden unter: http://www.alrc.gov.au/sites/default/files/pdfs/publications/alrc57.pdf vom 13. Dezember 2010).

665 “Law on the ground suddenly seemed quite different from law in the books”; Kirby, Are we there yet? in: Opeskin/Weisbrot (Hrsg.), The Promise of Law Reform, (2005), S. 435.

666 Kirby, a.a.O.

667 White, Consultation, Commissions and Context: A Comparative Study of the Law Commission and the Australian Law Reform Commission, (2005), S. 222.

668 Kirby, Reform the Law: Essays on the renewal of the Australian legal system, (1983), S. 57.

669 Diesen Punkt merkte *Kirby* im Rahmen der von *White* durchgeführten Interviews an; White, a.a.O.

bb) Praktische Durchführung der öffentlichen Anhörungen

Kirby strebte eine Methode an, die es jedem ermöglichen sollte, am Law Reform Prozess zu partizipieren. Allein die Veröffentlichung von Konsultationsdokumenten wurde von ihm als nicht ausreichend erachtet, da die Vergangenheit gezeigt hatte, dass allein die Darstellung eines Projekts in einem Konsultationsdokument mit oftmals mehreren hundert Seiten auf die Öffentlichkeit und auf den von *Kirby* zitierten „gewöhnlichen[670]" Australier eher abschreckend wirkte.[671] Die ehrliche Antwort des „gewöhnlichen Australiers" auf die Frage „Was denken Sie hierzu?" wäre daher wohl auch „Es enthält zu viele Wörter.'"[672] Um der Öffentlichkeit daher die Angst vor der puren Masse an schriftlichen Informationen zu nehmen, wurde nach *Kirbys* Antritt als Präsident der ALRC damit begonnen, öffentliche Veranstaltungen in verschiedenen[673] Städten Australiens durchzuführen. Diese Art der Konsultation wird bis heute praktiziert. Die Termine für aktuelle Anhörungen werden in der Presse und auf den Homepages der Commissions bekannt gegeben.[674] Diese Versammlungen bieten Lobbyisten und Gruppen mit besonderen Interessen, einschließlich Juristen selbst, die Möglichkeit, ihren Standpunkt darzustellen. Sie ermutigen aber auch den durchschnittlichen Bürger teilzunehmen, um so die Probleme zu personalisieren, die bislang nur unter einem akademischen Blickwinkel abstrakt erfasst wurden, und sich direkt mit einem Commissioner auszutauschen. Beispielsweise kamen in den Anhörungen, die betreffend dem Report über das Gewohnheitsrecht der Urein-

---

670 Und wohl nicht nur diesen!

671 Davis, Targetetd Consultations, in: Opeskin/Weisbrot (Hrsg.), The Promise of Law Reform, (2005), S. 155.

672 Für diesen Dialog: Davis, a.a.O.

673 Diese öffentlichen Anhörungen finden in allen australischen Großstädten Australiens statt, teilweise sogar, wenn das Thema es erfordert, in eher provinziellen Regionen. So wurden bei dem Report über das Gewohnheitsrecht der Aborignis auch Anhörungen über einen Zeitraum von neun Wochen insgesamt 32 Anhörungen in Outback-Gemeinden und Gemeinschaften der Aborigins durchgeführt (Kirby, Reform the Law: Essays on the renewal of the Australian legal system, (1983), S. 59; ALRC, Aboriginal Customary Law: Recognition? Discussion Paper 17, 1980; ALRC, Recognition of Aboriginal Customary Laws, Report 31 (1986); zu finden unter: http://www.alrc.gov.au/publications/report-31 vom 10.März 2011.

674 Für eine aktuelle Einladung zu einer öffentlichen Veranstaltung der ALRC siehe http://www.alrc.gov.au/news-media/media-release/panel-discussion-melbourne-17-november-conduct-lawyers-discovery-room-impro vom 28. März 2011 (laufende Untersuchung der ALRC zum Thema „Federal Litigation". Die Veranstaltung war am 1. November 2010 in Melbourne).

wohner durchgeführt wurden, Hunderte von Aboriginis, um sich an der Diskussion zu beteiligen. Viele der Anhörungen dauerten bis in die späte Nacht hinein und stellten sich als wesentlich für die spätere Ausarbeitung des Reports dar.[675]

bc) Kritik an den öffentlichen Anhörungen

Teilweise wird jedoch die Durchführung dieser Art von Konsultation durchaus kritisch gesehen. Als Begründung hierfür wird insbesondere von der Law Commission of England and Wales vorgebracht, dass sie in vielen irrelevanten zeitverschwendenden Vorschlägen enden würde, so dass sie sich dazu entschieden hat, diese Art der Konsultation nicht durchzuführen.[676] Dagegen kann jedoch eingewandt werden, dass auch wenn sich dieses Verfahren als zeitintensiv darstellt und im Ergebnis nicht immer zu den erhofften Ergebnissen führt, die Erfahrung gezeigt hat, dass sich die überwiegende Mehrzahl der Eingaben der Teilnehmer an den Anhörungen als hilfreich, überlegt und konstruktiv dargestellt hat.[677] Dies zeigte sich insbesondere in den Projekten über Organtransplantationen,[678] oder dem über zwangsweise Landenteignung[679], in denen die Erfahrungen von persönlich Betroffenen der ALRC half, Lücken oder Ungerechtigkeiten aufzudecken, die einer Korrektur bedurften. Oftmals treten in dieser Phase auch erst Probleme auf, die vorher schlicht nicht in Erwägung gezogen worden sind.[680] Die mediale Aufmerksamkeit, die die Anhörungen typischerweise mit sich bringen, hat ferner einen Nutzen, der nicht zu unterschätzen ist, denn hierdurch werden die Anforderungen der Öffentlichkeit an Law Reform er-

---

675 ALRC, Aboriginal Customary Law: Recognition? Discussion Paper 17, 1980; ALRC, Recognition of Aboriginal Customary Laws, Report 31 (1986); S. 12; zu finden unter: http://www.alrc.gov.au/publications/report-31 vom 10.März 2011.

676 Marsh, Law Reform in the United Kingdom: A new institutional approach, William and Mary Law Review 13, (1971), S. 263, 276.

677 Dies ist zumindest die Erfahrung, die *Kirby* gemacht hat in: Reform the Law: Essays on the Renewal of the Australian Legal System, (1983), S. 59.

678 ALRC, Human Tissue Transplants, Report 7, (1977); zu finden unter:. http://www.alrc.gov.au/report-7 vom 14. Dezember 2010.

679 ALRC, Land Acquistion and Compensation, Report 14, (1979), http://www.alrc.gov.au/report-14 vom 14. Dezember 2010. Die Beteiligung bietet ferner die Möglichkeit, dass die Beratenden ein gewisses "Eigentumsverständnis" an dem Prozess und dessen Ergebnissen entwickeln; North, Problems of Law Reform, New Zealand Law Review 2002, S.396.

680 Siehe hierzu auch das Interview mit *Weisbrot* unter F. XI. 5.

höht.[681] Gleichwohl haben sich trotz dieser Vorteile andere Law Reform Commissions dagegen entschieden, auf diese Weise tätig zu werden, so dass sie insgesamt wohl als australische Besonderheit bezeichnet werden kann.[682]

c) Einsatz der Medien für Zwecke der Konsultation

Wie bereits oben dargestellt[683] ist Law Reform mittlerweile ein „crowded field". Als Folge davon ist in der Öffentlichkeit oftmals eine gewisse „Eingabemüdigkeit" zu beobachten.[684] Dies ist aus Sicht der Öffentlichkeit auch durchaus nachvollziehbar. Law Reform produziert in den seltensten Fällen die Schlagzeilen, die in den Abendnachrichten laufen.[685] Law Reform Commissions werden von ihren Regierungen oft Bereiche des Rechts zur Bearbeitung übertragen, in denen die Arbeit trocken, technisch und damit schlicht langweilig für die breite Öffentlichkeit ist.[686] In den meisten Fällen ist es heutzutage daher nicht mehr erfolgversprechend für eine Law Reform Commission, lediglich Diskussionspapiere[687] zu veröffentlichen oder ein paar öffentliche Anhörungen abzuhalten und dann nur darauf zu warten, dass wohlüberlegte und druckreif ausgearbeitete Eingaben in der Commission eingehen werden.[688] In Untersuchungen, in denen Öffentlichkeitsbeteiligung weniger zu erwarten ist, sind folglich größere Anstrengungen einer Law Reform Commission erforderlich, um die erhoffte Rückmeldung aus der Öffentlichkeit zu erhalten. Dies beinhaltet den weit gefächerten Einsatz der Massenmedien, die Einrichtung von Telefonhotlines, Demoskopie - und Marktforschungstechniken, einschließlich Fokus Gruppen, um das Bewusstsein einer möglichst breiten Öffentlichkeit zu erreichen, wie dies durch den alleini-

---

681 Nach *Atkinson* dienen die öffentlichen Anhörungen damit dem demokratischen Zweck einer Einbeziehung der gesamten Gemeinschaft, denn nur wenn der Rechtsgelehrte gemeinsam mit dem Bürger seine Sicht der Dinge darstellen kann, ist tatsächlich eine umfassende Beteiligung gegeben; Atkinson, Law Reform and Community Participation, in: Opeskin/Weisbrot (Hrsg.), The Promise of Law Reform, (2005), S.166; siehe auch: Kirby, The ALRC: A Winning Formula, 82 Reform, (2003), S. 58, 60.

682 Hurlburt, Law Reform Commissions in the United Kingdom, Australia and Canada, (1986), S. 320.

683 Siehe Abschnitt E. VIII. 4.

684 Weisbrot, The Future for Institutional Law Reform, in: Opeskin/Weisbrot, (Hrsg.) The Promise of Law Reform, (2005), S. 32.

685 Solomon, Relations with the Media, in: Opeskin/Weisbrot (Hrsg.), The Promise of Law Reform, (2005), S. 175.

686 Solomon, a.a.O.

687 Siehe hierzu eine ausführliche Darstellung unter G. II. 5.

688 Weisbrot, a.a.O.

gen Einsatz von Veröffentlichungen in Fachpublikationen nicht möglich gewesen wäre. Auch wenn dieser Gebrauch offensichtliche Gefahren birgt (Medien können dazu tendieren, Sachverhalte zu sensationslastig darzustellen oder komplexe Sachverhalte zu trivialisieren), hat sich der Einsatz der Medien für Zwecke der Law Reform als alltäglich entwickelt.[689]

Die zentrale Rolle der Beteiligung der Medien ist in einem Dokument der Law Commission of England and Wales normiert, dessen Aussage so auch für alle anderen Commissions gelten kann:

„Die Öffentlichkeit ist das Blut der Law Commissison. Ihre Konsultationen können nur solange echte Überprüfungen von informierten Meinungen sein, wie genug Menschen auch darüber informiert sind, dass nach Meinungen gesucht wird. Auch wenn es viele verschiedene direkte Herangehensweisen an interessierte Parteien gibt, gibt es keinen Ersatz für die allgemeine Öffentlichkeit, die nur durch die Presse erreicht werden kann.“[690]

Nicht nur in der freien Wirtschaft, sondern auch für Law Reform Commissions ist es daher elementar, sich dem Einsatz der neuen Medien nicht zu verwehren.[691] Eine benutzerfreundliche Homepage, die es den Nutzern gestattet, auf einfache Art eine Eingabe zu machen, ist daher essentiell für eine effektive Öffentlichkeitsbeteiligung.[692] Dies kann beispielweise durch die Erstellung eines

---

689 Weisbrot, a.a.O.

690 “Publicity is the life blood of the Law Commission. Its consultations can only be genuine tests of informed opinion if enough peple know that views are being sought...Although there are many direct approaches to interested parties, there are no substitute for the general publicity which is only possible through the press.” ; aus: The Law Commission, Notes for Law Commissioners (internes Dokument 2000), zitiert aus White, Consultation, Commissions and Context: A Comparative Study of the Law Commission and the Australian Law Reform Commission, (2005), S. 216.

691 Für die weiteren Vorteile der technischen Entwicklung im Rahmen der internationalen Zusammenarbeit von Law Reform Commissions siehe den Artikel von Simmonds (ehemaliger Präsident der Law Reform Commission of Western Australia), Globalisation and Law Reform: A Preliminary View of Cooperation through Technology, (2000), Reform 25, S. 25-28.

692 Die Qualität der Website einer Law Reform Commission spiegelt für den Benutzer oft die Qualität der Arbeit der Commission wieder (Blackman, Products of Law Reform Agencies, in: Opeskin/Weisbrot (Hrsg.), The Promise of Law Reform, (2005), S. 201). Sie sind daher gezwungen, sich den neuen Kommunikationsmedien anzupassen. Diese Art der Öffentlichkeitbeteiligung wird in der Literatur mittlerweile als wesentlich ange-

Blogs zu einem bestimmten Thema erfolgen, bei dem auf der Homepage der Commission für jedermann die Möglichkeit besteht, bei aktuellen Untersuchungen aktiv mitzuschreiben.[693] Eine weitere Kommunikationsform im Rahmen des Web 2.0[694] ist die Bereitstellung eines Twitter-Accounts,[695] oder auf der Video-Plattform „youtube" speziell für eine bestimmte Referenz produzierte Videos zur Verfügung zu stellen.[696]

Vorausschauend geplant und sensibel verwaltet bieten die neuen Medien daher die Chance, einer Law Reform Commission ein öffentliches Profil zu erstellen, welches Interaktion fördert.[697] Dabei ist es jedoch von wesentlicher Bedeutung, dass eine Law Reform Commission Techniken entwickelt, die sicherstellt, dass sie nicht die Kontrolle über die Präsentation ihrer Untersuchungen verliert.[698]

---

sehen; die bloße Bereitstellung einer Homepage würde daher nicht genügen, sondern erst Diskussionsforen würden die einfache Möglichkeit für jedermann bieten, sich aktiv zu beteiligen; Atkinson, Law Reform and Community Participation, in: Opeskin/Weisbrot (Hrsg.), The Promise of Law Reform, (2005), S. 171.

693 Siehe hierzu den Blog der ALRC zum Thema Gewalt in der Familie (Familiy Violence Inquiry Blog http://www.alrc.gov.au/talk-us vom 9. Oktober 2010). Die Teilnahme an den Blogs steht jedermann offen und verfolgt das Ziel, die öffentliche Debatte zu ermöglichen. Law Reform Commissioner geben im Rahmen ihrer Arbeit Antwort auf die in den Blogs gestellten Fragen. Es besteht jedoch natürlich auch die Möglichkeit, sich mit einer privaten E-Mail an die ALRC zu wenden; http://www.alrc.gov.au/contact vom 9. Oktober 2010.

694 Der Begriff „Web 2.0" wurde durch einen Artikel von *O'Reilly* bekannt; in diesem erläutert er den Begriff, unter den Weblogs, Podcasts, Networking-Plattformen und WiKis fallen; siehe O'Reilly, Was ist Web 2.0? vom 30. September 2009; zu finden unter www.distinguish.de/index.php/web-20 vom 15. April 2011.

695 http://twitter.com/AusLawReform vom 9. Oktober 2010. Angemeldete Benutzer können bei diesem Dienst eigene Textnachrichten mit maximal 140 Zeichen eingeben. Diese Textnachrichten werden allen Benutzern angezeigt, die diesem Benutzer folgen; für eine Darstellung und die Möglichkeiten von Twitter siehe u.a. Glassman/Straus/Shogan, Social Networking and Constituent Communication: Member Use of Twitter During a Two Week Period in the 111th Congress, S. 3, Washington 2009, zu finden unter: http://www.fas.org/sgp/crs/misc/R41066.pdf vom 19. Februar 2011.

696 Beispielweise wird hier ein Video über die aktuelle (Family Violence and Commonwealth Laws; http://www.alrc.gov.au/inquiries/family-violence vom 9. Oktober 2010) Untersuchung zur Reform des australischen Familienrechts über häusliche Gewalt gezeigt. Am Ende wird der Zuschauer direkt aufgefordert, eine Eingabe bei der ALRC zu machen; http://www.youtube.com/watch?v=fMH3AHBwv6ov vom 9. Oktober 2010.

697 Vgl. Solomon, Relations with the Media, in: Opeskin/Weisbrot (Hrsg.), The Promise of Law Reform, (2005), S. 182.

698 Solomon, a.a.O., S. 180 ff.

Auch wenn dies für die öffentliche Debatte nicht förderlich ist, darf nicht außer Betracht bleiben, dass die Medien oftmals zu einfache Erklärungen für komplexe Sachverhalte liefern und Schlagzeilen den Vorrang vor interessanten Lösungsansätzen geben.[699]

---

699 *Weisbrot* kritisiert hierbei, dass eine generelle Ablehnung der Medien gegenüber der iterativen Herangehensweise, die von Law Reform Commissions favorisiert wird, zu beobachten sei. Während sich ein Final Report mit seinen Empfehlungen in das Paradigma der Medien problemlos einfügen würde, da Reporter hier sorgsam aufbereitet Experten und Interessenvertreter finden, die leidenschaftlich für und gegen Empfehlungen argumentieren, sei es umso schwerer die Aufmerksamt der Medien zu erlangen, wenn das Objekt der Untersuchung sei, ein Bewusstsein für ein bestimmtes Thema in der Öffentlichkeit erst zu schaffen. Er verweist ferner darauf, dass selbst bei Veröffentlichung des Final Reports es teilweise äußerst schwierig sei, durch die Medien mehr als eine Botschaft des Reports zu veröffentlichen - wobei selbst diese eine Botschaft nicht unbedingt die sein muss, der die Commission selbst die höchste Bedeutung zumisst. Als Beispiel führt er die Reaktionen der Presse bei der Veröffentlichung des Reports Managing Justice (ALRC, Managing Justice: A Review of the Federal Civil Justice System, Report 89, (2000), zu finden unter http://www.alrc.gov.au/report-89 vom 9. Oktober 2010) im Jahr 2000 auf. Diese fokussierte sich weit überwiegend auf die Kritik der ALRC an der niedrigen Fallzahl und der Verwaltungsstruktur des Family Courts - welche in einem von insgesamt neun Kapiteln des Reports enthalten war. Nahezu unbeachtet blieben die anderen, gleichwertigen Empfehlungen, die Bereiche wie Kosten des Rechtssystems, Rechtsberatung, die Regierung als prozessführende Partei oder Rechtsethik umfassten. Dasselbe „Phänomen" sei bei der Veröffentlichung des Reports zur menschlichen Erbgutinformation (ALRC, Essentially Yours: The Protection of Human Genetic Information in Australia, Report 96, (2003); zu finden unter: http://www.alrc.gov.au/publications/report-96 vom 11. März 2011)) zu beobachten gewesen: Hier wurde in der medialen Berichterstattung einseitig ein Schwerpunkt auf DANN - Vaterschaftstests gelegt. Die weiteren 45 Kapitel des Reports, in denen so elementare Fragen wie Datenschutz bei DNA-Tests von Arbeitgebern oder ethische Fragen des Datenschutzes behandelt wurden, fanden hingegen kaum Beachtung. Als Lehre hieraus folgert *Weisbrot*, dass es in Einzelfällen sinnvoller sein kann, eine Serie von Final Reports zu veröffentlichen um eine bessere Abdeckung in den Medien zu erreichen. Dies werfe aber das Problem auf, dass auf diese Weise Fragmente an die Öffentlichkeit gelangen würden, die ohne den Gesamtkontext des finalen Reports eventuell nicht verständlich sind; Weisbrot, The Future for Institutional Law Reform, in: Opeskin/Weisbrot (Hrsg.), The Promise of Law Reform, (2005), S. 33. Für eine weitere kritische Darstellung der Rolle der Medien im Zusammenhang mit Law Reform siehe auch: Solomon in „Relations with the Media" in: Opeskin/Weisbrot (Hrsg.), The Promise of Law Reform, (2005), S. 175 ff.

3. Grundlagen der Konsultation

Es gibt in keiner Law Reform Commission eine institutionelle Definition der Zielsetzung der Konsultation.[700] Ein Anhaltspunkt bei der ALRC ist der Australian Law Reform Commissions Act 1996. Nach diesem steht es ihr zu, „sich auf jede Art, von der sie ausgeht, dass sie passend ist, zu informieren".[701] In ihrer Stellungnahme zur parlamentarischen Untersuchung der ALRC im Jahr 2011[702] vermerkte die ALRC, dass „das Bekenntnis zu einer umfassenden Konsultation eines der Markenzeichen von optimal durchgeführter Law Reform [sei]."[703] Insgesamt kann daher festgestellt werden, dass Konsultation mittlerweile ein derart fundamentaler Bestandteil der Arbeitsweise einer Law Reform Commission ist, dass ihre Durchführung von den Commissioners selbst nicht mehr in Frage gestellt wird.[704] *Kirby* geht an dieser Stelle sogar soweit, Konsultation als verfassungsmäßigen Auftrag einer Law Reform Commission anzusehen. Hierzu führt er beispielwiese die Irische Verfassung an, die unter Art. 6.1 normiert, dass alle Gewalt „vom Volke ausgehe".[705] *Kirby* selbst sprach vom „demokratischen

---

700 White, Consultation, Commissions and Context: A Comparative Study of the Law Commission and the Australian Law Reform Commission, (2005), S. 180.

701 „may inform itself in any ways it thinks it fit"; Art. 38 Australian Reform Commission Act 1996.

702 Siehe oben E. VIII. 3. ab).

703 „Commitment to widespread consultation is a hallmark of best practice law reform"; zitiert aus: ALRC: First submission to the Senate Legal and Constitutional Affairs Committee Inquiry into the Australian Law Reform Commission, (Background Submission), vom 23. Dezember 2010,S. 20; zu finden unter: http://www.alrc.gov.au/sites/default/files/pdfs/publications/Barnett%20Submission%20December%202010%20.pdf vom 8. März 2011.

704 Hurlburt, Law Reform Commissions in the United Kingdom, Australia and Canada, (1986), S. 317.; siehe hierzu aber auch den durchaus kritischen Artikel von North, Law Reform: Processes and Problems, 101 Law Quarterly Review, (1985), S. 338 ff.

705 Im Original: „Under God, dervive from the people"; Irish Constitution, zu finden unter: http://www.constitution.org/cons/ireland/constitution_ireland-en.pdf vom 10. Oktober 2010); In der australischen Verfassung gibt es zwar diese von *Kirby* als „Grundnorm" bezeichnete Vorschrift nicht. Gleichwohl gehen die Fallsammlungen („Casebooks") davon aus, dass das ultimative Element der australischen Verfassung sei, dass alle Gewalt vom Volke ausgehe; Kirby, Law Reform - Ten Attributes for Sucess (Rede bei der Law Reform Commission of Ireland, Dublin 17. Juli 2007), S. 8; zu finden unter: http://www.lawreform.ie/_fileupload/Speeches/KirbyJ3rdProgAnnualConference.pdf vom 10. Oktober 2010).

Ethos“ in Form „der Hoheitsgewalt des Volkes“, dem die Commissions seit ihrer Gründung verpflichtet seien.[706]

Nun darf die umfassende Konsultation, die eine Commission vor der Verfassung des endgültigen Reports einholt, kein Selbstzweck sein.[707] Ihre Berechtigung bezieht sie aus der Idee, wonach „Law Reform zu wichtig [sei], um sie den Experten zu überlassen“.[708] Der Kontakt mit außerhalb der Commissions arbeitenden Personen soll dazu beitragen, den berühmten „Elfenbeinturmeffekt“ („ivory tower“) zu verhindern.[709] Der ehemalige Commissioner der Law Commission of England and Wales, *North*,[710] geht sogar davon aus, dass es ein schwerer Fehler sei, davon auszugehen, dass ein Rechtssystem effektiver funktioniere, wenn es aufgrund seiner Komplexität ausschließlich von Juristen verstanden und bearbeitet werden könne. Nach seiner Auffassung dürfe nicht unberücksichtigt bleiben, dass es Bereiche des Rechts gäbe, die zwar nicht sonderlich interessant für den akademischen Juristen seien bzw. die keine große intellektuelle Herausforderung für den in der Praxis tätigen Juristen darstellen würden, denen aber gleichwohl eine erhebliche alltägliche Bedeutung zukomme. Es gäbe damit in der Praxis Bereiche des Rechts, die zwar etabliert seien - diese Etablierung lasse aber nicht den automatischen Schluss zu, dass diese Etablierung auch eine Gute sei. Insbesondere in diesen Bereichen des Rechts würde sich eine Beratung durch „Fachfremde“ als wertvolle Quelle darstellen, die oftmals einen erheblichen Einfluss haben könnte. *North* führt als Beispiel die Gesetzgebung zu Verkehrsdelikten auf. So gäbe es keinen Zweifel daran, dass diese Deliktsart im Vergleich zu

---

706 „(...) committed to the idea of the sovereignity of the people“ aus: Interview mit *Kirby* (Sydney, 11. August 2000) aus: White, Consultation, Commissions and Context: A Comparative Study of the Law Commission and the Australian Law Reform Commission, (2005), S. 179. Ebenso hat die Regierung des Vereinigten Königreichs ihre Konsultationspraxis einer Überprüfung unterzogen, auch wenn der daraus entstandene Code of Practice on Consulation von 2008 nur wenig Hinweise für die eigentlichen Gründe von Konsulation gibt, sondern mehr Anleitungen dafür, wie diese durchzuführen sein sollte; http://www.bis.gov.uk/files/file47158.pdf vom 20. Februar 2011.

707 Opeskin, Measuring Success, in: Opeskin/Weisbrot (Hrsg.), The Promise of Law Reform, (2005), S. 206.

708 *Kirby*, „Law Reform is much too important to be left to the experts“, zitiert aus: Weisbrot, The Historical Necessity of Law Reform, The Alex Castles Memorial Lecture in Australian Legal History, Adelaide, 24. August 2006, zu finden unter: http://www.alrc.gov.au/news-media/2006/alex-castles-memorial-lecture-2006-historical-necessity-law-reform vom 18. Februar 2011.

709 North, Problems of Law Reform, New Zealand Law Review 2002, S.401.

710 Zander, The Law-Making Process, (2004), S. 470.

ihrer tatsächlichen Häufigkeit in der Ausbildung unterrepräsentiert sei. Diese Vernachlässigung setzte sich in der Praxis fort; so werde das Herz eines Richters, der mitgeteilt bekomme, dass sein Sitzungsplan für den heutigen Tag Verkehrsdelikte umfasse, „schwer" (im Original: „his heart sinks"). Diese geradezu stiefmütterliche Behandlung werde aber der erheblichen Bedeutung dieser Deliktsart nicht gerecht, denn schließlich sei dies der Bereich des Rechts, in dem die überwiegende Anzahl der Bürger überhaupt erst in Kontakt mit der Justiz treten würden und die Deliktsart, die mit die Hauptarbeit der Exekutive ausmache. Von daher sei es notwendig, dass dieser Bereich des Rechts von der Öffentlichkeit verstanden und nachverfolgt werden könne. Durch die Möglichkeit der Beteiligung am Reformprozess werde die Praktikabilität und Akzeptanz von Vorschlägen verbessert, so dass diese Faktoren richtigerweise eine größere Signifikanz erhalten würden als nur die Reform der Regeln selbst.[711]

North kritisiert aber auch, dass es für die Art und Weise der Durchführung der Konsultation keine eindeutigen Regeln gäbe. Solange verschiedene Zwecke der Konsultation diskutiert werden würden, ohne jedoch vorab die Frage geklärt zu haben, was denn überhaupt durch die Konsultation erreicht werden solle, sei es ohne die Beantwortung dieser Frage schwer, sinnvoll die anzuwendenden Methoden zu bestimmen.[712] Diese Ansicht wurde im Hinblick auf die Arbeitsweise der ALRC zum Teil bestätigt. Im Rahmen seiner Doktorarbeit „Consultation, Commissions and Context: A Comperative Study of the Law Commission and the Australian Law Reform Commission" aus dem Jahr 2005 verglich *Ben White* die Konsultationspraxis der ALRC mit der der Law Commission of England and Wales. Hierbei führte er eine Reihe von Interviews mit Commissioners und Mitarbeitern der Law Reform Commissions über die Herangehensweise an Konsultation durch. Von einigen Befragten der ALRC wurde dabei angesprochen, dass sich die Herangehensweise der ALRC an Konsultation während der frühen 1990er Jahre nicht durch Flexibilität ausgezeichnet habe. Den Bedürfnissen der jeweiligen Projekte sei nur eine ungenügende Erörterung zugekommen, die angewandten Methoden seien eher rigide und formelhaft gewesen als auf das entsprechende Projekt zugeschnitten. Diese Aussagen stehen im Zusammenhang mit dem, was als die *„Kirby Methode"*[713] bezeichnet werden kann; nach Ansicht der befragten Commissioners sei kritisch an dieser Methode zu bewerten, dass

711 Für alles siehe: North, Problems of Law Reform, New Zealand Law Review 2002, S.401.

712 North, Law Reform: Processes and Problems, 101 Law Quaterly Review, (1985), S. 338, 339.

713 Siehe hierzu Abschnitt E. VII. 2.

sie eine andere Ansätze ausschließende Philosophie habe. Sie präferiere eine äußerst breit angelegte Öffentlichkeitsbeteiligung, wie zum Beispiel die öffentlichen Anhörungen und Treffen in jedem Staat und Territorium, die zusätzlich, neben der Veröffentlichung der Standard - Konsultationsdokumente, durchgeführt wurden. Von den Commissioners wurde die Befürchtung ausgesprochen, dass diese standardmäßig abgehalten werden würden, ohne zu hinterfragen, ob dies denn tatsächlich auch den besten Weg darstelle, an das jeweilige Projekt heranzugehen. Von einem der Befragten wurde dieses Vorgehen mit folgenden Worten beschrieben:

> *„du erstellst ein Discussion Paper, dann ziehst du los durch ganz Australien, egal ob dort jemand ist oder nicht...“*[714]

Auch wenn es heute noch Überreste dieser Arbeitsweise geben mag, wurden diese Bedenken auch innerhalb der ALRC vernommen und die Durchführung der Konsultation mehr an die speziellen Bedürfnisse des jeweiligen Projekts angepasst. Die heutige Herangehensweise der ALRC ist flexibler und reagiert darauf, was ein Projekt verlangt. Für jedes Projekt wird nun ein Konsultationsplan erstellt, der sich nach den inhaltlichen Faktoren des Projekts richtet.[715] Die *„Kirby Methode“* ist immer noch ein wesentlicher Anhaltspunkt, doch folgt die ALRC ihr nicht mehr ohne Hinterfragen einer Matrix. Ein Resultat dieser Veränderung ist, dass die ALRC nicht mehr von allen ihr zur Verfügung stehenden Konsultationsmethoden Gebrauch macht, wenn diese für das in Frage stehende Projekt nicht erforderlich erscheinen.[716] *Kirby* selbst bestreitet im Übrigen nicht, dass einige der durchgeführten Konsultationen sich als nicht nützlich dargestellt haben.[717]

Insgesamt kann jedoch festgestellt werden, dass Konsultation sich für die Zwecke von Law Reform als äußerst hilfreich erwiesen hat. Man kann sogar so weit gehen und sie im Ergebnis als notwendiges Element eines jeden Reformprojek-

---

714 “you issue a Discussion Paper, then you go and see everywhere in Australia whether there is anyone there or not…”; zitiert aus: White, Consultation, Commissions and Context: A Comperative Study of the Law Commission and the Australian Law Reform Commissions, (2005), S. 196.

715 White, a.a.O.

716 White, a.a.O.

717 Kirby, Are we there yet? in: Opeskin/Weisbrot (Hrsg.), The Promise of Law Reform, (2005), S. 436.

tes bezeichnen. Nachfolgend sollen die Punkte im Einzelnen aufgeführt werden, die diese Behauptung stützen.

4. Zwecke der Konsultation

Umfassende Konsultation ist, wie bereits ausgeführt, kein Selbstzweck. Der ehemalige[718] Commissioner der ALRC *Opeskin* merkt hierzu an:

„die Notwendigkeit der Einbeziehung der Öffentlichkeit in den Law Reform Prozess kann auf unterschiedlichem Weg erklärt werden. Der Einfachheit halber können sie in drei Gruppen aufgeteilt werden: Vorteile für die, die beraten, Vorteile für den Law Reform Prozess und Vorteile in Form einer verbesserten Effektivität des reformierten Rechts.“[719]

a) Die Erstellung von besseren Reports

Die Erstellung von besseren Reports kann im Rahmen des Konsultationsprozesses in zwei Phasen eingeteilt werden. Die erste Phase erfolgt zu Beginn eines Projekts, wenn die Konsultation dazu dienen soll, den Umfang und den genauen Inhalt der übertragenen Aufgabe zu definieren und aktuelle Entwicklungen, die das in Frage stehende Thema betreffen, zu evaluieren.[720]

---

718 *Brian Opeskin* hält gegenwärtig eine Professur für Recht an der Macquarie Universität inne; http://www.law.mq.edu.au/html/staff/opeskinb.htm vom 5. Januar 2011.

719 “The desirability of engaging the public in the process of law reform may be explained in many ways. For convenience, these can be devided into three groups: benefits for those counsulted, benefits for the process of law reform, and benefits in terms of enhanced effectiveness of the law once reformed.”; Opeskin, Engaging the Public- Community Participation in the Genetic Information Inquiry, (2002), 80 Reform, S.53, 54.

720 Siehe hierzu auch Marsh, Law Reform in the United Kingdom: A New Institutional Approach, Volume 13, William and Mary Law Review, 1979, S. 263; Law Council of Australia, Senate Standing Committee on Legal and Institutional Affairs, Inquiry into the the Australian Law Reform Commission, 28. Januar 2011, S. 5, zu finden unter: http://www.lawcouncil.asn.au/shadomx/apps/fms/fmsdownload.cfm?file_uuid=D90FB65D-0BBC-98E7-1E84-FA6EA67F0335&siteName=lca vom 4. Februar 2011 und North, Law Reform, Processes and Problems, Law Quartely Review, Volume 101, 1985, S. 338 ff.

Diese Phase der Konsultation hilft der Law Reform Commission festzustellen, wie das in Frage stehende Recht in der Praxis umgesetzt wird. Hierbei wird besonders der Kontext, in dem es angewandt wird, berücksichtigt.[721]

In der zweiten Phase wird der Fokus spezifischer darauf gerichtet, wie Konsultation helfen kann, die Qualität von bis zu diesem Zeitpunkt durch die Commission entwickelten Empfehlungen zu verbessern.[722] Konsultation in dieser Phase soll ein Feedback zu den von der Commission in Betracht gezogenen Vorschlägen hervorrufen, aber auch die Möglichkeit geben, gänzlich neue, bislang nicht in Betracht gezogene Vorschläge in die endgültige Entscheidungsfindung mit einzubeziehen.[723] Dieses Vorgehen kann man als „Praxistest" („reality testing"[724]) bezeichnen, da an dieser Stelle geprüft werden soll, ob die vorgeschlagenen Empfehlungen überhaupt umsetzbar sind. Diesem Punkt kommt damit eine entscheidende Bedeutung zu.[725] Von erheblicher Relevanz ist ebenfalls das auf diese Art gewonnene Expertenwissen, dass durch die Law Reform Commissions schon aufgrund ihrer überwiegend klassisch juristischen Besetzung selbst so nicht geboten werden kann.[726]

b) Verbesserte Aufnahme der Reports

Zweiter, wesentlicher Aspekt von Konsultation ist die Verbesserung der Aufnahme des Final Reports der Law Reform Commission durch die Regierung. Ferner konnte beobachtet werden, dass durch eine breite Konsultation die Ak-

---

721 *Kirby* bezeichnete dies bildlich als dass „Hineingehen in den Maschinenraum" („getting down into the engine room"); von *White* durchgeführtes Interview mit *Kirby*, Sydney, 11. August 2000. Von weiteren befragten Commissioners wurde ferner angemerkt, dass ein nicht zu unterschätzender Bestandteil des so erworbenen Wissen gerade nicht in Büchern erhältlich sei, sondern erst durch die aktive Konsultation einer Law Reform Commission bekannt werde; für alles siehe: White, Consultation, Commissions and Context: A Comparative Study of the Law Commission and the Australian Law Reform Commission (2005), S. 170.

722 Hurlburt, Law Reform Commissions in the United Kingdom, Australia and Canada und North, Law Reform: Processes and Problems, (1986), S. 340; Marsh, Law Reform in the United Kingdom: A New Institutional Approach, Vol. 13, William and Mary Law Review, (1979), S. 263.

723 White,a.a.O.

724 White, a.a. O.

725 Dies wurde von den befragten Commissioners ausdrücklich hervorgehoben; White, a.a.O.

726 Scarman, Law Reforms in a Democratic Society, (1985), S. 47.

zeptanz eines Reformergebnisses durch Interessenvertreter und der breiten Öffentlichkeit gesteigert wird.[727]

Durch Konsultation hat der Einzelne die Möglichkeit, einen Blick „in das Zelt“[728] der Law Reform zu werfen. Der sonst intransparente Prozess der Gesetzgebung tritt so nach außen auf den Bürger zu. Dies kann für den Einzelnen erheblich dazu beitragen, als Teil seiner demokratischen Rechte, sich in den Law Reform Vorgang eingebunden zu fühlen.[729] Hierdurch kann in signifikantem Maß eine höhere Zufriedenheit mit dem Endergebnis durch die, die am Konsultationsprozess beteiligt waren, erreicht werden.[730] Im Umkehrschluss folgt hieraus jedoch auch die Notwendigkeit der Einbeziehung der Öffentlichkeit, da die Erfahrung gemacht werden konnte, dass die Unterlassung der Konsultation von relevanten Gruppen bzw. Interessenvertretern die Gefahr der späteren Ablehnung des Reports birgt.[731]

Rat von Experten und Vertretern von relevanten Interessengruppen einzuholen, trägt des Weiteren dazu bei, die Qualität des Reports insgesamt zu verbessern. Die hieraus entwickelten Empfehlungen stellen sich damit als vertrauensvoll und notwendig dar; ein solches Ergebnis kann folglich im Normalfall auch von der Regierung nicht unberücksichtigt bleiben.[732] Welche „Macht“ die Beratung durch die „richtigen“ Personen hat, wurde von einem Commissioner der Law

727 Wobei anzumerken ist, dass es Differenzen hinsichtlich der Gewichtung der unterschiedlichen Aspekte gab; während zum Teil von den befragten Commissioners die Neutralisierung von Oppositionen als wesentlich angesehen wurde, sahen andere die Sicherung der Unterstützung durch die Regierung als Hauptfaktor an. White, a.a.O., S. 172.

728 „inside the tent“; White, a.a.O., S. 175.

729 North, Problems of Law Reform, New Zealand Law Review, (2002), S. 396.

730 White, a.a.O.

731 Gower, Reflections on Law Reform, 23 The University of Toronto Law Journal, (1973), S. 263; North, Law Reform, Processes and Problems, 101 Law Quartely Review, (1985), S. 342; *White* beschreibt dies damit, dass die Personen oder Gruppen, von denen zu erwarten ist, dass sie Empfehlungen nicht zustimmen werden, zuerst „heraus geschwemmt“ werden sollen („flushed out“) in der Absicht die Wahrscheinlichkeit von Einwänden nach Veröffentlichung des endgültigen Reports zu verhindern oder zumindest zu reduzieren. Sollte es sich ergeben, dass mit den betreffenden Gruppen kein Konsens erreicht werden kann, so fließen deren Ansichten gleichwohl in mit in die Beratungen ein, da das Bewusstsein von möglichen Oppositionen zeigt, wie weit der Einfluss der relevanten Interessenvertreter gehen wird; White, a.a.O.

732 White, a.a.O., S. 173.

Commission of England and Wales mit den Worten „unsere Vertrauenswürdigkeit mit dem Lord Chancellor und der Regierung beruht darauf, wen wir zur Unterschrift unter unsere Vorschläge bewegen konnten“ auf den Punkt gebracht. [733] Alternativ, wenn man davon ausgeht, dass in einer Frage kein Konsens besteht, kann zumindest davon ausgegangen werden, dass gute Konsultation zeigt, welche Zustimmung und Opposition es im Rahmen einer Fragestellung gibt und wo diese jeweils herkommt.[734] Ein eher zynischer Aspekt ist, dass eine einwandfrei ausgeführte Konsultation es der Regierung schlicht schwerer macht, diese zu ignorieren.[735] In jedem Fall wird eine Law Reform Commissison so in die Lage versetzt, der Regierung aufzuzeigen von welchen Seiten mit Unterstützung oder mit Widerstand gerechnet werden kann, so dass die Regierung eine informierte Entscheidung treffen kann.[736]

Aber auch wenn Konsultation tatsächlich einmal zu keinem praktisch verwertbaren Ergebnis führt, ist die Durchführung allein schon aus purem Prinzip empfehlenswert um möglichst allen relevanten Gruppen die, wenn dann auch nur theoretische, Möglichkeit der Mitwirkung an einem Reformprojekt zu gewährleisten.[737] Konsultation erfolgt damit auch in der Zielsetzung, dass die involvierten Gruppen zufrieden gestellt und befriedigt werden, was wiederum die Akzeptanz

---

733 „Our credibility with the Lord Chancellor´s Department and Government depended on who we got signed up to our proposals“; White, Consultation, Commissions and Context: A Comparative Study of the Law Commission and the Australian Law Reform Commission, (2005), S. 173.

734 Siehe auch North, Law Reform: Processes and Problems, 101 Law Quartely Review, (1985), S. 341.

735 Dieser Punkt wurde von *Kirby* als von wesentlicher Bedeutung erachtet, da ein förderales politisches System eine größere Reichweite der unterschiedlichen Regierungsebenen biete, was die Möglichkeit beinhalte, dass diffizіele Sachverhalte hin und hergeschoben werden mit der jeweiligen Zuweisung von Verantwortung; Korrespondenz von *White* mit *Kirby* (20. Mai 2003); White, Consultation, Commissions and Context: A Comparative Study of the Law Commission and the Australian Law Reform Commission, (2005), S. 174. Siehe hierzu auch Warner, Institutional Architecture, in: Opeskin/Weisbrot (Hrsg.), The Promise of Law Reform, (2005), S. 71.

736 Ein ehemaliger Commsisioner fasste dies mit den Worten zusammen, dass die Regierung immer fragen werde „was ist die Opposition zu dieser Ansicht“ („what´s the opposition to this?“) genauso wie „wo ist die Unterstützung zu diesem“ („what´s the big support for it?“), aus: White, a.a.O., S. 176.

737 White, a.a.O., S. 175; siehe hierzu ferner: Hurlburt, Law Reform Commission in the United Kingsdom, Australia and Canada, (1986), S. 334.

und Einflussnahme einer Law Reform Commission generell stärkt.[738] Ferner folgt hieraus die Relevanz der Konsultation für die Bildung und Pflege von Netzwerken; dies insbesondere vor dem Hintergrund, dass die Law Reform Commissions auf die Beratung von Externen angewiesen sind, meistens ohne diese finanziell zu entlohnen.[739] Ein weiterer Aspekt ist die sich im Laufe der Konsultation ergebende Zentrierung auf einen Konsens; Konsultation kann hierbei ein Weg sein, zu identifizieren ob es bezüglich bestimmter Fragestellungen einen Konsens gibt,[740] bzw. kann durch Konsultation überhaupt oft erst ein Konsens gefunden werden.[741]

Finaler Aspekt ist schließlich die Aufwertung des Ansehens der Law Reform Commissions; mit den Worten eines Commissioners: „[Ziel sei] die Flagge der Reform zu hissen".[742] Die Bewahrung dieses Profils ist von nicht zu unterschätzender Bedeutung, da davon auszugehen ist, dass Berater mehr daran interessiert sind, ihren Rat respektierten und hoch profilierten Institutionen zukommen zu lassen.

---

738 Skene, Consultation: Asking Law Reform Questions and Listening to the Answers, 59 Law Institute Journal, (1985), S. 454. Zum Teil wird als weiterer Aspekt genannt, dass Konsultation dazu beitragen könne, das Bewusstsein für demokratische Werte in der Öffentlichkeit zu steigern. *White* stellte hierbei fest, dass dieser Aspekt einzig von den australischen Commissioners genannt wurde. Diese als „typisch australisch" zu bezeichnende Gewichtung resultiert nach der Auffassung Whites daraus, dass die australischen Reformprojekte traditionellerweise Themen umfassen, die einen sozialen Bezug aufweisen, so dass durch diese das Leben von größeren Gruppen beeinflusst wird. Ein anderer Faktor sei ferner die Geschichte der ALRC, die, wie von *Weisbrot* angemerkt, seit der Präsidentschaft von *Kirby* einen Ethos bewahrt habe, dass Law Reform ein öffentlicher Prozess sei, der der Öffentlichkeitsbeteiligung offen stehen solle; Interview mit Weisbrot (Sydney, 9. August 2000) aus: White, a.a.O., S. 179.

739 White, a.a.O.

740 North, Law Reform: Processes and Problems, Law Quartely Review, Volume 101, 1985, S. 341; Weisbrot, The Future for Institutional Law Reform, in: Opeskin/Weisbrot (Hrsg.), The Promise of Law Reform, (2005), S. 34; White, Consultation, Commissions and Context: A Comparative Study of the Law Commission and the Australian Law Reform Commission, (2005), S. 176.

741 Teilweise wird hevorgehoben, dass Ziel dieser Konsensfindung sein soll, einen aus das Reformprojekt unterstützenden Gruppen „Kundenkreis" zu generieren, der darauf drängt, dass die vorgeschlagenen Reformen umgesetzt werden, im Idealfall sogar noch nachdem die Law Reform Commission diesen der Regierung vorgelegt hat; Kirby, The Politics of Achieving Law Reform, Adelaide Law Review, Volume 11, (1988), S. 325.

742 „to fly the Law Reform´s flag" aus: White, a.a.O., S. 180.

c) Effektivität der Reports

Letztlich kann durch Konsultation die Effektivität eines Reports erheblich verbessert werden. Der Final Report einer Law Reform Commission ist kein anwaltlicher Schriftsatz -[743] vielmehr soll er für die Regierung das Ergebnis einer Analyse des relevanten Rechts sein, soll die verschiedenen Modelle und Optionen im Rahmen des Möglichen berücksichtigen und am Ende begründete Argumente für die ausgesprochenen Empfehlungen liefern.[744] Je besser eine Law Reform Commission diesen Auftrag erfüllt, desto größer ist die Wahrscheinlichkeit, dass der Final Report die erhoffte Anerkennung durch die Regierung finden wird. Zudem fällt die Kritik der Opposition an einer Initiative der Regierung oft relativ schwach aus, wenn diese den „Stempel" einer unabhängigen und vor allem Dingen unparteiischen Law Reform Commission trägt.[745] Schließlich konnte festgestellt werden, dass teilweise allein schon die der Öffentlichkeit gegebene Möglichkeit, sich aktiv am Untersuchungsprozess einbringen zu können, vorhandene Spannungen in der Öffentlichkeit innerhalb eines Themas zumindest entschärfen konnte.[746]

---

743 Weisbrot, The Future for Institutional Law Reform, in: Opeskin/Weisbrot (Hrsg.), The Promise of Law Reform, (2005), S. 34.

744 Blackman, Products of Law Reform Agencies, in Opeskin/Weisbrot, The Promise of Law Reform, (2005), S. 187 ff.

745 Weisbrot, a.a.O.

746 Weisbrot, The Future for Institutional Law Reform, in: Opeskin/Weisbrot (Hrsg.), The Promise of Law Reform, (2005), S. 37. *Benson* und *Rothschild* stellten innerhalb ihres Berichts "Royal Commissions: A Memorial in: 60 Public Administration, (1982), S. 341 ebenfalls fest, dass schon allein die Untersuchung eines Reformvorhabens selbst oftmals ein Klima schaffe, das dafür Sorge, das diese selbst schon einen höheren praktischen Wert als das spätere Ergebnis habe. Teilweise kann daher sogar schon die bloße Existenz einer offenen Untersuchung ausreichend sein, den Reformprozess in verschiedenen Bereichen einzuläuten. Sozialwissenschaftlich wird dies als der *„Hawthorne Effekt"* (bzw. naturwissenschaftlich als *„Heisenberg Effekt"*) beschrieben, wonach allein die Observation einer Aktivität einen Einfluss auf diese Aktivität hat; Larner, A Dictionary of Neurological Signs, (2010), S. 168; Smeyers/Depaepe, Educational Research:, why „what works" doesn't work, (2006), S. 121. Dies lasse sich auch auf Law Reform Aktivitäten übertragen - so schaffe allein schon die Untersuchung durch eine Royal Commission ein Klima, das sich als maßgeblich für einen Wandel darstelle und wohl nicht eingetreten wäre, wäre die Commission nicht ernannt worden (Benson/Rothschild, a.a.O.).

5. Fazit:

Abschließend lässt sich sagen, dass es nicht die Konsultation gibt. Jedes Projekt einer Law Reform Commission ist anders und verlangt seine eigene Herangehensweise an die Bearbeitung. Wenn es eine Rechtfertigung für die Einrichtung von unabhängigen Law Reform Commissions geben soll, die das Ziel haben, das geltende Recht in Übereinstimmung mit Gerechtigkeit zu bringen, so müssen Fragen, die während dieses Prozesses auftauchen, vorher geklärt werden. Der Report, den sie dem Justizminister übergeben, beinhaltet die konkludente Aussage, dass diffizile Sachverhalte zu einer Lösung gebracht wurden - und dies kann im Umkehrschluss nur dann erfolgen, wenn eine umfassende Erörterung des Themenbereiches unter Einbeziehung aller (wenn auch nur potenziell) betroffenen Gruppen auch tatsächlich erfolgt ist. Allein die Veröffentlichung eines Reports mit einer beeindruckenden Beraterliste heißt nicht aber auch schon, dass deren Ansichten und Vorschläge tatsächlich bei der Ausarbeitung berücksichtigt worden sind; gleiches gilt für die Öffentlichkeitsbeteiligung.[747] Konsultation kann daher nur ihren Zweck erfüllen, wenn sie zielgerichtet eingesetzt und sich ernsthaft mit den gewonnen Ergebnissen auseinandersetzt wird.

---

747 Vor diesem Trugschluß warnt denn auch: Scutt, Law Reform in Australia, 1 Legaldate, (1989), S. 2.

XI. Unabhängigkeit

Als besonderes, wenn nicht sogar das herausragende Merkmal, ist schließlich das Element der Unabhängigkeit einer Law Reform Commission zu nennen. Daher sollen in diesem Abschnitt der Arbeit vier wesentliche Bereiche der Unabhängigkeit herausgearbeitet werden, nämlich:

- Was ist Unabhängigkeit?

- Was sind die Grundlagen der Unabhängigkeit?

- Wo liegen die Grenzen der Unabhängigkeit?

- Und was bedeutet Unabhängigkeit im Kontext von staatlich finanzierten Law Reform Commissions?

1. Was ist Unabhängigkeit?

Im Rahmen der alle zwei Jahre stattfindenden Konferenz von Australasian Law Reform Agencies stellte *Weisbrot* im Jahr 2002 in Darwin, Australien, seine Auffassung über die Unabhängigkeit einer Law Reform Commission dar.

Danach sei es

„Absolut fundamental, dass eine Law Reform Commission ihre Unabhängigkeit bewahrt. Dies bezieht sich auf die intellektuelle Unabhängigkeit- die Fähigkeit, Recherche durchzuführen und Empfehlungen anzubieten ohne Bevorzugung oder Angst.[748] *Ohne diese wesentliche Eigenschaft unterscheidet sich eine Commission nicht von einem ministerialem Büro, einer Regierungsabteilung oder einer Unternehmensberatung.“*[749]

---

748 So auch die offizielle Darstellung auf der Homepage der ALRC: „die intellektuelle Unabhängigkeit und die Befähigung dazu bieten muss, Rechercheergebnisse und Empfehlungen ohne Angst oder Bevorzugung abzugeben“(„the intellectual independence and ability to make research findings without fear or favour“; zu finden unter: http://www.alrc.gov.au/about vom 25. September 2010).

749 “It is absolutely fundamental that a law reform commission maintain its independence. This refers to its intellectual independence- the ability to make research findings and offer recommendations without fear or favour. Without this essential quality, a commission is no different from a ministerial office, government department or management

Während derselben Konferenz wurde von dem englischen Law Commissioner *Sayers*[750] *Weisbrots* Ansicht durch die folgende Passage ergänzt:

„Mit Unabhängigkeit meine ich zuallererst Unabhängigkeit von der aktuellen Regierung und der Parteipolitik, aber auch Unabhängigkeit vom Berufsstand der Juristen, der Wissenschaft, der Justiz und allen anderen. Mit anderen Worten könnte Unabhängigkeit ein Rezept für Unpopularität sein!(...) Wir ziehen dort die Linie, wo es um die Unabhängigkeit unserer Empfehlungen geht".[751]

Diese Unabhängigkeit hat einen nicht zu unterschätzenden Wert, als dass durch sie demonstriert wird, dass die erstellten Reports einer Law Reform Commission objektiv, unparteiisch und nicht von den Ansichten Dritter abhängig sind. Die Unabhängigkeit von Law Reform Commissions bedeutet außerdem, dass sie in der Lage sind, auch langfristig angelegte Projekte zu bearbeiten, die über die Amtszeit des jeweiligen Justizministers bzw. der jeweiligen Regierung hinausgehen können. Unabhängigkeit eröffnet des Weiteren den Commissions die Möglichkeit, neue Methoden zur Untersuchung des Rechts zu entwickeln. Die Reform des Rechts wird damit gefördert als eine Anstrengung, die nicht nur in der Hand von Richtern, Juristen und anderen Experten liegen sollte und es durch Law Reform Commissions dankenswerterweise auch nicht tut. Eine Law Reform Commission ist unabhängig in den Empfehlungen, die sie macht und un-

---

consultancy"; Weisbrot, What's the Value of a Full Time Standing Law Reform Commission? (Papier präsentiert bei der Australasian Law Reform Agencies Conference, Darwin, 20. Juni 2002; S. 7;
zu finden unter: http://www.docstoc.com/docs/38101450/Australian-Law-Reform-Agencies-Conference-%28ALRAC%29 vom 12. Februar 2011. Siehe auch: Neave, Law Reform in the Age of Managerialism (Papier präsentiert bei der Australasian Law Reform Agencies Conference, Darwin, 20. Juni 2002), S. 12; zu finden unter: http://www.lawreform.vic.gov.au/wps/wcm/connect/Law+Reform/Home/Newsroom/Speeches/LAWREFORM+-+Law+Reform+in+the+Age+of+Managerialism+speech vom 19. Februar 2011.

750 *Michael Sayers* war bis 2003 für insgesamt zehn Jahre Chief Executive der Law Commission of England and Wales; Opeskin/Weisbrot (Hrsg.), The Promise of Law Reform, (2005), xviii.

751 "By independence, I mean most obviously independence from the government of the day and from party politics, but I also mean independence from the legal profession, academics, the judiciary and all others. In other words, independence could be a recipe for unpopularity! (...) Where we draw the line is independence in our recommendations"; Sayers, Catching the Ear of Government: Realations with Government - Before, During and After a Law Reform Project (Papier präsentiert bei der Australasian Law Reform Agencies Conference, Darwin, 20. Juni 2002).

abhängig in jedem Rechtsgebiet. Ihre Mitarbeiter haben keine Loyalitätspflicht Dritten gegenüber, sondern sind weltoffen und resistent gegen jedwede unbegründete Kritik an ihrer Arbeit.

Robertson, der ehemalige Vorsitzende der New Zealand Law Reform Commission fasste diesen Nutzen mit den Worten zusammen, dass

„[eine Law Reform Commission] die Öffentlichkeit in Anspruch nehmen kann, ohne einen Blick auf irgendeine Wahlurne nehmen zu müssen. Unsere unabhängige Stellung vermittelt der Öffentlichkeit eine andere Sichtweise, vielleicht eine, die nicht ganz so zynisch ist, was sich als sehr hilfreich für die Erlangung von öffentlicher Zustimmung in schwierigen Debatten darstellen kann."[752]

Weitere Vorteile der Unabhängigkeit werden in dem Report des House of Representatives Standing Committee on Legal and Constitutional Affairs genannt, welches im Jahre 1994 die oben bereits genannte Überprüfung der ALRC vornahm[753]:

„Dieser unabhängige Status steigert die Integrität des abgebenden Rats. Die Commission kann echte Alternativen zur Politik zeigen, da die bürokratischen und politischen Perspektiven überwiegend nach der Erteilung des Rats eingeführt werden. Die Commission wird als Quelle unabhängiger Information, Recherche und Ideen gesehen, was zum Großteil daran liegt, dass sie in der öffentlichen Domäne agiert und nicht an die üblichen Anforderungen von Geheimhaltung gebunden ist, die ansonsten für öffentliche Institutionen gelten."[754]

---

752 "We can engage the public without an eye on anyone's ballot box. Our independent position gives the public a different perception, perhaps a less cynical one, and this can be very useful for enabling public confidence in difficult debates."; Robertson, Reeinventing the Wheel- A Review of the New Zealand Court Structure (Papier präsentiert bei der Australasian Law Reform Agencies Conference, Darwin, 20. Juni 2002), zitiert aus: Hennesy, Independence and Accountability of Agencies, in: Opeskin/Weisbrot (Hrsg.), The Promise of Law Reform, (2005), S. 79.

753 Siehe hierzu oben E. VIII. 3. aa).

754 "This independent status enhance[s] the integrity of the advice provided. The Commission can provide genuine policy alternatives as the bureaucratic and political perspectives are largely introduced after the advice is given. The Commission is seen as a source of independent information, research and ideas in part because it operates in the public domain and is not bound by the usual public service requirements for secrecy"; zitiert aus: Parliament of Australia, House of Representatives Standing Committee on Legal and Constitutional Affairs, Law Reform - The Challenge Continues, Canberra,

Soweit die Theorie in den offiziellen Darstellungen.[755]

Die Unabhängigkeit von Law Reform Commissions kann jedoch in der Praxis als nicht immer leicht auszuführender „Balanceakt“ bezeichnet werden.[756] Der neuseeländische Commissioner *Palmer*[757] fasste diesen wie folgt zusammen:

„Die Law Commission ist unabhängig. Ihre Unabhängigkeit sollte nicht reduziert werden. Sie muss indes aber auch eng mit der Regierung zusammen arbeiten. In dieser Beziehung gibt es Spannungen. Je enger die Law Commission mit der Regierung zusammen arbeitet, desto mehr wird ihre Unabhängigkeit gefährdet. Je mehr die Law Commission hingegen ihre Unabhängigkeit ausübt, desto weniger werden ihre Vorschläge die Zustimmung der Regierung erhalten.“[758]

Doch wie kann dieser Konflikt gelöst werden? Um diese Frage zu beantworten, sollen zunächst die Grundlagen und die Grenzen der Unabhängigkeit dargestellt werden um sich dann der Frage zu widmen, wie sich die Unabhängigkeit für eine Law Reform Commission tatsächlich in der Praxis darstellt.

(1994); S. 58; zu finden unter: http://www.alrc.gov.au/sites/default/files/pdfs/publications/1994Report.pdf vom 8. März 2011.

755 Diese Unabhängigkeit wird im Zusammenhang mit Law Reform Commissions, insbesondere von den institutionellen Stellen, besonders hervorgehoben, siehe hierzu z.B: The Commonwealth Secretariat, Law Reform Agencies: Their Role and Effectiveness, Meeting of Commonwealth Law Ministers and Senior Officials, Accra (Ghana), 17.-20. Oktober 2005; S. 3 ff;
zu finden unter: http://www.calras.org/Other/secretariat_paper.pdf vom 19. Februar 2011.

756 Murphy, Law Reform Agencies, (2004), S. 43. Oder in den Worten von *Hennessy*: „have to walk a fine line“; Hennessy, Independence and Accountabilty of Agencies, in: Opeskin/Weisbrot (Hrsg.), The Promise of Law Reform, (2005), S. 81.

757 Präsident der New Zealand Law Reform Commission von 2005 bis 2010 und neuseeländischer Premierminister von 1989 bis 1990; http://www.nzhistory.net.nz/people/geoffrey-palmer vom 7. Januar 2011.

758 “The Law Commission is independent. Its independence ought not to be reduced. But it must also work closely with Government. There are tensions in this relationship. The closer the Commission gets to Government, the more imperilled its independence. The more the Commission exercises its independence, the less likely its proposals are to find favour with the Government of the day.” Aus: North, Problems of Law Reform, New Zealand Law Review 2002, S. 404.

2. Die Grundlagen der Unabhängigkeit

Die Gründung der überwiegenden Anzahl von Law Reform Commissions erfolgte durch spezialgesetzliche Regelungen. Ihre Abschaffung würde daher einen gesetzgeberischen Akt des Parlaments erfordern, was somit eine relative Sicherung der Unabhängigkeit der Commissions vor der tagesaktuellen Regierung bedeutet.[759] Diesem Vorgehen würde sich eine parlamentarische Debatte und (möglicherweise) eine öffentliche Diskussion anschließen,[760] so dass gewisse Hürden bestehen, die von der Regierung übersprungen werden müssten. Zwar hat die Vergangenheit gezeigt, dass selbst diese Faktoren keinen umfassenden Schutz vor der Abschaffung bedeuteten;[761] gleichwohl ist wesentlich, dass eine Law Reform Commission hierdurch eine separate, institutionelle Existenz hat, die gesetzlich anerkannt ist.[762]

Scarman notierte 1968 hierzu:

„[Die Law Commission] ist eine Institution, die auf einer gesetzlichen Grundlage beruht. Weder der Groll eines Ministers, noch die Rebellion und Resignation von Commissionern kann sie zerstören. Sie existiert solange, bis das Parlament durch Beschluss ihren Gnadentod verfügt."[763]

Des Weiteren sorgt die Art der Beschäftigung der Commissioners für einen gewissen Schutz der Commission selbst - Commissioners werden fest und auf (nahezu) unbegrenzte Zeit angestellt und können nur aus bestimmten Gründen aus

---

759 Hurlburt, Law Reform Commissions in the United Kingdom, Australia and Canada, (1986), S. 454.

760 Hurlburt, Law Reform Commissions in the United Kingdom, Australia and Canada, (1986), S. 487. Wobei anzumerken ist, dass selbst öffentlicher Protest die Canadian Law Reform Commission nicht vor ihrer Abschaffung bewahrt hat; Warner, Institutional Architecture, in: Opeskin/Weisbrot (Hrsg.),The Promise of Law Reform, (2005), S. 57

761 Siehe hierzu erneut die Abschaffung der South Australian Law Reform Commisison und der Canadian Law Reform Commission; siehe Abschnitt A. II. 2.

762 Hurlburt, a.a.O.

763 "[The Law Commission] is an institution, having a statutory existence. Neither the anger of a minister nor the rebellion and resignation of Commissioners can destroy it. It exists until Parliament by enactment delivers the coup de grace"; zitiert aus: Scarman, Law Reform: The New Pattern, (1968), S. 13.

ihrem Amt entlassen werden.[764] Hinsichtlich ihrer Arbeitsweise unterliegen Commissions kaum Beschränkungen; Art. 21 Abs. 2 des Australian Law Reform Commissions Acts 1996 bestimmt zum Beispiel, dass die ALRC in ihren Report „alle Empfehlungen aufnehmen kann, die sie aufnehmen will“[765] und die „Macht hat, alles nötige oder passende zu tun, um ihre Funktionen auszuüben“[766] (Art. 25). Ferner bietet die gesetzliche Anforderung, dass Reports innerhalb einer gewissen Zeitspanne dem Parlament vorgelegt werden müssen,[767] einen weiteren Schutz der Unabhängigkeit: Auf diese Weise wird sichergestellt, dass Empfehlungen der Commissions veröffentlicht werden und nicht von einer Regierung unter Verschluss gehalten werden können, die mit den Ergebnissen der Reports eventuell nicht einverstanden sind.

Law Reform Commissions haben ein berechtigtes Interesse an der späteren Umsetzung ihrer Final Reports und eine hohe Verantwortung gegenüber denen, die sich im Rahmen der Konsultation beratend am Prozess beteiligt haben. Wie bereits oben dargestellt sehen sich Law Reform Commissions oft vor die Herausforderung gestellt, den Konflikt zwischen dem Prinzip und dem Pragmatismus zu lösen.[768] Dies ist jedoch nicht dasselbe wie eine Regierung, die versuchen könnte, ein gewünschtes Ergebnis im Final Report zu erhalten.[769] Allerdings gibt es auch kaum einen Anlass, in dem eine Regierung sich zu einem solchen Vorgehen gezwungen sehen müsste, da die endgültige Entscheidung, ob die Empfehlungen am Ende des Tages auch tatsächlich umgesetzt werden, in ihrem Verantwortungsbereich liegt.[770] Der Vorteil für die Regierung in Gewährung der Unabhängigkeit liegt ferner darin, dass sie über die öffentliche Meinung über ein

---

764 Der Australian Law Reform Commissions Act 1996 bestimmt, dass die Ernennung als Commissioner für zunächst sieben Jahre mit der Möglichkeit der Wiederwahl erfolgt; Art. 9 Abs. 1; Gründe für die Entlassung können beispielsweise die längerdauernde Erkrankung oder die Insolvenz eines eines Commissioners sein, Art. 17 Abs. 1, Abs. 2; Australian Law Reform Commissions Act 1996..

765 „to include in the report any recommendations it wants to make“.

766 “The Commssion has power to do everything neccessary or convenient to be done for, or in connection with, the performance of ist functions“.

767 Siehe hierzu die Vorlagepflicht des Justizministers in Art.23 des Australian Law Reform Commissions Act 1996. Näheres hierzu unter Abschnitt F. IX. 4.

768 Siehe hierzu auch: Sackville, The Role of Law Reform Agencies in Australia, 59 Australian Law Journal, (1985), S. 157.

769 Hennessy, Independence and Accountability of Law Reform Agencies, in: Opeskin/Weisbrot, (Hrsg.), The Promise of Law Reform, (2005), S. 81.

770 Worauf *Hennessy* zynisch hinweist; Hennessy, a.a.O.

Thema umfassend informiert ist, was ihr letztlich eine größere Flexibilität im Entscheidungsprozess bietet.[771]

3. Grenzen der Unabhängigkeit

Während die gesetzlichen Grundlagen, unter denen die meisten Law Reform Commissions agieren, ihnen damit ein gewisses Maß an gesetzlich normierter Unabhängigkeit bieten, darf nicht außer Betracht bleiben, dass sie nichtsdestotrotz „Schöpfungen" ihrer jeweiligen Regierungen sind.[772] Auch wenn Law Reform Commissions die Durchführung ihrer Arbeit frei gestalten können, üben Regierungen in vielerlei Weise eine Kontrolle aus, die eine Begrenzung der Unabhängigkeit darstellt.

a) Personalauswahl durch die Regierung

Dies zeigt sich zunächst in der personellen Besetzung einer Law Reform Commission. Die Regierung ernennt die Commissioners, so dass sie allein schon in der Personalauswahl persönliche Präferenzen in die Praxis umsetzen kann. Ferner muss berücksichtigt werden, dass eine Commission als ein Träger öffentlicher Belange verlässlich bleiben muss.[773] Commissioners haben keine uneingeschränkten Befugnisse, sondern müssen vielmehr innerhalb der Grenzen der ihnen gegebenen Verfassung agieren.[774]

b) Projektauswahl durch die Regierung

Von weitaus größerer Relevanz ist jedoch die Tatsache, dass in den meisten Fällen das Arbeitsprogramm einer Law Reform Commission durch die jeweilige

---

771 Was natürlich zynisch auch so verstanden werden kann, das durch die Beratung die Ansichten für die Regierung mundgerecht "herausgespült" werden, die sich für sie als unangenehm darstellen könnten; North, Problems of Law Reform, New Zealand Law Review 2002, S.397.

772 Von *Hennesssy* bezeichnet als "being creatures by statute"; Hennessey, Independence and Accountability of Agencies, in: Opeskin/Weisbrot (Hrsg.), The Promise of Law Reform, (2005), S. 81.

773 Weisbrot, The Future for Institutional Law Reform, in: Opeskin/Weisbrot (Hrsg.), The Promise of Law Reform, (2005), S. 29.

774 Weisbrot, a.a.O.

Regierung bestimmt wird.[775] Zwar gibt es in der Theorie keinen Grund, der dagegen sprechen könnte, eine Law Reform Commission gesetzlich dazu zu ermächtigen, ihre eigenen Projekte zu initiieren oder solche zu bearbeiten, die ihr aus anderen Quellen als der Regierung übertragen werden.[776] Gleichwohl sind Law Reform Commissions in der Praxis meist darauf beschränkt, die Referenzen zu bearbeiten, die ihnen vom Justizminister übertragen werden.[777] Ferner sind die Möglichkeiten einer Commission, die Bearbeitung einer Referenz abzulehnen, äußerst gering.[778] Eine Regierung ist der Prinzipal einer Law Reform Commission und, zumindest primär, auch ihr einziger Kunde.[779] Durch diese Position ist eine Regierung in der Lage, einen signifikanten Grad von Kontrolle über die Arbeit einer Commission beizubehalten und auf diese Weise sicherzustellen, dass ihre Arbeit Regierungsprioritäten wiederspiegelt.

ba) Eine Gefährdung der Unabhängigkeit?

Fraglich ist jedoch, ob dies unbedingt als negativ zu bewerten ist. *Kirby* hebt hervor, dass verschiedene Justizminister von verschiedener politischer Richtung der ALRC eine Serie von hochrelevanten Projekten übertragen hätten, die nicht nur das zukünftige Design der Gesetzgebung in Australien bestimmt hätten, sondern auch das der Gesellschaft selbst.[780] Dem ist hinsichtlich solcher Projekte wie dem bereits genannten über das Gewohnheitsrecht der Aboriginis,[781] denen

775 Hennessy, Independence and Accountability of Law Reform Agencies, in: Opeskin/Weisbrot (Hrsg.), The Promise of Law Reform,(2005), S. 74.

776 Warner, Institutional Architecture, in: Opeskin/Weisbrot (Hrsg.), The Promise of Law Reform, (2005), S. 58.

777 Dies gilt für alle Commissions in Australien und des restlichen Commonwealths. Ausnahmen hiervon bilden die Law Commission of England and Wales, die Scottish Law Commission und die New Zealand Law Commission, die zwar ebenfalls Referenzen vom vom Justizminister übertragen bekommen, aber ebenfalls die Befugnis haben, dem Minister Vorschläge für 3 bzw. 5 - Jahres Programme zu unterbreiten; Hennessy, Independence and Accountability of Law Reform Agencies, in: Opeskin/Weisbrot (Hrsg.), The Promise of Law Reform, (2005), S. 80.

778 Zumindest hat keine der australischen Commissions die Befugnis, die Bearbeitung einer Referenz abzulenhen; Warner, a.a.O.

779 Hurlburt, Law Reform Commissions in the United Kingdom, Australia and Canada, (1986), S. 456

780 Kirby, Reform the Law: Essays on the Renewal of the Australian Legal System, (1983), S. 55.

781 ALRC, Recognition of Aboriginal Customary Laws, Report 31 (1986); zu finden unter: http://www.alrc.gov.au/publications/report-31 vom 10.März 2011.

zum Datenschutzrecht[782] oder anderer Bereiche durchaus zuzustimmen, da sich hier Fragen gewidmet wurde, die eine hohe gesellschaftliche Relevanz aufzeigen. Des Weiteren sind in der Tat, trotz der Einflussmöglichkeiten der Regierungen auf Commissions, kaum Fälle bekannt, in denen es zu einer direkten Konfrontation einer Regierung mit einer Commission hinsichtlich ihrer Arbeitsweise oder ihrer Reports kam.[783] *Kirby* sieht es sogar als vorzugswürdig an, wenn die Projekte der ALRC durch politische Vertreter bestimmt werden. Diese wüssten, im Gegensatz zu nicht durch eine öffentliche Wahl legitimierten Beschäftigten einer Commission, über die Prioritäten und Bedürfnisse innerhalb einer Gesellschaft, und damit auch über Rechtsreform, besser Bescheid. Projekte, die sie wählten, wären so eher in der Lage, die nachfolgende Gesetzgebung zu beeinflussen.[784] Hiergegen kann jedoch eingewandt werden, dass zu beobachten ist, dass die Auswahl der Themen von Projekten in einem nicht zu vernachlässigendem Maße von der politischen Richtung einer Regierung abhängig ist. In Zeiten von Labourregierungen ist die Tendenz zu beobachten, dass der ALRC eher Fragestellungen übertragen wurden, die von sozialpolitischer Relevanz waren, während in Zeiten konservativer Regierung vermehrt Fragestellungen, die sich mit technischen und wirtschaftlichen Aspekten des Rechts befassten, im Vordergrund standen.[785] Reformprojekte spiegeln durch diese Auswahlbefugnis der Regierung daher oft ein Bild der jeweiligen Zeit wieder. Zwar hat eine Re-

---

782 ALRC, Essentially Yours: The Protection of Human Genetic Information in Australia, Report 96, (2003); zu finden unter: http://www.alrc.gov.au/publications/report-96 vom 11. März 2011; ALRC, Privacy and the Census, Report 12, 1979, zu finden unter: http://www.alrc.gov.au/report-12 vom 15. Dezember 2010

783 So wurde die ALRC im Jahre 1996 für einen Vorschlag an ein parlamentarisches Committee, in dem sie sich mit bestimmten Regierungspraktiken auseinandersetzte, vom damaligen Justizminister kritisiert. Dieser Zwischenfall verlief jedoch folgenlos für die ALRC; Hennessy, a.a.O.

784 Kirby, a.a.O.

785 Von 1972-1975 war die Labor Party unter *Gough Whitlam* Regierungspartei. Sie wurde 1975 durch die konservative Liberal Party abgelöst, die unter Premierminister *Malcom Fraser* bis 1983 die Regierung stellte. Für die weitern 13 Jahre wurde Australien von Labor unter den Premierministern *Bob Hawke* (1983-1991) und *Paul Keating* (1991-1996) regiert. 1996 erfolgte ein Regierungswechsel zugunsten der Liberal Party, die mit *John Howard* bis 2007 den Premierminister stellte. Seit 2007 stellt wieder die Labor Party den Premierminster, zunächst unter *Kevin Rudd* und seit 2010 unter *Julia Gillard*; siehe hierzu *Patrick Morray Weller*, Cabinett Government in Australia, 1901-2006: practice, principles, performance, Sydney 2007, S. 122 ff. und http://www.pm.gov.au/your-government vom 31. März 2011. Siehe hierzu auch das Literaturverzeichnis dieser Arbeit, in dem die Reports der ALRC überwiegend aufgelistet sind und http://www.alrc.gov.au/publications vom 31. März 2011.

gierung die Möglichkeit, einen Report, dessen Ergebnis ihr missfällt, einfach nicht in geltendes Recht umzusetzen. Gleichwohl hat sich, wie bereits ausgeführt,[786] gezeigt, dass Reports einer Commission einen erheblichen Einfluss auf gesellschaftliche und politische Prozesse nehmen können, und das auch dann, wenn sie nicht umgesetzt werden. Daran ändert auch nichts, dass die Regierung die formalen Terms of Reference einer Untersuchung bestimmt, da die Untersuchung selbst außerhalb ihres Einflussbereichs liegt.[787] Eine Regierung setzt sich mit der Übertragung eines Projekts einem gewissen Risiko aus, damit die Kontrolle über spätere Entwicklungen zu verlieren. und dem möglicherweise ungeliebten Report am Ende durch „die Hintertür" in Form von Gerichtsentscheidungen oder befürwortenden Publikationen wieder zu begegnen. Justiz und Öffentlichkeit, die oft auf die Reports zurückgreifen,[788] sind unabhängig und liegen damit außerhalb der Sphäre einer Regierung. Regierungen müssen sich daher oft genau überlegen, welche Projekte sie einer Commission übertragen wollen und in ihre Überlegungen damit zwangsläufig die möglichen Folgen eines mit ihrer Regierungspolitik nicht in Übereinstimmung zu bringenden Reports einbeziehen. Im schlechtesten Fall könnte man daher sagen, dass Regierungen so die Möglichkeit haben, selektiv tätig werden zu können, indem sie „wirklich" brisante Projekte einfach nicht auf die Agenda einer Commission setzen. Die tatsächliche „Unabhängigkeit" einer Commission wäre dann mehr eine Idee, denn Wirklichkeit, eine Commission mehr akademischer Hilfsarbeiter, denn Erneuerer. Andererseits würde es einer Commission aber auch nicht unbedingt helfen, wenn sie ihre Projekte auswählen könnte, wenn diese aus oben genannten Gründen für die Regierung letztlich uninteressant sind. Würde sich eine Commission beispielsweise entschließen, sich kritisch Fragen zur Atompolitik zu widmen, dies jedoch zu Zeiten, in denen eine die Atomenergie befürwortende Regierung an der Macht ist, würde ihr Report wohl am Ende in der Vielzahl wissenschaftlicher Veröffentlichungen untergehen.

So erstrebenswert ein solch kritischer „Sidekick" in einer demokratischen Gesellschaft auch ist, müssen doch die realen Verhältnisse in der Form akzeptiert werden, dass eine Regierung zunächst daran interessiert ist, die nächste Wahl zu gewinnen. Warum sollte sich eine Regierung dann in Widerspruch zu ihrer erklärten Politik setzen? Ein ihre Politik ablehnender Report würde für die Regierung damit keinerlei Verbindlichkeit entfalten und könnte einfach ignoriert wer-

---

786 Siehe hierzu das Beispiel unter Abschnitt F. IV. 2.

787 Hurlburt, a.a.O.

788 Siehe hierzu nur die Auswertungen durch die ALRC unter F. VI. 1.

den. Eine Law Reform Commission könnte sich damit zu einem Wachhund[789] entwickeln, der seinen eigenen Herren anfällt. Diesen Punkt weitergedacht könnte eine Regierung sich die aus ihrer Sicht somit berechtigte Frage stellen, warum sie sich den „Luxus“ leisten sollte, eine Institution zu finanzieren, die ihre Politik auf Dauer torpediert, was bei der Projektauswahl durch die Commission selbst zu erwarten sein dürfte?

bb) Ein notwendiges Übel

Vermutlich hat *Kirby* damit im Ergebnis wohl allein aus pragmatischen Erwägungen Recht, wenn er die Projektauswahl durch die Regierung befürwortet. So kann sichergestellt werden, dass sich die Regierung zumindest mit dem in Frage stehenden Thema auseinandersetzt, da sie es schließlich selbst für relevant befunden hat.

Oder anders ausgedrückt: Selbst eine Reform in einem ausgewählten Bereich ist schließlich immer noch besser als gar keine Reform.

c) Budgetkontrolle durch die Regierung

Eine weitere Kontrollmöglichkeit über Law Reform Commissions, die von den Regierungen ausgeübt werden kann, ist die Verwaltung der finanziellen Ressourcen einer Commission.[790] Commissioners müssen in der Regel durch den Justizminister dem Parlament gegenüber Auskunft erteilen und innerhalb ihres durch die Regierung vorgegebenen Budgets handeln.[791] Die Kürzung des Budgets macht sich auf mehreren Ebenen bemerkbar - so wird hierdurch die Personalsituation beeinflusst, die Recherche- und Konsultationsmöglichkeiten, insbesondere die der Öffentlichkeit, werden beschränkt und die Anzahl der zu veröffentlichten Publikationen limitiert.[792]

---

789 Siehe hierzu auch Abschnitt A. II.

790 Hurlburt, a.a.O.

791 Hurlburt, Law Reform Commissions in the United Kingdom, Australia and Canada, (1986), S. 456

792 Siehe für die Auswirkungen auf die praktische Arbeit die Inquiry der ALRC Abschnitt E. VIII. 3. ab).

d) Abschaffung durch Gesetz

Letztlich, als das ultimative Mittel einer Regierung, hören Law Reform Commissions auf zu existieren, wenn ihnen ihre gesetzliche Grundlage entzogen wird. Beispiele hierfür sind die bereits genannte (zweimalige) Abschaffung der Canadian Law Reform Commission und der Victorian Law Reform Commission.[793]

4. Die Bewahrung der Unabhängigkeit

a) Konfliktpotential

Wie stellt sich die Unabhängigkeit damit in der Wirklichkeit dar? Wie bereits in der oben aufgeführten Aussage von *Weisbrot*[794] dargestellt, ist die Bewahrung der Unabhängigkeit essentiell für den Erfolg einer Law Reform Commission. In der Literatur[795] und von den Commissions selbst[796] wird die Befürchtung geäußert, dass einem Report schlicht die Glaubwürdigkeit fehle, wenn er in Zusammenarbeit mit Politkern zustande kommt. Andererseits sind unrealistische Empfehlungen in Reports ebenso in keiner Weise förderlich, wenn diese am Ende nicht umsetzbar sind und damit dann mehr eine Verschwendung öffentlicher Gelder denn einen wirklichen Nutzen darstellen.[797] Als Konsequenz hieraus darf eine Commission aber nicht der Versuchung erliegen, nur den Wandel zu präferieren, der im Einklang mit der Regierung steht, da ansonsten eine öffentliche

---

793 Siehe Abschnitt A. III. 2.

794 Siehe Abschnitt F. XI. 1.

795 Statt vieler: North, Problems of Law Reform, New Zealand Law Review 2002, S. 405.

796 Siehe zum Beispiel das Statement der New South Wales Law Reform Commission auf ihrer Homepage: „There is a certain dialectic between the effectiveness of commissions, in terms of implemented reports, and their independence. On the one hand, if commissions make recommendations which are politically, socially or economically unrealistic, they run the risk of appearing irrelevant and a waste of public funds. But if commissions only recommend changes which are certain to find favour with the government of the day, or seek only references which are uncontentious, their independence and usefulness will soon be questioned publicly."; zu finden unter: http://www.lawlink.nsw.gov.au/lawlink/lrc/ll_lrc.nsf/pages/LRC_role2 vom 19. Februar 2011.

797 New South Wales Law Reform Commission, a.a.O. Siehe hierzu auch: Mildren, Getting justice right, Papier präsentiert bei der Australasian Law Reform Agencies Conference, S. 5, Darwin, 20.Juni 2002.

Debatte über ihren eigentlichen Nutzen zu erwarten wäre.[798] Gleichwohl kann sich eine Law Reform Commission aber auch nicht komplett dem politischen Prozess gegenüber verschließen und in totaler Isolation arbeiten, da ihr Fortbestand letztlich auch von den Ansichten der Regierung abhängig ist.[799] Eine Law Reform Commission, die regelmäßig mit ihren Reports die Regierung gegen sich aufbringt, könnte daher auf Dauer kaum überleben, zumindest wenn ihr Bestand nicht in die Verfassung ihres Landes aufgenommen worden ist[800] und sie unbegrenzte Ressourcen zur Verfügung hat.[801] Die Unabhängigkeit von Law Reform Commissions birgt damit auch das Potential für Konflikte mit der jeweiligen Regierung.[802]

b) Das inhärente Dilemma

Eine Law Reform Commission befindet sich daher immer in einem inhärenten Dilemma:[803] Sind ihre Vorschläge aus vermeintlicher Rücksichtnahme auf die Regierungspolitik nicht innovativ, heißt das, dass sie de facto ihren Auftrag nicht ausreichend erfüllt hat.[804] Entfernt sie sich aber zu weit von dem, was für das Parlament akzeptabel ist, wird sie vermutlich ignoriert werden.[805] Law Reform Commissions müssen oft einen schmalen Grad passieren zwischen der Teilnahme an öffentlichen Debatten zu den sie betreffenden Referenzen unter gleichzeitiger Vermeidung der Einmischung in Bereiche, die primär der Parteipolitik zugewiesen sind.[806] Law Reform Commissions sind jedoch nicht absolut immun; weder gegen Einflüsse der aktuellen politischen Stimmung noch gegen andere Zwänge, die sich aus der Einbindung in ein bürokratisches Gebilde ergeben.[807] Indem die unterschiedlichsten Bereiche des Rechts überprüft werden, lässt es sich oftmals nicht vermeiden, in sensible politische Bereiche einzugrei-

---

798 New South Wales Law Reform Commission, a.a.O.

799 Hurlburt, Law Reform Commissions in the United Kingdom, Australia and Canda, (1986), S. 457.

800 Siehe hierzu Malawi, Abschnitt F. IX. 1, Fn 598.

801 Murphy, Law Reform Agencies, (2004), S. 44.

802 Hennessy, Independence and Accountability of Law Reform Agencies, in: Opeskin/Weisbrot (Hrsg.), The Promise of Law Reform, (2005), S. 81.

803 Murphy, a.a.O.

804 Murphy, a.a.O.

805 Murphy, a.a.O.

806 Hennessy, a.a.O.

807 Hurlburt, Law Reform Commissions in the United Kingdom, Australia and Canda, (1986), S. 455.

fen und in die politische „Arena“ einzutreten.[808] Unabhängigkeit in diesem Zusammenhang heißt damit auch, dass eine Commission sich möglicherweise starker öffentlicher Kritik gegenüber robust zeigen muss, und dies zu allen Phasen des Prozesses.[809] Was aber auch immer die Meinung der einzelnen Mitarbeiter der Law Reform Commission ist, die Arbeit selbst muss ohne jegliche Beeinflussung von politischer Parteinahme sein.[810] Es entspricht der allgemeinen Lebenserfahrung, dass ein Anwalt im angelsächsischen Rechtsraum im Rahmen eines Kreuzverhörs[811] niemals jemandem eine Frage stellen sollte, auf die er nicht die Antwort weiß.[812] Ähnlich stellt sich die Lage für eine Regierung dar - diese ist wenig geneigt, eine Untersuchung einzurichten über ein Thema, von dem sie nicht den möglichen Ausgang einschätzen kann.[813] Dieser erfolgsorientierte Vorgang steht aber im krassen Widerspruch zu der Arbeitsweise einer Law Reform Commission: Diese sollte nur eine Untersuchung durchführen, solange sie nicht weiß, wie das zukünftige Ergebnis sein wird - wäre dies doch der Fall, so sollte die Anfrage anderen institutionellen Untersuchungskommissionen, die zum Zwecke der Ausführung von Regierungspolitik handeln, übertragen werden.[814]

c) Der „ehrliche Vermittler“

Nur wenige öffentliche Behörden weisen einen derart weit gefächerten Zugang wie Law Reform Commissions zu ihrer Arbeit auf - diese Beständigkeit in der transparenten Arbeitsweise hat aber geradezu zwangsläufig zur Folge, dass dem endgültigen Ergebnis in Form des Reports Überlegungen vorangehen müssen, die bildlich gesprochen wie „Testballons“[815] auf, aber auch wieder untergehen

---

808 White, Consultation, Commissions and Context: A Comparative Study of the Law Commission and the Australian Law Reform Commission, (2005), S. 144.

809 Weisbrot, The future for institutional Law Reform in: Opeskin/Weisbrot (Hrsg.), The Promise of Law Reform, (2005), S. 27.

810 Weisbrot, The Future for Institutional Law Reform in: Opeskin/Weisbrot (Hrsg.), The Promise of Law Reform, (2005), S. 27.

811 Auf Englisch „Cross-Examination“; für weitere Ausführungen siehe: Tiwisina, Sachverständigenbeweis im deutschen und englischen Zivilprozess, (2005), S. 271.

812 Von *Weisbrot* aufgeführtes Beispiel; Weisbrot, a.a.O..

813 Weisbrot, a.a.O.

814 Weisbrot, The Historical Necessity of Law Reform, The Alex Castles Memorial Lecture in Australian Legal History, Adelaide, 24. August 2006, zu finden unter: http://www.alrc.gov.au/news-media/2006/alex-castles-memorial-lecture-2006-historical-necessity-law-reform vom 18. Februar 2011.

815 „trial ballons“; zitiert aus Weisbrot, a.a.O.

können müssen. Eine Law Reform Commission kann in dieser Phase keine Rücksicht auf „verletzte Egos“[816] nehmen, da dies letztlich auf Kosten ihrer Unabhängigkeit gehen würde.

Kritisch ist dabei das Vorgehen in der Medienlandschaft und der politischen Kultur zu bewerten, die Politiker als inkonsistent und „flip-flopping“ bezeichnet, die öffentlich in verschiedene Richtungen und Wege denken, anstatt dass ihnen für ihre Kreativität und Flexibilität Applaus geschenkt wird. An dieser Stelle zeigt sich deutlich der Vorteil einer unabhängigen Law Reform Commission - dass sie im Gegensatz zu einer Regierung sehr wohl in der Lage ist, einen im Ergebnis wohlüberlegteren Ergebnisfindungsprozess durchlaufen zu können und sich dabei frei machen kann von möglichen Auswirkungen auf Wahlergebnisse.[817] Dies heißt im Umkehrschluss aber auch, dass eine Regierung diese Arbeitskultur respektieren und versichern muss, dass Ernennungen von Commissioners nicht politisch beeinflusst und frei von jeglichen Interessenkonflikten sind, dass die Terms of Reference nicht überladen sind und dass kein, auch kein informeller Druck, auf die Law Reform Commission mit dem Ziel, ein bestimmtes Ergebnis zu erreichen, ausgeübt wird.[818]

In dem Maße, in dem Law Reform Commissions politisiert werden, in dem Maße verlieren sie die Fähigkeit Außenstehende zu einer Mitarbeit bei einem Reformprojekt zu begeistern und die Rolle des „ehrlichen Vermittlers“[819] in der politischen Landschaft zu übernehmen.[820]

---

816 „bruised egos“; Weisbrot, a.a.O.

817 Weisbrot, a.a.O.

818 Weisbrot, a.a.O.

819 „honest broker“; Weisbrot, a.a.O.

820 Betreffend der Situation in Australien zeigt sich *Weisbrot* erfreut darüber, dass der Justizminister und die Regierung der jeweiligen politischen Lager ehrenwert verhalten hätten, so dass eine von Respekt unter Beachtung der oben dargestellten Grundsätze geprägte Zusammenarbeit gegeben sei; Weisbrot, a.a.O. Siehe auch: Handford, The Changing Face of Law Reform, Australian Law Journal, Volume 73, 1999, S. 508, der diese Einschätzung bestätigt.

d) Schlussfolgerung

Die Frage, ob die Öffentlichkeit einer Law Reform Commission Vertrauen hinsichtlich der Unabhängigkeit ihrer Arbeitsweise entgegen bringt, bestimmt maßgeblich, inwieweit Mitglieder der Öffentlichkeit, der Jurisprudenz, Schlüsselfiguren der Wirtschaft und der Lehre etc. gewillt sind, sich in den Reformprozess durch Vorschläge, Kommentare auf Entwürfe, Antworten auf Diskussionspapiere und andere Weise überhaupt einzubringen.[821]

Law Reform Commissions sind für gewöhnlich zutiefst bestrebt, die in ihrem betreffenden Feld anerkannten Experten in den Reformprozess mit einzubeziehen - die oftmals vielbeschäftigt sind und denen die Commissions nicht das zahlen können, was sie tatsächlich wert sind und was sie auf dem freien Markt durch eine Beratertätigkeit erzielen könnten.[822] Ferner würden Richter, Praktiker und Lehrende ihre Dienste kaum ehrenamtlich und nebenberuflich einer Institution zur Verfügung stellen, die unter der Kontrolle der Exekutive steht.[823] Die Fähigkeit, einen derartig außergewöhnlichen ehrenamtlichen Einsatz zu generie-

821 Weisbrot, The Future for Institutional Law Reform, in: Opeskin/Weisbrot (Hrsg.), The Promise of Law Reform, (2005), S. 29.

822 Gleichwohl ist zu beobachten, dass nahezu alle von den Commissions ausgesprochenen Einladungen der Teilnahme am Prozess auch akzeptiert werden; Weisbrot, The Future for Institutional Law Reform, in: Opeskin/Weisbrot (Hrsg.), The Promise of Law Reform, (2005), S. 29 und Weisbrot, Weisbrot, The Historical Necessity of Law Reform, The Alex Castles Memorial Lecture in Australian Legal History, Adelaide, 24. August 2006, zu finden unter: http://www.alrc.gov.au/news-media/2006/alex-castles-memorial-lecture-2006-historical-necessity-law-reform vom 18. Februar 2011. Wenn tatsächlich eine Absage erfolgte, dann aus Gründen wie Abwesenheit in Übersee. *Weisbrots* Ansicht nach bestünde wenig Zweifel daran dass dies a) der Möglichkeit, Einfluss in einem Bereich, in dem der jeweilige Berater passioniert ist, auf das politische Geschehen nehmen zu können und b) der tatsächlichen und anerkannten Unabhängigkeit der Commissions geschuldet ist. Er folgert aber auch, dass niemand aus diesem Personenkreis sein Wissen einer Institution zur Verfügung stellen würde, die unter dem Einfluss oder der Kontrolle der Exekutive stehen würde.

823 Weisbrot, What´s the Value of a Full Time Standing Law Reform Commission? (Papier präsentiert bei der Australasian Law Reform Agencies Conference, Darwin, 20. Juni 2002; S. 9; zu finden unter: http://www.docstoc.com/docs/38101450/Australian-Law-Reform-Agencies-Conference-%28ALRAC%29 vom 12. Februar 2011.

ren und sich nutzbar zu machen,[824] gewinnt insbesondere dann besondere Bedeutung, wenn es um den Zugang zu vertraulichen Informationen geht, der sich oftmals als besonders wertvoll für den Law Reform Prozess darstellt - wie beispielsweise Material aus der Wirtschaft oder auch als hochsensibel zu behandelnde persönliche Geschichten von Privatpersonen. Diese Personen müssen sich in die Lage versetzt fühlen, zum Teil auch kritische Informationen in den Evaluierungsprozess einbringen zu können, die von der Law Reform Commission niemals „der Regierung" gegenüber offenbart werden würden.[825]

824 Beispielweise ist es im Rahmen der Arbeit der ALRC nun Standard, ein mit einer breiten Basis aufgestelltes Experten Advisory Committee (siehe hierzu Abschnitt G. II. 12 b)) aufzustellen, dessen Aufgabe es ist, sich an der Entwicklung von allen Untersuchungen zu beteiligen. Diese Committees haben sich als äußerst hilfreich während den Untersuchungen gezeigt, als durch sie oftmals ein klarer Fokus und Prioritäten im Arbeitsablauf festgelegt wurde, so wie sie auf die Wahrung der Qualität der Arbeit des Reformprozesses wachten, Siehe hierzu auch: Davis, Targeted Consultations, in: Opeskin/Weisbrot (Hrsg.), The Promise of Law Reform, (2005), S. 151.

825 Weisbrot, a.a.O.

5. Unabhängigkeit aus der Sicht eines Commissioners

Der ehemalige Präsident der ALRC, *David Weisbrot*, zieht in einem Interview im Dezember 2009 mit dem australischen Radiosender ABC ein Resümee seiner zehnjährigen Präsidentschaft.[826]

a) Von Brooklyn nach Sydney

Ihm wird in dem Interview zunächst die Gelegenheit gegeben, zu erzählen, wie sich seine persönliche Beziehung zum Recht und zur Idee der Law Reform darstellt. *Weisbrot* ist US-Staatsbürger und wuchs die ersten elf Jahre seines Lebens in Brooklyn, New York auf. In Brooklyn besuchte er eine öffentliche Schule, die überwiegend von afroamerikanischen und hispanischen Schülern besucht wurde. Später zogen seine Eltern mit ihm nach Queens in ein Viertel der gehobenen Mittelschicht. Dort wandelten sich die Verhältnisse radikal. Nur noch drei Kinder an seiner neuen Schule waren schwarz.[827] Nachdem er nach dem Umzug zunächst noch regelmäßig seine alten Freunde in Brooklyn besuchte, brachte die Eingewöhnung an die neue Umgebung es schließlich mit sich, dass die Besuche seltener wurden. Als er nach einer langen Pause dann erneut nach Brooklyn kam, zeigte sich für ihn eine schockierende Situation: Er traf einen Teil seiner alten Freunde, musste aber feststellen, dass viele fehlten. Auf die Frage, wo diese denn seien, hörte er ein aufs andere Mal: „So – und - so ist tot." „Tot". „Im Gefängnis". "Tot". „Im Gefängnis." „Tot". Fast alles war auf Drogen und die damit verbundene Kriminalität zurückzuführen. *Weisbrot* musste feststellen, dass in den Jahren, in denen er ein behütetes Leben auf einer High School geführt hatte, nahezu seine gesamte ehemalige Nachbarschaft „verwüstet" („devastated") wurde. Er begann sich zu fragen, warum ihm so etwas nicht passiert sei, warum die Entwicklungen in seinem neuen Umfeld so massiv von dem seiner alten Freunde abwichen, die seiner Ansicht nach nicht weniger intelligent und patent als seine neuen Freunde gewesen seien. Im Laufe der Jahre entwickelte er somit aus dieser Erfahrung heraus ein hohes Interesse an Fragen, wie eine Gesellschaft organisiert ist, was Fairness und Gerechtigkeit überhaupt bedeuten, und an dem Umstand, dass manche Handlungen als kriminell definiert („the way we label") werden, wenn sie doch oft mehr jugendliche Rebellion sind.

---

826 Interview vom 8. Dezember 2009; zu finden unter: http://www.abc.net.au/rn/lawreport/stories/2009/2763972.htm vom 19. Februar 2011 (auch als Audio Datei verfügbar).

827 Dieses Bild wird von ihm als „photografisches Negativ" bezeichnet.

Die Möglichkeiten, was jemand im Leben erreichen könnte, sollten seiner Ansicht nach nicht nur von dem Glück, im richtigen Viertel aufzuwachsen, abhängig sein. Fragen wie diese brachten ihn zur Rechtswissenschaft und 1999 als Präsident zur ALRC.

b) Ein anderer Blickwinkel

Seiner Meinung nach bieten Law Reform Commissions unabhängigen, unmittelbaren Rat. Die Zusammenarbeit mit verschiedenen Interessengruppen gäbe der ALRC die Möglichkeit, Informationen zu erhalten, die der Regierung ansonsten vorenthalten geblieben wären.

Weisbrot beschreibt die Aufgabe einer Law Reform Commission damit, dass sie dafür sorge, dass das geltende Recht Schritt halte mit einer Gesellschaft, dem technologischen Fortschritt und anderen Entwicklungen. Das Recht müsse von Zeit zu Zeit modernisiert werden, dies insbesondere dann, wenn die Umstände sich zum Teil dramatisch ändern. Als Beispiel führt er hierzu den Datenschutz[828] oder den Schutz der humangenetischen Informationen an.[829] Für Bereiche des gesellschaftlichen Wandels führt er den Bereich der Homosexualität oder die eheähnlichen Lebensgemeinschaften an, Bereiche, in denen sich die gesellschaftlichen Anschauungen im Vergleich zu früheren Generationen erheblich gewandelt haben. *Weisbrot* bezeichnet die interdisziplinäre Arbeitsweise der ALRC als wesentlich für die bislang erreichten Erfolge hinsichtlich der parlamentarischen Umsetzung der ausgearbeiteten Vorschläge. Im Rahmen des „Essentially Yours“[830] Reports wurden landesweit insgesamt 17 öffentliche Veranstaltungen abgehalten, in denen sich Juristen und Ärzte, aber auch „gewöhnliche“ Menschen, oftmals solche mit genetischen Erkrankungen, einbringen konnten. Insbesondere deren Erfahrungen beschreibt *Weisbrot* als die Wichtigsten, die Nützlichsten, da sie sich innerhalb des zu überprüfenden Systems befänden und sich zwangsläufig jeden Tag mit dem Thema auseinandersetzen müssten.

828 Siehe hierzu: ALRC, Keeping Secrets: The Protection of Classified and Security Sensitive Information, Report 98 (2004), S. 10; zu finden unter: http://www.alrc.gov.au/sites/default/files/pdfs/publications/ALRC%2098.pdf vom 9. März 2011.

829 Dieses Thema wurde von der ALRC im Rahmen einer Untersuchung eingehend behandelt; siehe hierzu: ALRC, Essentially Yours: The Protection of Human Genetic Information in Australia, Report 96, (2003); zu finden unter: http://www.alrc.gov.au/publications/report-96 vom 11. März 2011.

830 a.a.O.

Sie hätten keine versteckten Interessen, würden keine Lobbyarbeit betreiben, sondern es wäre ersichtlich gewesen, dass sie die Mitarbeit als oftmals direkt Betroffene effektiv dazu nutzen würden, die Verhältnisse insgesamt zu verbessern. *Weisbrot* hebt hervor, dass er erst durch diese Begegnungen vielfach einen komplett anderen Blickwinkel auf die von der ALRC zu bearbeitenden Themen erhalten habe. Er schildert das Gespräch mit einer Frau am Ende der Veranstaltung in Melbourne zum Thema „Genetics".[831] Sie teilte ihm mit, dass sie zwei Enkelinnen habe, die die jüdische Schule in Melbourne besuchen würden und dort routinemäßig dem Tay-Sachs-Screening-Programm unterworfen seien. Tay-Sachs ist eine rezessiv vererbbare genetische Erkrankung. Ist man nur Träger dieses Gens, stellt die Erkrankung keine Bedrohung dar. Bekommen jedoch zwei Träger des Gendefekts ein Kind, ist die Wahrscheinlichkeit, dass dessen Lebenserwartung nur kurz und schmerzvoll sein wird, äußerst hoch. Durch die Identifizierung der Carrier soll somit verhindert werden, dass diese gemeinsam ein Kind bekommen bzw. dass durch genetische Selektion verhindert wird, dass die Krankheit überhaupt weitergeben wird.[832] Durch das Screening in den Schulen kann ein Großteil der Gesellschaft in einem frühen Alter erreicht werden. Die Dame teilte ihm mit, dass sie durchaus Verständnis habe für den Vorgang als solchen, gleichwohl erhebe sie ernste Bedenken dagegen. Auf die Frage *Weisbrots*, welche das seien, antwortete sie nicht, sondern rollte nur den Ärmel ihres Pullovers hoch, wo das Tattoo eines Nationalsozialistischen Konzentrationslagers zum Vorschein kam. *Weisbrot* beschreibt, dass ihm augenblicklich die Assoziationen „Eugenik" und „Bestandsführung" in den Sinn kamen, und dass er darüber nachdachte, was passieren könnte, wenn derart verletzliche Informationen in die falschen Hände gerieten.

In dieser Situation sei ihm bewusst geworden, dass die Frage der „Privacy" mehr Aspekte umfasst, als er zunächst dachte. Er kritisiert, dass es die Tendenz gäbe, über Datenschutzaspekte geringschätzig hinwegzugehen[833] und es als Thema aufgefasst werde, über dass sich nur Prominente und wohlhabende Menschen Gedanken machen würden oder als Obsessionen einer gebildeten Mittelschicht behandelt werde. Die Begegnung mit jemandem, für den die Frage nach

---

831 ALRC, Essentially Yours: The Protection of Human Genetic Information in Australia,a.a.O.

832 Niessen, Pädiatrie, (2001), S. 528, Stuttgart 2001.

833 In *Weisbrots* Worten "to pooh-pooh privacy" (dt.: über etwas geringschätzig hinwegsehen"); siehe hierzu auch das Buch „Angriff auf die Freiheit" (2009) von *Trojanow* und *Zeh*, in dem sich äußerst kritisch mit derartigen Meinungen und die Gefahren, die aus einer solchen Einschätzung folgen, auseinandergesetzt wird.

„Privacy", nach Geheimhaltung, eine Frage des Überlebens war, war für *Weisbrot* nach eigener Angabe entscheidend, das Thema mit einer größeren Ernsthaftigkeit zu betreiben und die Frage, wie diese geschützt werden kann, mehr in den Vordergrund zu stellen.[834]

c) Die Verteidigung der Unabhängigkeit

Im weiteren Gespräch wird *Weisbrot* damit konfrontiert, dass Kritiker oder Zyniker anmerken könnten, dass wenn eine Regierung einer Law Reform Commission eine Referenz übergibt, dies ihr quasi im Wege eines „Taschenspielertricks" ermöglichen würde, eine von ihr gewollte Reform Agenda voran zu treiben. Das Kunststück der Regierung sei nämlich, dass sie sich mit dem Anschein der Objektivität, der vermeintlichen Aufgeschlossenheit gegenüber neuen Ideen umgeben könnte, während sie faktisch nur die Resultate erhalten würde, die sie hören will und sehr genau wissen würde, was die jeweilige Law Reform Commission letztlich empfiehlt.

Weisbrot betont, dass es mit die größte Gefährdung einer Law Reform Commission darstelle, wenn sie berechtigermaßen diesem Vorwurf ausgesetzt werde. Eine zu enge Verbundenheit mit Seiten der Politik wird auch von ihm als äußerst kritisch empfunden, da so die Stellung einer unabhängigen Institution verlustig ginge. Sein Mantra sei daher auch, dass eine Regierung keine Referenz übertragen sollte, wenn sie selbst weiß, was sie tun sollte. Seiner Ansicht nach arbeite eine Law Reform Commission am effektivsten, wenn sie von Seiten der Regierung wie ein vertrauensvoller Vermittler behandelt werde, dessen Unab-

---

834 Derartige Tendenzen sind nicht nur ein australisches Phänomen. Siehe hierzu nur das Urteil des Verwaltungsgerichts Darmstadt vom 29. April 2004 (Az. 1 E 470/04 (3)). In diesem Verfahren ging es um eine hessische Lehrerin, die sich dagegen wehrte, für die amtsärtzliche Untersuchung zur Anstellung als Beamtin auf Lebenszeit eine Ergbutanalyse durchführen zu lassen. Diese wurde bei ihr angeordent, da ihr Vater an der Erkrankeit Choera Huntington (auch bekannt als Veitstanz) erkrankt war. Die Krankheit führt zu massiven Ausfallerscheinungen der Betroffenen, verbunden mit einer kurzen Lebenserwartung. Die Wahrscheinlichkeit, dass das betroffene Gen auf die Nachkommen übergeht, beträgt 50%. Das VG gab der Klägerin Recht, begründete seine Entscheidung aber im Wesentlichen mit der fehlenden rechtlichen Grundlage für eine derartige Anordnung. Gleichwohl wurde dem Staat ein berechtigtes Interesse zugestanden, nur gesundheitlich geeignete Bewerber zu verbeamten. Hessen legte gegen das Urteil keine Rechtsmittel ein, so dass es rechtskräftig wurde. Siehe hierzu auch: Traufetter, Geisel der eigenen Gene, Der SPIEGEL vom 20. Oktober 2003 (Ausgabe Nummer 43).

hängigkeit zu keinem Zeitpunkt in Frage gestellt werden würde. Erst diese Unabhängigkeit würde Law Reform Commissions in die Lage versetzen, zum Teil äußerst sensible, persönliche Geschichten von Privatpersonen mitgeteilt zu bekommen, die sie sonst nie einer unter der Kontrolle der Regierung stehenden Einrichtung hätten zukommen lassen. Gleiches gelte für Vertreter der Wirtschaft, die ihre Information, mit denen die ALRC zum Teil tiefste Einblicke in Firmenstrukturen erhalten habe, wohl nicht einem Vertreter der Regierung gegenüber offenbart hätten.[835] Ebenso wichtig sei jedoch auch die intellektuelle Unabhängigkeit einer Law Reform Commission. Die ALRC habe jedoch stets die Möglichkeit gehabt, mit dem Justizminister über den Inhalt der Terms of Reference zu diskutieren und zu verhandeln, um so sicherzustellen, dass diese möglichst weit gefasst sind.

Weisbrot merkt an, dass es zwar richtig sei, dass die meisten Law Reform Commissions überwiegend durch die Regierungen finanziert werden, dies aber doch auch für die Justiz gelte. Für beide Einrichtungen sei entscheidend, dass sie ihre Unabhängigkeit stets hinterfragen und sich energisch für diese einsetzen müssten.

d) Eine persönliche Bilanz

Abschließend stellt er fest, dass seiner Ansicht nach stets die Unabhängigkeit der ALRC gegeben gewesen sei und ist. Hätte sie immer die Empfehlungen abgegeben, die die Regierung möglicherweise hätte hören wollen, hätte sie das Leben der Regierung sicherlich oft erleichtert. Entscheidend sei jedoch, dass die

---

835 *Weisbrot* berichtet, dass die ALRC im Rahmen der Untersuchung „Keeping Secrets" (ALRC, Keeping Secrets: The Protection of Classified and Security Sensitive Information, Report 98 (2004), S. 10; zu finden unter: http://www.alrc.gov.au/sites/default/files/pdfs/publications/ALRC%2098.pdf vom 9. März 2011.) Untersuchung auf einige Personen traf, die direkt von einer Castingagentour hätten kommen können. Sie hätten einige höchst interessante Ideen gehabt und sich zunächst mit ihrer Vistenkarte vorgestellt. Nach einer kurzen effekthascherischen Pause merkten sie dann an: „Nun, das ist in Wahrheit nicht mein Name, das ist in Wahrheit nicht mein Beruf, das ist in Wahrheit nicht meine Telefonnummer und das ist in Wahrheit nicht meine E-Mail Adresse". („Well that´s actually not my name, that´s actually not my job, that´s not actually my tlephone number, that´s not actually my email address"). Seiner Aussage nach sei es mehr als neu für ihn gewesen, auf Wirtschaftspione zu treffen, die sich jedoch höchst effektiv in die Arbeit eingebracht hätten.

ALRC diesem Bestreben niemals nachgekommen sei und es gleichwohl durch ihre qualitativ hochwertige Arbeit geschafft hätte, bis heute zu existieren. In dieser Fähigkeit, einer Regierung als Quelle von Informationen im Rahmen einer von äußeren Einflüssen unbeeinflussten Untersuchung beratend zur Seite zu stehen, liege die Stärke einer Law Reform Commission. Diese Stärke sei es, die ihre Unabhängigkeit sowohl begründe, als auch ermögliche.

6. Fazit

Zusammenfassend lässt sich damit sagen, dass ein wesentliches Element der Bewahrung und Sicherstellung der Unabhängigkeit ist, dass eine Law Reform Commission ihren Fokus auf ihre Hauptaufgabe richtet: höchsten qualitativen Anforderungen gerecht werdenden rechtlichen und politischen Rat betreffend der ihnen übertragenen Referenzen zu bieten, um auf diese Weise wertvoll für die Regierung zu sein und zu bleiben.[836] Wenn sie diesen Kriterien treu bleibt, so wird sie zwar nicht unsterblich, doch auf lange Sicht unentbehrlich sein.

836 Weisbrot, a.a.O., S. 29.

XII. Internationalität

Law Reform Commissions können auf eine lange Geschichte von internationaler Zusammenarbeit zurückblicken. [837] Der Nutzen hiervon liegt auf der Hand: Themen, die in anderen Ländern möglicherweise schon bearbeitet wurden, können vergleichend herangezogen werden, Informationen können schneller beschafft werden und oftmals liefert der Blick auf andere Länder wertvolle Impulse hinsichtlich notwendiger Reformen im eigenen Land. [838] Dargestellt werden soll nun, wie die verschiedenen Law Reform Commissions in der Praxis zusammen arbeiten.

1. Informationsaustausch innerhalb der Commissions

Zunächst ist die Korrespondenz mit anderen Law Reform Commissions zu nennen, wenn Informationsbedarf besteht.[839] Dieses Potential hat sich durch den Gebrauch von Internet und E-Mails erheblich gesteigert, zu dem die meisten Law Reform Commissions heutzutage Zugang haben.[840] Einen weiteren Anteil im Rahmen der Zusammenarbeit macht der Austausch von Informationen über gegenwärtige und zukünftige Projekte und Rechtsentwicklungen aus.[841] Gegenseitige Besuche bieten eine weitere Möglichkeit, den Austausch zwischen den verschiedenen Law Reform Commissions zu pflegen. Sie haben sich in der Pra-

837 Wobei jedoch in der Literatur angemerkt ist, dass diese Praxis nicht so weit verbreitet ist, wie sie sein könnte; Sayers, Co-operation across Frontiers in: Opeskin/Weisbrot (Hrsg.), The Promise of Law Reform, (2005), S. 256.

838 Hierfür: Sayers, Co-operation across Frontiers in: Opeskin/Weisbrot (Hrsg.), The Promise of Law Reform, (2005), S. 246.

839 Sayers, a.a.O.

840 Siehe hierzu auch: Brewer, Globalisation and Law Reform: cooperation through technology, Reform 76, (2000), S. 90 ff.

841 Genannt seien hier der Commonwealth Law Bulletin der vom Commonwealth Secretariat herausgegeben wird (zu finden unter: http://www.thecommonwealth.org/Internal/38066/36809/law_bulletin/ vom 18.Februar 2011), und die bis 2009 halbjährlich erscheinende Publikation der ALRC, das Journal Reform, in dem umfassend über aktuelle Projekte und Aktivitäten von Law Reform Agencies berichtet wurde (http://www.alrc.gov.au/reform-journal vom 15. Januar 2011).

xis als extrem nützlich erwiesen.[842] Ferner bieten die meisten Commissions die Möglichkeit, ihre Institution im Rahmen eines Praktikums kennenzulernen.[843]

2. Internationale Vereinigungen

a) CARLAs

Die Idee, ein Treffen von Verantwortlichen von Law Reform Commissions einzuberufen, entstand erstmals während der Commonwealth Law Conference[844] in Neu Delhi im Jahre 1971.[845] Für viele Jahre wurde die Commonwealth Law Conference von einem ihr zeitlich vorgehenden eintägigen Treffen von Law Reform Commissions, das am gleichen Austragungsort erfolgte, begleitet.[846] Die Gründung der Commonwealth Association of Law Reform Agencies (CALRAs)[847] wurde erstmals während der Australasian Law Reform Agencies Conference 2000 vorgeschlagen.[848] Das Konzept wurde erheblich durch das

---

842 In der Literatur wird darauf hingewiesen, dass die Anzahl der Besuche in der Praxis noch erhöht werden könnte, insbesondere sollten noch mehr Law Reform Agencies auf Abordnungen ausländischer Kollegen eingerichtet sein; Sayers, Co-operation across Frontiers in: Opeskin/Weisbrot (Hrsg.), The Promise of Law Reform, (2005), S. 257. Problematisch daran ist jedoch oftmals, dass das Personal von Law Reform Commissions teilweise nur für eine limitierte Periode bei der jeweiligen Law Reform Commission beschäftigt ist, ohne vorher im Bereich der Law Reform Commission involviert gewesen zu sein. Ein Austausch stellt sich dann oft mehr als wahllos dar. Siehe hierzu auch aus der Gründungsgeschichte der CARLAs, http://www.calras.org/About/history.html vom 23. Juli 2009.

843 Für die ALRC siehe: http://www.alrc.gov.au/about/legal-internship-program vom 15. Januar 2011.

844 Die Commonwealth Law Conference kann als die wichtigste Veranstaltung für Senior Lawyers im Commonwealth bezeichnet werden, die alle zwei Jahre statt findet; http://www.commonwealthlaw2009.org/programme.html vom 20. Juli 2009.

845 Sayers, Co-operation across Frontiers in: Opeskin/Weisbrot (Hrsg.), The Promise of Law Reform, (2005), S. 257.

846 Sayers, a.a.O.

847 Siehe hierzu den Internetauftritt: http://www.calras.org/ vom 14. Januar 2011.

848 Sayers, Cooperation between Commonwealth Law Reform Agencies, Reform 76, (2000), S. 96.

Commonwealth Secretariat[849] unterstützt, da dieses bereits die Vorteile der anderen Commonwealth Associations[850] in anderen vergleichbaren Bereichen vor Augen hatte. CARLAs wurde daraufhin formell im Jahr 2003 während einer Konferenz für Law Reform Commissions in Melbourne gegründet.[851] CARLAs ist förmlich akkreditiert beim Commonwealth of Nations.[852] CARLAs hat sich in ihrer Verfassung[853] eine Reihe von zu erreichenden Zielen und Zwecken gegeben. Zu nennen sind hier insbesondere: Die gegenseitige Unterstützung und beidseitiger Informationsaustausch (Art. 2 a),b)); der Austausch über die jeweiligen Arbeitsweisen und Methoden (Art. 2 k)); Informationsaustausch über den durch Law Reform Agencies zu erreichenden Einfluss (Art. 2 i)) und über erfolgreiche Arbeitsweisen (Art. 2 j)) insbesondere durch gegenseitige Besuche (Art. 2 n)). Eine Einschränkung, die sich die CARLAs selbst auferlegt hat, ist es zu vermeiden, Initiativen, die bereits durch andere Gruppen aufgenommen worden sind, doppelt zu bearbeiten[854] Weitere Zwecke der CARLAs sind die Orga-

849 Durch die Beitritte Indiens im Jahr 1947, Sri Lankas (damals Ceylon) im Jahr 1948 und Pakistans 1949 wurde das moderne Commonwealth begründet. Mit dem Beitritt der ehemaligen britischen Kolonie Goldküste (heutiges Ghana) erfolgte erstmals der Beitritt eines mittelafrikanischen Landes zum Commonwealth. Im Laufe der Jahre folgten weitere Länder, so dass sich innerhalb weniger Jahre die Anzahl der Mitglieder verdoppelte. Hatte die Organisation im Jahr 1955 noch acht Mitglieder, waren es 1964 bereits 20. Diese Erweiterung erforderte im Jahr 1965 die Einrichtung einer Institution, dem Commonwealth Secretariat, das für die Verwaltung und Kooperation zwischen den verschiedenen Mitgliedern verantwortlich ist; siehe hierzu die Darstellung unter: http://www.thecommonwealth.org/Internal/191086/34493/140633/timeline/ vom 15. Januar 2011. Siehe auch: Wende, Das britische Empire: Geschichte eines Weltreichs, (2008), S. 314, 317.

850 Von denen es gegenwärtig nahezu 100 gibt; siehe hierzu: http://www.commonwealthfriends.org/networks/commonwealth-associations vom 15. Januar 2011.

851 http://www.calras.org/About/history.html vom 15. Januar 2011. Die Gründung zu diesem Zeitpunkt erscheint nachvollziehbar: Die meisten Law Reform Commissions sind nun etabliert, viele befinden sich insbesondere angesichts der fortschreitenden Globalisierung in einem Wandel und, wie bereits ausgeführt, sehen sich einige von ihnen einem nicht unerheblichen Druck auf ihre finanziellen Ressourcen ausgesetzt. Eine gemeinsame Association sollte daher von Anfang an klein und informell gehalten werden, nicht zuletzt weil die zur Verfügung stehenden Ressourcen als eher limitiert zu bezeichnen sein würden; Sayers, Co-operation across Frontiers in: Opeskin/Weisbrot (Hrsg.), The Promise of Law Reform, (2005), S. 257.

852 http://www.calras.org/About/history.html vom 15. Januar 2011.

853 http://www.calras.org/About/constitution.html vom 15. Januar 2011.

854 http://www.calras.org/About/aims.html vom 15. Januar 2011.

nisation einer zweijährig stattzufindenden Commonwealth Law Reform Conference,[855] (wenn möglich, in Verbindung mit der Commonwealth Law Conference) (Art. IV), außerdem die Erstellung eines Protokolls über die Entwicklung von Law Reform Commissions mit Hilfe von Kopien von allen Law Reform Veröffentlichungen (Art. II d))[856] und die Förderung der Ausarbeitung des Internetportals der CARLAs, unter anderem mit Hotlinks zu den Homepages von allen Mitgliedern.[857]

Seit ihrer Gründung im Jahr 2003 veranstalte die CARLAs bislang 3 Konferenzen mit so unterschiedlichen Themen wie „Law Reform während der Finanzkrise"[858] („Law Reform in Challenging Times" (2009)) oder „Small is Beautiful" (2005, über die Arbeitsweise kleinerer Commissions).[859]

b) Weitere Vereinigungen

Neben den 2- jährlich stattfindenden Konferenzen der CARLAs gibt es noch weitere regionale Veranstaltungen, wie zum Beispiel

- die seit 1973 die regelmäßig stattfindenden Konferenzen der Australasian Law Reform Agencies Conference (ALRAC);[860]

- die Föderation von Law Reform Agencies of Canada[861] umfasst die sechs kanadischen Law Reform Commissions;

- die Association von Law Reform Agencies of Eastern and Southern Africa[862] wurde 2000 gegründet;

---

855 http://www.calras.org/About/aims.html vom 14. Januar 2011.

856 http://www.calras.org/About/aims.html vom 16.Januar 2011.

857 http://www.calras.org/Other/Links.html vom 15. Januar 2011.

858 Dies war nur eines der Themen der Konferenz.

859 2005 London, 2007 Nairobi, Kenia und 2009 in Hongkong. Die Dokumente der jeweiligen Veranstaltungen können zum Teil auf der Homepage der CARLAs frei abgerufen werden, http://www.calras.org/Other/conferences.html vom 17. Januar 2011.

860 Siehe hierzu: Phillips, ALRAC: The History, Reform 76 (2000), S. 94 ff; Sayers, Cooperation across Frontiers in: Opeskin/Weisbrot (Hrsg.), The Promise of Law Reform, (2005), S. 258.

861 http://www.canlaw.com/reform/lawreform.htm vom 15. Januar 2011.

862 http://www.justice.gov.za/alraesa/index.htm vom 14. Januar 2011.

• ferner gab es mit Unterstützung der South Asian Association[863] Treffen der Law Reform Commissions des indischen Subkontinents. Beteiligt waren unter anderem die Law Reform Commissions von Bangladesch, Indien, Nepal, Pakistan und Sri Lanka.[864]

Zusätzlich zu nennen sind die zum Teil historisch oder regional bedingten engen Beziehungen zwischen einigen Law Reform Commissions.[865] Der Prozess der vermehrten Zusammenarbeit dauert erfreulicherweise an, da der Wert einer Kooperation untereinander von den Law Reform Commissions weltweit erkannt wurde.[866]

---

863 http://www.saarc-sec.org/ vom 14. Januar 2011.

864 Sayers, a.a.O.

865 Sayers, a.a.O. Siehe hierzu auch: Weisbrot /Kalinoe, Opportunities for Regional Cooperation in Law Reform, Beitrag (PowerPoint Präsentation) im Rahmen der Australasian Law Reform Agencies Conference, Port Vila (Vanatu), 10.-12. September 2008, zu finden unter: http://www.paclii.org/other/conferences/ vom 15. Januar 2011.

866 Green, The Commonwealth Yearbook 2006, (2006), S. 89.

XIII. Zusammenfassung

Wie schon zu Beginn dargestellt,[867] bestehen Law Reform Commissions aus so genannten greifbaren und ungreifbaren Elementen. Die greifbaren, die materiellen wie Geld, räumliche Ausstattung und Personal, sind die, die vom ersten Tag an benötigt werden. Die ungreifbaren, die immateriellen, bilden sich im Lauf der Zeit heraus. Fachwissen, ein unabhängiger Rechercheprozess, Beratung und Analyse und das Selbstverständnis einer Institution anzugehören, die für den Wandel des Rechts eintritt - dies sind die Elemente, die der geleisteten Arbeit einer jeden Law Reform Commission Wert verleihen. Auch wenn diese Elemente in unterschiedlichen Ausprägungen bei den jeweiligen Commissions zu finden sind, sind sie doch alle wesentlich für die gemeinsame Aufgabe der Law Reform.

Das im ersten Jahr nach der Gründung der Law Commission of England and Wales festgestellte Ergebnis gilt daher auch für die nächsten Jahre:

„Wir müssen daher, wie auch immer, betonen, dass dies erst der Anfang ist; nur durch systematisches Ausprobieren können wir weitermachen“[868]

---

867 Siehe Abschnitt F. II. 2. c).

868 „We must, however, emphasise, that these are early days; we can proceed only by trial and error“; Law Commission of England and Wales, First Annual Report 1965-1966 (London, 1966), S.1.

G. Strategie und Projektplanung der ALRC

I. Einleitung

Der amerikanische Rechtswissenschaftler *Holmes*[869] orakelte im Jahr 1887, dass der konstruktive Anwalt der Zukunft

> *„ein Mann der Statistiken und ein Meister der Ökonomie"* sei.[870]

Die ALRC unternimmt eine Reihe von Anstrengungen, um diese Anforderungen zu erfüllen.

In diesem Kapitel werden die Mechanismen dargestellt,[871] wie die ALRC die Bearbeitung einer Anfrage durch den Justizminister durchführt und wie die im Rahmen der Untersuchung gewonnenen Informationen am Ende im finalen Report zusammengeführt werden. Ein Schwerpunkt wird hierbei auf die durchzuführende Konsultation gelegt. [872]

---

869 *Oliver Wendell Holmes Jr.* (1841-1935): *Holmes* leistete einen wesentlichen Beitrag zur Entwicklung des amerikanischen Rechtsrealismus; für eine weitergehende Darstellung seiner Arbeit siehe: Burton, The Path of the law and its influence: the legacy of Oliver Wendell Holmes Jr (2004).

870 "For the rational study of the law the blackletter man may be the man of the present, but the man of the future is the man of statistics and the master of economics"; zitiert aus: Holmes/Williams, The Path of the Law and the Common Law ", (2009), S. 17.

871 Hierbei ist jedoch anzumerken, dass eine theoretische Darstellung die Realität des Konsultationsvorgangs in seiner ganzen Komplexität, der von Projekt zu Projekt variiert, und der nicht zu vernachlässigenden möglichen unerwarteten Entwicklungen während eines Projekts ausgesetzt sein kann, nur im Ansatz darstellen kann. Konsultation ist ein fließender und dynamischer Prozess, bei dem manche Schritte in anderen aufgehen, an anderen Stellen als beabsichtigt oder auch gemeinsam mit anderen auftauchen können; siehe hierzu auch Davis, Targeted Consulations, in: Opeskin/Weisbrot (Hrsg.), The Promise of Law Reform, (2005), S. 148.

872 Für eine umfassende Darstellung der Methodik der ALRC: Parliament of Australia, House of Representatives Standing Committee on Legal and Constitutional Affairs, Law Reform-The Challenge Continues, Canberra, (1994), S. 19-21; zu finden unter: http://www.alrc.gov.au/sites/default/files/pdfs/publications/1994Report.pdf vom 8. März 2011.

II. Strategie und Projektplanung - Der Start eines Projekts

Eine Untersuchung der ALRC besteht aus drei wesentlichen Elementen: Beratung, Recherche und die schriftliche Ausarbeitung der gewonnenen Ergebnisse in Form eines Reformvorschlags.[873]

1. Die Übertragung eines Projekts auf die ALRC

Die Fragen, die sich im Zusammenhang mit der Übertragung eines Projekts auf die ALRC zunächst ergeben, sind: Wer bestimmt, welche Themen die ALRC zu bearbeiten hat und welche Bereiche des Rechts sollten zur Überprüfung übertragen werden?

2. Untersuchungsarten

Generell gibt es innerhalb der Law Reform Commissions zwei voneinander zu unterscheidende Arten, wie eine Untersuchung in Gang gesetzt werden kann: Eine Möglichkeit ist, dass der Law Reform Commission durch den Justizminister ein Projekt übertragen wird. Auf den Inhalt und den Zeitrahmen des Projekts hat sie somit keinen Einfluss, sondern dieser wird durch die so genannten Terms of Reference bestimmt. In diesen werden der Umfang der übertragenen Untersuchung und die Fragestellung definiert.[874] Die andere Möglichkeit ist, dass die Law Reform Commission selbst ein Reformprojekt initiiert. Erste Variante ist die häufigere und auch bei der ALRC anzutreffen. Sie bearbeitet nur Projekte, die ihr auf Initiative der Regierung übertragen werden, wobei sie jedoch die Möglichkeit hat, ihrerseits dem Justizminister Vorschläge für Reformprojekte zu

873 Rees, Strategic and Project Planning, in: Opeskin/Weisbrot (Hrsg.), The Promise of Law Reform, (2005), S. 119.

874 Siehe hierzu zum Beispiel die Terms of Reference im Sentencing Projekt der ALRC, wo es um die Behandlung von Strafgegefangenen ging, die aufgrund von Verstößen gegen das Bundeskriminalrecht zusammen mit Staatshäftlingen inhaftiert sind. In diesen wurde zuerst die Ausgangslage geschildert, anschließend der ALRC die Aufgabe übertragen, sich mit dem geltenden Techt zu befassen. Dabei sollte sie den speziell aufgeführten Punken eine besondere Berücksichtigung zukommen lassen. Die Terms of Reference schlossen mit der Aufforderung, eine möglichst weit gefasste Konsulation durchzuführen und nannten das Reportdatum für die ALRC; ALRC, Sentencing, Report 44, (1988), S. 10; zu finden unter: http://www.alrc.gov.au/report-44 vom 11. März 2011.

unterbreiten.[875] Der Justizminister hat im Rahmen einer Untersuchung zudem die Befugnis, den zeitlichen Rahmen einer Untersuchung zu ändern.[876] Ferner steht ihm ein Weisungsrecht zu, inwieweit die ALRC mit den Referenzen umzugehen hat.[877] In der Praxis sind die der ALRC übertragenen Referenzen jedoch das Ergebnis einer gemeinschaftlichen Zusammenarbeit zwischen der ALRC und dem Justizminister [„Attorney-General´s Department"].[878] Ein Senior Officer des Departments bespricht ins Auge gefasste Referenzen mit Mitgliedern der ALRC dahingehend, ob diese der Ansicht ist, dass sich das Thema für eine Untersuchung eignet und ob die ALRC über die erforderlichen Kapazitäten verfügt, das geplante Projekt durchzuführen.[879] Folglich gibt es einen ständigen Austausch zwischen der ALRC und dem Justizminister über gegenwärtige und zukünftige Projekte.[880]

3. Bereiche der Überprüfung

Im Rahmen der 1994 durch das australische Parlament vorgenommenen Untersuchung der ALRC[881] kam dieses zu dem Schluss, dass die der ALRC übertragenen Referenzen die Rolle eines nationalen Reformkörpers wiederspiegeln sollten. Referenzen sollten daher nicht auf besondere Rechtsgebiete beschränkt sein. Daraus folgert es, dass es keinen festen Bewertungsmaßstab geben sollte, welche Referenzen der ALRC zugeteilt werden. Dies folge auch aus dem Australian Law Reform Commissions Act, der lediglich bestimme, wer der ALRC die Aufgaben überträgt, aber nicht den Inhalt dieser bestimmt.[882] Das Attorney-General´s Department, dass der ALRC die Referenzen überträgt, merkte hierzu an, dass die Auswahl von Reformprojekten oft von subjektiven Kriterien bestimmt würde und es schwierig sei, Parameter zu bestimmen, nach denen einen Subjekt als passend bzw. unpassend zur Übertragung auf die ALRC zu klassifi-

875 Parliament of Australia, House of Representatives Standing Committee on Legal and Constitutional Affairs, Law Reform-The Challenge Continues, Canberra, 1994; S. 79; zu finden unter: http://www.alrc.gov.au/sites/default/files/pdfs/publications/1994Report.pdf vom 8. März 2011.

876 Art. 20 Abs. 2 Australian Law Reform Commission Act 1996.

877 Art. 20 Abs. 3 Australian Law Reform Commission Act 1996.

878 Parliament of Australia, a.a.O.

879 Parliament of Australia, a.a.O.

880 Parliament of Australia, a.a.O.

881 Siehe oben Abschnitt E. VIII. 3. aa).

882 Parliament of Australia, a.a.O., S. 87.

zieren sei.[883] Gleichwohl lassen sich nach Ansicht des Departments folgende Merkmale herausarbeiten, nach denen der ALRC Referenzen übertragen werden.

Danach ist entscheidend,

a) ob das in Frage stehende Thema ernsthafte Fragen des Rechts betrifft, oder es sich mehr um eine politische Frage handelt, die auf anderer Ebene behandelt werden sollte;

b) ob es eine spezialisiertere Einrichtung als die ALRC gibt, der die Referenz aufgrund ihrer Besetzung primär übergeben werden sollte;

c) ob es einen Bereich des Rechts betrifft, der von der weiten Konsultationspraxis der ALRC profitieren könnte;

d) ob die ALRC in der Lage ist, die Untersuchung vorzunehmen; dies insbesondere dann, wenn für das Projekt ein enger Zeitrahmen besteht und die ALRC möglicherweise schon mit anderen Referenzen ausgelastet ist;

e) und ob das Thema einen Bereich betrifft, der eher auf Ebene der Exekutive als auf der unabhängigen Ebene der ALRC bearbeitet werden sollte. Dieser Punkt ist dann von Interesse, wenn bereits durch die Regierung Zugeständnisse an bestimmte politische Parameter erfolgt sind.[884]

Die ALRC selbst ist der Ansicht, dass man ihr aufgrund ihrer generalistischen Aufstellung alle Bereiche des Rechts, die Belange der Gemeinschaft betreffen, zur Prüfung übertragen kann.[885]

In der Praxis geht wohl auch der Justizminister von dieser Einschätzung aus, zumindest wenn man das das breite Spektrum von unterschiedlichsten Themenbereichen, das der ALRC in den letzten 36 Jahren übertragen wurde, betrachtet.

---

883 Parliament of Australia, a.a.O.

884 Für alles siehe: Parliament of Australia, a.a.O.

885 Parliament of Australia, a.a.O., S. 86.

4. Zeitrahmen einer Untersuchung

Eine Untersuchung beinhaltet typischerweise ein Datum, zu dem der Report präsentiert [„reporting date"] werden muss.[886] Dieser Zeitrahmen kann mit zehn[887] Monaten sehr kurz bemessen sein, sich aber auch über mehrere[888] Jahre erstrecken. Für gewöhnlich beträgt die Projektdauer im Durchschnitt 18 Monate.[889]

Dieses Kapitel wird sich der Durchführung einer über 18 Monate zeitlich definierten Inquiry widmen. Gleichwohl sind viele der folgend dargestellten Strategien für alle Inquiries zutreffend.

5. Publikationen der ALRC

Die ALRC vertraut auf eine Reihe von Publikationstypen und veröffentlicht traditionellerweise mehr als ein Konsultationsdokument pro Projekt.[890] Eine 18-monatige Untersuchung erfordert für gewöhnlich die Veröffentlichung eines Is-

---

886 Zu Beginn der Arbeit der ALRC war es nicht ungewöhnlich, dass die Terms of Reference kein Datum enthielten, zu dem der Report präsentiert werden muss. Beispielsweise enthielt die Untersuchung zum Beweisrecht (Reform of Evidence Law) kein Abgabedatum, so dass der endgültige Report erst im Jahr 1987 veröffentlicht wurde (ALRC, Evidence, Report 38, (1987), zu finden unter: http://www.alrc.gov.au/report-38 vom 21. Februar 2011). Der Erlass des Evidence Acts erfolgte im Jahr 1995 (Evidence Act 1995 (Cth), zu finden unter: http://www.austlii.edu.au/au/legis/cth/consol_act/ea199580/ vom 12. Februar 2011).

887 Beginn: 2. April 2003, Reporting Date 29. Februar 2004; ALRC, Keeping Secrets: The Protection of Classified and Security Sensitive Information, Report 98 (2004), S. 10; zu finden unter: http://www.alrc.gov.au/sites/default/files/pdfs/publications/ALRC%2098.pdf vom 9. März 2011.

888 Beginn: 21. Januar 2000, Reporting Date 1. März 2002; ALRC, Principled Regulation: Federal Civil & Administrative Penalties in Australia, Report 95, (2002), S. 12. Zu finden unter: http://www.alrc.gov.au/report-95 vom 10. März 2011.

889 Die meisten Commissions haben gleichzeitig verschiedene Projekte laufen. So hatte auch die ALRC in den vergangenen Jahren konstant zwei sich überschneidende Inquiries, was jedoch nicht die Übertragung von weiteren Projekten ausschließt; Rees, Strategic and Project Planning in: Opeskin/Weisbrot (Hrsg.), The Promise of Law Reform, (2005), S. 120.

890 Die Bezeichnung, die den jeweiligen Dokumenten gegeben wird ist zum Teil arbiträr, weil in der Praxis Dokumente oft Merkmale aufweisen, die an sich kennzeichnend für einen anderen Publikationstyp sind.

sues Papers[891] nach sechs Monaten; nach weiteren sechs Monaten folgt in der Regel die Veröffentlichung eines Discussion Papers. Die Untersuchung wird zum Abschluss gebracht mit der Bekanntgabe des Final Reports nach weiteren sechs Monaten. Nur in äußerst ungewöhnlichen Situationen, wenn die ALRC zeitnah berichten musste, wurde auf die Publikation von Konsultationspapieren verzichtet.[892]

Die von der ALRC im Rahmen einer Untersuchung veröffentlichten Papiere stellen sich damit im Einzelnen wie folgt dar:

a) Issue Paper

Das Issue Paper enthält noch keine unabänderlichen Feststellungen und Zwischenergebnisse.[893] Es stellt das Thema dar, das zur Untersuchung steht und schildert, was die ALRC bislang als Schlüsselfragen herausgearbeitet hat. Ebenfalls werden die zum Verständnis der Untersuchung erforderlichen Hintergrundinformationen geliefert.[894] Innerhalb des Issue Papers wird eine Reihe von Prob-

891 Teilweise wird auch ein so genanntes Background Paper veröffentlicht. Ein solches wird dann gewählt, wenn es als hilfreich für den Fortgang der weiteren Untersuchung angesehen wird, die Öffentlichkeit über detaillierte Hintergründe des Projekts zu informieren. Es ist weniger umfangreich als das Issue Paper und kann damit schneller veröffentlicht werden, was insbesondere dann in Betracht kommt, wenn der zugemessene Zeitrahmen kurz ist; Rees, Strategic and Project Planning, in: Opeskin/Weisbrot (Hrsg.), The Promise of Law Reform, (2005), S. 120. Die ALRC nimmt auf ihrer Homepage keine klare Trennung zwischen Background Paper/Issue Paper vor, so dass der Unterschied in der Praxis gering sein dürfte (siehe hierzu die Suchmaske der ALRC, http://www.alrc.gov.au/publications?inquiry-tid=All&topic-tid=All&type-tid=115&year-tid=All vom 11. März 2011).

892 Ein Beispiel hierfür ist der Report "Confiscation that Counts: A Review of the Proceeds of Crime Act 1987" (ALRC, Report 87, (1999), S. 13-14; zu finden unter: http://www.alrc.gov.au/sites/default/files/pdfs/publications/alrc87.pdf vom 11. März 2011).

893 Rees, Strategic and Project Planning, in: Opeskin/Weisbrot (Hrsg.), The Promise of Law Reform, (2005), S. 121.

894 Hierbei wird zum Teil auf die besonderen Bedürfnisse der angesprochenen Bevölkerungsgruppen eingegangen; so wurde im Projekt Seen and Heard: Priority for Children in the Legal Process (ALRC Report Nr. 84, (1997), zu finden unter: http://www.alrc.gov.au/publications/report-84 vom 11. März 2011) neben dem „normalen" Issue Paper (Issue Paper Nr. 18, zu finden unter: http://www.alrc.gov.au/ip-18 vom 13. Dezember 2010) extra ein Issue Paper speziell für jüngere Menschen erstellt („Kids

lemen aufgeworfen, da die Erfahrung gezeigt hat, dass offen gestaltete Fragestellungen oft detaillierte Kommentare hervorrufen.[895] Das Issue Paper Dokument ist somit hilfreich, um den ganzen Umfang des Themas zu identifizieren und die Parameter des Projekts zu bestimmen. Alle Issue Paper zu gegenwärtigen und abgeschlossenen Untersuchungen der ALRC sind auf der Homepage der ALRC frei abrufbar.[896]

b) Discussion Paper

Das Discussion Paper[897] erscheint zusätzlich zu dem detaillierten Final Report. In diesem Dokument wird möglichst kurz das zu behandelnde Projekt dargestellt, in der Absicht, ein professionelles Feedback, aber auch ein solches aus der Bevölkerung, zu erhalten.[898] Es wird zu einem Zeitpunkt veröffentlicht, in dem

---

Issue Paper“, Issue Paper 17, http://www.alrc.gov.au/publications/ip-17 vom 11. März 2011).

895 Rees, Strategic and Project Planning, in: Opeskin/Weisbrot (Hrsg.), The Promise of Law Reform, (2005), S. 120.

896 Die Homepage der ALRC stellt sich hier äußerst Benutzfreundlich dar; so können die Dokumente sowohl im HTML-Format, als auch als Pdf gelesen, ausgedruckt und gespeichert werden. Ferner besteht die direkte Möglichkeit, Printausgaben der Dokumente zu bestellen: http://www.alrc.gov.au/publications?inquiry-tid=All&topic-tid=All&type-tid=115&year-tid=All vom 11. März 2011.

897 Eine auf den Punkt gebrachte Zusammenfassung in aller Kürze fällt Juristen nach *Kirbys* Ansicht nicht unbedingt leicht, wovon er Law Reformers nicht ausnimmt (Kirby, Reform the Law: Essays on the Renewal of the Australian Legal System, (1983), S. 58). Das traditionelle Arbeitspapier der Law Reform Commissions war jedoch oft viel zu lang, zu komplex und damit auch oft zu langweilig, um das eigentliche Ziel, nämlich die Einbeziehung einer weit gestreuten Konsultation fachfremder Berater, zu erreichen. Daher entwickelte zunächst die ALRC, später auch einige der Staatscommissions, ein kurzes Discussion Paper, das zustätzlich zu dem detaillierten Report erscheint.

898 Durch Zusammenarbeit mit Herausgebern von juristischen Veröffentlichungen werden die Discussion Paper mit dem Australian Law Journal und anderen Magazinen herausgegeben, so dass die überwiegende Zahl der australischen Juristen erreicht werden kann (Kirby, a.a.O.). Wie beim Issue Paper besteht über die Homepage der ALRC die Möglichkeit des direkten Abrufs der Dokumente (http://www.alrc.gov.au/publications?inquiry-tid=All&topic-tid=All&type-tid=115&year-tid=All vom 10.März 2011). Discussion Paper der ALRC werden ferner in den von der jeweiligen Fragestellung betroffenen Personengruppen verteilt. Hierbei werden zum Teil enorme Anstrengungen unternommen: Beispielsweise wurden im Report über das Gewohnheitsrecht der Aboriginis Kassetten verteilt, auf denen in einfacher Sprache (wobei hervorzuheben ist, dass jeweils eine Version für die weibliche wie

die ALRC schon von einigen feststehenden Meinungen ausgeht. Es kann als „kritisches“[899] Dokument bezeichnet werden, da es bereits eine Reihe von, wenn auch vorläufigen, Reformvorschlägen, enthält, die auf der Basis der vorangegangenen Arbeit entwickelt wurden. Diese Vorschläge werden eingehend vorgestellt und mit ihren jeweiligen Argumenten diskutiert. Des Weiteren werden in ihm die Fragen aufgeworfen, die seit der Erstellung des Issue Papers aufgetreten sind.[900]

Auch wenn die finalen Empfehlungen von den in diesem Dokument gemachten Empfehlungen letztlich noch abweichen können, bemüht sich die ALRC schon zu diesem Zeitpunkt die im Discussion Paper eingeschlagene Linie beizubehalten, da es als eher schwer erachtet wird, einen einmal eingeschlagenen Kurs im Final Report komplett zu ändern.[901]

c) Draft Recommendations Paper und Entwicklungen

Eine im Vergleich hierzu jüngere Entwicklung erfolgte im Jahre 1995 durch die Herausgabe des so genannten „Draft Recommendations Papers“.[902] Es ist dem

---

die männliche Hörerschaft aufgenommen wurde) die Probleme und Lösungsansätze des Projekts vorgestellt wurden. Ferner wurden Übersetzungen des Discussion Papers in insgesamt 22 Sprachen der Ureinwohner vorgenommen. Diese Kassetten wurden in den in Australien weit verstreuten Gemeinschaften der Aboriginis verteilt (ALRC, Aboriginal Customary Law: Recognition? Discussion Paper 17, (1980); ALRC, Recognition of Aboriginal Customary Laws, Report 31, 1986, S. 12, zu finden unter: http://www.alrc.gov.au/publications/report-31 vom 10. März 2011).

899 Rees, Strategic and Project Planning, in: Opeskin/Weisbrot (Hrsg.), The Promise of Law Reform, (2005), S. 121.

900 Zu Beginn veröffentlichte die ALRC insbesondere bei größeren Untersuchungen ferner ein so genanntes Research Paper. Dieses fokussierte sich für gewöhnlich auf einen bestimmten Aspekt der Untersuchung, in dem eine detaillierte Analyse des in Frage stehenden Komplexes geboten wurde. In Zeiten von Budgetkürzungen und engen Zeitrahmen wurde jedoch von dieser Vorgehensweise Abstand genommen und die Veröffentlichungen auf die Issue und Discussion Paper beschränkt; Blackman, Products of Law Reform Agencies, in: Opeskin/Weisbrot (Hrsg.), The Promise of Law Reform, (2005), S. 197.

901 Rees, a.a.O.

902 Erstmalig angewandt im Litigation Costs Rules Projekt (ALRC Draft Recommendations Paper Nr. 1, (1995)) und seitdem bis dato auch lediglich viermal angewandt, http://www.alrc.gov.au/publications/publist/drp.htm vom 11. März 2011.

Diskussionspapier ähnlich, aber um einiges kürzer gehalten als es die Argumente, die für und gegen bestimmte Vorschläge sprechen, ausspart.[903]

Die Veröffentlichung der Dokumente in dieser Reihenfolge, dem sich die Publikation des endgültigen, des finalen Reports anschloss, war lange die Standardherangehensweise an die Bearbeitung einer Untersuchung durch die ALRC. In den letzten Jahren ist jedoch zu beobachten, dass die ALRC flexibler in diesen Abläufen geworden ist und die Konsultation mehr auf die Bedürfnisse des jeweiligen Projekts zuschneidet.[904] Welchen Weg der Konsultation die ALRC einschlägt, hängt auch entscheidend davon ab, welches Publikum die ALRC erreichen will.[905] Die mehr generellen Issue Paper sind besser geeignet, wenn die

---

903 Es wird daher zum Teil kritisch bewertet, da es lediglich eine Repetierung des detaliierteren Diskussionspapiers darstelle, zitiert aus: White, Consultation, Commissions and Context: A Comparative Study of the Law Commission and the Australian Law Reform Commission, (2005), S. 232.

904 Wobei generell jedes Projekt seine Besonderheiten hinsichtlich der Konsultataion aufweist; so wurden in Folge der Projekte Managing Justice: A Review of the Federal Justice System (ALRC Report Nr. 89, (2000), zu finden unter: http://www.alrc.gov.au/report-89 vom 9. Oktober 2010) und Costums and Exercise (ALRC, Report 60, (1992), zu finden unter: http://www.alrc.gov.au/report-60 vom 13. Dezember 2010) jeweils allein sieben Konsultationsdokumente veröffentlicht. Teilweise wird (z.B. im Projekt der ALRC über Sentencing (ALRC, Report 44, (1988), zu finden unter: http://www.alrc.gov.au/report-44 vom 11. März 2011) zuerst vor dem endgültigen Report ein so genannter Interim Report veröffentlicht, dessen Ergebnisse abermals ausgewertet werden und in den Report einfließen (ALRC, The Commonwealth Prisoners Act (Interim Report), Report 43, (1988), zu finden unter: http://www.alrc.gov.au/report-43 vom 11. März 2011).

905 Was neben Experten auch und gerade als erklärtes Ziel der ALRC die australische Allgemeinheit ist (Kirby, New Methods of Consultation in Law Reform, Rede anläßlich der Australian Law Reform Agencies Confernence, Perth 30. Juni 1979, S. 12; siehe hierzu:http://www.michaelkirby.com.au/images/stories/speeches/1970s/vol4/1979/107-Aus_Law_Reform_Agencies_Conference_-_New_Methods_of_Consultation_in_Law_Reform.pdf vom 11. März 2011). Unabhängig von der Länge oder dem Thema muss aber realistischerweise angemerkt werden, dass sich Konsultationspapiere oftmals als äußerst sperrig und schwer verständlich für den juristischen Laien darstellen. Um überhaupt eine verwertbare Antwort auf die Papiere geben zu können, ist insbesondere für einen Nichtjuristen nicht selten eine umfangreiche Einarbeitung in die Thematik erforderlich, die verständlicherweise abschreckend wirkt. Tatsächlich erreichen die ALRC aus diesem Kreise auch mehr Zuschriften aus der universitären Lehre als aus der Praxis (Hurlburt, Law Reform Commissions in the United Kingdom, Australia and Canada, (1986), S. 336). Um diesen Problem entgegen zu wirken, veröffentlicht die ALRC zwar im Rahmen eines Projekts eine stark ver-

Allgemeinheit aufgefordert werden soll, sich zu beteiligen, während das detailliertere Discussion Paper erfolgsversprechender für die Konsultation von Expertenwissen ist. Ferner ist ein Issue Paper oftmals unnötig, wenn die ALRC schon durch ihre Vorarbeit einen guten Überblick über den in Frage stehenden Themenkomplex hat.

d) Der Final Report

Der Final Report schließlich enthält sowohl die Reformempfehlungen als auch - im Interesse der Transparenz - die Gründe für diese Empfehlungen. In ihren Anfangszeiten wurde durch die ALRC an ihre Reports noch ein Gesetzesentwurf als Anlage beigefügt; von dieser Praxis wird jedoch seit den frühen 1990iger Jahren Abstand genommen.[906] Für eine vertiefende Darstellung des Final Reports wird auf Abschnitt G. II. 16 verwiesen.

---

einfachte Version des Projekts, die in einer Broschüre zusammengefasst wird; wie aber von einem Commsissioner angemerkt „steckt der Teufel oft im Detail"("the devil is in the detail", zitiert aus: White, Consultation, Commissions and Context: A Comperative Study of the Law Commission and the Australian Law Reform Commission, (2005), S. 238). Feedback, das auf ein sehr generell gehaltenes Dokument erhalten wird, ist oftmals nicht ausreichend, um der ALRC tatsächlich zu helfen. Gleichwohl sind fünfzig bis hundert, teilweise bis zu hundertfünfzig geschriebene Eingaben, die die ALRC letztlich erhält, der Standard. Übereinstimmend wurde von den Befragten festgestellt, dass die Ergebnisse der Konsultation, insbesondere die nicht messbaren wie Steigerung des Ansehens und des Vertrauens in die ALRC, den verhältnismäßig hohen Aufwand im Vergleich zu Zahl der erhaltenen Eingaben, rechtfertigen würden (White, a.a.O.; dem stimmt auch Hurlburt, (a.a.O., S. 344-346) insbesondere aus pragmatischen Gründen zu). Eine weite Verteilung sorge dafür, dass sich relevante Berater nicht ausgeschlossen fühlen könnten. Sie trage somit dazu bei, dass die Bearbeitung des Projekts bekannter wird. Ein Befragter fasste diese Vorgehensweise mit den Worten zusammen: „Es ist nicht der einzige Zweck, Eingaben zu erhalten, sondern den Leuten überhaupt die Möglichkeit zu geben, eine Eingabe zu senden" ("The sole purpose is not to get submissions back but to give people the opportunity to send us a submission", zitiert aus: White, a.a.O., S. 243).

906 Ursache hierfür waren u.a. die Kosten, die durch den Entwurf, der sich dem Risiko ausgesetzt sah, nicht umgesetzt zu werden, zusätzlich entstanden sowie das Bestreben, die Duplikation von Anstrengungen zu vermeiden, da erfahrungsgemäß trotz des Vorschlags ein eigener Regierungsentwurf ausgearbeitet wurde. Solange daher ein Gesetzesentwurf nicht ausdrücklicher Bestandteil der Terms of Refernce ist, werden von der ALRC somit keine mehr erarbeitet; ALRC: First submission to the Senate Legal and Constitutional Affairs Committee Inquiry into the Australian Law Reform Commission, (Background Submission), vom 23. Dezember 2010, S. 23, zu finden unter:

6. Mitarbeiter der Untersuchung

Sobald der Inhalt und der Zeitrahmen einer Untersuchung durch die Terms of Reference bestimmt ist, wird ein Team zusammengestellt, dem die Bearbeitung des Projekts übertragen wird. Die ALRC ernennt, wenn wie im Normalfall zwei Referenzen gleichzeitig bearbeitet werden, ein oder zwei Commissioner, denen die Verantwortung für das betreffende Projekt übertragen wird.[907] Zu ihrer weiteren Unterstützung wird ungefähr die Hälfte des juristischen Personals der ALRC auf dieses Projekt abgeordnet, wobei hier auf eine Ausgewogenheit zwischen Erfahrenen und jungen Officers geachtet wird.[908] Ihnen zur Seite wird fer-

---

http://www.alrc.gov.au/sites/default/files/pdfs/publications/Barnett%20Submission%20December%202010%20.pdf vom 8. März 2011. Siehe auch Blackman, Products of Law Reform Agencies in: Opeskin/Weisbrot (Hrsg.), The Promise of Law Reform, (2005), S. 194.

907 Da aus den Terms of Reference zwar die zu herauszuarbeitende Quintessenz hervorgeht, diese aber oft nur weit umschrieben wird, kann diese somit nicht die sich oft erst später ergebenden Details der Untersuchung darstellen. Daher ist insbesondere zu Beginn einer Untersuchung die Schwerpunktbildung eine der entscheidenen Aufgaben des Teams; Rees, Strategic and Project Planning, in: Opeskin/Weisbrot (Hrsg.), The Promise of Law Reform, (2005), S. 127.

908 Auch wenn innerhalb dieser Auswahl darauf geachtet wird, die Besetzung danach vorzunehmen, ob ein Commissioner Erfahrung in einem bestimmten Bereich aufzuweisen hat, ist es nicht unüblich, dass weder ein Commissioner noch jemand aus dem übrigen Personal der ALRC Fachwissen hinsichtlich des in Frage stehenden Projekts hat. Viele Untersuchungen umfassen Gebiete, die über das traditionelle „black letter law“ hinausgehen. Sie profitieren dabei in erheblichem Maße von Expertenwissen aus so unterschiedlichen Bereichen wie Statistik, Kriminologie, Ökonomie, Management, Psychologie, Anthropologie, Soziologie etc. Dies wirft erneut die Frage auf, wie diese Expertise erlangt werden kann und erfordert Beratung darüber, ob zusätzliche Mitarbeiter erforderlich sind oder die bei der ALRC Beschäftigten in der Lage sind, sich das Fachwissen selbst anzueignen. In den meisten Fällen verfügt das Personal jedoch über die erforderlichen Fähigkeiten, sich in das in Frage stehende Thema einzuarbeiten; siehe hierzu Rees, Strategic and Project Planning in: Opeskin/Weisbrot (Hrsg.), The Promise of Law Reform, (2005), S. 122) oder es ist ausreichend, ein interdisziplinär besetztes, so genanntes Advisory Committee (siehe hierzu mehr unter Abschnitt G. II. 12. b)) einzusetzen, da für gewöhnlich zumindest einige der Mitarbeiter in der Lage sind, sich mit sozialwissenschaftlichen Methoden auseinanderzusetzen. In anderen Fällen wird jedoch auf die Hilfe von externen Beratern zurückgegriffen. So setzte die ALRC in der Untersuchung des ALRC-AHEC (Australian Health Ethics Committee) über den Schutz der menschlichen Erbgutinformationen (ALRC, Essentially Yours: The Protection of Human Genetic Information in Australia, Report 96, (2003); zu finden unter: http://www.alrc.gov.au/publications/report-96 vom 11.März 2011)) getrennt vom Advi-

ner ein Project Assistant gestellt. Der Research Manager der ALRC und die Bibliothekskraft arbeiten an beiden Referenzen mit.

7. Recherche und Zeitplanung

Ebenso wie das Personal einer Untersuchung zusammen gestellt werden muss, müssen die Informationen, die benötigt werden, ermittelt werden. Die in der ALRC befindliche Bücherei ist zwar umfangreich ausgestattet, doch umfasst sie nicht jedes Spezialgebiet. Hier kommt dem Research Manager und der Bibliothekarin eine entscheidende Rolle zu, da entschieden werden muss, welche Werke zusätzlich erworben werden müssen, welche Datenbanken freigeschaltet sollen und welche Bibliothek die Werke erhältlich hat, die für die Recherche erforderlich sind.[909]

---

sory Committee eine Arbeitsgruppe ein, die sich mit dem Themen Strafverfolgung und Beweisrecht befasste. Diese war besetzt mit Experten der forensischen Medizin, DNA-Profilern, Polizisten und Strafverteidigern; Rees, a.a.O.

909 Im Einzelnen stellt sich der Prozess wie folgt dar: Der Research Manager wird in Zusammenarbeit mit der Bibliothekarin und den relevanten Commissionern einen Research Plan erstellen, bevor die eigentliche Recherchetätigkeit beginnt. Hier werden die Schwerpunkte und die Schlüsselbegriffe der Untersuchung herausgearbeitet, die für die Identifizierung und Klassifizierung der benötigten Materialien erforderlich sind. Der Research Manager stellt die bei der Arbeit verwendete Software „EndNote" bereit, um die eingehenden Materialien zu verwalten. Erstellt wird zudem eine Internal Reference auf der Homepage der ALRC, um den am Projekt beschäftigten Mitarbeitern der ALRC im Intranet die benötigten Informationen durch Verlinkungen mit relevanten Datenbanken zur Verfügung zu stellen. Dies hat den Vorteil, dass alle im Rahmen eines Projekts beteiligten Mitarbeiter direkt auf die gemeinsamen Informationen zugreifen können. In der Planung der Recherche ist es von erheblicher Bedeutung, die Art der Informationen, die benötigt wird, zu berücksichtigen. Oft profitiert ein Projekt zu Beginn von einer empirischen Recherche. Beispielsweise nutzte die ALRC im Rahmen ihrer Untersuchung über das Federal Justice System eine empirische Auswertung von Gerichtentscheidungen. Dies beinhaltete die Kodierung, Examination und statistische Analyse von über 4.000 Gerichtentscheidungen des Federal Courts, des Family Courts und Anmerkungen, die hierzu in der Fachpresse veröffentlicht wurden (ALRC, Managing Justice: A Review of the Federal Civil Justice System, Report 89 (2000), zu finden unter: http://www.alrc.gov.au/report-89 vom 9. Oktober 2010). Dieser Weg der Recherche bietet eine erhebliche Zeitersparnis und hat Folgen für die gesamte weitere Arbeit an dem Projekt. Für alles siehe: Rees, Strategic and Project Planning, in: Opeskin/Weisbrot (Hrsg.), The Promise of Law Reform, (2005), S. 121 ff.

Ein weiterer erheblicher Faktor ist die Erstellung eines Zeitplans - wo Berater gehört werden sollen, müssen Termine abgeglichen werden, Feiertage berücksichtigt werden und der Punkt festgelegt werden, an dem spätestens mit der schriftlichen Ausarbeitung der gewonnenen Informationen begonnen werden muss, um die Publikationen und insbesondere den Final Report fristgerecht abliefern zu können.[910]

8. Informierung der Öffentlichkeit- der Konsultationsprozesses

Der erste Schritt im Rahmen des Konsultationsprozesses der ALRC ist die Informierung der Öffentlichkeit darüber, dass ihr durch die Regierung ein Reformprojekt übertragen worden ist. Diese Ankündigung erfolgt durch eine Pressemitteilung und den Aufruf zu Eingaben durch die Öffentlichkeit zu dem Reformthema auf der Homepage der ALRC, ebenso in letzter Zeit zum Teil auf den Internetplattformen „youtube.com" und „twitter.com".[911]

9. Konsultation

Wenn der ALRC die Vorgaben für ein Projekt durch die Terms of Reference bekannt sind, beginnt die Planung, wie die Konsultation für das in Frage stehende Projekt durchgeführt werden soll. Teilweise enthalten diese schon Anweisungen, auf welche Institutionen oder Gruppen ein spezifischer Fokus gerichtet werden soll.[912] In jeder Referenz ist die ALRC danach bestrebt, eine möglichst große Beteiligung der relevanten Interessenvertreter, Experten und der Öffentlichkeit zu erreichen. Diese Absicht prägt den gesamten Konsultationsprozess.

---

910 *Rees* warnt sogar ausdrückllich davor, den Zeitraum für öffentliche Eingaben nicht in die Weihnachtszeit zu legen, da für gewöhnlich hier nicht mit dem erhofftem Feedback zu rechnen sei; Rees, a.a.O.

911 Für aktuelle Reformvorhaben der ALRC siehe hierzu: http://www.alrc.gov.au/news-media vom 11. März 2011.

912 Beispielweise wurde der ALRC in der aktuellen Untersuchung zum Thema "Family Violence" aufgetragen, die relevanten Gerichte, das australische Familenministerium, Jugendämter und andere Institutionen in jedem Staat und Territorium in den Beratungsprozess mit einzubeziehen; ALRC, Family Violence- A National Legal Response, Report 114, (2010), S. 11; zu finden unter: http://www.alrc.gov.au/publications/family-violence-national-legal-response-alrc-report-114 vom 4. April 2011.

Die ALRC verwendet dabei eine Reihe von Strategien, wie diese Gruppen erreicht werden können.[913]

10. Identifizierung der Interessenvertreter

Um einen ersten Überblick über die am Konsultationsprozess möglichen beteiligten Personen und Gruppen zu erhalten, ist es für die ALRC zunächst von wesentlicher Bedeutung, zu Beginn der Untersuchung eine Datenbank zu erstellen, in der die Personen und Gruppen aufgeführt sind, die für die jeweilige Untersuchung von Relevanz sind.[914] Manche Referenzen umfassen Bereiche, die überwiegend für Juristen,[915] Akademiker oder die von einem möglichen Gesetzeswandel betroffenen Institutionen, wie relevante Regierungsabteilungen oder Industrieverbände, von Interesse sind. In derartigen Untersuchungen erfolgt Konsultation mit den sich in diesem Bereich befindlichen Experten aller Voraussicht nach in Form von persönlichen Gesprächen, am „runden Tisch" Seminaren oder Konferenzen.[916] Andere Referenzen hingegen, durch die auch und gerade Belange der Öffentlichkeit berührt werden, erfordern eine weitaus größere Beteiligung von verschiedenen Interessengruppen und den Medien. Wo Untersuchungen bzw. deren Ergebnisse das Potenzial haben, einen weitreichenden Einfluss

---

913 Siehe hierzu auch: ALRC: First submission to the Senate Legal and Constitutional Affairs Committee Inquiry into the Australian Law Reform Commission, (Background Submission), vom 23. Dezember 2010, S. 20, zu finden unter: http://www.alrc.gov.au/sites/default/files/pdfs/publications/Barnett%20Submission%20 December%202010%20.pdf vom 8. März 2011.

914 Rees, Strategic and Project Planning, in: Opeskin/Weisbrot (Hrsg.), The Promise of Law Reform, (2005), S. 124.

915 Beispielweise erhielt die ALRC im Rahmen ihrer Untersuchung zu Zivil- und Verwaltungsrechtlichen Strafen nur Eingaben von Juristen (ALRC, Principled Regulation: Federal Civil & Adminstrative Penalities in Australia, Report 95 (2002), S. 59 und Appendix A; zu finden unter: http://www.alrc.gov.au/report-95 vom 10. März 2011). Siehe hiezu auch: Davis, Targetetd Conusltations, in: Opeskin/Weisbrot (Hrsg.), The Promise of Law Reform, (2005), S. 152.

916 Im Rahmen dieser oben genannten Untersuchung waren viele der Kernfragen nicht gleich ersichtlich, sondern konnten erst durch eine von der ALRC organisierte Konferenz, die mit nationalen und interationalen Experten in den Gebieten besetzt war, herausgearbeitet werden; Rees, Strategic and Project Planning, in: Opeskin/Weisbrot (Hrsg.), The Promise of Law Reform, (2005), S. 125.

auf die Gemeinschaft zu nehmen, ist es von erheblicher Bedeutung, diese so weit wie möglich in den Konsultationsprozesses einzubeziehen.[917]

Eine Möglichkeit, dies zu erreichen stellen die oben beschriebenen[918] öffentlichen Anhörungen dar. Zusätzlich zu der öffentlichen Werbung für die Anhörungen werden Einladungen an all die gesandt, die Eingaben im Zuge der Untersuchung gemacht haben. Auf diesem Weg wird den relevanten Gruppen und Individualpersonen die Gelegenheit gegeben, sich aktiv einbringen zu können.[919]

---

917 In der Untersuchung der ALRC-AHEC zum Schutz der menschlichen Erbgutinformation (Protection of Human Genetic Information) wurden insgesamt 15 öffentliche Veranstaltungen in ganz Australien abgehalten. Besondere Aufmerksamkeit wurde darauf gelegt, Menschen mit bestimmten genetischen Konditionen durch diese sie unterstützende Gruppen und Verbände zu erreichen. Ferner wurden 45.000 frankierte Postkarten an Orten wie Cafés ausgelegt, um die zu erreichen, die sonst möglicherweise von der Untersuchung nichts mitbekommen würden; Rees, a.a.O.

918 Siehe hierzu Abschnitt F. X. 2. b).

919 Als oftmals problematisch wurde von den befragten Commissioners aber der Zugang zu der Öffentlichkeit beschrieben - man kann der ALRC vorwerfen, dass sie ohnehin abseits der „Person auf der Straße" tätig ist, doch tatsächlich ist es oftmals schwer, die von *Kirby* so erhofften „gewöhnlichen" Menschen zu finden, die sich der Konsultation anschließen; so auch: Kirby, Law Reform in Australia, 25 Chitty´s Law Journal, (1977), S. 174; Kirby, Public Involvement: Yes, But How? 5 Reform, (1977), S. 8; Das Problem wurde auch im Rahmen eines Projekts bei einem Treffen der ALRC-Commssioner diskitiert (ALRC Full Commission Meeting, 17. November 2000, Sydney), zitiert aus: White, Consultation, Commissions and Context: A Comparative Study of the Law Commission and the Australian Law Reform Commission, (2005), S. 211. Alles, was die ALRC damit tun kann, ist das Konsultationsmaterial sichtbar und zugänglich für alle potentiell Interessierten zu machen und darauf zu warten, dass die Öffentlichkeit dieser Einladung Folge leistet, wobei die Einteilung in Gruppen hilfreich sein kann. Als einfacher durchzuführen stellt sich damit die Konsultation von bestimmten Minderheitengruppen dar, die jedoch eher Projektbezogen ist und damit nicht regelmäßig diese Aufmerksamkeit erfahren; White, a.a.O. Im Gegensatz hierzu unterliegt die Neuseeländische Law Reform Commission in ihrem Act (New Zealand Law Commission Act 1985) unter Section 5(2) a der Anforderung, die Belange der Maori, der Ureinwohner Neuseelands, zu berücksichtigen („shall take into account te ao Maori (the Maori dimension"); http://www.legislation.govt.nz/act/public/1985/0151/latest/DLM87301.html?search=ts_act_%22law++commission+act%22_resel vom 11. März 2011.

11. Introductory Letter

Während die ALRC ihre Berater ernennt, stellt sie ebenfalls die oben dargestellte Konsultationsliste fertig. Nachdem diese Schritte abgeschlossen sind, versendet die ALRC ein Einführungsschreiben („Introductery Letter“) an die auf der Liste stehenden Berater. In diesem wird summarisch der Umfang des Projekts und die erhofften Ziele dargestellt, verbunden mit der Einladung, frühe Eingaben zu dem Thema zu machen.[920]

12. Auswahl der Berater

In der Auswahl der externen Berater hat die ALRC eine Reihe von Kriterien entwickelt. Erste Anforderung an die künftigen Berater ist der Besitz von fallbezogenem Expertenwissen; zweitens ist erwünscht, dass Berater aus verschiedenen Teilen des Landes herangezogen werden. Letztlich soll die ALRC einen Ausgleich zwischen verschiedenen Interessen und Einstellungen zu einem bestimmten Thema schaffen.[921]

---

920 Durch diesen Vorgang erhält die ALRC gewöhnlicherweise nur eine handvoll Zuschriften Es gab aber auch Projekte, in denen die ALRC schon in diesem frühen Stadium substantielle Antworten erhielt; beispielsweise erhielt sie 169 frühe Eingaben in Folge des Introductery Letters im Report Children (ALRC, Seen and heart: Priority for the Children in the Legal Process, Report 84, (1997), S. 10; zu finden unter: http://www.alrc.gov.au/publications/report-84 vom 8. Oktober 2010). Trotz der insgesamt aber als überschaubar zu bezeichnenden Resonanz gingen die Befragten Commissioners überwiegend trotzdem davon aus, dass es wert sei, an diesem Schritt festzuhalten, da durch diesen das Projekt öffentlich gemacht werde und die Beziehung mit potentiellen Beratern vertiefe bzw. teilweise erst begründe; White, Consultation, Commissions and Context: A Comparative Study of the Law Commission and the Australian Law Reform Commission, (2005), S. 228.

921 Als Beispiele seien hier die Einbeziehung des Präsidentens der Australischen Konsumentenvereinigung zusammen mit Vertretern der Wirtschaft und der Industrie hinsichtlich eines Reports zum Thema Gemeinschaftsklagen in Australien genannt; ferner wurden in einem Projekt über die Verbesserung von Schuldnergesetzen der geschäftsführende Direktor der Australischen Finanz - Konferenz zusammen mit Personen, die Erfahrung in der Hilfe und Betreuung von Schuldnern haben, gehört; im Projekt, das die Gesetzgebung betreffend humaner Organtransplantation betraf wurden medizinische Experten von einem Professor der Philosophie, einem katholischen Theologen und dem einer protestantischen Hochschule unterstützt; für die Reform von polizeilichen Befugnissen wurde die Beratung von Rechtsprofessoren und Bürgerrechtlern ebenso wie die von Kommissaren und anderen Repräsentanten der Krone eingeholt; schließlich wurden für

Das Endergebnis dieser Herangehensweise ist eine bemerkenswerte Kollektion von interdisziplinärer Expertise. Berater nehmen an Zusammenkünften der Commissioners teil, veröffentlichen In – Haus-Publikationen und bringen damit ihr Wissen und ihre Erfahrung in die Entwicklung von Reformprojekten ein. Nicht immer kann jedoch ein Konsens mit den Beratern erreicht werden. Aus den Reports der ALRC geht klar hervor, dass die letzte Verantwortlichkeit für Empfehlungen in einem Report den Commissioners obliegt. Gleichwohl besteht kein Zweifel daran, dass diese interdisziplinäre Zusammenarbeit in hohem Maße die Reports der ALRC beeinflusst hat. Dass ein solcher fachübergreifender Austausch im Übrigen kein Selbstzweck ist, ergibt sich auch schon aus den Fragestellungen, die der ALRC, von Politikern ausgewählt,[922] übertragen werden: Ein Großteil dieser umfasst kontroverse soziale Themenbereiche, in denen Juristen keine ausgewiesene spezielle Expertise aufweisen. Die Reform von Kinder - Fürsorgesetzen zum Beispiel erforderte die Konsultation von medizinischen Praktikern, Psychiatern, Polizisten und anderen Experten.[923] Die Entwicklung von Gesetzen über den Datenschutz machte die enge Zusammenarbeit mit Computer - und Kommunikationsexperten nötig,[924] ebenso wie der Report bezüglich der Fragestellung, ob das Gewohnheitsrecht der Aboriginis Berücksichtigung in der Gesetzgebung die Beratung durch Anthroposophen und Philosophen als genauso wichtig erschienen ließ wie die durch Juristen.[925]

---

die Reform von Gesetzen, die Diffamierung betreffen, nicht weniger als 30 Berater angehört, inklusive Journalisten der Print-, Radio- und Televisionsmedien, Herausgeber von Tageszeitungen, Rechtsprofessoren, erfahrene Prozessanwälte, Dozenten für Journalismus und ein anglikanischer Geistlicher; für alles: Kirby, Reform the Law: Essays on the Renewal of the Australian Legal System, (1983), S.56.

922 Die ALRC kann, wie bereits ausgeführt, nicht selbst Reformprojekte inniteren; siehe Abschnitt E. VI.

923 ALRC, Child Welfare, Report 18, (1981), zu finden unter: http://www.alrc.gov.au/report-18 vom 15. Dezember 2010.

924 ALRC, Privacy and the Census, Report 12, 1979, zu finden unter: http://www.alrc.gov.au/report-12 vom 15. Dezember 2010; Unfair Publication: Defamation and Privacy, Report 11, 1979, zu finden unter: http://www.alrc.gov.au/report-11 vom 14. Dezember 2010; ALRC, Privacy and Intrusions, Discussion Paper 13, (1980).

925 ALRC, Aboriginal Customary Law: Recognition? Discussion Paper 17, 1980; ALRC, Recognition of Aboriginal Customary Laws, Report 31, 1977, S. 12, zu finden unter: http://www.alrc.gov.au/sites/default/files/pdfs/publications/alrc57.pdf vom 13. Dezember 2010.

a) Beraterliste

Eine weitere wesentliche Hilfe bei der Auswahl der künftigen Berater bildet die Beraterliste. Zu einem frühen Zeitpunkt des Konsultationsprozesses wird darüber entschieden, wer zur Beratung herangezogen werden soll. Hierzu wird eine Liste erstellt, die jedoch nicht limitiert ist, so dass im Laufe des Projekts durchaus noch weitere Berater hinzustoßen können. In die Liste aufgenommene Berater erhalten nun alle Publikationen der ALRC zu dem entsprechenden Reformprojekt, durch welche diese in die Lage versetzt werden sollen, sich einen Einblick in dieses zu verschaffen. Diese so genannte „generelle Liste“[926], enthält ca. 300 Namen und umfasst den Justizminister, Regierungsabteilungen, Staats - und Territorialregierungen, Richter, andere Law Reform Commissions, ehemalige Commissioners und juristische Institutionen wie die Anwaltskammern („Bar Associations“). Die Liste weist einen relativ konstanten Bestand auf,[927] die jedoch einer regelmäßigen Revision unterliegt; Gruppen oder einzelne Berater werden hinzugefügt bzw. wieder von ihr entfernt.[928] Nachdem die Personen und Gruppen der generellen Liste von den Commissioners berücksichtigt worden sind, fügen sie weitere Teilnehmer hinzu, die für das jeweilige Projekt relevant

---

926 Auch „Corporate Mailing List“ genannt; White, Consultation, Commissions and Context: A Comparative Study of the Law Commission and the Australian Law Reform Commission, (2005), S. 200. Anzumerken ist, dass White in Erfahrung bringen konnte, dass nicht alle Commissioners von der Existenz dieser Liste wussten.

927 Angemerkt wurde von einigen Befragten, dass viele der sich auf der Liste befindlichen Berater nur aus Gründen der Höflichkeit oder aus Unumgänglichkeit aufgenommen worden seien- eine Antwort werde von ihnen bewusst nicht erwartet. Eine Nichtaufnahme könnte sich wiederum als problematisch erweisen bzw. den Reformprozess negativ beeinflussen. Die Zusammensetzung dieser Liste wird damit in einem nicht unerheblichen Maße von politischen Erwägungen, wie der Vermeidung von Oppositionen oder der Aufnahme von renommierten Beratern bestimmt. Im Ergebnis wird dieser Liste im Gegenteil zu den für ein jeweiliges Projekte zusammengestellten Listen durch die Commissioners keine zentrale Rolle im Reformprozess beigemessen; White, a.a.O., S. 201.

928 In den Jahresreports der ALRC wird angegeben, wer die Publikationen der ALRC erhält und wer beteiligt ist, für den Annual Report 2009-2010 siehe: ALRC, Annual Report 2009-2010, Report 113, (2010), S. 133, zu finden unter: http://www.austlii.edu.au/au/other/alrc/publications/reports/109/6.html#Heading266 vom 12. März 2011.

sind, um nun eine projektspezifische Liste zu erstellen.[929] Die Zahl von kontaktierten Gruppen, Interessenverbänden und Personen auf der Beraterliste variiert von Projekt zu Projekt. Manche Projekte verlangen eine eingehende Beratung, für andere lassen sich schwer Berater finden; insgesamt kann jedoch festgehalten werden, dass die Listen einen Bestand von dreihundert bis tausend Beratern aufweisen, je nachdem, wie viele für ein Projekt gewonnen werden konnten oder wie kontrovers das Projekt ist.[930]

---

929 Dies stellt sich oft als der schwierigere Teil dar, da die Commissioners nicht nur entscheiden müssen, welchen Berater sie konsultieren wollen, sondern sie müssen diesen für die oft sehr speziellen Fragestellungen zunächst finden. Im Rahmen der Interviews gaben die Commisioners denn auch an, dass sie jeden willkommen heißen, der sich dem Konsultationsprozess anschließen wollen würde. Nachdem entschieden worden ist, welche Personen, Gruppen und Organisationen kontaktiert werden sollen, sind zunächst die persönlichen Kontakte, der Commssioners von entscheidender Bedeutung, um den Kontakt zu den Beratern herzustellen. Dieser Vorgang, die zu kontaktieren, mit denen man eng ist, wird zum Teil dahingehend kritisiert, dass so die Integrität der Beratung in Frage gestellt werden würde; auch wenn dieser Aussage dahingehend Recht gegeben werden kann, dass ein Commissioner sich diesem Aspekt bewusst sein muss im Rahmen der Zusammenarbeit mit den Beratern, muss auch berücksichtigt werden, dass es mitunter nicht einfach ist, zum Teil hoch renommierte Experten zu überzeugen, ihre Zeit und Erfahrung ohne finanzielle Entlohnung in ein Projekt einzubringen. Von daher kann es als legitim erachtet werden, dass die Commissioners auch ihre persönlichen Kontakte nutzen, um qualifizierte Berater für den Reformprozess zu gewinnen. Ein weiterer Weg, auf dem Berater gefunden werden, sind Referenzen von anderen Beratern, da diese oftmals auf ein breit aufgestelltes Netzwerk in ihren jeweiligen Fachgebieten zurückgreifen können. Referenzen können aber ebenso über den eher formellen Weg über eigene Beraterlisten, die einige Berater, wie Regierungsabteilungen, selbst wiederum haben, erlangt werden. Insbesondere die Beraterlisten der Regierungsabteilungen werden der eigenen Liste der ALRC hinzugefügt, da sicher gegangen werden soll, dass möglichst alle konsultiert werden, deren Auffassung die Regierung für relevant hält. Als weitere Wege seien weiter die Recherche innerhalb des betreffenden Gebietes, die eigene Kontaktaufnahme mit der ALRC durch Berater oder alte Listen von vorherigen Projekten, die sich oft als hilfreich erweisen, genannt. Schließlich ergeben sich aus den vom Justizminister vorgelegten „Terms of Reference“ Anhaltspunkte, als in diesen normiert wird, wer durch die ALRC konsultiert werden soll; gleichwohl sind diese meistens keine wesentliche Hilfe, da die genannten Berater, die kontaktiert werden sollen, ohnehin die evidenten sind. Ein besonderer Schwerpunkt wird letztlich auf die Konsultation von Juristen gelegt, was dahingehend verständlich ist, als die ALRC rechtliche Aufgabenstellungen übertragen bekommt und überwiegend selbst aus Juristen zusammengesetzt ist; für alles: White, a.a.O.

930 White, a.a.O.

b) Advisory Committees

Die Ernennung einer Zahl von Beratern (auch genannt „advisory committee", „advisory group" oder „honorary consultant") ist ein weiteres wesentliches Merkmal der Arbeit der ALRC.[931] Gewöhnlicherweise werden im Rahmen eines Projekts mindestens einer, teilweise sogar bis zu zwei Dutzend externe Berater für ein bestimmtes Projekt ernannt.[932] Diese Gruppe funktioniert im Sinne eines „Think Tanks"[933], der ein Forum bieten soll für eine gemeinsame Ideenfindung in der Gruppe. Auch wenn die vom Committee abgegebenen Empfehlungen niemals für die ALRC bindend sind, nehmen sie oft einen erheblichen Einfluss auf den Entscheidungsprozess.[934] Gewöhnlich erfolgen diese Ernennungen zum Ende hin, wenn die Beraterliste erstellt ist, da die ALRC oftmals erst an diesem Punkt eine klare Vorstellung von den Personen und Gruppen hat, die für den Entscheidungsprozess relevant sind.[935]

Die Interviewten stellten drei Kriterien heraus, nach denen die ALRC ihre Einladungen, Berater im Rahmen eines Projekts zu werden, auswählt:[936]

- Zunächst sollte die Gruppe als Ganzes repräsentativ für die Interessen in diesem Bereich sein.[937] Dies ist von nicht zu unterschätzender Bedeutung, denn

---

931 Art. 44 des Australian Law Reform Commssion Act 1996 gestattet die Ernennung von Beratern. Andere Law Reform Commissions gehen jedoch nicht den Weg der ALRC, indem sich ehrenamtliche Berater in einem Commitee zusammenschließen, sondern sie beschäftigen für die Dauer eines Projekts externe Berater; siehe hierzu Warner, Institional Architecture, in Opeskin/Weisbrot, The Promise of Law Reform, S. 65.

932 Für gewöhnlich bestehen sie aus zwanzig Mitgliedern; Davis, Targeted Consultations, in Opeskin/Weisbrot (Hrsg.), The Promise of Law Reform, (2005), S. 151.

933 *Kirby* umschrieb die Arbeit dieser Gruppe mit den Worten: „Sie sind wie ein Chor: schmeichelnd, erinnernd, beharrend und gewöhnlich, am Ende, harmonisierend in der Entwicklung von Law Reform Vorschlägen" („They are in the nature of a chorus: cajoling, reminding, insisting and usually, finally, harmonising in the develpoment of reform proposals"), Kirby, Reform the Law: Essays on the renewal of the Australian legal system, (1983), S. 57.

934 Davis, a.a.O.

935 White, a.a.O.

936 Dazu auch: Kirby, "Law Reform and "Ministering to Justice" in: Blackshield (Hrsg.), Legal Change: Essays in Honur of Julius Stone, (1983), S. 208.

es konnte die Erfahrung gemacht werden, dass die, die in diesem Beratungsprozess nicht involviert waren, später vermehrt dazu tendierten, die finalen Empfehlungen abzulehnen.[938] Berater werden, auch wenn sie von einer bestimmten Organisation oder Sektor mit einer bestimmten Meinung oder politischen Verständnis kommen, nicht als Advokaten für diese Interessen gesehen, sondern sie werden als „freie Denker" ernannt; sie sollen die Gedanken aussprechen, die sie als Individuen unabhängig von ihrem beruflichen Hintergrund hätten.[939]

- Ein zweites Kriterium ist ob jemand ein anerkannter Experte in dem betreffenden Gebiet ist. Von einigen Befragten wurde betont, dass von diesen nicht, auch schon nicht aufgrund der fehlenden finanziellen Entlohnung,[940] erwartet wird, dass sie übermäßig arbeiten; als wesentlicher wird schon ihr Beitrag an dem Projekt gewertet bzw. dass dieser dem Report ein höheres Gewicht verleihe.[941]

Letztes Kriterium ist ob jemand hilfreiche Eingaben machen kann, die der Entwicklung der Reformempfehlungen dienlich sind. Oft sind diese nicht die hoch profilierten Experten in ihrem spezifischen Bereich, doch erweisen sie sich als

---

937 Macdonald, Continuity, Discontinuity, Stasis and Innovation), in: Opeskin/Weisbrot (Hrsg.), The Promise of Law Reform, (2005), S. 98. *Macdonald* hebt hervor, dass die Auswahl der Berater sich danach richten sollte, dass die herangezogen werden, deren Stimme in öffentlichen Debatten zu selten gehört wird. Ferner veweist er auf die Bedeutung einer ausgewogenen Mischung - so sei die Ernennung von juritischen Beratern, Lobbyisten oder Vetretern von Vereinigungen sinnvoll; gleichwohl sollte die Auswahl nicht danach erfolgen, ob sie jemanden repräsentieren, sondern weil sie das sind, was andere repräsentieren (Macdonald, a.a.O.).

938 Davis, Targeted Consultations, in Opeskin/Weisbrot (Hrsg.), The Promise of Law Reform, (2005), S. 151.

939 Dass sie diese Aufgabe tatsächlich erfüllen, wurde, wie *White* beobachten konnte, innerhalb vom Minuten innerhalb eines Team Meetings der ALRC zur "Federal Civil and Administrative Penalities" Referenz, bestätigt (ALRC, Principled Regulation: Federal Civil & Administrative Penalties in Australia, Report 95, (2002); zu finden unter: http://www.alrc.gov.au/report-95 vom 10. März 2011). White, Consultation, Commissions and Context: A Comparative Study of the Law Commission and the Australian Law Reform Commission, (2005), S. 224.

940 Mit Ausnahme der Erstattung von Reisekosten. Insgesamt erfolgen im Laufe eines Projekts durchschnittlich drei Treffen der Berater mit der ALRC; White, Consultation, Commissions and Context: A Comparative Study of the Law Commission and the Australian Law Reform Commission, (2005), S. 226.

941 White, a.a.O.

die, die sich mit großen Anstrengungen in die Arbeit einbringen und so auch selbst ihr eigenes Renommee steigern können. Die Mitarbeit an einem Projekt kann damit für beide Seiten eine gewinnbringende Situation sein.[942]

13. Frühe informelle Konsultation

Nachdem die Liste fertig gestellt und die ersten Berater kontaktiert wurden, wendet sich der Fokus der ALRC zu einem der Hauptteile der Reformarbeit, der Veröffentlichung und Verteilung der Konsultationsdokumente. Um diese Dokumente zu erstellen, führt die ALRC eine so genannte „frühe informelle Konsultation" durch.[943] Der Begriff „informelle Konsultation" bedeutet in diesem Zusammenhang, dass diese Art der Konsultation nicht Teil des offiziellen Vorgehens der ALRC ist, sondern die Arbeit im Hintergrund umschreibt; erfasst werden Telefonate, Korrespondenz und Diskussionen, die erfolgen, um sicherzustellen, dass die späteren Vorschläge korrekt und einwandfrei sind, bevor sie veröffentlicht werden.

942 Der überwiegende Teil der von der ALRC beschäftigten Berater sind aber im Ergebnis selbst Juristen; zwar gibt es nahezu in jedem Projekt auch Vertreter anderer Fachrichtungen, die eine interdisziplinäre Zusammenarbeit gestatten, doch lassen sich selbst die meisten Interessen - und Wirtschaftsgruppen durch ihr juristisches Personal vertreten. Ferner ist übliche Praxis, dass mindestens einer der Berater aus einer Regierungsabteilung stammt. Ziel ist wie schon oben dargestellt die Involvierung der relevanten öffentlichen Vertreter in den Prozeß, um ihre Unterstützung zu sichern und die Themen zu identifizieren, die von den Beratern als wichtig empfunden werden; White, a.a.O., S. 225.

943 Die Beschreibung dieser Konsultation als „früh" umschreibt lediglich, dass diese erfolgt, bevor das „große" Konsultationsdokument veröffentlicht wird; White, a.a.O., S. 228.

14. Weitere Arbeitsweisen der ALRC

Ein weiterer wesentlicher Punkt ist der Einsatz von Gutachten und Umfragen bei der Entwicklung eines Vorschlags der ALRC.[944] Als weitere Vorgehensweise der ALRC, durch die versucht werden soll, eine möglichst umfassende Beteiligung verschiedener Gruppen zu erreichen, sei schließlich noch die Konsultation bestimmter, von dem jeweiligen Projekt betroffenen Gruppen zu nennen.[945]

15. Verteilung der Publikationen

Nach der Erstellung der Konsultationsdokumente werden diese an auf der Liste befindlichen Berater und andere Gruppen versandt, verbunden mit einem Standardanschreiben. Die Anzahl der versandten Publikationen schwankt von Projekt zu Projekt - ein Beispiel für eine relativ weite Verbreitung ist beispielsweise das Projekt Aged Care, in dem über 15.000 Kopien versandt wurden.[946] Ein weiterer Weg zur Verbreitung ist die Veröffentlichung einer Pressemitteilung sowie die Veröffentlichung der Dokumente auf der Homepage der ALRC.[947]

944 Diese Idee sorgte nicht immer für Begeisterung. Im Großen und Ganzen vermutet *Kirby*, dass Juristen eine ausgeprägte Aversion gegen empirische Untersuchungen und Statistiken entwickelt hätten. Gleichwohl sei ihr Einsatz für eine umfassende Analyse des status quo unerlässlich, ermöglichen sie doch über den Weg der Sozialwissenschaften weitere Perspektiven der Untersuchung; Kirby, Reform the Law: Essays on the Renewal of the Australian Legal System, (1983), S. 61.

945 Beispielhaft sei hier abermals das Projekt über das Gewohnheitsrecht der Aboriginis aufgeführt; in diesem wurden wie bereits dargestellt besondere Anstrengungen unternommen um sicherzustellen, dass Outback - Gemeinschaften einbezogen wurden (siehe hierzu Abschnitt F. X. 2. bb)). Ebenfalls bemüht man sich, die sprachlichen Minderheiten der australischen Gesellschaft zu erreichen, sei es durch ethnische Printmedien oder durch Vertreter und institutionelle Sprecher.

946 ALRC, The coming of Age: New Aged Care Legislation for the Commonwealth, Report 72, (1995), S. 6, zu finden unter: http://www.alrc.gov.au/report-72 vom 11. März 2011.

947 http://www.alrc.gov.au/publications/consultpapers.htm vom 22. Februar 2009, auf der Issue Paper, Discussion Paper und weitere Konsultationspapiere frei zugänglich zum download erhältlich sind.

16. Publikationen und Ausarbeitung des Final Reports

Die Ergebnisse, die aus den frühen informellen Konsultationen, den Eingaben und den anderen Recherchen gewonnen werden konnten, bilden anschließend die Basis für die Konsultationsveröffentlichungen.[948] Den Abschluss einer Untersuchung bildet der Final Report, der direkt an den Justizminister adressiert ist. Dieser enthält als Ergebnis Vorschläge, in welchen Bereichen des Rechts nach Ansicht der ALRC Änderungen erforderlich sind oder auch Gründe, warum in bestimmten Bereichen kein Wandel wünschenswert wäre.

a) Anforderungen an den Final Report

Da es die Aufgabe der ALRC ist, die Regierung zu beraten, gibt es gewisse Anforderungen, die ein Final Report zu erfüllen hat. Ein Final Report muss überzeugen und erklären. Der erteilte Rat muss so klar und verständlich formuliert sein, dass die Regierung versteht, was die ALRC vorschlägt und warum. Dies ergibt sich aus zwei Gründen: Erstens hat ein Berater die generelle Pflicht, den von ihm beschrittenen Weg zu begründen, und dies unabhängig davon, ob es sich bei dem Ersteller des Berichts um einen Physiker, einen Anwalt oder eben eine Law Reform Commission handelt.[949] Zweites erhöht eine zufriedenstellende Begründung die Chancen, dass die Vorschläge akzeptiert werden.

aa) Aufbau des Final Reports

In ihrem Final Report geht die ALRC für gewöhnlich in vier Schritten vor. Erster Schritt ist die umfassende Beschreibung des zum Zeitpunkt der Übertragung der Referenz geltenden Rechts. In einem zweiten Schritt werden die mit der Anwendung dieses Rechts möglicherweise verbundenen auftauchenden praktischen und gesellschaftlichen Probleme beschrieben. An dieser Stelle des Reports nehmen die Beratungsergebnisse aus den vorherigen Konsultationen oft einen

---

948 Diese Dokumente wurde von den Commissioners als Hauptarbeitsmittel bezeichnet, Antworten, die auf diese eingehen, wurden generell als die beste Quelle für durchdachte Argumente gesehen. Der Beitrag, den diese Dokumente leisten, könne daher nicht hoch genug bewertet werden; White, Consultation, Commissions and Context: A Comparative Study of the Law Commission and the Australian Law Reform Commission, (2005), S. 231.

949 Hurlburt, Law Reform Commissions in the United Kingdom, Australia and Canada, (1986), S. 351.

wesentlichen Schwerpunkt ein. Der dritte Schritt innerhalb eines Final Reports ist der Darstellung von Reformvorschlägen gewidmet. Im letzten, vierten, Abschnitt werden die Gründe aufgeführt, die zur Erstellung dieser Vorschläge geführt haben. Praktische Auswirkungen des Reports werden bewertet und gegeneinander abgewogen, mit dem Ziel, das die Regierung schon vor einer tatsächlichen Umsetzung einen Überblick auf die späteren Auswirkungen der Änderungen hat.[950]

ab) Umfang des Final Reports

Die Länge und Komplexität eines Final Reports variiert von Referenz zu Referenz. Manche Final Reports der ALRC umfassen mehrere hundert Seiten,[951] während Reports, die sich mit eher eng gefassten technischen Aspekten des Rechts befassen, oft vergleichsweise kurz gefasst sind.[952]

Die Final Reports der ALRC sind nicht selten komplex und äußerst umfangreich, so dass der allgemeine Leser ein hohes Maß an Zeit und Aufmerksamkeit mitbringen muss, wenn er einen solchen lesen und vor allem verstehen will. Dies markiert einen wesentlichen Unterschied zu den Konsultationsdokumenten, bei denen sich die ALRC bemüht, sie für die Öffentlichkeit verständlich zu machen. Erklären lässt sich dieser Unterschied aus der abweichenden Zielsetzung des Final Reports im Vergleich zu den Konsultationsdokumenten: Während diese die Öffentlichkeit in den Reformprozess einbinden wollen und daher in einer verständlichen Weise verfasst sein müssen, stellt der Final Report das Ergebnis dar, auf dass die Öffentlichkeit keinen Einfluss mehr nehmen kann. Von daher ist es nur konsequent, dass nun die oft komplexe juristische Ausarbeitung im

---

950 Hurlburt, a.a.O.; ALRC: First submission to the Senate Legal and Constitutional Affairs Committee Inquiry into the Australian Law Reform Commission, (Background Submission), vom 23. Dezember 2010, S. 23; zu finden unter: http://www.alrc.gov.au/sites/default/files/pdfs/publications/Barnett%20Submission%20December%202010%20.pdf vom 8. März 2011

951 Siehe hierzu beispielsweise den Final Report der ALRC in der Sentencing Untersuchung, der insgesamt 924 Seite hatte, ALRC, Sentencing, Report 44, (1988), zu finden unter: http://www.alrc.gov.au/report-44 vom 11. März 2011.

952 Als Beispiel siehe den Report zu Risiken in internationalen Transaktionen, der einen Umfang von 213 Seiten hatte; ALRC, Legal Risk in international transactions, Report 80, (1996); zu finden unter: http://www.alrc.gov.au/sites/default/files/pdfs/publications/ALRC80.pdf vom 27. März 2011.

Vordergrund steht, die für die Öffentlichkeit schon nicht mehr unbedingt verständlich sein muss und es auch oft nicht sein kann.

b) Die Relevanz des Executive Summaries

Jedem Final Report wird ein so genanntes Executive Summary vorangestellt. In diesem werden die Kernpunkte der Untersuchung und die endgültigen Empfehlungen vorangestellt. In der aktuellen Untersuchung zum Thema „Family Violence“ veröffentlichte die ALRC neben dem eigentlichen Final Report[953] ein separates Executive Summary[954], in dem auf 76 Seiten die wesentlichen Aussagen und Empfehlungen des Projekts dargestellt wurden.[955] Diese Trennung in zwei Ausgaben eines Final Reports ist neu und wohl der hohen praktischen Relevanz des Summarys geschuldet, da an dieser Stelle angemerkt werden muss, dass eine Regierung bzw. Minister und Parlamentarier so gut wie nie einen Final Report der ALRC tatsächlich lesen und die Gesetzesänderungen daher überwiegend auf dieser Zusammenfassung basieren. Es ist egal, wie klar und verständlich er verfasst ist, wie erstrebenswert die Vorschläge sind und wie drängend die Gründe sind, die zu der Übertragung der Referenz geführt haben - er wird so gut wie nie gelesen.[956]

Dies erscheint auf den ersten Blick paradox. Wenn die Final Reports der ARLC nicht gelesen werden, warum soll sie sich dann die Mühe machen, und diesen überhaupt erstellen? Die Antwort liegt in der Funktion und Arbeitsweise der Regierung. Diese ist interessiert an einer praxisorientierten Umsetzung der Reports. Von daher ist für sie völlig ausreichend, die wesentlichen Ergebnisse der ALRC kompakt aufbereitet vorzufinden. Die zum Teil akribischen Ausarbeitungen eines Final Reports sind eher für die Wissenschaft, Interessengruppen und

---

953 ALRC, Family Violence- A National Legal Response, Report 114, (2010), zu finden unter: http://www.alrc.gov.au/publications/family-violence-national-legal-response-alrc-report-114 vom 4. April 2011.

954 ALRC, Family Violence- A National Legal Response, Summary 114, (2010); zu finden unter: http://www.alrc.gov.au/publications/family-violence-national-legal-response-alrc-114-summary vom 4. April 2011.

955 Siehe herzu auch die Begründung in der Submission der ALRC; a.a.O. Diese neue Herangehensweise könnte möglicherweise dazu beitragen, die bereits beschriebenen Probleme mit den Medien zumindest zum Teil zu lösen.

956 Worauf *Hurlburt* in der Hoffnung, nicht alle Illusionen von Law Commissioners zu nehmen, hinweist; Hurlburt, Law Reform Commissions in the United Kingdom, Australia and Canada, (1986), S. 352.

die Medien von Relevanz. Der Einleitung des Final Reports kommt damit eine tragende Funktion zu, da hier die Weichen für die spätere Behandlung durch die Regierung gestellt werden.[957]

III. Die Zeit nach der Ausarbeitung eines Reports

Die Aufgabe der ALRC ist mit der Übergabe des Final Reports an den Justizminister im Wesentlichen erledigt. Zwar steht sie selbstverständlich als Ansprechpartner für den späteren parlamentarischen Prozess zur Verfügung - doch die Frage, was mit ihren Vorschlägen letztlich passiert, liegt außerhalb ihres Einflussbereichs und ist damit nicht mehr Teil dieser Arbeit.

957 Man könnte es daher auch mit der Phrase „you never get a second chance to make a first impression" ("man bekommt nie eine zweite Chance einen ersten Eindruck zu machen") beschreiben.

H. Law Reform Commissions - ein Modell für Deutschland?

I. Einleitung

Nachdem nun die Historie und Arbeit von Law Reform Commissions ausgiebig vorgestellt wurde, könnte man anmerken, dass dies ja alles recht interessant sei, was in Australien und Ländern des Common Laws betrieben wird, doch die berechtigte Frage aufwerfen, was dies mit Deutschland zu tun hat.

Auf den ersten Blick nicht viel. Deutschland war nie Teil des Commonwealth und hat daher kein „geerbtes" Recht wie beispielsweise Australien. Deutsches Recht basiert nicht auf einem vermeintlich altertümlichen und zunächst verwirrenden Common Law System, sondern verfügt, Dank der Kodifizierung, über streng logisch aufgebaute Gesetzbücher, durch die sich aufgrund ihrer Abstrahiertheit jeder noch so ungewöhnlich gelagerte Fall gerecht lösen lässt. Rechtsreform erfolgt zufriedenstellend durch die Parlamente und sie beratende Ausschüsse und Kommissionen. Für das nötige Maß an Öffentlichkeitsbeteiligung wird durch demokratisch gewählte Volksvertreter gesorgt. Ein weiteres Werk, in dem ausländisches Recht dargestellt wird, vielen Dank, aber wir sind zufrieden, mit dem, was wir haben. Den Schöpfern der Law Reform Commissions kann für ihre Idee gratuliert werden, aber die Probleme, die letztlich zur Gründung von Law Reform Commissions führten, sind in Deutschland fremd.

Doch ist das tatsächlich so? Lässt sich allein durch Auslegung unserer Gesetze wirklich jeder Fall gerecht lösen? Hat die Justiz nicht längst die originäre Aufgabe der Legislative, das Recht zu reformieren, übernommen? Was bedeutet das für unsere Freiheitsrechte? Ist unser Rechtssystem so weit vom Common Law entfernt, wie es zunächst scheint? Und gibt es nicht auch in Deutschland Bereiche des Rechts, in dem eine umfassende Überprüfung und Reformierung durch eine unabhängige Kommission nicht erhebliche Vorteile bieten würde?

Diesen Fragen soll im folgenden Kapitel nachgegangen werden.

II. Das deutsche Rechtssystem

1. Einleitung

Wie bereits ausgeführt, prägt die historische Entwicklung in Großbritannien den Charakter des Common Law bis heute entscheidend. Gleiches gilt für das deutsche Recht, welches maßgeblich durch geschichtliche Einflüsse seine heutige Form erlangt hat. Wesentlicher Unterschied unseres Rechtssystems gegenüber dem Common Law ist die Kodifizierung des Rechts. Kodifizierung umschreibt aber nicht allein nur Gesetzgebung, denn Gesetze gibt es, wie bereits ausgeführt,[958] selbst in großer Zahl in Staaten, die das Common Law haben. Eine Kodifikation geht jedoch über die bloße Gesetzgebung hinaus.[959] Sie stellt ein Gesetzbuch dar, welches im jeweiligen Rechtsgebiet den Anspruch erhebt, dies umfassend, ausschließlich und vollständig geregelt zu haben.[960] Zumindest in der Theorie variiert das deutsche Recht damit erheblich von dem System des Common Law.

Um zu verstehen, woraus diese Unterschiede resultieren und welche Folgen diese für die Rechtspraxis haben, erscheint es erforderlich, eine kurze Darstellung der Historie des deutschen Rechts voranzustellen.

2. Historische Entwicklung

Fest steht, dass im Mittelalter jedes europäische Volk der antiken römischen Kultur begegnet ist – aber kaum ein Volk wie die Deutschen hat sich von dieser Begegnung in der Gestaltung seiner Rechtsordnung derart beeindrucken lassen.[961]

958 Siehe hierzu Abschnitt C. II.
959 Rehbinder, Einführung in die Rechtswissenschaft, 8. Auflage, (1995), S. 207.
960 Rehbinder, a.a.O.
961 Zweigert/Kötz, Einführung in die Rechtsvergleichung, 3. Auflage, (1996), S. 131.

a) Einflüsse des römischen Rechts im Mittelalter

Seit dem Ende der Stauferzeit[962] sah sich Deutschland einer politischen Lage ausgesetzt, die im Ergebnis die innere Auflösung der Reichsgewalt bedeutete.[963] Dies hatte eine Dezentralisierung der Macht zur Folge, welche die zentrale Reichsgewalt auf Dauer entscheidend schwächte.[964] Territoriale Landesherren und Städte gewannen daraufhin zunehmend an Bedeutung und Macht.[965] Anders als in Großbritannien gab es keine zentralisierten Gerichtshöfe, fehlte es an einheitlichen politischen Instanzen, die danach gestrebt hätten, eine systematische Ordnung für die „überkommenen zersplitterten Stammes- und Standesrechte"[966] zu schaffen. Ferner stellte man fest, dass die sich aus dem germanischen Recht entwickelnden Wege der Rechtsfindung in dem Maße nicht mehr gerecht wurden, wie die sozialen und wirtschaftlichen Verhältnisse des Spätmittelalters stetig wachsend „komplizierter, mannigfaltiger und verwickelter"[967] und damit juristisch anspruchsvoller wurden. Aufgrund der Abwesenheit von maßgeblichen Präzedenzfällen, die wie in England durch ein oberstes Gericht gefällt wurden, sahen sich Richter und Anwälte daher gezwungen, sich anderen Autoritätsquellen zuzuwenden.[968] „Hilfe" bot hier das römische Recht. Dieses wies einen reichen Erfahrungsschatz von Definitionen und Denkformen auf, durch den auch rechtlich schwierige Fragestellungen juristisch erfasst und rational erörtert wer-

---

962 Welches auf den 29. Oktober 1268 datiert, als der letzte männliche Staufer, *Konradin*, im Rahmen eines von *Karl von Anjou* angestrengten Hochverratsprozesses in Neapel enthauptet wurde; Sangmeister in: Schaab/Schwarzmeier (Hrsg.), Handbuch der baden-württembergischen Geschichte, Band 1: Allgemeine Geschichte, Erster Teil, Von der Urzeit bis zum Ende der Staufer, (2001), S. 555.

963 So dass am Ende der staufischen Zeit „unter den Ruinen des Kaisertums auch die Macht und Einheit des deutschen Volkes begraben [lag]"; zitiert aus: Bartels/Klotzsch/Lüdemann, Von der Vorgeschichte bis zum Ende der Stauferzeit, (1942), S. 228.

964 Die Gründe, die zu dieser Auflösung führten, sind mannigfaltig (sei es die Italienpolitik des Kaisertums oder unvollkommene Fortbildung der Lehnsverfassung) und sollen an dieser Stelle nicht näher vertieft werden; siehe zu dieser Begrenzung auch Zweigert/Kötz, a.a.O.

965 Siehe hierzu: Ebel/Thielmann, Rechtsgeschichte: Von der Römischen Antike bis zur Neuzeit, 3. Auflage, (2003), S. 226.

966 Zweigert/Kötz, a.a.O.

967 Zweigert/Kötz, a.a.O.

968 Schlesinger, Comparative Law: Cases, Text, Materials, 6. Auflage, (1998), S. 295.

den konnten.[969] Der Ort, an dem römisches Recht in der Gestalt gelehrt wurde, die es im Rahmen der Gesetzgebung durch den römischen Kaiser *Justinian*[970] gefunden hatte, waren die im Mittelalter aufblühenden Universitäten.[971] Während in England „Bench and Bar"[972] der Common Law Gerichte den heranwachsenden Anwälten eine Fachausbildung an den Gerichten ermöglichte, schickten die deutschen[973] Herrscher den Nachwuchs an juristische Fakultäten,[974] um diesen zu Richtern, Anwälten oder Verwaltungsbeamten auszubilden.[975] Ein vom romanischen Recht beeinflusstes, an der Universität gelehrtes und an der Universität geschaffenes Jus Commune wurde so auch an den deutschen Universitäten vorherrschend.[976] Diese Vorherrschaft dauerte für mehrere Jahrhunderte an.[977]

Während dieser gesamten Periode versagten kontinentale Gerichte dahingehend, eine führende Rolle in der Entwicklung und der Vereinheitlichung des Rechts zu spielen.[978] Die Universitäten vielmehr waren es, die das Monopol der Schulung von herangehenden Juristen für sich beanspruchten, und deren Professoren zeig-

---

969 Zweigert/Kötz, a.a.O. Hinzu kommt, dass das römische Recht nicht „irgendein" Recht war: Dieses wurde nicht nur von der Kirche, die große Teile des römischen Rechts in ihr Kirchengesetz übernommen hatte, sondern auch von den Herrschern des Heiligen Römischen Reichs deutscher Nationen, als das das „wahre" Recht angesehen. Diese nahmen nach der Theorie des „Ewigen Reichs" für sich in Anspruch, die legitimen Erben *Justinians* imperialer Macht zu sein; Schlesinger, a.a.O. und Zweigert/Kötz, a.a.O.

970 Kaiser *Justinian* (527-565), der wesentlich verantwortlich war für den (erst in der Neuzeit als solchen bezeichneten) Corpus iuris civilis; Honsell, Römisches Recht, 7. Auflage, (2010), S. 17.

971 Honsell, a.a.O., S. 1.

972 Der Ausdruck „Bench and Bar" soll sowohl die Richter, die auf der Richterbank sitzen (Bench) und die Anwälte, die aufgrund ihrer Profession die imaginäre Barriere (Bar - auch „to be called to the bar") zu dieser passieren können, bezeichnen; Martin/Law (Hrsg.), Oxford Dictionary of Law, 6. Auflage, (2006), S. 50, 53.

973 Beziehungsweise die kontinentaleuropäischen Herrscher, da dies wohl für den gesamten Kontinent galt; Schlesinger, a.a.O.

974 Ausgehend von Bologna um ca. 1100; Horn, Einführung in die Rechtswissenschaft und Rechtsphilosophie, 4. Auflage, (2007), S. 164.

975 Schlesinger, a.a.O.

976 Die planmäßige Lehre des römischen Rechts nahmen die deutschen Universitäten erst seit Mitte des 15. Jahrhunderts auf. Vorher mussten deutsche Juristen überwiegend die Reise nach Italien antreten, um Rechtswissenschaften zu studieren; Laufs, Rechtsentwicklungen in Deutschland, 6. Auflage, (2006), S. 70.

977 Schlesinger, a.a.O., S. 297.

978 Schlesinger, a.a.O.

ten kaum Interesse an gegenwärtigen Gerichtsentscheidungen.[979] Wenn sie zu Unterrichtszwecken tatsächlich einmal einen praktischen Fall benötigten, so konnten sie auf die umfangreiche Kasuistik des romanischen Rechts zurückgreifen - im Ergebnis also auf Fälle, deren Fakten Jahrtausende zurücklagen, anstatt auf die, die in ihrer eigenen Zeit entschieden wurden.[980]

b) Das Zeitalter der Aufklärung

Mit dem beginnenden Zeitalter der Aufklärung im 17. Jahrhundert breitete sich die Kodifikationsidee aus.[981] Diese hatte zum Ziel, das zersplitterte und unübersichtliche deutsche Recht durch ein bewusst geplantes und rational aufgebautes Gesetzgebungswerk zu ersetzen.[982] Die großen rechtlichen Kompilationen aus älteren Zeiten, wie der spanische Siete Partidas[983] oder der deutsche Sachsenspiegel[984] waren mehr Zusammenfassungen als ein detailliertes Gesetzbuch.

Umgesetzt wurden diese Ideen im 18. Jahrhundert zunächst durch den Codex Maximilianeus Bavaricus Civilis im Jahre 1756,[985] gefolgt von dem Allgemeinen Landrecht für die Preußischen Staaten, welches im Jahre 1794 in Kraft trat und erst durch das Bürgerliche Gesetzbuch von 1900 abgelöst wurde.[986] Die eigentliche Idee, die hinter der Kodifizierung steckt, ist der hoffnungsvolle Glaube des 18. Jahrhunderts an die Fähigkeit des menschlichen Verstandes, Lösungen für zukünftige Kontroversen durch ein systematisches und umfangreiches Vorgehen erschaffen zu können.[987]

---

979 Schlesinger, a.a.O.

980 Schlesinger, a.a.O.

981 Zweigert/Kötz, a.a.O., S. 134.

982 Zweigert/Kötz, a.a.O.

983 Spanisches Gesetzwerk des Mittelalters (erste Fassung aus dem Jahr 1256-1263); für mehr hierzu siehe: Signori, Das 13. Jahrhundert: Eine Einführung in die Geschichte des spätmittelalterlichen Europas, (2007), S. 125 ff.

984 Gleichwohl zeigte sich in ihm schon der Wille, Recht zu kodifizieren und kann als das für die deutsche Rechtsentwicklung wichtigste Rechtsbuch bezeichnet werde; für eine anschauliche kurze Darstellung siehe: Ebel/Thielmann, Rechtsgeschichte: Von der Römischen Antike bis zur Neuzeit, (2003), S. 148.

985 Siehe hierzu: Ebel/Thielmann, a.a.O., S. 252.

986 Siehe hierzu: Meder, Rechtsgeschichte: Eine Einführung, 3. Auflage, (2008), S. 255 ff.

987 Schlesinger, a.a.O., S. 299.

c) Die Historische Rechtsschule

Doch schon nur ein Jahrhundert später sollte „der Stern des Vernunftsrechts“[988] wieder im Sinken begriffen sein. *Kants* Erkenntniskritik[989] und die Strömungen der Romantik sorgten dafür, dass der Rationalismus der Aufklärung als bloßer Vernunftglaube erschien.[990] Aus diesem Klima heraus entstand als Gegenbewegung zum Kodifikationsgedanken die so genannte Historische Rechtsschule, für die sich *Friedrich Carl von Savigny*[991] maßgeblich verantwortlich zeichnet.[992] Recht sei danach eine „geschichtlich gewordene Kulturerscheinung“,[993] das wie Sprache und Dichtung in einem organisch wachsenden Prozess von einer Gesellschaft hervorgebracht werde.[994] Für die Vertreter der Rechtsschule ist damit „wahres“ Recht Gewohnheitsrecht, das vom Volk getragen werde und dessen Repräsentanten die Juristen seien.[995] Recht lasse sich daher nicht logisch konstruieren, sondern könne, da es vom sich im unbewusst bildenden „Volksgeist“[996] geschaffen sei, nur dann erschlossen werden, wenn man sich mit seiner Historie befasse.[997] Folgerichtig wendete die Rechtsschule ihren Blick zurück in die Vergangenheit, um das Recht in seiner geschichtlichen Entwicklung zu erfassen.[998] Ein Schwerpunkt wurde hierbei von ihren Anhängern nicht auf das mittelalterliche, sondern auf das antike römische Recht gelegt, da dieses ihrer Ansicht nach eine zeitlose Gültigkeit besäße.[999]

---

988 Zweigert/Kötz, a.a.O., S. 137.

989 Für den Einfluss hiervon auf die deutsche Rechtwissenschaft siehe: Meder, Missverstehen und Verstehen: Savignys Grundlegung der juristischen Hermeneutik, (2004), S. 178 ff.

990 Zweigert/Kötz, a.a.O.

991 Für eine kurzweilige Darstellung des Schaffens von *Savigny* siehe: Münz, Friedrich Karl [sic!] von Savigny: Sein Leben und Wirken, (2010).

992 Horn, Einführung in die Rechtswissenschaft und Rechtsphilosophie, 4. Auflage, (2007), S. 100.

993 Zweigert/Kötz, a.a.O., S. 137.

994 Olechowski, Rechtsgeschichte: Einführung in die historischen Grundlagen des Rechts, (2010), S. 147.

995 Zweigert/Kötz, a.a.O.

996 Statt vieler: Kubeš, Theorie der Gesetzgebung: Materiale und formale Bestimmungsgründe der Gesetzgebung in Geschichte und Gegenwart, (1987) S. 106.

997 Olechowski, a.a.O.

998 Horn, a.a.O., S. 102.

999 Zweigert/Kötz, a.a.O.

d) Pandektenwissenschaft und die Technik der Kodifikation

Mit der Zeit ging aus der Historischen Rechtsschule die Pandektenwissenschaft[1000] hervor,[1001] deren Ziel es war, dem römischen Rechtsstoff eine dogmatisch - systematische und fortbildende Bearbeitung zukommen zu lassen.[1002] Mit ein Grund war die damalige Rechtslage vor 1900, die sowohl für einen Juristen als auch für die Bevölkerung nur als zutiefst verwirrend bezeichnet werden kann: Lebte der mit einem Fall befasste Jurist in Preußen, so war das Allgemeine Landrecht anzuwenden, lebte er in Köln, galt für ihn der französische Code Civil. Der Frankfurter Kollege hingegen griff auf das römische Recht als „gemeines Recht" zurück, während dem Leipziger Jurist das sächsische BGB als Arbeitsmittel zur Verfügung stand.[1003] Hilfsweise orientierten sie sich aber alle am römischen Recht in seiner modernen Form, indem sie auf ein Lehrbuch der Pandekten, im Zweifel das des Juristen *Bernhard Windscheid*,[1004] zurückgriffen.[1005] Die Pandektenwissenschaft vollbrachte die unglaubliche Leistung, aus einem Sammelwerk von Regeln, das fast zweitausend Jahre alt war, eine Dogmatik herauszuarbeiten.[1006] Sie schuf auf diese Weise ein hoch entwickeltes Begriffsinstrument, das von äußerster Präzision und Trennschärfe geprägt war.[1007] Damit wurde der Weg für die späteren großen Kodifikationen geebnet, [1008] da die Basis dieses Systems ohne Schwierigkeiten als Ausgangspunkt für

---

1000 Pandekten ist die aus dem griechischen stammende Bezeichnung für Digesten (Teil des überlieferten Corpus Iuris Civilis). Als Pandektistik wird die Wissenschaft vom römischen Recht in der Weise beschrieben, die sie unter dem Einfluss der Historischen Rechtsschule erhalten hatte (Horn, a.a.O., S. 103).

1001 Was jedoch aufgrund der Ablehnung des Kodifikationsgedanken durch *Sayigny* nicht konfliktlos von statten ging; siehe hierzu Kroeschell, Deutsche Rechtsgeschichte 3: Seit 1650, 5. Auflage, (2008), S. 128 ff. und Laufs, Rechtsentwicklungen in Deutschland, 6. Auflage, (2006), S. 231 ff.

1002 Zweigert/Kötz, a.a.O.; Immenhauser, Das Dogma von Vertrag und Delikt: Zur Entstehungsgeschichte und Wirkungsgeschichte der zweigeteilten Haftungsordnung, (2006), S. 342.

1003 Horn, a.a.O.

1004 1817 - 1892; insgesamt veröffentlichte *Windscheid* 3 Bände seines Lehrbuchs in der Zeit von 1862 - 1870 (Windscheid, Lehrbuch des Pandektenrechts, Band 1-3). Siehe hierzu auch: Falk, Ein Gelehrter wie Windscheid: Erkundungen auf den Feldern der sogenannten Begriffsjurisprudenz, (1999).

1005 Horn, a.a.O.

1006 Loos, Rechtswissenschaft in Göttingen: Göttinger Juristen aus 250 Jahren, (1987), S. 388.

1007 Zweigert/Kötz, a.a.O., S. 139.

1008 Laufs, Rechtsentwicklungen in Deutschland, 6. Auflage, (2006), S. 236.

eine moderne Kodifikation dienen konnte.[1009] Das Bürgerliche Gesetzbuch, welches auf römischer Grundlage entwickelt wurde und am 1.Januar 1900[1010] in Kraft trat, wird daher auch oftmals (in seinem ersten Entwurf) als „in Paragrafen gegossene[s] römische[s] Recht“[1011] bezeichnet. Dieses ist geprägt durch ein Höchstmaß an Abstraktion und den Verzicht auf eine anschauliche Kasuistik. Hierdurch wurde die Technik eines wirklichen Kodes im Sinne eines systematischen, verbindlichen und richtungsgebenden Gesetzbuches entwickelt, die im Laufe der Jahre zu einer nahezu vollständigen Kodifizierung des deutschen Rechts führte.[1012]

Nicht ein Gericht, sondern Gesetzbücher wurden folglich Instrumente und Symbole von nationaler Einigkeit und Vereinheitlichung des Rechts in Deutschland. Diese Technik ist bis heute noch immer Teil der deutschen rechtlichen Mentalität.

3. Die Unvollkommenheit des Rechts

a) …die Theorie

Die Vorstellung von einem logisch geschlossenen, in sich widerspruchsfreien, vollständigem Rechtssystem, das den Kodifikationen zugrunde liegt, prägt damit das deutsche Rechtsdenken.[1013]

Unsere Gesetzbücher tragen vermeintlich die unwiderlegbare Vermutung der Vollständigkeit in sich.[1014] Jede noch so große „Lücke“ im Gesetz muss aus ihm selbst zu schließen sein. Sind diese schließlich gefunden- „und sie müssen zu

---

1009 Loos, a.a.O.

1010 Für die Geschichte, die zur Entstehung des BGB führte, siehe Coing/Honsell in: Staudinger, Eckpfeiler des Zivilrechts, (2005), S. 33 ff.

1011 Zitiert aus: Becker, Eine kurze Einführung in die deutsche Rechtsgeschichte, (2010), S. 37.

1012 Generell kann dieses Zeitalter wohl als das „Zeitalter der Kodifikation“ bezeichnet werden; siehe hierzu die Daten des Inkraftretens der anderen, bedeutenden Gesetzbücher: StGB vom 15. Mai 1875 (RGBl. 127); ZPO vom 30. Januar 1877 (RGBl. 83), HGB vom 10. Mai 1897 (RGBl 219/BGBl III FNA 4100-1); StPO vom 1. Februar 1877 (RGBl. 253; BGBl III 312-2).

1013 Rehbinder, a.a.O., S. 211.

1014 Rehbinder, a.a.O.

finden sein!“[1015]- ist die „Lücke“ keine Lücke mehr. In der Theorie ist das deutsche Rechtssystem damit quasi ein geometrisches Bezugssystem, aus dem heraus jeder Punkt im Raume geortet werden kann.[1016]

b) ...und die Praxis

Doch es gibt „Lücken“, die sich nicht aus dem Gesetz heraus schließen lassen, mag der Gesetzgeber auch noch so gründlich und vorausschauend gearbeitet haben. Jede von Menschen gemachte Rechtsordnung trägt eine gewisse Unvollständigkeit in sich. Gesetzbücher veralten oder sind nicht hinreichend präzise formuliert. Oft ist der Gesetzgeber schon aufgrund der wachsenden Differenziertheit von gesellschaftlichen und wirtschaftlichen Entwicklungen gar nicht in der Lage, mit diesem Tempo Schritt zu halten.[1017] Gleichwohl darf das Recht nicht in Stillstand verharren und muss an diese sich wandelnden Verhältnisse angepasst werden.[1018] Recht ist damit ein sich im Fluss befindliches Gebilde, welches sich in einer stetigen Entwicklung befindet und nie zu einer festen Form erstarrt.[1019] Zwar werden Teile der Gesetze durch die Ministerien und dem Parlament einer Revision unterzogen, so dass von Zeit zu Zeit mehr oder weniger große Reformierungen oder neue Gesetze auf die Gesellschaft zukommen. Doch diese Reformierungen und neuen Gesetze sind oft nicht ausreichend, sondern werfen vielmehr neue Fragen auf. Ferner ist aufgrund der puren Masse der Gesetze eine wirklich systematische Überprüfung der Normen auf Praxistauglichkeit durch die Legislative faktisch überhaupt nicht machbar. Man kann daher auch von der „Überforderung des Gesetzes“[1020] sprechen.

„Lücken“ im Gesetz sind damit de facto ein inhärenter Bestandteil des Rechts, so dass sie selbst in den auf sorgfältigste durchdachten und abgewogenen Kodifikationen vorkommen.

1015 Rehbinder, a.a.O.

1016 Rehbinder, a.a.O.

1017 Als Beispiel sei hier nur der Datenschutz genannt, der mit jeder technischen Neuerung neue rechtliche Fragen aufwirft.

1018 Siehe hierzu auch Abschnitt B. I.

1019 Kunz/Mona, Rechtsphilosophie, Rechtstheorie, Rechtssoziologie: Eine Einführung in die theoretischen Grundlagen der Rechtswissenschaft, (2006), S. 10.

1020 Braun, Einführung in die Rechtswissenschaft, 3. Auflage, (2007), S. 396.

c) Die Notwendigkeit der Anpassung des Rechts

Diese „Lücken“ erweisen sich aus naheliegenden Gründen problematisch in der Praxis.[1021] Es gehört zu den vertrauten Vorstellungen, dass geänderte Bedingungen eine Anpassung des Rechts erforderlich machen.[1022] An dieser Stelle kommt nun die Justiz ins Spiel. Das richterliche Fallrecht mit seiner ergänzenden Funktion, der Klärung oder gar Korrektur von Vorschriften gewinnt in der Praxis mehr und mehr an Bedeutung.[1023] Oft kann die Justiz erst ein Gesetz durch Auslegung mit Sinn erfüllen und damit die Fragen beantworten, die für die praktische Anwendung so wichtig sind. Daher soll nun die Frage aufgeworfen werden, ob die eigentlichen „Motoren“ der Reformbewegung in Deutschland nicht mittlerweile die Richter sind.[1024] Problematisch ist jedoch, dass die Anerkennung einer Rechtsetzungsbefugnis der Judikative im absoluten Widerspruch mit dem verfassungsrechtlich begründeten Postulat der strikten Gesetzesunterworfenheit der Richter steht.[1025] Hieraus ergeben sich ferner Fragen, die die Gewaltenteilung betreffen, insbesondere wie ein solcher Vorgang gegenüber dem Parlament, dessen originäre Aufgabe die Gesetzgebung ist, zu legitimieren ist.[1026] Und schließlich, wenn man ein solches Richterrecht bejaht – wo liegen dessen Grenzen?

1021 Siehe ferner für die Problematik der „unbestimmten Rechtsbegriffe“: Ossenbühl in: Erichsen (Hrsg.), Allgemeines Verwaltungsrecht, 10. Auflage, (1995), S. 182

1022 Siehe hierzu auch: Meder, Ius Non Scriptum- Traditionen privater Rechtsetzung, (2009), S. 209; Foerste, Verdeckte Rechtsfortbildung in der Zivilgerichtsbarkeit, JZ 2007, S. 122, der betont, dass aufgrund des „Alterungsprozesses“ der Gesetzgebung historische Normzwecke durch geltungsbezogene Anpassung eine Veränderung durchlaufen können (a.a.O, S. 125); und BVerfGE 34, S. 269 ff.

1023 Raiser, Grundlagen der Rechtssoziologie, (2007), S. 314.

1024 Die folgende Ausarbeitung wird sich überwiegend mit der Rechtsprechung der ordentlichen Gerichtsbarkeit befassen. Das Bundesverfassungsgericht und der Europäische Gerichtshof sollen aufgrund ihrer herausragenden Stellung nicht wesentlicher Teil dieser Arbeit sein. Eine eingehende Befassung mit der Rolle dieser Institutionen würde den Rahmen dieser Bearbeitung sprengen, zumal sie für die folgende Darstellung nicht erforderlich ist. Für eine äußerst instruktive Darstellung der großen Bedeutung des Bundesverfassungsgerichts für die Politik siehe aber: Honsell, Wächter oder Herrscher – Die Rolle des Bundesverfassungsgerichts zwischen Recht und Politik, ZIP 2009, S. 1689 ff.

1025 Ipsen, Staatsrecht I, 19. Auflage, (2007), S. 266 ff; Foerste, Verdeckte Rechtsfortbildung in der Zivilgerichtsbarkeit, JZ 2007, S. 123.

1026 Siehe hierzu auch: Redeker, Legitimation und Grenzen richterlicher Rechtsetzung, NJW, 1972, S. 409 ff.

4. Die Bedeutung der Judikative für die Reform des Rechts

a) Einleitung

Die Unabhängigkeit der Justiz ist in Art. 97 GG normiert. Die richterliche Unabhängigkeit bezeichnet die Freiheit von staatlichen Weisungen,[1027] von der Exekutive[1028] und der Richterämter untereinander.[1029] Aus dieser unabhängigen Stellung der Justiz ergibt sich ein Spannungsverhältnis zur Legislative. Gedanken hierüber sind so alt wie der Gedanke der Gewaltenteilung selbst. Gleiches gilt für die Frage, wie das durch Rechtsfortbildung entstehende Recht zu qualifizieren ist. Ist es eine eigene Rechtsquelle oder lediglich eine Autorität?[1030]

Im Rahmen eines kurzen Abrisses sollen die historische Entwicklung und die wesentlichen Grundlagen dieser Fragestellung aufgezeigt werden um sich anschließend der Frage zu widmen, welche Rechtsqualität dem Richterrecht zukommt.

b) Das historische Verständnis der Rolle der Justiz

Tatsächlich gibt es seit jeher die Furcht, dass Richter Gesetze nicht nur anwenden, sondern diese auch auslegen könnten.[1031] Für *Montesquieu* war das Verbot der Auslegung der Gesetze durch Richter die zwingende Folge der Gewaltenteilung, die von ihm absolut verstanden wurde. Folgerichtig reduzierte er die Rolle der Richter darauf, dass diese nicht mehr sein dürften als der Mund des Gesetzes

---

1027 Ipsen, a.a.O.

1028 BVerfGE 27, 312, (321); Dahs, Die Stellung des Richters im Bonner Grundgesetz, NJW 1949, S. 688.

1029 Schulze-Fielitz in: Dreier (Hrsg.), Grundgesetz Kommentar, Band III, Art. 97, Rn 41, 2. Auflage (2008).

1030 Siehe hierzu auch Hager, Rechtsmethoden in Europa, (2009), S. 209.

1031 König *Friedrich II* verfasste 1780 beispielsweise eine Kabinettsorder mit der Anweisung: „Dagegen werden wir nicht gestatten, dass irgendein Richter unsere Gesetze zu interpretieren, auszudehnen oder einzuschränken, viel weniger neue Gesetze zu geben, sich einfallen lasse“, zitiert aus: Hattenhauer (Hrsg.), Allgemeines Landrecht für die preußischen Staaten von 1794, 2. Auflage, (1996), S. 43 ff.

(„la bouche, qui prononce les paroles de la loi“ [1032]). *Beccaria* vertrat gar die Ansicht, dass es besser sei, wenn es einen absolut regierenden Landesherrn gäbe als eine Vielzahl „kleiner Tyrannen und Unterobrigkeiten“, denen der Bürger wie ein Sklave ausgeliefert sei. Die Auslegung von unklaren Gesetzen sei daher Aufgabe des Gesetzgebers, und nicht des Richters.[1033]

Diese Ansichten sind das Ergebnis einer absolut verstandenen Auffassung der Gewaltenteilung.[1034] Die Legislative sollte danach so weit wie möglich der Kontrolle und der Korrektur durch die Judikative entzogen sein.[1035] Es ist daher nicht verwunderlich, dass Lösungen gesucht wurden, die die Auslegungskompetenz der Legislative, und nicht der Dritten Gewalt zusprachen.[1036]

c) Grundlagen der richterlichen Rechtsfortbildung

Dem heutigen Verständnis der Gewaltenteilung hingegen entspricht es, dass der Gesetzgeber Normen mit abstraktem, generellem Inhalt erlässt, die für die Zukunft Geltung entfalten, das weitere Schicksal und die konkreten Auswirkungen dieser Gesetze jedoch in die Hände der Dritten Gewalt legt.[1037] Erst der Richter haucht den toten Buchstaben des Rechts Leben ein, wendet es nicht nur an, sondern verschafft ihnen die letzte Autorität.[1038] Letztlich ist es diese Fähigkeit, durch die sich der Richter von seinen Kollegen in der Verwaltung unterscheidet, da diese die Gesetze nur anwenden, ihnen aber nicht „vom Sollen zum Sein“ [1039] verhelfen können. Maßgeblich für die Interpretation eines Gesetzes ist der in diesem zum Ausdruck kommende objektivierte Wille des Gesetzgebers.[1040] An

---

1032 „[der Richter] ist der Mund des Gesetzes“, Montesquieu, Œuvre des Montesquieu: De L´esprit des lois, (1827), S. 430. Richter seien danach „Wesen ohne Seele gleichsam, die weder die Stärke noch die Strenge des Gesetzes mäßigen können“, zitiert aus: Hirsch, Rechtsanwendung, Rechtsfindung, Rechtsschöpfung, (2003), S. 2.

1033 Zitiert nach Hirsch, a.a.O.

1034 Hirsch, a.a.O.

1035 Für weitere Beispiele dieser Marginalisierung der Justiz siehe Hirsch, a.a.O.

1036 Siehe hierzu auch Art.47 der Einleitung des Allgemeinen Landrechts für die Preußischen Staaten vom 5. Februar 1984: „Findet der Richter den eigentlichen Sinn des Gesetzes zweifelhaft, so muss er, ohne die prozeßführenden Parteien zu benennen, seine Zweifel der Gesetzeskommission anzeigen, und auf deren Beurteilung antragen“.

1037 Hirsch, a.a.O., S. 4.

1038 Hirsch, a.a.O.

1039 Hirsch, a.a.O.

1040 BVerfGE 11, S. 126 (131)

der klassischen Definition von *Savigny*, nach der Auslegung „die Rekonstruktion des dem Gesetze innewohnenden Gedankens“[1041] ist, kann bis heute festgehalten werden. Entscheidend ist danach also nicht, was sich der Gesetzgeber (was letztlich ohnehin nur ein unbestimmter Begriff ist) gedacht hat, sondern das, was dieser vernünftigerweise gewollt haben sollte. Hat es hingegen der Gesetzgeber nicht geschafft, das von ihm Gewollte zutreffend zu formulieren, ist er bei Erlass einem Irrtum oder einer Fehlvorstellung unterlegen oder hat der Alterungsprozess[1042] eines Gesetzes dazu geführt, dass es mit den heutigen Wertvorstellungen nicht mehr vereinbar ist,[1043] so gibt die von *Savigny* begründete objektive Theorie dem Richter die Möglichkeit, vom subjektiven Willen des damaligen Gesetzgebers abzuweichen.[1044] Das geflügelte Wort Radbruchs, dass *„das* Gesetz klüger sei als der Gesetzgeber“[1045] beansprucht in diesem Fall für sich Geltung.

Das Gesetz *muss* sogar klüger sein als seine Verfasser, denn nur so kann der Ausleger aus diesem für jeden möglichen Fall eine klare und widerspruchslose Entscheidung entnehmen.[1046] Es ist damit auch im deutschen Rechtssystem kein Systemverstoß, wenn die Richter sich rechtsfortbildende Befugnisse zusprechen.[1047] Durch die Aufnahme der „Fortbildung des Rechts“ als eine der Aufgaben der zivilrechtlichen Revision in § 543 Abs. 2 Nr. 2 ZPO[1048] ist eindeutig geregelt, dass diese nicht nur ein Recht, sondern auch eine Pflicht der Gerichte, zumindest der Revisionsgerichte ist. Was aber nun genau unter dem Begriff „Fortbildung des Rechts“ zu verstehen sein soll, dies lässt der Gesetzgeber offen. Aus der Gesetzbegründung ergibt sich, dass die Voraussetzungen für eine rechtsfortbildende Entscheidung des BGH dann gegeben sein sollen, wenn der Einzelfall Veranlassung dazu gibt, Leitsätze für die Auslegung von Gesetzesbe-

---

1041 Savigny, System des heutigen Römischen Rechts, Band 1, (1840), S. 213.

1042 Hirsch, a.a.O., S.14.

1043 Oder auch dass Gesetze zwar dem Buchstaben nach bestehen, aber aufgrund ihrer nicht praktikablen Regelung obsolet werden und in Vergessenheit geraten. *Adomeit* verweist auf ein früheres PersonenbeförderungsG, das Gespräche zwischen Taxifahrer und Fahrgast unter Strafe stellte, und gleichwohl Millionen solcher Gespräche ungebüßt geführt wurden; Adomeit/Hähnchen, Rechtstheorie für Studenten, 5. Auflage, (2008), S. 4.

1044 Hirsch, a.a.O.

1045 Radbruch, Rechtsphilosophie, Gesamtausgabe Band 2, (1993) S. 345.

1046 Radbruch, a.a.O.

1047 Hirsch, a.a.O., S. 15.

1048 Vorher auch schon in anderen Gesetzen normiert; § 74 Abs.2 Nr. 2 GWB; § 219 Abs. 1 Nr. 3 BEG; § 83 Abs. 2 Nr. 2 MarkenG; § 100 Abs. 2 Nr. 2; PatG, § 80 Abs. 2 Nr. 2 OWiG.

stimmungen des materiellen oder formellen Rechts aufzustellen oder wenn es Gesetzeslücken gibt, deren Schließung erforderlich ist.[1049] Hierbei die richtige Balance zwischen Gesetzesgehorsam und der Korrektur des Rechts aus Gründen des Rechts zu finden, stellt die wahre Herausforderung der richterlichen Tätigkeit dar.[1050] So wies denn auch schon *Savigny* darauf hin, dass sich diese Kunst nicht durch Regeln erwerben oder mitteilen lasse.[1051] Ein zu hohes Maß an „künstlerischer Freiheit“[1052] bei der Auslegung und Fortbildung der Gesetze stößt jedoch sehr schnell an die durch die Verfassung gesetzten Grenzen. Nach dem in Art. 20 Abs. 3 GG normierten Gewaltenteilungsprinzip ist die Gesetzgebung an die verfassungsmäßige Ordnung gebunden, die Rechtsprechung hingegen an Gesetz und Recht.

Im Ergebnis heißt dies nichts anderes, als dass die Verfassung die Spielräume des Gesetzgebers, und der Gesetzgeber die der Richter bestimmt. Die Verpflichtung der Judikative auf *„Gesetz und Recht“* ist aber keine bloße Tautologie, sondern befreit den Richter vom blinden Gehorsam gegenüber dem Gesetzgeber.[1053] Kein Richter soll also dazu gezwungen werden, ein Gesetz anzuwenden, dass er als widersprüchlich zum Recht empfindet.[1054] Andererseits hat ein Richter aber die berufliche Verpflichtung, über den ihm vorliegenden Fall zu entscheiden.[1055] Er kann damit „den Pfad des Gesetzesgehorsams“[1056] nicht mit der

1049 BT-Drucksache 14/4722, S. 104.

1050 Hirsch, a.a.O., S. 21.

1051 Savigny, a.a.O., S. 206, 211.

1052 Hirsch, a.a.O., S. S.21.

1053 Hirsch, a.a.O.; Durch diese Formel werde nach Ansicht des Bundesverfassungsgerichts "[das Bewusstsein] aufrechterhalten, dass sich Gesetz und Recht zwar faktisch im allgemeinen, aber nicht notwendig und immer decken“, BVerfGE 34, S. 269 (286).

1054 Siehe hierzu die nach den Eindrücken des 3. Reichs 1946 erstmalig formulierte, so genannte *„Radbruchsche Formel“*. Danach habe der Richter, der sich bei seiner Entscheidung in einem Konflikt befinde zwischen der materiellen Gerechtigkeit und einem Gesetz, das ein „unerträgliches Maß“ an Widerspruch zur Gerechtigkeit erreicht habe, immer der Gerechtigkeit den Vorrang zu geben; Radbruch, Gesetzliches Unrecht und übergesetzliches Recht, Süddeutsche Juristenzeitung 1946, S. 105 ff.

1055 Was, nach *Radbruch*, „stillschweigend“ jedes Gesetzbuch verlange; Radbruch, Rechtsphilosophie, Gesamtausgabe Band 2, (1993) S. 345.

1056 Hirsch, a.a.O., S. 5.

schlichten Begründung verlassen, dass seiner Ansicht nach die Gerechtigkeitsidee etwas anderes verlange.[1057]

Dies würde zu erheblicher Rechtsunsicherheit führen, so dass die Kompetenz, ein Gesetz als verfassungswidrig zu verwerfen, allein dem Bundesverfassungsgericht zusteht.[1058]

Der Rat *Goethes*, den dieser in den „Zahmen Xenien“ erteilt, dürfte daher wohl nur ironisch verstanden werden:

„Im Auslegen seid frisch und munter!
Legt ihr's nicht aus, so legt was unter.“[1059]

1057 Hesse, Grundzüge des Verfassungsrechts der Bundesrepublik Deutschland, 20. Auflage, (1999), S.90. Wobei ihm dann jedoch immer noch die Möglichkeit der Normenkontrolle nach Art. 100 GG zusteht.

1058 Degenhart, Staatsrecht I, (2009), S. 312

1059 Zitiert aus: Radbruch, Rechtsphilosophie, Gesamtausgabe Band 2, (1993) S. 149.

d) Die Rechtsqualität von Urteilen

da) Richterrecht als Rechtsquelle

Weitere Probleme tun sich auf, wenn man versucht, die Frage nach der rechtlichen Qualität und den Rechtswirkungen von Urteilen zu beantworten. Unbestritten ist zumindest, dass ein Urteil für die vor Gericht stehenden Parteien den Charakter einer Rechtsquelle hat, da es den konkreten Sachverhalt nach vom Gesetzgeber vorgegebenen Regeln verbindlich für die Zukunft entscheidet.[1060] Unstreitig ist ferner auch, dass Rechtsprechung zur Bildung von Gewohnheitsrecht (und damit im Ergebnis auch materiellem Recht) führen kann.[1061] Des Weiteren darf die Funktion des Richterrechts als informelles Programm, durch das die künftige Urteilsfindung bestimmt wird, nicht übersehen werden.[1062] Als Beispiele sei hier insbesondere die Rechtsprechung des Bundesverfassungsgerichts genannt, in der das allgemeine Persönlichkeitsrecht[1063] und das Recht auf informationelle Selbstbestimmung[1064] überhaupt erst herausgebildet wurden.[1065]

da) Präjudizien im deutschen Recht

Anders aber als im Common Law, in dem Urteile der obersten Gerichte Präjudizwirkung haben und damit in materiellem Sinne Normqualität entfalten, ist die Qualifizierung nach dem deutschen Recht problematisch, da in diesem eine derartige Bindungswirkung nur in extra normierten Ausnahmefällen vorgesehen ist.[1066] Nach unserem Rechtsverhältnis dürfte es daher an sich keine Bindungs-

---

1060 Hirsch, a.a.O., S. 8.

1061 Siehe zur Abgrenzung von Gewohnheitsrecht und Richterrecht: Raiser, Zur Abgrenzung von Gewohnheitsrecht und Richterrecht im Zivil- und Handelsrecht, ZHR 1986, S. 117 ff.

1062 Hassemer, Rechtssystem und Kodifikation in: Kaufmann/Hassemer (Hrsg.), Einführung in Rechtsphilosophie und Rechtstheorie der Gegenwart, 4. Auflage, (1985), S. 209; Kokkinakis, Strafprozessuales Vorgehen und strafrechtliches Rückwirkungsverbot, (2001), S. 134.

1063 Für Beispiele aus der Rechtsprechung des BverfG hierzu siehe: Pieroth/Schlink, Grundrechte Staatsrecht II, 21. Auflage, (2005), S. 86 ff.

1064 Pieroth/Schlink, a.a.O., S. 89.

1065 Siehe hierzu auch: von Münch, Justiz – Reparaturbetrieb der Politik?, NJW 1996, S. 2073 ff. und Schmidt, Der Deutschen liebste Richter, Frankfurter Allgemeine Sonntagszeitung vom 27. Februar 2011.

1066 Siehe § 31 BVerfGG; § 19 AGBG; § 138 Abs.1 S. 3 GVG und § 16 RsprEinhG.

wirkung von Präjudizien geben.[1067] Andererseits ist aber zu beobachten, dass Präjudizien auch in der deutschen Rechtspraxis mittlerweile von größter Bedeutung sind, denn in fast allen Entscheidungsbegründungen berufen sich die Gerichte auf sie.[1068] In dem Maße aber, in dem Präjudizien in Deutschland an Bedeutung gewinnen, verändert sich das deutsche Recht.

Fraglich ist somit, wie diese Entwicklung zu bewerten ist. Wie oben dargestellt, ist die strenge Präjudizienbindung eines der entscheidenden Merkmale des Common Laws. Nimmt man nun eine solche Bindungswirkung auch für die Entscheidungen der deutschen Gerichte an, könnte man die Frage stellen, ob die Unterschiede zum Common Law tatsächlich noch von herausragender Bedeutung sind.

Oder anders ausgedrückt: Ist das deutsche Rechtssystem mittlerweile nicht selbst *„auf dem Weg zu einem Präjudizienrecht"?*[1069]

1067 Lundmark, Umgang mit dem Präjudizienrecht, JuS 2000, S. 546.

1068 Siehe hierzu die Auswertungen von Wagner-Döbler/Philipps, Präjudizien in der Rechtsprechung: Statistische Untersuchungen anhand der Zitierpraxis deutscher Gerichte, Rechtstheorie 23, (1992), S. 228. Siehe ebenfalls die Studie „Interpreting Precedents", in der für den kontinentaleuropäischen Raum eine faktische Bindungswirkung von Urteilen nachgewiesen wurde; MacCormik/Summers, Interpreting Precedents: A Comparative Study, (1997), inbesondere S. 17 - 64 für Deutschland. *Lundmark* konnte im Rahmen einer von ihm durchgeführten Studie nachweisen, dass in 3.500 Fällen die Richter des Bundesverfassungsgerichts nur in etwa einem Dutzenden Fällen von ihren früheren Entscheidungen abwichen; Lundmark, Stare Decisis vor dem Bundesverfassungsgericht, Rechtstheorie 28, 1997, S. 330 ff.

1069 Überschrift eines Aufsatzes von Heldrich: 50 Jahre Rechtsprechung des BGH – Auf dem Weg zu einem Präjudizienrecht? – Festvortrag zum 50 - jährigen Bestehen des BGH, ZRP 2000, S. 497 ff. Siehe hierzu auch: Vogenauer, Die Auslegung von Gesetzen in England und auf dem Kontinent: eine vergleichende Untersuchung der Rechtsprechung und ihrer historischen Grundlagen, Band 1, (2001), S. 224 ff.; *Wagner-Döbler* und *Philipps* gehen sogar davon aus, dass diese Frage unbestreitbar mit „Ja" zu beantworten sei; Wagner-Döbler/Philipps, Präjudizien in der Rechtsprechung: Statistische Untersuchungen anhand der Zitierpraxis deutscher Gerichte, Rechtstheorie 23, (1992), S. 228.

III. Abschied von der Idee der umfassenden Kodifikation?

Im Rahmen seines Festvortrages anläßlich des 50 - jährigen Bestehen des Bundesgerichtshofes eröffnete der Rechtsprofessor *Heldrich* diesen mit den Worten, dass „unser Rechtssystem immer stärker die Züge eines „case law“ nach angloamerikanischem Vorbild [entwickele]“.[1070] Es sei daher „kaum zu leugnen“,[1071] dass sich in der deutschen Rechtskultur in den letzten Jahrzehnten immer größere Ähnlichkeiten mit einem Präjudizienrecht herausgebildet hätten.[1072]

1. Die Bedeutung von Präjudizien in der juristischen Ausbildung

Zur anschaulichen Darstellung seiner These verweist *Heldrich* zunächst auf die deutsche Juristenausbildung an den Universitäten. Während Professoren noch Mitte des 20. Jahrhunderts auf einfach konstruierte Fälle, in denen sich der A, der B und der X gegenseitig umbrachten, Verträge brachen und anderweitig wütend durch die Welt zogen,[1073] zurückgreifen konnten, sei mittlerweile mehr und mehr das Anschauungsmaterial aus der höchstrichterlichen Rechtsprechung wesentliches Element der juristischen Ausbildung.[1074] Entscheidender Grund hierfür sei, dass viele Rechtsgebiete ohne Kenntnis der grundlegenden Entscheidungen des BGH überhaupt nicht mehr erfasst werden könnten.[1075] Erst durch die Urteile gewinne das geltende Recht seine Ausprägung.[1076] Möglichen Zweifeln

1070 Heldrich, a.a.O.

1071 Heldrich. a.a.O., S. 500.

1072 Heldrich, a.a.O.

1073 Siehe hierzu auch die instruktive und zum Teil auch durchaus amüsante Darstellung von *Naucke* zum Abfassen von universitären Fallgestaltungen; Naucke, Über Lehrbuchkriminalität und verwandte Erscheinungen, in: Böllinger/Lautmann (Hrsg.), Vom Guten, das noch stets das Böse schafft, (1993), S. 280.

1074 In der aber dann auch wieder der A und der B zum Einsatz kommen und „die aufsehenerregendsten Taten begehen“ (Naucke, a.a.O., S. 282).

1075 Als Beispiele hierfür zählt er u.a. den Persönlichkeitsschutz, die Arzthaftung, das Leasing oder Factoring auf; Heldrich, a.a.O., S. 497.

1076 Heldrich, a.a.O.

an der Richtigkeit des Lösungswegs könne unter Hinweis auf die Autorität des BGH überzeugend begegnet werden.[1077]

Dass dem durchaus zuzustimmen ist, zeigt allein schon ein Blick in die einschlägigen Lehrbücher und die Erinnerung an die eigene praktische Ausbildung. So kennt wohl auch jeder Referendar in Deutschland die Floskel „der BGH hat immer Recht"[1078]; im Staatsexamen wird damit konsequenterweise sklavisch der höchstrichterlichen Auffassung gefolgt.[1079] Abweichende Literaturmeinungen werden zwar der Form halber dargestellt, doch am Ende abgelehnt, da die Möglichkeit, als falsch bewertet zu bekommen, was *„sogar"*[1080] der BGH für richtig gehalten hat, äußerst gering erscheint.[1081]

1077 Heldrich, a.a.O. Wobei es hier zu durchaus amüsanten Zwischenfällen kommen kann. *Heldrich* berichtet den Fall von einem Münchner Strafrechtslehrer, der seinen Studenten in einer Übung den Katzenkönig- Fall des 4. Strafsenats des BGH (BGH, Urteil vom 15. September 1988 – 4 Str 352/88, BGHSt 35, 347) ohne Angabe einer Quelle als Aufgabe stellte. Es kam zu wütenden Protesten der Teilnehmer, wonach es unsinnig sei, sich mit derart lebensfremden und konstruierten Sachverhalten zu beschäftigen. So etwas könne sich nur ein Universitätsprofessor ausdenken; Heldrich, a.a.O., S. 498.

1078 Die auch von *Heldrich* zitiert wird; der dies indes auf Repetitorien bezieht. Welche Folgen aber die Annahme haben kann, es bestünde in Deutschland ein reines Präjudiziensystem stellt Joachimski, der von Rösler in: Umgang mit dem Präjudizienrecht, zu Lundmark JuS 2000, S. 546 ff. in JuS 2000, S. 1040 zitiert wird, dar: Er schildert den Klausurfall, dass jemand Omas klein Häuschen angezündet habe. Sucht der Referendar nun in dem ihm zur Verfügung stehenden Hilfsmitteln unter den Stichwörtern „Oma", „klein" und „Häuschen" im Sachregister und findet dort möglicherweise einen Hinweis auf eine Entscheidung des Landgerichts Popeneichen an der Knatter zu dem Fall, dass jemand Onkels großes Auto im See versenkt habe, wird diese Entscheidung flugs zur analogen Anwendung herangezogen. Die im angelsächsischen Rechtsraum während der dortigen Ausbildung geschulte Kenntnis von Vorentscheidungen und der anzuwenden Technik könne somit in Deutschland zum Teil skurile Blüten tragen.

1079 Siehe dazu die beeindruckende Trefferanzahl von ungefähr 81.000 Seiten bei der Suchmaschine Google zu den Stichwörtern: „Staatsexamen Jura BGH". Ein Großteil der Seiten umfasst Hinweise auf Entscheidungen des BGH, die für das Examen von Nutzen sein sollen; siehe hierzu:
http://www.google.de/search?q=staatsexamen+jura+bgh&hl=de&client=firefox-a&hs=r9E&rls=org.mozilla:de:official&prmd=ivns&ei=EA2kTb7oBovQsga61LWTCA&start=0&sa=N vom 12. April 2011.

1080 Heldrich, a.a.O.

1081 *Heldrich* geht am a.a.O. sogar so weit, es als „unmöglich" zu bezeichnen, als „falsch" gewertet zu werden, folge man dem BGH.

2. „Präjudizienkult" im deutschen Recht

Dieser in der Ausbildung gepflegte *„Präjudizienkult"*[1082] setzt sich in der Praxis fort. Durch die ständige Verfügbarkeit der Rechtsprechung durch elektronische Medien[1083] ist ein Höchstmaß der Beachtung durch nahezu vollständige Ausschöpfbarkeit gewährleistet.[1084] Gleiches gilt für die wichtigsten Handwerkzeuge der Juristen, die Kommentare und großen Lehrbücher, wo die Einarbeitung in die neueste Rechtsprechung annähernd die gleiche Bedeutung erlangt hat wie die Berücksichtigung von Gesetzgebungsentwicklungen.[1085] Reine Gesetzesinterpretation ist oft nur in der Zeit nach dem unmittelbaren In - Kraft- Treten einer Vorschrift möglich, doch schon bald rankt sich ein immer undurchsichtiger werdendes Geflecht aus Kommentierungen und Entscheidungen der unteren Gerichte um den originären Text und beraubt ihn so seiner anfänglichen Einfachheit und Klarheit.[1086] Dies zeigt sich nach *Heldrich* insbesondere im Zivilrecht,[1087] wo die Erschließung und damit auch die Bearbeitung eines Rechtsgebietes ohne die Kenntnis der Rechtsprechung des BGH heute schlechthin nicht mehr möglich ist.[1088]

3. „Karlsruhe locuta, causa finita"

Der moderne deutsche Jurist schaut daher gebannt nach Karlsruhe und nimmt oft geradezu mit Erleichterung ein klärendes Wort des BGH auf: „Karlsruhe lo-

1082 Heldrich, a.a.O.

1083 Genannt seien hier unter anderem die eigene Internetpräsens des BGH, der Entscheidungen ab dem 1. Januar 2000 im Volltext frei zum Abruf unter www.bundesgerichtshof.de bereithält, oder die (kostenpflichtigen) Datenbanken www.juris.de und www.beck-online.de; alle vom 12. April 2011.

1084 Wieweit die Urteile mittlerweile auch auf das Leben der „Nichtjuristen" einwirken zeigt auch die Präsenz, die der Rechtsprechung auch in den allgemeinen Medien zukommt, seien nur beispielhaft und längst nicht abschließend die verschiedenen Seiten genannt: http://www.faz.net/s/RubA5A53ED802AB47C6AFC5F33A9E1AA71F/Tpl~Ecommon~SThemenseite.html; http://www.lto.de/; http://www.fr-online.de/home/svoe/recht-und-steuern/-/4804740/4804740/-/index.html; alle vom 12. April 2011.

1085 Heldrich, a.a.O.

1086 Heldrich, a.a.O.

1087 Heldrich, a.a.O., der beispielhaft den Persönlichkeitsschutz, die Arzthaftung oder die Einbeziehung von Dritten in den Schutzbereich von Verträgen nennt.

1088 Wobei diese Beobachtung auch für den Bereich der Strafrechtswissenschaft gilt, denn auch hier ist allein durch die bloße Lektüre des Gesetzestextes nicht viel erreicht.

cuta, causa finita“ [1089]- „Karlsruhe hat gesprochen, der Fall ist beendet“ heißt es dann.[1090] Zwar gilt die berühmte Aussage *von Kirchmanns* weiter, wonach „drei berichtigende Worte des Gesetzgebers [genügen] und ganze Bibliotheken werden zu Makulatur.“[1091] Beispielhaft sei hier nur die BGH - Rechtsprechung zum alten Schuldrecht, die sich mit der Abgrenzung des Sach – vom Rechtsmangel beschäftigte, genannt. Die Rechtsprechung hierzu, die Regale füllte, wurde durch das Schuldrechtsmodernisierungsgesetz von 2002 ein Dokument der Rechtsgeschichte.[1092] Ein Wandel der Gesetzgebung kann daher eine auch noch so beständige BGH - Rechtsprechung de facto aufheben. Doch es hat sich auch im neuen Schuldrecht gezeigt, dass es nur eine Frage der Zeit war, bis die ersten Entscheidungen des BGH zum neuen Schuldrecht vorlagen.[1093]

4. Die Relevanz von Präjudizien für die Praxis

Wie herausragend die Bedeutung der Rechtsprechung der obersten Gerichte ist, offenbart sich auch in der Berufspraxis der meisten Juristen.

a) Vermeidung von Revisionen

Dass der Fall tatsächlich „beendet“ ist, wenn Karlsruhe gesprochen hat, zeigt sich zunächst im Verhalten der unteren Gerichte. So sind abweichende Entscheidungen der Instanzgerichte gegen bestimmte Entscheidungen der Revisionsgerichte eher selten geworden.[1094] Zwar stünde es rechtlich einem Oberlandesgericht ohne weiteres frei, sich in den allein durch das Gesetz gesteckten Grenzen auch gegen den BGH zu entscheiden,[1095] doch da, wo eine Revision aufgrund einer eindeutigen Rechtsauffassung des BGH droht, schwenken viele Gerichte, wie von *Heldrich* beobachtet, nahezu „geräuschlos“[1096] auf die vom

---

1089 Im Original “Roma locuta, causa finita”

1090 Heldrich, a.a.O., S. 500.

1091 Von Kirchmann, Die Wertlosigkeit der Jurisprudenz als Wissenschaft: ein Vortrag, 1848 in der Juristischen Gesellschaft zu Berlin, (1999), S. 21.

1092 Die aber nach Ansicht mancher ohnehin nur dazu taugte, „Jurastudenten zu quälen“; zitiert aus Heldrich, a.a.O.

1093 Trefferanzahl bei der Datenbank „Juris“ zu den Stichwörtern „BGH“ und „Neues Schuldrecht“: 1147 Dokumente (Recherche durchgeführt am 6. Mai 2011).

1094 Heldrich, a.a.O.

1095 Für diese Grenzen siehe Abschnitt H. II. 4 db).

1096 Heldrich, a.a.O.

BGH gesetzte Linie ein.[1097] Begründet wird dies auch mit dem Gebot der Rechtssicherheit und der Pflicht zur möglichst schnellen Streitbeilegung.[1098]

Richterrecht ist aber in Deutschland, anders als im Common Law, selbst nicht als Rechtsquelle anerkannt. Möglich ist es aber, dass eine ständige Rechtsprechung in dem Moment in Gewohnheitsrecht erstarkt, in dem sie eine allgemeine Rechtsauffassung wiederspiegelt.[1099] Zwar wird der BGH nicht müde zu betonen, dass höchstrichterliche Urteile eben kein Gesetzesrecht seien, so dass sie für die nachfolgenden Gerichte keine feststehende Judikatur darstellen würden.[1100] Tatsächlich wird sich aber in fast allen Entscheidungsbegründungen auf Präjudizien der höheren Gerichte berufen.[1101] Das dem so ist, scheint wohl selbst der BGH zu sehen, denn warum sonst sollte der damalige Präsident des BGH, *Odersky*, in seiner Festansprache zum 40. Gründungstages des Gerichts auf die hohe Bedeutung der Kontinuität in der revisionsgerichtlichen Praxis hinweisen?[1102]

b) Selbstbindung der Gerichte

Noch viel bedeutender ist jedoch die Tatsache, dass ein Gericht, das von einer oberinstanzlichen Entscheidung abweicht, weil es diese für nicht zutreffend hält, damit rechnen muss, seine eigene Entscheidung anschließend wieder aufgeho-

---

1097 Siehe zu diesem Verhalten der Gerichte hierzu auch: Vogenauer, Die Auslegung von Gesetzen in England und auf dem Kontinent: eine vergleichende Untersuchung der Rechtsprechung und ihrer historischen Grundlagen, Band 1, (2001), S. 225. Siehe ebenso die Beispiele bei Zimmermann/Jansen, Quieta movere, in: Cane/Stapleton (Hrsg.), The Law of Obligations: Essays in Celebration of John Flemming, (1998), S. 287-296 und Dawson, der schon 1968 von "Germany´s case-law revolution" sprach; Dawson, The oracles of the law, (1968), S. 432 ff.

1098 Hirsch, a.a.O., S.8.

1099 Hirsch, a.a.O.

1100 „(…) denn Gerichte sind i.d.R. nicht an eine feststehende Rechtsprechung gebunden, die sich im Licht besserer Erkenntnis als nicht mehr haltbar erweist"; BGH, NJW 1996, S. 1468.

1101 Siehe hierzu abermals die Auswertungen von Wagner-Döbler/Philipps, Präjudizien in der Rechtsprechung: Statistische Untersuchungen anhand der Zitierpraxis deutscher Gerichte, Rechtstheorie 23, (1992), S. 228.

1102 Heldrich, a.a.O. Und das nicht nur von ihm selbst, sondern auch von seinen Kollegen; siehe hierzu: Böttcher/Odersky/Hueck/Jähnke (Hrsg.), Festschrift für Walter Odersky zum 65. Geburtstag am 17. Juli 1996, (1996), S. XVI (Geleitwort).

ben zu bekommen.[1103] „Leidtragende" hiervon sind dann die Parteien, die eigentlich begünstigt werden sollten.[1104] Diese Konsequenzen vor Augen führen dazu, dass untere Gerichte oft schnell „auf Linie" gebracht werden und schließlich einlenken.[1105]

Hieran zeigt sich die normative Kraft des BGH, die in der Praxis längst zu einer mehr oder weniger freiwillig auferlegten Selbstbindung der Gerichte führt.[1106] Daher kann von einer faktischen Bindungswirkung oder einer „de facto- Autorität"[1107] von Präjudizien gesprochen werden.[1108]

c) Sanktionen bei Nichtbeachtung der Präjudizien

Des Weiteren wird in nicht unerheblichem Maße die Nichtbeachtung eines Präjudizes bzw. die Abweichung durch die Rechtsordnung sanktioniert. Danach ist gemäß § 546 ZPO das Recht verletzt, wenn „eine Rechtsnorm nicht oder nicht richtig angewendet worden ist". Dies ist zunächst dann der Fall, wenn ein Instanzgericht einschlägige Vorentscheidungen in seinem Urteil nicht beachtet, da sein Urteil meist schon deswegen aufgehoben wird.[1109] Damit ist aber noch nicht das Ende der Bindungswirkung erreicht: So macht sich ein Rechtsanwalt schadensersatzpflichtig, wenn er die höchstrichterliche Rechtsprechung nicht beachtet, da eine derartige Nichtberücksichtigung als fahrlässig gilt.[1110] Ebenso ist die Staatsanwaltschaft in zumindest beschränktem Umfang an Entscheidungen gebunden, wonach sie zur Anklage verpflichtet ist, wenn die höchstrichterliche

1103 Braun, Einführung in die Rechtswissenschaft, (2007), S. 386.

1104 Braun, a.a.O.

1105 Braun, a.a.O.

1106 Siehe hierzu auch: Heldrich, a.a.O.

1107 Vogenauer, Die Auslegung von Gesetzen in England und auf dem Kontinent: eine vergleichende Untersuchung der Rechtsprechung und ihrer historischen Grundlagen, Band 1, (2001), S. 225.

1108 Siehe hierzu nur statt vieler: Larenz/Canaris, Methodenlehre, 3. Auflage, (1995), S. 253 ff.

1109 Vogenauer, a.a.O.

1110 BGH, Urteil vom 3. Juni 1993 - IX ZR 173/92, BB 1993, S. 1682.

Rechtsprechung in einem bestimmten Fall eine strafbare Handlung bejaht.[1111] Letztlich begehen Verwaltungsbeamte eine Amtspflichtverletzung im Sinne des § 839 BGB, wenn sie eine Entscheidung in Unkenntnis der einschlägigen Rechtsprechung treffen.[1112]

Der Rechtspraktiker ist daher gut beraten, der höchstrichterlichen Rechtsprechung ein hohes Maß an Aufmerksamkeit zukommen zu lassen.

1111 Siehe hierzu nur das Beispiel des Tatbestands des „Erschleichens von Leistungen" nach § 265 a StGB. In der Literatur ist die Frage, ob das so genannte „Schwarzfahren" den Tatbestand der Beförderungserschleichung erfüllt, höchst umstritten. Überwiegend wird dies abeglehnt, da hierfür ein auf die Umgehung einer möglichen Kontrolle gerichtetes Verhalten erforderlich sei. Die höchstrichterliche Rechtsprechung hingegen bejaht die Strafbarkeit. Danach sei es ausreichend, wenn sich der Täter durch sein „Normalverhalten" wie ein zahlender Fahrgast verhalte und damit den Anschein ordnungsgemäßer Benutzung des ÖPNV hervorrufe (OLG Stuttgart, Urteil vom 10. März 1989 – 1 Ss 635/88, NJW 1990, S. 924). Entscheidet sich nun ein Staatsanwalt, der Literaturmeinung zu folgen und folglich keine Anklage zu erheben, sieht er sich der „Lehre von der Bindungswirkung einer ständigen Rechtsprechung" ausgesetzt. Diese besagt, dass die Loslösung der Staatsanwaltschaften von der höchstrichterlichen Rechtsprechung zu einer Auflösung der Einheitlichkeit der Rechtanwendung führen würde. Dies sei mit dem Legalitätsprinzip unvereinbar. Ferner folge die Pflicht zur Anklagerhebung aus § 170 Abs. 1 StPO. Danach müsse Anklage erhoben werden, wenn eine hinreichende Wahrscheindlichkeit der Verurteilung bestünde. Da sich die Gerichte wiederum an der höchstrichterlichen Rechtsprechung orientieren würden, sei die Wahrscheinlichkeit der Verurteilung somit gegeben. Hieraus folge daher die Pflicht zur Anklageerhebung (siehe BGHSt 15, S. 155, (158); Meyer-Goßner, Strafprozessordnung, 51. Auflage, (2008), Vor § 141 GVG, Rn 11; Beulke, 11. Auflage, (2010), S. 58 ff.). Zwar gibt es auch Ansichten, die eine solche Bindung ablehnen (siehe u.a. Arndt, 1. Verschleiß an Würde. – 2. Umstrittene Staatsanwaltschaft, NJW 1961, S. 1617; siehe auch: Bloy, Grundprobleme des Verhältnisses zwischen Staatsanwaltschaft und rechtsprechender Gewalt, JuS 1981, S. 428). Theoretisch könnte sich der Staatsanwalt also über die zuerst genannte Auffassung hinwegsetzen, und von einer Anklage absehen - im Zeitalter von Erledigungsstatistiken wird es sich ein Staatsanwalt jedoch oft zweimal überlegen, ob er sich diesem Aufwand aussetzen will. Siehe hierzu auch: Albrecht, Kriminologie, 4. Auflage, (2010), § 32, S. 327; ders. Urteilsanmerkung zum Beschluss des HansOLG Hamburg, Urteil vom 3.6.1987 – 1 Ss 67/87 – (Beförderungserschleichung bei unkontrolliertem Zugang); NStZ 199, S. 222 ff; Hefendehl, Der fragmentarische Charakter des Strafrechts, JA 2011, S. 403 und Rössner, 30 Probleme aus dem Strafprozessrecht, 2. Auflage, (2007), S. 27 ff.

1112 BGHZ 30, S. 19, (22); OVG Münster, Beschluss vom 29. März 1979 – VII A 1927/77, NJW 1979, S. 2061, 2063.

d) Die Leitsatztechnik des BGH

Nicht außer Betracht zu lassen ist zudem die hochentwickelte Leitsatztechnik des BGH, die den für die Rechtswissenschaft bedeutsameren Entscheidungen abstrakt formulierte Kernaussagen vorausgehen lässt - wohl in der Absicht, dass sie von den Untergerichten in ähnlich gelagerten Fällen leichter umgesetzt werden können.[1113] In der Praxis hat damit jedes einzelne Urteil des BGH zumindest theoretisch die Chance, in Zukunft bei einem Gericht niederer Ordnung als Entscheidungsmaßstab zu dienen.

e) Besonderer Begründungsaufwand

Letztlich verlangt, auch wenn Präjudizien nur als subsidiäre Rechtsquelle anerkannt werden, die Abweichung von einer ständigen Rechtsprechung vom entscheidenden Gericht eine besondere Argumentationslast.[1114] Diese auf sich zu nehmen, ist angesichts der den Richtern von den Justizministerien auferlegten Erledigungsstatistiken[1115] eine Arbeit, die aufzunehmen am Ende noch zu Erklärungspflichten führt, warum denn das auferlegte Pensum nicht erreicht wurde.

1113 Heldrich, a.a.O.

1114 Kokkinakis, Strafprozessuales Vorgehen und strafrechtliches Rückwirkungsverbot, (2001), S. 131.

1115 Siehe hierzu nur die Statistiken des Hessischen Ministeriums der Justiz: http://www.hessen.de/irj/HMdJ_Internet?cid=a92b962472de4bf185f8e9d275d4e2c0 vom 16. April 2011.

IV. Zwischenergebnis

Fern der rechtspolitischen Entscheidungen des Gesetzgebers von 1900 kann somit festgestellt werden, dass das deutsche Rechtsystem folglich die Nähe zum System des Common Law erreicht hat.[1116] Für das Fallrecht in Deutschland gilt damit nahezu das gleiche wie für das Common Law.[1117] Ohnehin könnte man die Frage aufwerfen, ob die Unterschiede zwischen den beiden Rechtskulturen nicht überbewertet sind,[1118] denn der geradezu holzschnittartige Gegensatz vom kontinentalen kodifizierten Recht und vom angelsächsischem Fallrecht schwächt sich bei näherer Betrachtung ab:[1119] Auch innerhalb des Common Law Rechtskreises gibt es eine Reihe von Gesetzen, die Präjudizen vorgehen,[1120] so wie der deutsche Richter mehr Kompetenz benötigt, als *Montesquieu* es umschrieben hat.[1121] Zwar herrschte für lange Zeit das so genannte „positivistische Subsumtionsdogma“[1122] vor, nach dem die richterliche Entscheidung nur aus der Anwendung des Einzelfalles unter eine vorgegebene Norm bestünde.[1123] Gleichwohl bedarf es in vielen Fällen eines kreativen, als methodisch komplex zu bezeichnenden Zwischenschrittes: Zunächst muss der Richter entscheiden, welche Norm auf den ihm vorliegenden Sachverhalt anzuwenden ist. Dies sind nicht selten mehrere, so dass er sie gegeneinander abwägen muss, um dann festzustellen, dass sein Einzelfall sich nicht wie „eine geometrische Figur unter ihre

---

1116 Ranieri in: Kaelble/Schriewer (Hrsg.): Vergleich und Transfer: Komparatistik in den Sozial, Geschichts- und Kulturwissenschaften, (2003), S. 250.

1117 Hager, Rechtsmethoden in Europa, (2009), S. 118.

1118 Siehe hierzu auch: Luhmann, Law as a Social System, (2004), S. 325 und Lundmark, Juristische Technik und Methodik des Common Law , (1998), S. 98. *Braun* bezeichnet die Unterschiede nur noch als „graduell“ und spricht von „Substrukturen“, die sich unter der Oberfläche des Gesetzes gebildet haben; Braun, Einführung in die Rechtswissenschaft, 3. Auflage, (2007), S. 387.

1119 Höffe, Die Alte Welt im Recht, Frankfurter Allgemeine Zeitung vom 18. Mai 2009.

1120 Hinchy, The Australian Legal System, S. 292 ff.

1121 Höffe, a.a.O.; die Frage, inwieweit *Montesquieu* tatsächlich die Richter auf die bloße Rolle eines „Subsumtionsautomaten“ reduzieren wollte und deswegen in die „rechtshistorische Rumpelkammer“ gehört, (Zitat von Kaufmann; Freirechtsbewegung – lebendig oder tot?, JuS 1965, S. 8; siehe hierzu auch: Vollkommener, Empfiehlt es sich, die Bekanntgabe der abweichenden Meinung des überstimmten Richters (dissenting opinion) in den deutschen Verfahrensordnungen zuzulassen?, Juristische Rundschau 1968, S. 241) ist umstritten, soll jedoch nicht Teil dieser Arbeit sein. Für eine Auseinandersetzung hiermit siehe auch: Ogorek, Aufklärung über Justiz, (2008), insbesondere S. 67 ff.

1122 Höffe, a.a.O.

1123 Siehe hierzu: Kunz/Martino: Rechtsphilosophie, Rechtstheorie, Rechtssoziologie: Eine Einführung in die theoretischen Grundlagen der Rechtswissenschaft, (2006), S. 126.

Konstruktionsvorschrift“[1124] einfügen lässt. Der Richter sieht sich daher gezwungen, eine für den in Frage stehenden Einzelfall speziellere Norm zu entwickeln. Erst durch diese Arbeit sieht er sich in der Lage, die Norm auf den Einzelfall zu subsumieren. Von einem bloßen „Subsumtionsautomaten“[1125] kann daher keine Rede sein. Wie wichtig und unverzichtbar dieser Zwischenschritt ist, zeigt sich insbesondere, wenn er zunächst wortleere Generalklauseln wie „gute Sitten“[1126] oder „Treu und Glauben“[1127] mit Leben auszufüllen hat. Die Beachtung und Konkretisierung von bestimmten Prinzipien des Rechts wird somit der Justiz überlassen.[1128] Dass er sich im Rahmen dieser Aufgabe vor allem an früheren Entscheidungen, insbesondere der höheren Gerichte orientiert, versteht sich dabei von selbst.

Im Ergebnis braucht daher auch der deutsche Richter eine Urteilskraft, die die gleiche Rechtsklugheit verlangt, die einen guten Common Law Richter auszeichnet.[1129] Die herkömmliche Auffassung, dass der Richter das Recht nur auslegt, wird damit auch im deutschen Rechtskreis mehr und mehr durch die Auffassung ersetzt, dass der Richter Recht zu finden bzw. zu schöpfen habe.[1130] Dies wirkt sich auch auf die praktische Tätigkeit der Juristen außerhalb der Justiz aus: Die Arbeit eines französischen, dänischen oder deutschen Juristen, seinen Standpunkt zu vertreten, unterscheidet sich im Arbeitsumfang wohl kaum noch von dem seiner englischen, amerikanischen oder australischen Kollegen.[1131] Die Lösung eines Falles kann daher auch im deutschen Recht, insbeson-

---

1124 Höffe, a.a.O.

1125 Siehe für eine umfassende Auseinandersetzung mit diesem Begriff und der Rolle der Justiz auch: Ogorek, Richterkönig oder Subsumtionsautomat?, (1986).

1126 § 138 Abs. 1 BGB.

1127 § 242 BGB.

1128 Kokkinakis, Strafprozessuales Vorgehen und strafrechtliches Rückwirkungsverbot, (2001), S. 131.

1129 Höffer, a.a.O.

1130 Kokkinakis, a.a.O.; Hilgruber, Richterliche Rechtsfortbildung als Verfassungsproblem, JZ 1996, S. 121; Lundmark, Umgang mit dem Präjudizienrecht, JuS 2000, S. 547; siehe auch Haft, Generalklauseln und unbestimmte Begriffe im Strafrecht, JuS 1975, S. 482.

1131 Für eine Darstellung hierzu siehe: Hahlo, Here Lies the Common Law : Rest in Peace, 30 Modern Law Review, (1967), S. 241 ff.; *Hahlo* bezeichnete den Gedanken, dass die Kodifikation des Rechts die Probleme der Juristen lösen würde, als einen “beautiful dream”; zitiert aus: Weeramantry/Anghie/Sturgess (Hrsg.), Legal Visions of the 21st Century: Essays in Honour of Judge Christopher Weeramantry, (1998), S. 96. Siehe auch: Hahlo, Codifying the Common Law: Protracted Gestation, 38 The Modern Law Review, S. 23 ff.

dere in komplex gelagerten Fällen, nicht allein durch Heranziehen des Gesetzes zusammen mit den gängigen Praxiskommentaren gefunden werden, sondern erst durch die gleiche zeitraubende und umfangreiche Recherche, wie sie im Common Law erforderlich ist.[1132] Der kontinentale Jurist sieht sich damit mittlerweile den gleichen Problemen bei der Rechtsfindung ausgesetzt wie seine angelsächsischen Kollegen.[1133] Bezeichnet man somit das Richterrecht und das Gesetzesrecht als Grundpfeiler einer modernen Rechtsordnung, ist es somit spannend zu beobachten, wie in beiden Rechtskreisen eine Verschiebung der Kräfteverhältnisse im Gange ist – während in den Common Law Ländern der Wunsch besteht, im Interesse einer Systematik mehr und mehr zu kodifizieren, verläuft in Deutschland diese Entwicklung in Richtung des Richterrechts.[1134] Man kann daher auch von der Konvergenz der Rechtskulturen sprechen.[1135]

V. Die Annäherung der Rechtskulturen

Zusammenfassend lässt sich damit feststellen, dass die absolute Präponderanz des kodifizierten Rechts in Deutschland der Vergangenheit angehört.[1136] Auf der anderen Seite tendiert man im Common Law mehr und mehr dazu, Methoden anzuwenden, die der Vereinheitlichung und Rationalisierung des Rechts dienlich sind. Umgekehrt gewinnt in der deutschen Rechtswissenschaft die Rechtsfortbildung durch die Judikative und – „Hand in Hand damit"[1137] – der induktive, auf das jeweilige Problem fokussierte Denkstil zunehmend an Bedeutung.[1138]

1132 *Markesinis*, Email an *Zander* vom 11. Mai 2000, mit Erlaubnis des Verfassers abgedruckt in: Zander, The Law-Making Process, S. 489. An dieser Stelle soll jedoch nicht unerwähnt blieben, dass es durchaus Stimmen gibt, die davon ausgehen, dass durch die Kodifikation der kontinentale Jurist in die Lage versetzt werde, die überwiegende Zahl der Fälle zufriedenstellend innerhalb einer halben Stunde zu lösen - im Gegensatz zu einem Common Law Praktiker, der dafür Stunden benötigen würde; siehe hierzu: Cohn, The German Attorney: Experiences with a Unified Profession (I), 9 International and Comparative Law Quarterly, (1969), S. 587; *Kötz*, der an dieser Stelle *Karl Llewellyn*, den Autoren des Amercian Uniform Coomercial Code zitiert; Taking Civil Codes Less Seriously, in: Kötz/Basedow/ Hopt/Zimmermann, Undogmatisches, (2005), S. 62.

1133 Markesinis, The Gradual Convergence: Foreign Ideas, Foreign Influences, and English Law on the Eve of the 21st Century, (1994), S. 19.

1134 Heldrich, a.a.O., S. 500.

1135 Raiser, Grundlagen der Rechtssoziologie, (2007), S. 316.

1136 Zweigert/Kötz, Einführung in die Rechtsvergleichung, 3. Auflage, (1996), S. 265.

1137 Zweigert/Kötz, a.a.O.

1138 Zweigert/Kötz, a.a.O.

Demgegenüber besteht im Common Law, wie bereits ausgeführt, das Bedürfnis, das im Laufe der Jahrhunderte gewachsene Richterrecht in eine systematische Ordnung zu bringen, um es dadurch beherrschbarer und damit auch gerechter zu machen. Ein wesentlicher Schritt hierzu war die Gründung der Law Reform Commissions.[1139] Trotz entgegengesetzter Ausgangspunkte ist damit zu beobachten, dass das Common Law und das kontinentaleuropäische System in ihren juristischen Techniken und Methoden stetig enger zusammenwachsen.[1140]

1. Folgen dieser Entwicklung

Wenn man also sagen kann, dass das deutsche Recht mehr und mehr die Züge eines dynamischen Rechtssystems wie dem des Common Law entwickelt, dann stellt sich die Frage, wie dies zu bewerten ist.

a) Ein dynamisches System

Auf den ersten Blick nicht negativ. Die Entscheidungen, die auf Basis des Common Laws gefällt werden, weichen nicht erheblich von denen des deutschen Rechts ab. Dies zeigt sich beispielweise daran, dass angloamerikanische Richter, ganz ohne Kenntnis des BGB, gut 85% der ihnen vorgelegten Fälle in der Sache nicht anders entscheiden als die deutschen Kollegen.[1141] Auch ohne Kodifizierung gibt es damit sehr ähnliche Auffassungen von dem, was Recht ist. Ferner muss sich das Recht gesellschaftlichen Veränderungen anpassen, muss flexibel bleiben und dynamisch.

Von daher gesehen ist es durchaus kein Nachteil, wenn die richterliche Rechtsfortbildung einen immer größeren Einfluss auf die Weiterentwicklung des Rechts nimmt.

b) „Symbolische Gesetzgebung“

Wie immer gibt es aber die zwei Seiten einer Medaille. Was für die praktische Weiterentwicklung des Rechts von Vorteil ist, kann jedoch möglicherweise zu Lasten des Einzelnen gehen. Auslegungsbedürftige, unbestimmte Tatbestände

---

1139 Siehe hierzu auch: Zweigert/Kötz, a.a.O., S. 264.

1140 Zweigert, Kötz, a.a.O.

1141 Rehbinder, Einführung in die Rechtswissenschaft, 8. Auflage, (1995), S. 2.

sorgen insbesondere im Strafrecht, durch das die Justiz mit seiner Strafgewalt so tief in das Leben des Einzelnen eingreifen kann, für Probleme. Es ist nun einmal etwas völlig anderes, ob der Richter den Begriff des „Treu und Glaubens" auszulegen oder über die Frage zu entscheiden hat, ob jemand sich wegen Geldwäsche strafbar gemacht hat.[1142] Die zivilrechtliche Entscheidung kostet primär Geld, während die strafrechtliche bis hin zum Verlust der Freiheit führen kann. Durch die zu beobachtende Zunahme einer so genannten „symbolischen Gesetzgebung"[1143] sieht sich die Justiz mehr und mehr an den Rand ihrer Leistungsfähigkeit gedrängt,[1144] was Folgen für jeden Einzelnen hat.

c) Eine Bedrohung der Freiheitsrechte

Daher soll die These aufgestellt werden, dass die wachsende Bedeutung der Judikative für die Weiterentwicklung des Rechts eine Bedrohung für die Freiheitsrechte darstellt.

1142 Für die Problematik mit diesem Paragrafen als Beispiel für eine zu beobachtende Entwicklung siehe: Albrecht, Der Weg in die Sicherheitsgesellschaft, (2010), S. 1027; Albrecht, Expectations to strengthen judicial Independence, in: Albrecht/Thomas (Hrsg.), Strengthen the Judiciary`s Independence in Europe, (2009), S. 20; Albrecht, The Forgotten Freedom, (2003), S. 145.

1143 Albrecht, Der Weg in die Sicherheitsgesellschaft, (2010), S. 1028.

1144 Albrecht, a.a.O.

Dies wirkt zunächst, in Zeiten, in denen die Justiz in das Korsett von Erledigungszahlen[1145] und faktischen Beschränkungen durch die höchstrichterliche Rechtsprechung gebunden ist, paradox. Richterstellen werden aufgrund von unverständlichen Pensenschlüsseln zu Gunsten des Ausbaus der Staatsanwaltschaften reduziert,[1146] die durch informelle Verfahrensweisen mehr und mehr an Macht gewinnen.[1147] Zum Teil nur als irrational zu bezeichnende Gesetze neh-

---

1145 Was für ein Druck mit teilweise grotesken Folgen damit auf die Richter aufgebaut wird, zeigt das Verfahren gegen einen Jugendrichter des Amtsgerichts Mannheim, das zunächst vor dem Landgericht Mannheim und anschließend vor dem Oberlandesgericht in Karlsruhe im Jahr 2003 verhandelt wurde (LG Mannheim, Beschluss vom 17. April 2003, 5 KLs 15 Js 24957/00; OLG Karlsruhe, Beschluss vom 9. Dezember 2003, 3 Ws 174/03). Der Jugendrichter war von der Staatsanwaltschaft Mannheim wegen Strafvereitelung angeklagt worden, da er aus ihrer Sicht Fälle zu zögerlich behandelt habe. Mehrfach hatte der Richter jedoch in den Vorjahren gegenüber dem Präsidium seines Gerichts geäußert, dass die ihm auferlegte Belastung auf Dauer nicht haltbar sei. Bedeutsam ist der Fall insbesondere deshalb, da keines der Verfahren verjährt war und oder Akten verschwunden waren. Zwar wurde die Klage zurückgewiesen. Doch zeigt sich, dass es durchaus ernstzunehmende Tendenzen gibt, die Frage der richterlichen Unabhängigkeit mehr als nur in Frage zu stellen, sondern sie Gefahr läuft, nach diesen Ansichten als strafwürdiges Verhalten definiert zu werden. Beispiel aus Albrecht, Der Weg in die Sicherheitsgesellschaft, (2010), S. 1003. Siehe hierzu auch: Hamm, Fa(o)ulspiel in der baden-württembergischen Justiz, Neue Richtervereinigung. Landesverband Hessen, (2005), S. 11.

1146 Albrecht, Der Weg in die Sicherheitsgesellschaft, (2010), S. 998; siehe hierzu auch die „Zahl der Woche" in der Frankfurter Allgemeinen Sonntagszeitung vom 24. April 2011: Danach betrug der Zuwachs der Rechtsanwälte innerhalb von acht Jahren in Deutschland 42 %. Die Zahl der Staatsanwälte stieg im selben Zeitraum um 2 %, während die Zahl der Richter um 4 % sank.

1147 Albrecht, Der Weg in die Sicherheitsgesellschaft, (2010), S. 995, 1006. Siehe hierzu nur u.a. die in §§ 153 ff. StPO normierten gesetzlichen Möglichkeiten der Verfahrensbeendigung durch die Staatsanwaltschaft. Diese stellen Durchbrechungen des Legaliätsprinzips dar, das in § 152 Abs. 2 und § 170 Abs. 1 StPO seinen gesetzlichen Ausdruck gefunden hat. Nach diesem ist die Staatsanwaltschaft verpflichtet, wenn sie Kenntnis von einer Straftat erlangt, Ermittlungen aufzunehmen, und, wenn diese einen hinreichenden Tatverdacht begründen, Anklage zu erheben. Sieht die Staatsanwaltschaft jedoch die Schuld des Täters als gering an, gestattet ihr das in den §§ 153 ff. StPO gesetzlich geregelte Opportunitätsprinzip, unter bestimmten Bedingungen von einer Strafverfolgung abzusehen (für eine kurze Darstellung der Möglichkeiten der Staatsanwaltschaften siehe: Beulke, Strafprozessrecht, 11. Auflage, (2010), S. 214 ff.) Dieser Machtzuwachs der Staatsanwaltschaft wird aber durchaus nicht nur positiv gesehen (siehe hierzu nur beispielhaft: Arzt, Zur Bekämpfung der Vermögensdelikte mit zivilrechtlichen Mitteln – Der Ladendiebstahl als Beispiel, JuS 1974, S. 695.; Fornauf, Die

men die Justiz unmittelbar in die „Verantwortung" staatlicher Sicherheitspolitik.[1148] Diese Gesetze sollen das Sicherheitsinteresse einer verunsicherten Bevölkerung befriedigen und sind dabei doch oft mehr Placebos, die am Ende die Rechte aller auf Kosten der Freiheit einschränken. Die Aussage, dass „Gesetzesanwendung so etwas wie Gesetzgebung ist, folglich (teilweise) auch Politik",[1149] wird durch dieses Vorgehen nur bestätigt. Dies zeigt sich auch an dem nicht zu leugnenden erheblichen Interesse der Politik an der Besetzung hoher Richterstellen.[1150] Die Auffassung *Montesquieus*, wonach der „Richter ein Wesen ohne Seele" sei,[1151] wodurch der Einzelne vor der emotionalen Blindheit des Richters bewahrt werden soll, was im Ergebnis den Schutz der Freiheit, der Gerechtigkeit und der der persönlichen Sicherheit aller bedeutet,[1152] gerät so ins Hintertreffen.

Marginalisierung der Unabhängigkeit der Dritten Gewalt im System des Strafrechts, (2010) S. 192 ff.). Wesentliche Einwände, insbesondere gegen § 153 a StPO, werden gegen die fehlende Bestimmtheit des Anwendungsbereichs der Vorschrift aufgrund der auslegungsbedürftigen Begriffe wie „Schwere der Schuld" und „öffentliches Interesse" geltend gemacht. Weiterhin sei die Befugnis der Staatsanwaltschaft, Auflagen festzusetzen, kritisch zu bewerten, da gemäß Art. 92 GG die rechtsprechende Gewalt allein der Justiz anvertraut sei. Dies stelle einen Verstoß gegen die Rollenverteilung im Strafverfahren dar. Letztlich bestünde die Gefahr, dass ein Beschuldigter durch das Angebot der Verfahrensbeendigung nach § 153 a StPO in eine Drucksituation gerate, die die Freiwilligkeit seiner Zustimmung fraglich erscheinen ließe. Problematisch sei aber ebenso, dass ein Beschuldigter die Einstellung selbst anregen könne, was die latente Gefahr des „Feilschens" bzw. des „Freikaufens" von der Strafverfolgung in sich trage. Nicht förderlich für das Ansehen der Justiz sind ferner die Spitznamen, die dieser Paragraf erhalten hat („Millionärsschutzparagraf" und „Tuschelverfahren"). Bekannte Verfahren, die unter Berufung auf diesen Paragrafen eingestellt wurden, was zum Teil in der Öffentlichkeit sehr kritisch aufgenommen wurde, waren das Verfahren wegen Untreue gegen Altbundeskanzler *Helmut Kohl* (siehe LG Bonn, Beschluß vom 28. Februar 2001, - 27 AR 2/01, NStZ 2001, S. 375.), das Steuerstrafverfahren gegen die TV-Moderatorin *Margarethe Schreinemakers* (siehe für die Wahrnehmung in der breiten Öffentlichkeit nur als ein Beispiel: Beise, Margarethe, gibt dem Staat die Knete, Der Tagesspiegel, 7. August 1998) oder eines der Verfahren wegen Körperverletzung gegen *Prinz Ernst August von Hannover* (Özgenc/Sturm: „Das zahlt er aus der Portokasse", FOCUS, 10. August 1998). Für diese Beispiele siehe: Hüls, Polizeiliche und staatsanwaltschaftliche Ermittlungstätigkeit, (2007), S. 70 ff.

1148 Albrecht, Der Weg in die Sicherheitgesellschaft, (2010), S. 999.

1149 Adomeit, Rechtstheorie für Studenten, 4. Auflage, (1998), S. 97.

1150 *Rüthers* geht sogar so weit, dies als einen „verbissen geführten Machtkampf" zu bezeichnen, Rüthers, Demokratischer Rechtsstaat oder oligarchischer Richterstaat?, JZ 2002, S. 371.

1151 Siehe Abschnitt H. II. 4. b).

1152 Albrecht, The Forgotten Freedom, (2003), S. 144.

d) Die Justiz als „Beute der Exekutive"

Wie kann daher angesichts einer solchen Situation noch ernsthaft behauptet werden, die Unabhängigkeit der Justiz gefährde die Freiheitsrechte? Sind diese nicht vielmehr durch einen zu beobachtenden schleichenden Machtverlust der Justiz gefährdet, so dass die Justiz nicht eher mittlerweile als „Beute der Exekutive"[1153] bezeichnet werden kann? Die These, dass die Unabhängigkeit der Justiz kritisch zu bewerten sein soll, erscheint daher auf den ersten Blick wie ein Schlag ins Gesicht derer, die sich leidenschaftlich für die Stärkung der Rechte der Dritten Gewalt einsetzen.[1154]

Dem ist aber nicht so.

1153 Macke, Die Dritte Gewalt als Beute der Exekutive, DRiZ 1999, S. 481 ff.

1154 Siehe hierzu nur: Albrecht/Thomas (Hrsg.), Strengthen the Judiciary`s Independence in Europe, (2009).

Ausgangspunkt der aufgestellten These ist gerade nicht, dass die Richter in ihren Möglichkeiten zur richterlichen Rechtsfortbildung beschränkt werden sollten. Dies stellt eins der originären Rechte der Dritten Gewalt dar und die Tendenzen, die in der Praxis zu beobachten sind, sind auch nach der hier vertretenen Ansicht nur als äußerst kritisch und als Bedrohung der freiheitlichen demokratischen Rechtsordnung zu bewerten. Auf diesen Erkenntnissen soll jedoch aufgebaut werden. Es kann nämlich die Behauptung aufgestellt werden, dass der Justiz Aufgaben übertragen werden, die originär in der Hand des Parlaments liegen. Die Dritte Gewalt wird durch diese Verantwortungsübertragung abermals faktisch zur „Beute“, dieses Mal der Legislative.

da) Die „heiße Nadel des Gesetzgebers“

Festzustellen ist, dass seit einiger Zeit eine Häufung von Fällen zu beobachten ist, in denen im Wege richterlicher Auslegung oder Rechtsfortbildung handwerkliche Fehler des Gesetzgebers zu korrigieren sind.[1155] Oftmals entsteht so der Eindruck, dass dieser Umstand geradezu billigend in Kauf genommen wird, nämlich dass Gesetze, die „mit der heißen Nadel gestrickt wurden“, erst durch den Richter mit Sinn gefüllt werden können.[1156] Diese handwerklich schlecht gemachten Gesetze sind aber nicht nur verwirrend und selbst für den praktischen Anwender oft kaum verständlich, sondern sie stellen auch, was weitaus kritischer zu bewerten ist, oft einen Eingriff in grundrechtlich geschützte Freiheitsrechte dar.

db) Die Grundprinzipien des Strafrechts und ihre Missachtung

„Nulla poena sine lege“- Keine Strafe ohne Gesetz“. Nach dem in Art. 103 II GG grundgesetzlich normierten, zentralem strafrechtlichen Prinzip des Bestimmtheitsgebotes muss der Straftäter die Straftatbestände kennen. Dafür ist erforderlich, dass diese gerecht und vor allem genau sind.[1157] Dieses Prinzip repräsentiert die wesentliche Errungenschaft eines aufgeklärten und modernen

---

1155 Hirsch, a.a.O. Siehe auch den Beitrag von *Ullrich*, der sich den Unzulänglichkeiten der Gesetzgebung eher humoristisch widmet: Ullrich, Der Gesetzgeber und seine heiße Nadel, ZRP 1998, S. 346.

1156 Hirsch, a.a.O., S.14.

1157 Siehe zu den Problemen mit unbestimmten Rechtsbegriffen im Strafrecht: Haft, Generalklauseln und unbestimmte Begriffe im Strafrecht, JuS 1975, S. 478 ff.

Strafrechts.[1158] Es begrenzt die Macht des strafenden Staates und sichert so die persönliche Freiheit des Einzelnen. Gleichwohl ist zu beobachten, dass diesem Prinzip zunehmend keine allzu große Wertschätzung mehr zukommt.[1159] Dies zeigt sich insbesondere in der immer häufiger zu beobachtenden „Flucht in die Generalklauseln." Die Gesetzgeber erlassen Straftatbestände, die selbst für die, die mit ihnen arbeiten müssen, unverständlich sind; Straftatbestände, bei denen es kaum möglich scheint zwischen dem strafbaren und dem alltäglichem Verhalten zu unterscheiden.[1160] Eine abschreckende Wirkung kann sich daher schon aus reinem Unverständnis des Textes kaum einstellen.[1161] Gleichwohl sollen diese angewendet werden, denn die Politik verlangt Ergebnisse. Der Richter sieht sich damit vor die Herausforderung gestellt, entscheiden zu müssen - denn das verlangt die Statistik von ihm; gerecht zu urteilen - denn das verlangt der Rechtstaat von ihm; und abschreckend tätig zu werden- denn das verlangt die staatliche Sicherheitspolitik von ihm. Ob er aber die Möglichkeiten hat, diesen Anforderungen angesichts unbestimmter Gesetze und Erledigungsdruck überhaupt gerecht zu werden, scheint für die Politik nicht von Interesse. Für die Rechtsanwendung überprüfbare Maßstäbe verschwinden, die Gefahr richterlicher Willkür wächst.[1162]

dc) Der Missbrauch der Dritten Gewalt auf Kosten der Freiheitsrechte

Richter dürfen aber nicht dazu benutzt werden, Versäumnisse des Gesetzgebers zu beheben, dürfen nicht zum Organ der Erfüllung sicherheitspolitischer Aufträge im Strafprozess degradiert werden[1163] und nicht zum „Bittsteller im Verteilungskampf öffentlicher Mittel."[1164] Die Vornahme von „umfassenden gesellschaftlichen Reparaturleistungen"[1165] ist eine Aufgabe, an der das Kriminaljus-

---

1158 Albrecht, Expectations to strengthen judicial Independence, in: Albrecht/Thomas (Hrsg.), Strengthen the Judiciary`s Independence in Europe, (2009), S. 19.

1159 Albrecht, a.a.O., S. 20.

1160 Albrecht, a.a.O.

1161 Abermals sei hier nur auf das zutiefst verwirrende Beispiel der Geldwäsche hinzuweisen; siehe Albrecht, Der Weg in die Sicherheitsgesellschaft, (2010), S. 1027 und Albrecht, Expectations to strengthen judicial Independence, in: Albrecht/Thomas (Hrsg.), Strengthen the Judiciary`s Independence in Europe, (2009), S. 20. .

1162 Albrecht, Der Weg in die Sicherheitsgesellschaft, (2010), S. 1028.

1163 Kokkinakis, Strafprozessuales Vorgehen und strafrechtliches Rückwirkungsverbot, (2001), S. 140.

1164 Albrecht, a.a.O., S. 998.

1165 Albrecht, a.a.O., S. 1028.

tizsystem nur scheitern kann. Ebenso darf das Strafrecht nicht als operatives Präventionsmittel[1166] missbraucht werden.

Als Beispiel sei hier nur der unsägliche Vorgang zum Thema „Sicherungsverwahrung" zu nennen, in dem erst durch ein „Einschreiten" der Justiz dafür gesorgt wurde, dass rechtsstaatliche Grundregeln wieder beachtet wurden.[1167] Die Dritte Gewalt hat sich hier als Bewahrer von Freiheitsrechten gezeigt und damit den Gesetzgeber in seine Schranken gewiesen.

Vorgänge wie diese sind äußerst kritisch zu beobachten. Der Gesetzgeber befindet sich in der für ihn angenehmen Lage, darauf Vertrauen zu können, dass wenn, wie in diesem Fall, ein Gesetz nicht vereinbar ist mit Freiheitsrechten, dies schon im Laufe der Zeit durch die Justiz geklärt wird. Es darf aber nicht außer Betracht bleiben, dass eine solch gerichtliche Überprüfung einen Kläger voraussetzt. Die Justiz wird nicht von selbst tätig, sondern befasst sich nur mit Fällen, die ihr zur Entscheidung vorgelegt werden und kann auch nur über diese entscheiden. Im Grunde ist es daher für die Betroffenen ein seltener „Glücksfall", wenn tatsächlich einmal das Bundesverfassungsgericht zu der Entscheidung kommt, dass ein Gesetz mit grundlegenden Freiheitsrechten nicht zu vereinbaren ist. Wie viele Gesetze jedoch noch in Kraft sind, die aus Gründen einer oftmals nur als irrational zu bezeichnenden Sicherheitspolitik erlassen wurden, bleibt der Justiz mangels Vorlage unbekannt.

1166 Albrecht, a.a.O., S 999; Kokkinakis, a.a.O., S. 141;. Siehe hierzu auch die nach dem Anschlag vom 11.September 2001 zu beobachtende Gesetzgebung, die nur als „normative Sicherheitsinflation" bezeichnet werden kann; Albrecht, a.a.O, S. 809 ff.

1167 Mit Urteil vom 4. Mai 2011 hat das Bundesverfassungsgericht die bislang bestehenden Regelungen zur Sicherungsverwahrung für verfassungswidrig erklärt. Diese würden das Grundrecht auf Freiheit nach Art. 2 Abs. 2 S. 2 GG verletzen, indem sie die rückwirkende Verlängerung und die nachträgliche Anordnung der Sicherungsverwahrung für bereits verurteilte Straftäter ermöglichten (2 BvR 2365/09; - 2 BvR 740/10 -; - 2 BvR 2333/08 -; - 2 BvR 1152/10 -; - 2 BvR 571/10 -). Siehe hierzu auch: Jüttner, „Ein unerträglicher Zustand", Spiegel Online vom 5. Mai 2011, zu finden unter: http://www.spiegel.de/panorama/justiz/0,1518,760719-2,00.html vom 5. Mai 2011.

2. Zwischenergebnis

All dies soll nicht als Kritik an der Unabhängigkeit der Justiz verstanden werden. Im Gegenteil. Richter können und sollen das Recht fortentwickeln. Ohne die Justiz und ihre Fähigkeit, abstrakten Gesetzesformulierungen Leben einzuhauchen, würde das Recht in Starre und Stillstand verharren. Gleichwohl konnte festgestellt werden, dass eine Annäherung des deutschen Rechts zum Common Law zu beobachten ist, Hand in Hand mit einer zunehmenden Marginalisierung der Justiz.

Das Recht hat die Tendenz, dass ihm wie der sagenhaften Hydra immer neue Köpfe wachsen, kaum hat man den einen abgeschlagen. Sobald der Gesetzgeber ein Gesetz erlassen hat, werden neue Fragen aufgeworfen, neue Gesetze werden nötig und vor allem Entscheidungen, die die Gesetze auslegen. In dem Maße aber, indem die Bedeutung von Präjudizien mehr und mehr zunimmt, gewinnt eine weitere Rechtsquelle an Einfluss, die gelesen, verstanden und richtig angewendet werden will. Sie zu missachten, ist schlechthin nicht möglich.[1168] So schwillt der Berg der juristischen Weisheiten nahezu werktäglich innerhalb der Arbeitszeiten der Justiz weiter an und das juristische Chaos wächst. Dies kann nur als die „dunkle Seite“ der Annäherung beschrieben werden. Der Umstand, dass unser Rechtssystem mehr und mehr die Züge des Common Laws trägt, bringt es mit sich, dass wir vor ähnlichen Herausforderungen hinsichtlich der Weiterentwicklung und Reformierung des Rechts stehen wie unsere Kollegen aus dem Common Law Rechtskreis. Probleme, denen sich *Gardiner* im Jahre 1965 ausgesetzt sah, treffen damit mittlerweile auch auf unser Rechtssystem zu – denn wer wolle ernsthaft bestreiten, dass ein Satz wie „ich habe keinen Zweifel daran, dass das schlimmste am Recht seine Form ist und das zuallererst aufgrund seiner Masse“[1169] nicht auch von einem deutschen Juristen so gesagt werden könnte.

Die Angleichung der Rechtssysteme hat damit nicht nur die Angleichung der guten Seiten zur Folge.

1168 Die Folgen der Nichtbeachtung dieser Quellen wurden oben dargestellt; siehe hierzu Abschnitt H. III. 4. c)

1169 „I have no doubt at all that the worst part of the law is its form, and this is in the first place because of its bulk“; Gardiner, Some Aspects of Law Reform, New Zealand Law Journal, (1969), S. 175; siehe hierzu auch Abschnitt D. III. 2. a).

VI. Lösungsansätze

Fraglich ist somit, wie dieser Herausforderung begegnet werden kann. Zu prüfen ist daher, ob die bislang in Deutschland vorhandenen Institutionen den sich stellenden Anforderungen gerecht werden können. Dazu müsste durch sie eine zufriedenstellende systematische Reform des Rechts in Deutschland erfolgen können.

1. Die Reform des Rechts durch die Justiz

Zur Lösung dieses Problems käme zunächst die Justiz in Betracht. Möglicherweise ist sie in der Lage, Bereiche des Rechts einer systematischen Überprüfung zu unterziehen und damit dessen Reformierung zu fördern. Dafür könnte sprechen, dass richterliche Rechtsfortbildung die gleichen Ziele wie die Legislative verfolgt,[1170] nämlich „sowohl die Schaffung allgemeiner Normen, die ein Minimum an Rechtssicherheit gewährleisten, als auch die Herstellung sozialer Gerechtigkeit."[1171] Zunächst könnte man daher geneigt sein, die Justiz stärker in den Reformprozess einzubinden, zumal sie sie durch ihre Entscheidungen wie bereits ausgeführt einen wesentlichen Beitrag zur Weiterentwicklung des Rechts leistet. Gleichwohl darf die eigentliche Rolle der Justiz nicht außer Betracht gelassen werden: Wesentlicher Unterschied ist, dass das richterliche Streben nach einer Gesetzesänderung durch die Anwendung und Auslegung des Rechts nicht bis zu einer gesetzgeberischen Rechtssetzungstätigkeit hin reichen kann.[1172] Dies ist die eigentliche Schwäche eines Systems, das auf juristische Präjudizen für seine Fortentwicklung baut. Kritisch daran ist weiterhin, dass die Entwicklung des Rechts durch Präjudizen die Entwicklung des Rechts allein durch Juristen ist. Dies stellt eine Praxis dar, gegen die seit Generationen protestiert wird. Außerdem ist eine wirklich systematische Reform des Rechts durch die Justiz nicht zu erreichen, da sie sich, wie schon ausgeführt, nur mit den Fällen befassen kann, die ihr zur Entscheidung vorgelegt werden. Letztlich kann sie schon rein praktisch keine umfassende Öffentlichkeitsbeteiligung durchführen. Die Justiz ist damit als Institution, die sich der Reformierung des Rechts widmet, ungeeignet.

1170 Kokkinakis, Strafprozessuales Vorgehen und strafrechtliches Rückwirkungsverbot, (2001), S. 130.

1171 Schneider, Gesetzgebung und Einzelfallgerechtigkeit, ZRP 1998, S. 327.

1172 Kokkinakis, a.a.O.; siehe hierzu auch: Remmers, Der politisch indifferente Richter: Leitbild der Dritten Gewalt? in: Broda/Deutsch/Schreiber/Vogel, Festschrift für Rudolf Wassermann, (1985), S. 174.

2. Die Reform des Rechts durch Legislative

In parlamentarischen Demokratien ist die Legislative der prinzipale Vertreter der Rechtsreform. Tatsächlich ist jedoch in der Praxis zu beobachten, dass sie kaum mehr als eine reaktive Rolle im Law Reform Prozess spielen.[1173] Die Gründe hierfür sind der Natur des politischen Prozesses inhärent: Gewählte Regierungen tendieren dazu, ihren Fokus auf bestimmte Themen zu richten. Manche Themen werden aus ideologischen Gründen gewählt, manche nur deswegen beachtet, weil es politische Konsequenzen haben könnte, wenn sie diese ignorieren würden. Wieder andere Themen werden auf die politische Agenda gesetzt in der Hoffnung, dass sie populär genug sind, die Wahl oder Wiederwahl zu sichern. Jede Partei hat damit ihr eigenes Programm, dem sie konsequenterweise die höchste Aufmerksamkeit zukommen lässt. Dies ist aus Sicht der Parteien bzw. der Regierung auch nur verständlich. Die Reform von spezifischen Themen ist damit oft schon gar nicht von Interesse für eine Regierung, sei es, weil sie Kontroversen hervorrufen könne, oder sei es, weil sie die Bevorzugung einer Gruppe befürchten, die die Wähler düpieren könnte. Eine Regierung könnte sich auch zu der Überlegung veranlasst sehen, dass die Einbringung eines bestimmten Gesetzesentwurfs die Opposition in die Lage versetzen könnte, taktische parlamentarische Verspätungen zu betreiben, die die Umsetzung des eigentlichen Programms unnötig erschweren könnten. Oder sie erachtet bestimmte Themen schlicht als nicht interessant genug, um diesen parlamentarische Zeit zu widmen. olge sind oft Gesetze, die aus Aktionismus unter Zeitdruck erlassen werden, die Teilbereiche nur ungenügend regeln und letztlich nur eine bestimmte Politik vorantreiben sollen. Das politische Interesse wird damit dem Bedürfnis nach einer umfassenden Systematik vorangestellt. Dies ist zum Teil auch nachvollziehbar, denn Regierungen haben eine Reihe von Aufgaben, bei der die Frage der Reformierung des Rechts nur einen Teilbereich des Tagesgeschäfts einnehmen kann. Oft fehlt ihnen damit einfach die Zeit, sich intensiv diesen Themen zu widmen, so dass die erlassenen Gesetze handwerkliche Fehler aufweisen.

1173 Hurlburt, Law Reform Commissions in the United Kingdom, Australia and Canada, (1986), S. 447.

3. Die Reform des Rechts durch weitere Institutionen

Zwar gibt es selbstverständlich auch in Deutschland eine Reihe von Einrichtungen, die sich der Reformierung des Rechts widmen. Zu nennen sind hier u.a. verschiedene Expertenkommissionen,[1174] den Rechtsausschuss des Deutschen Bundestags[1175] oder Abteilungen von Ministerien, in denen Reformgesetzvorschläge erarbeitet werden und in denen die Anhörung von Experten zu bestimmten Fragestellungen erfolgt. Problematisch ist aber, dass diese Einrichtungen meist nur temporär bestehen: Sie sind oftmals nicht auf Dauer eingerichtet, sondern oft nur für den Zeitraum der jeweiligen Regierungszeit, häufig politisch motiviert,[1176] zusammengesetzt. Oder aber, selbst wenn sie dauerhaft eingerichtet sind, sind ihre Mitglieder häufig nicht in Vollzeit bei ihnen beschäftigt. Zudem ist in ihrer Arbeit keine extensive Öffentlichkeitsbeteiligung zu verzeichnen. So mögen sie damit für bestimmte Fragestellungen äußerst wertvoll sein, können jedoch schon aufgrund des Zeitelements keine systematische, umfassende Reform erarbeiten.

4. Ergebnis

Festzustellen ist damit, dass es in Deutschland keine feste Institution gibt, deren alleinige Aufgabe die Reformierung des Rechts ist. Ferner sind der parlamentarische und justiziable Prozess inadäquat für das kontinuierlich wachsende Bedürfnis nach der Reformierung des Rechts.

1174 Nur beispielhaft, und längst nicht erschließend, seien zu nennen: Die Ethikommission; siehe hierzu: http://www.zentrale-ethikkommission.de/page.asp?his=0.2.30; die Kinderrechtekommission des Deutschen Familiengerichtstages; siehe hierzu: http://www.dfgt.de/resources/Sorgerecht_Stellungnahme_2_2011_2_.pdf; die dbv – Kommission Recht; weitergehende Informationen hierzu zu finden unter: http://www.bibliotheksverband.de/fachgruppen/kommissionen/recht.html; Die Nationale Anti Doping Agentur; siehe den Internetauftritt dieser unter: http://www.nada-bonn.de/nada/kommissionen/recht/ oder die neu eingerichtete Atomkommission; siehe hierzu: http://www.faz.net/s/Rub469C43057F8C437CACC2DE9ED41B7950/Doc~E815FAD4BD9094CB7BEAE9C0BEE5AB4E5~ATpl~Ecommon~Sspezial.html; alle vom 5. Mai 2011.

1175 http://www.bundestag.de/bundestag/ausschuesse17/a06/index.jsp vom 5. Mai 2011.

1176 Wie der Rechtausschuss des Deutschen Bundestags, dessen parteipolitische Zusammensetzung durch die des Bundetags bestimmt wird.

VII. Ein Lösungsvorschlag

Die Frage ist nun, welcher Schluss hieraus gezogen werden sollte.

1. Einleitung

Die deutschen Probleme mögen bekannt erscheinen, sind sie doch schließlich denen sehr ähnlich, zu deren Lösung im Jahre 1965 die Gründung der Law Commission of England and Wales und 1975 die der ALRC erfolgte. Deren Gründer sahen sich vor das Problem gestellt, dass es zwar eine Fülle von Institutionen gab, die sich der Reform des Rechts verschrieben hatten – aber keine von ihnen war fest eingerichtet, keine mit in Vollzeit Beschäftigten Mitarbeitern besetzt, was sich auf Dauer als nicht ausreichend erwies. Law Reform Commissions sollten daher etwas qualitativ „anderes" sein, wie in dem Abschnitt „Die wesentlichen Elemente" eingehend dargestellt wurde.

2. Konsequenzen aus der Angleichung der Rechtssysteme

a) Die Gründung einer Law Reform Commission in Deutschland

In dem Maße, in dem das deutsche Rechtssystem mehr und mehr Merkmale des Common Laws übernimmt, erscheint es somit nur folgerichtig, auch auf die Regularien zurückzugreifen, die geschaffen wurden, um den sich aus dem Common Law ergebenden Herausforderungen zu begegnen. Eines hiervon sind Law Reform Commissions. Schlussfolgerung aus der Angleichung der Rechtssysteme ist daher, dass es sinnvoll und wünschenswert wäre, auch in Deutschland eine Institution wie eine Law Reform Commission zu gründen.

b) Vorteile einer solchen Gründung

Dies würde eine Reihe von Vorteilen bieten, denn eine separate, eigens damit beauftragte Einrichtung sichert, dass die Frage der Reform nicht vernachlässigt wird. Sie wäre schon per Definition daran interessiert, dass das geltende Recht an die gegenwärtigen Verhältnisse angepasst wird. Sicherlich kann auch eine Regierung Expertenanhörungen durchführen und auf diese Weise alle relevanten Disziplinen abdecken. Doch es macht einen Unterschied, ob es eine unabhängige Einrichtung gibt, die sich der Reform widmet, oder sich mit dieser Aufgabe nur „fragmentarisch“ befasst wird.

Darüber hinaus wäre die extensive Öffentlichkeitsbeteiligung, die wesentlicher Bestandteil der Arbeit einer Law Reform Commission ist, etwas qualitativ Neues in Deutschland. Diese kann dazu beitragen, die zu beobachtende Politikverdrossenheit in der Öffentlichkeit zumindest zu verringern. Die Erfahrungen aus der Konsultation haben gezeigt, welch zum Teil wertvolle Informationen durch die Anhörung des „kleinen Mannes“ gefunden werden konnten. Law Reform Commissions sorgen auf diese Weise für den wichtigen Dialog zwischen der Regierung und den Mitgliedern der Gesellschaft- was eine so wichtige Komponente einer abwägenden Demokratie ist. *Kirbys* Auffassung, dass Recht „zu wichtig sei, um es den Experten zu überlassen“, ist daher vollumfänglich zuzustimmen. Sicherlich gibt es Themen, die zu komplex oder auch zu emotional geführt werden, um sie Teil der öffentlichen Konsultation einer Law Reform Commission werden zu lassen. Als Beispiel sei hier nur das Thema Sicherungsverwahrung und Kindesmissbrauch zu nennen. Eine Befragung der oft aufgewühlten Bevölkerung würde sicherlich zu Forderungen wie „Todessstrafe“ oder „Wegschließen, und zwar für immer“[1177] führen und es ist schwer vorstellbar, der breiten Öffentlichkeit vor einer Eingabe die wesentlichen Grundlagen eines demokratischen Rechtssystems zu erklären, nämlich dass jeder Mensch universelle Rechte hat, die ihm nie, egal was er getan hat, genommen werden dürfen. Öffentlichkeitsbeteiligung bietet sich daher, wie auch die australischen Beispiele gezeigt haben, für Fragen an, die soziale Themen betreffen- warum nicht eine öffentliche Befragung zum Thema Kinderarmut, warum nicht zum Datenschutz oder zu so etwas vermeintlich belanglosem wie dem Nachbarschaftsrecht? Law Reform Commissions können dazu beitragen, das Gefühl, dass „die da oben doch eh`alles so machen, wie sie wollen“, kleiner wird. Die neuen Medien des Web 2.0 bieten hierbei erhebliches Potenzial, auf einfachem Wege die Öffentlichkeit zu beteiligen.[1178] Die Konsultationen der Law Reform Commissions haben gezeigt, dass sich Bürger ernst genommen fühlen, wenn auch ihre Meinung von Interesse ist. Wie wichtig diese Einbeziehung ist, zeigt sich auch an den gegenwärtigen Entwicklungen in Deutschland wie den Demonstrationen zu dem

---

1177 Wie 2001 populistisch nicht die Bild – Zeitung, sondern der damalige Bundeskanzler *Gerhard Schröder* forderte (jedoch in der Bild - Zeitung): siehe hierzu: „Sexualsstraftäter lebenslang wegsperren“, DER SPIEGEL vom 8. Juli 2007, zu finden unter: http://www.spiegel.de/politik/deutschland/0,1518,144052,00.html vom 5. Mai 2011. Siehe auch: Rautenberg: Wegschließen für immer!?, NJW 2001, S. 2608 ff.

1178 Siehe hierzu auch den Einsatz von ihnen durch die ALRC unter F. X. 2. C)

Bahnprojekt „Stuttgart 21“,[1179] den zahlreichen Anti – Atomkraft Veranstaltungen nach dem Reaktorunglück in Japan, an denen Hunderttausende teilnahmen,[1180] oder an der steigenden Zahl der Volksentscheide.[1181] Die Öffentlichkeit hat ein immer stärker werdendes Bedürfnis aktiv am politischen Prozess zu partizipieren. Daran sollte auch die Politik interessiert sein, denn letztlich ist es diese Öffentlichkeit, die die Wahlen entscheidet.[1182] Dabei ist die Unabhängigkeit einer Law Reform Commission von entscheidender Bedeutung. Nur einer Institution, der volles Vertrauen hinsichtlich ihrer Unabhängigkeit zukommt, werden auch sensible und höchstpersönliche Informationen zukommen.

c) Merkmale der zu gründenden deutschen Law Reform Commission

Die Erfahrungen aus Australien und den anderen Ländern haben gezeigt, dass es Elemente gibt, die wesentlich sind für eine Law Reform Commission. Es erscheint damit ratsam, dass die zu gründende Einrichtung diese Merkmale ebenfalls erfüllen sollte.

Die Law Reform Commission sollte daher:

- getrennt sein von der eigentlichen Gesetzgebungsmaschinerie;
- sollte so weit wie möglichen dem Einfluss der Regierung entzogen sein;

1179 Siehe hierzu auch: Prantl, Demo, Demos, Demokratie, Süddeutsche Zeitung vom 2. Oktober 2010.

1180 Siehe: http://www.zeit.de/politik/deutschland/2011-03/demonstrationen-atomausstieg vom 7. Mai 2011.

1181 Beispielweise sei der Vorgang in Hamburg am 18. Juli 2010 genannt, in dem die so genannte „Volksschule“ per Volksentscheid abgelehnt wurde (siehe: http://www.faz.net/s/Rub594835B672714A1DB1A121534F010EE1/Doc~E076A5223C05D4727BF4B57E0B274956C~ATpl~Ecommon~Scontent.html vom 7. Mai 2011) oder der Entscheid am 4. Juli 2010 in Bayern, in dem über den Nichtraucherschutz entschieden wurde (für nähere Informationen siehe den folgenden Link unter: http://www.spiegel.de/politik/deutschland/0,1518,704602,00.html vom 7. Mai 2011).

1182 Siehe hierzu nur das Ergebnis der Landtagswahlen in Baden Württemberg vom 27. März 2011. Nach nahezu sechs Jahrzehnten Regierung durch die CDU kam es zu einem Machtwechsel, so dass das Land zukünftig wohl von einem Ministerpräsidenten der Partei „Die Grünen“ regiert werden wird. Dieses Ergebnis ist zu einem nicht unerheblichen Teil dem Reaktorunglück in Japan und der strikten Ablehnung von Atomkraft durch die „Grünen“ geschuldet; für weitergehende Informationen siehe beispielsweise: http://www.tagesschau.de/inland/badenwuerttembergwahl108.html vom 7. Mai 2011.

- und sie sollte aufgrund eines parlamentarischen Gesetzes gegründet werden, das ihren Bestand sichert.

Diese Merkmale sind fundamentaler Bestandteil einer künftigen Law Reform Commision. Des Weiteren sollten folgende Elemente beachtet werden:

ca) Projektauswahl durch die Regierung

Die Auswahl der Projekte sollte der Regierung überlassen bleiben. Mögen einem auch sofort eine Reihe von Themen einfallen, in denen sich direkt eine umfassende Untersuchung und Reformen anbieten würde, so liegt die letzte Verantwortung im Bereich der Regierung. Wie ausgeführt, muss sich eine Law Reform Commission diesen Beschränkungen unterwerfen.[1183] Die eigene Projektauswahl ist daher aus pragmatischen Gründen abzulehnen.

cb) Personalbesetzung durch die Regierung

Ferner erscheint es unvermeidlich, dass die Regierung die Commissioner bestimmt. Auch dies ist wieder Gründen der Effizienz geschuldet - nur wenn eine Commission die Anerkennung der Regierung hat, werden ihre Vorschläge auch gehört werden. Dass dabei die personelle Besetzung eine erhebliche Rolle spielt, versteht sich von selbst. Im Übrigen zeigt das Beispiel des Bundesverfassungsgerichts, dass es nicht unbedingt ein Nachteil sein muss, wenn die Regierung die Mitglieder ernennt. Wesentlich ist, dass die Ernennung auf Dauer erfolgt und über die Amtszeit der jeweiligen Regierung hinausgeht.

cc) Größe der Law Reform Commission

Hinsichtlich der Größe einer Law Reform Commission können die Zusammensetzungen der bisher bestehenden Commissions einen Anhaltspunkt bieten. Eine Law Reform Commission sollte aber nicht zu groß geraten, da die Erfahrung gezeigt hat, dass es sinnvoll ist, dass die Mitglieder den jeweiligen Untersuchungen ihre ungeteilte Aufmerksamkeit zukommen lassen können. Je größer eine Commission wird, desto geringer werden die Möglichkeiten, dies für jedes Projekt zu realisieren. Ferner sollte Law Reform dosiert erfolgen. Es gibt eine Grenze dessen, was die Öffentlichkeit und die Regierung akzeptieren. Ständige

---

1183 Siehe Abschnitt F. XI. 3. b).

Reform stellt sich damit eher auf Dauer kontraproduktiv dar. Daher gibt es, wenn auch auf den ersten Blick aufgrund der Masse von in Frage kommenden Themen, nicht vorstellbar, Grenzen auf dem Law Reform - „Markt“.[1184]

cd) Umfassende Konsultation

Die umfassende Konsultation sollte einen Schwerpunkt der Arbeit der Law Reform Commission einnehmen. Erst diese sichert, dass die Commission tatsächlich etwas qualitativ „neues“ in Deutschland wäre. Hierzu bietet es sich an, auf die Erfahrungen der anderen Law Reform Commissions zurückzugreifen.

ce) Unabhängigkeit der Law Reform Commission

Wesentliches, wenn nicht das das wesentlichste Element: Die Law Reform Commission muss ab dem Zeipunkt, an dem ihr ein Projekt zur Bearbeitung übertragen wird, völlig unabhängig sein. Nur so sind die positiven Effekte der Arbeit einer Law Reform Commissison auch tatsächlich zu erreichen. Sie muss daher absolut frei sein in der Auswahl der externen Berater und frei sein in der Art und Weise, wie sie die Öffentlichkeit in den Reformprozess einbezieht. Ihre Unabhängigkeit darf kein bloßes Versprechen bleiben, sondern muss wirklich gegeben sein.

1184 Hurlburt, Law Reform Commissions in the United Kingdom, Australia and Canada, (1986), S. 458.

VIII. Fazit

Oft ist das Recht nicht so gut, wie es sein sollte. Gutes Recht wird obsolet, während überholtes Recht in Kraft bleibt. Die kontinuierliche Reform des Rechts ist wünschenswert und, wenn das Recht seinen Auftrag erfüllen soll, unerlässlich. Die bislang bestehenden Institutionen, durch die die Reform des Rechts in Deutschland betrieben wird, können aufgrund der praktischen Folgen als nicht ausreichend erachtet werden. Durch die Annäherung an ein System des Common Law in Deutschland ist es erforderlich, nach Wegen zu suchen, die, neben der Regierung und der Justiz, das Recht verbessern, indem es reformiert wird. Hierbei können Law Reform Commissions helfen. Zwar sind auch Law Reform Commissions kein Allheilmittel und können kein „neues Jerusalem" hervorbringen.[1185] Anderseits muss man jedoch nicht so weit gehen wie der leitende Oberstaatsanwalt von New South Wales, *Cowdery*, und die Ansicht vertreten, dass der Glaube, dass Recht in einem demokratischen System durch das Parlament im Rahmen eines transparenten, gerechten Prozesses gemacht werde, auf eine Stufe mit dem Glauben „an den Weihnachtsmann oder die Zahnfee" gesetzt werden könne.[1186]

Die Erfahrungen in Australien und anderen Ländern, in denen Law Reform Commissions bestehen, zeigen, dass sie zur Erlangung des Ziels, das Recht besser und gerechter zu machen, einen nicht unerheblichen Beitrag leisten. Die wirkliche, tatsächliche Einbeziehung der Öffentlichkeit in ihre Arbeit ist ein wesentliches Element einer demokratischen Gesellschaft. Hieraus beziehen sie ihre Existenzberechtigung. Mögen auch Law Reform Commissioners nicht all das erreichen, was sie gerne würden, so hat das, was sie gleichwohl umsetzen konnten, einen immensen Einfluss auf das heutige Recht in den jeweiligen Ländern. Sie bieten daher weitaus mehr als nur eine Camouflage, die eine Regierung in die Lage versetzt, ihre politische Agenda mit dem Anschein der Objektivität zu bedecken.

1185 Hurlburt, a.a.O., S. 2.

1186 "as those in Santa Clause and the tooth fairy"; Cowdery, Getting justice wrong, Papier präsentiert bei der Australasian Law Reform Agencies Conference, S. 2, Darwin, 20.Juni 2002.

IX. Schlusswort

Es bleibt zu hoffen, dass durch diese Arbeit die Möglichkeiten und Chancen zur Verbesserung des Rechts durch Law Reform Commissions näher gebracht werden konnten. Vielleicht findet die Idee der Gründung einer Law Reform Commission in Deutschland den ein oder anderen Befürworter, so dass eines Tages auch Deutschland eine derartige Einrichtung hätte.

Oder, alternativ, wenn man den Zustand des gegenwärtigen Rechtssystems verändern möchte, aber diese Aufgabe nicht Juristen überlassen will, wäre auch der Hinweis von *Shakespeare* in Betracht zu ziehen:

„The first thing we do, let's kill all the lawyers"[1187]

1187 „ Das erste, was wir tun, lasst uns alle Anwälte [wobei „lawyer" auch allgemein mit „Jurist" übersetzt werden kann] umbringen"; Shakespeare, Heinrich VI, 2. Teil, 4. Akt, 2. Szene.

FRANKFURTER KRIMINALWISSENSCHAFTLICHE STUDIEN

Band 1 Peter Böning: Die Lehre vom Unrechtsbewußtsein in der Rechtsphilosophie Hegels 100 S., 1978.

Band 2 Wolfgang Schneider: Kriminelle Straßenverkehrsgefährdung (§ 315c Abs. 1 Ziff. 2, Abs. 3 StGB). Eine kriminologische und strafrechtliche Untersuchung zur Problematik dieser Verkehrsstraftaten unter Berücksichtigung ausländischer Rechte. 342 S., 1978.

Band 3 Lothar Kuhlen: Die Objektivität von Rechtsnormen. Zur Kritik des radikalen labeling approach in der Kriminalsoziologie. 178 S., 1978.

Band 4 Günther Grewe: Straßenverkehrsdelinquenz und Marginalität. Untersuchungen zur institutionellen Regelung von Verhalten. 148 S., 1978.

Band 5 Dieter Haberstroh: Strafverfahren und Resozialisierung. Eine Studie über Verstehen und Nicht-Verstehen, über Verstanden-Werden und Nicht-Verstanden-Werden und deren Bedingungen in der Hauptverhandlung. 202 S., 1979.

Band 6 Thomas Vogt: Die Forderungen der psychoanalytischen Schulrichtungen für die Interpretation der Merkmale der Schuldunfähigkeit und der verminderten Schuldfähigkeit (§§ 51 a.F., 20, 21 StGB). 182 S., 1979.

Band 7 Andreas Michael: Der Grundsatz in dubio pro reo im Strafverfahrensrecht. Zugleich ein Beitrag über das Verhältnis von materiellem Recht und Prozeßrecht. 214 S., 1981.

Band 8 Ilias G. Anagnostopoulos: Haftgründe der Tatschwere und der Wiederholungsgefahr (§§ 112 Abs. 3, 112 a StPO). Kriminalpolitische und rechtssystematische Aspekte der Ausweitung des Haftrechts. 1984.

Band 9 Helga Müller: Der Begriff der Generalprävention im 19. Jahrhundert. Von P.J.A. Feuerbach bis Franz v. Liszt. 1984.

Band 10 Frowin Jörg Kurth: Das Mitverschulden des Opfers beim Betrug. 1984.

Band 11 Martin J. Worms: Die Bekenntnisbeschimpfung im Sinne des § 166 Abs. 1 StGB und die Lehre vom Rechtsgut. 1984.

Band 12 Jong-Dae Bae: Der Grundsatz der Verhältnismäßigkeit im Maßregelrecht des StGB. 1985.

Band 13 Helmut Fünfsinn: Der Aufbau des fahrlässigen Verletzungsdelikts durch Unterlassen im Strafrecht. 1985.

Band 14 Christoph Krehl: Die Ermittlung der Tatsachengrundlage zur Bemessung der Tagessatzhöhe bei der Geldstrafe. 1985.

Band 15 Walter-Hermann Kiehl: Strafrechtliche Toleranz wechselseitiger Ehrverletzungen - Zur ratio legis der §§ 199, 233 Strafgesetzbuch -. 1986.

Band 16 Matthias Krahl: Die Rechtsprechung des Bundesverfassungsgerichts und des Bundesgerichtshof zum Bestimmtheitsgrundsatz im Strafrecht (Art. 103 Abs. 2 GG). 1986.

Band 17 Patrick Carroll Campbell: § 220a StGB. Der richtige Weg zur Verhütung und Bestrafung von Genozid? 1986.

Band 18 Winfried Hassemer (Hrsg.): Strafrechtspolitik. Bedingungen der Strafrechtsreform. 1987.

Band 19 Felix Herzog: Prävention des Unrechts oder Manifestation des Rechts. Bausteine zur Überwindung des heteronom-präventiven Denkens in der Strafrechtstheorie der Moderne. 1987.

Band 20 Astrid Michalke-Detmering: Die Mindestanforderungen an die rechtliche Begründung des erstinstanzlichen Strafurteils. Zur Auslegung des § 267 StPO. 1987.

Band 21 Lothar Kuhlen: Die Unterscheidung von vorsatzausschließendem und nichtvorsatzausschließendem Irrtum. 1987.

Band 22 Michael Buttel: Kritik der Figur des Aufklärungsgehilfen im Betäubungsmittelstrafrecht (§ 31 BtMG). 1988.

Band 23 Matthias Kögler: Die zeitliche Unbestimmtheit freiheitsentziehender Sanktionen des Strafrechts. Eine vergleichende Untersuchung zur Rechtslage und Strafvollstreckungspraxis in der Bundesrepublik Deutschland und den USA. 1988.

Band 24 Klaus Lüderssen / Cornelius Nestler-Tremel / E wa Weigend(Hrsg.): Modernes Strafrecht und ultima-ratio-Prinzip. 1990.

Band 25 Jürgen Taschke: Die behördliche Zurückhaltung von Beweismitteln im Strafprozeß. 1989.

Band 26 Daniela Westphalen: Karl Binding (1841-1920). Materialien zur Biographie eines Strafrechtsgelehrten. 1989.

Band 27 Sigrid Jans: Die Aushöhlung des Klageerzwingungsverfahrens. 1990.

Band 28 Dimitris Spirakos: Folter als Problem des Strafrechts. Kriminologische, kriminalsoziologische und (straf-)rechtsdogmatische Aspekte unter besonderer Berücksichtigung der Folterschutzkonvention und der Pönalisierung der Folter in Griechenland. 1990.

Band 29 Stephan Moll: Strafrechtliche Aspekte der Behandlung Opiatabhängiger mit Methadon und Codein. 1990.

Band 30 Stefan Werner: Wirtschaftsordnung und Wirtschaftsstrafrecht im Nationalsozialismus. 1991.

Band 31 Xanthi Bassakou: Beiträge zur Analyse und Reform des Absehens von Strafe nach § 60 StGB. 1991.

Band 32 Rainer Runte: Die Veränderung von Rechtfertigungsgründen durch Rechtsprechung und Lehre. Moderne Strafrechtsdogmatik zwischen Rechtsstaatsprinzip und Kriminalpolitik. 1991.

Band 33 Olaf Hohmann: Das Rechtsgut der Umweltdelikte. Grenzen des strafrechtlichen Umweltschutzes. 1991.

Band 34 Klaus Jochen Müller: Das Strafbefehlsverfahren (§§ 407 ff. StPO). Eine dogmatisch-kriminalpolitische Studie zu dieser Form des schriftlichen Verfahrens unter besonderer Berücksichtigung der geschichtlichen Entwicklung – zugleich ein Beitrag zum StVÄG 1987. 1993.

Band 35 Sang-Don Yi: Wortlautgrenze, Intersubjektivität und Kontexteinbettung. Das strafrechtliche Analogieverbot. 1991.

Band 36 Birgit Malsack: Die Stellung der Verteidigung im reformierten Strafprozeß. Eine rechtshistorische Studie anhand der Schriften von C. J. A. Mittermaier. 1992.

Band 37 Rüdiger Schäfer: Die Privilegierung des "freiwillig-positiven" Verhaltens des Delinquenten nach formell vollendeter Straftat. Zugleich ein Beitrag zum Grundgedanken des Rücktritts vom Versuch und zu den Straftheorien. 1992.

Band 38 Cornelius Nestler-Tremel: AIDS und Strafzumessung. 1992.

Band 39 Christine Gutmann: Freiwilligkeit und (Sozio-)Therapie – notwendige Verknüpfung oder Widerspruch? 1993.

Band 40 Walter Kargl: Der strafrechtliche Vorsatz auf der Basis der kognitiven Handlungstheorie. 1993.

Band 41 Jürgen Rath: Zur strafrechtlichen Behandlung der aberratio ictus und des error in objecto des Täters. 1993.

Band 42 Martin Fischer: Wille und Wirksamkeit. Eine Untersuchung zum Problem des *dolus alternativus*. 1993.

Band 43 Regina Harzer: Der Naturzustand als Denkfigur moderner praktischer Vernunft. Zugleich ein Beitrag zur Staats- und Rechtsphilosophie von Hobbes und Kant. 1994.

Band 44 Helmut Pollähne: Lockerungen im Maßregelvollzug. Eine Untersuchung am Beispiel der Anwendung des nordrhein-westfälischen Maßregelvollzugsgesetzes im Westfälischen Zentrum für Forensische Psychiatrie (Lippstadt). 1994.

Band 45 Hans-Joachim Leonhardt: Rechtsmittelermessen der Staatsanwaltschaft. Eine Gegenüberstellung von § 296 StPO mit Nummern 147 und 148 Richtlinien für das Strafverfahren und das Bußgeldverfahren (RiStBV). 1994.

Band 46 Rolf Grünebaum: Zur Strafbarkeit des Therapeuten im Maßregelvollzug bei fehlgeschlagenen Lockerungen. 1996.

Band 47 Barbara Bialas: Promille-Grenzen, Vorsatz und Fahrlässigkeit. 1996.

Band 48 Christine Pott: Die Außerkraftsetzung der Legalität durch das Opportunitätsdenken in den Vorschriften der §§ 154, 154a StPO. Zugleich ein Beitrag zu einer kritischen Strafverfahrensrechtstheorie. 1996.

Band 49 Wolfgang Köberer: *Iudex non calculat*. Über die Unmöglichkeit, Strafzumessung sozialwissenschaftlich-mathematisch zu rationalisieren. 1996.

Band 50 Institut für Kriminalwissenschaften Frankfurt a.M. (Hrsg.): Vom unmöglichen Zustand des Strafrechts. 1995.

Band 51 Petra Kamberger: Treu und Glauben (§ 242 BGB) als Garantenstellung im Strafrecht? 1996.

Band 52 Anastassios Triantafyllou: Das Delikt der gefährlichen Körperverletzung (§ 223a StGB) als Gefährdungsdelikt. (Zugleich ein Beitrag zur Dogmatik der Gefährdungsdelikte). 1996.

Band 53 Norbert Kissel: Aufrufe zum Ungehorsam und § 111 StGB. Grundrechtlicher Einfluß bei der Feststellung strafbaren Unrechts. 1996.

Band 54 Susanne Ehret: Franz von Liszt und das Gesetzlichkeitsprinzip. Zugleich ein Beitrag wider die Gleichsetzung von Magna-charta-Formel und Nullum-crimen-Grundsatz. 1996.

Band 55 Stefan Braum: Geschichte der Revision im Strafverfahren von 1877 bis zur Gegenwart. Zugleich eine Kritik der Kontinuität politischer Macht im Recht. 1996.

Band 56 Katja Diel: Das Regreßverbot als allgemeine Tatbestandsgrenze im Strafrecht. 1997.

Band 57 Christoph Koller: Die Staatsanwaltschaft – Organ der Judikative oder Exekutivbehörde? Die Stellung der Anklagebehörde und die Gewaltenteilung des Grundgesetzes. 1997.

Band 58 Frank Schößler: Anerkennung und Beleidigung. Rechtsgut und Strafzweck des § 185 StGB. 1997.

Band 59 Regina Engelstädter: Der Begriff des Unfallbeteiligten in § 142 Abs. 4 StGB. Zugleich eine Kritik an aktuellen Zurechnungslehren. 1997.

Band 60 Jörg Reinhardt: Der Ausschluß und die Ablehnung des befangen erscheinenden Staatsanwaltes. 1997.

Band 61 Jens Christian Müller-Tuckfeld: Integrationsprävention. Studien zu einer Theorie der gesellschaftlichen Funktion des Strafrechts. 1998.

Band 62 Peter Maria Rohe: Verdeckte Informationsgewinnung mit technischen Hilfsmitteln zur Bekämpfung der Organisierten Kriminalität. Zugleich eine rechtsvergleichende Analyse der polizeilichen Abhörbefugnisse in den U.S.A. 1998.

Band 63 Dirk Fabricius: Was ein Lehrbuch lehrt ... Eine exemplarische Untersuchung von Jakobs *Strafrecht – Allgemeiner Teil*. 1998.

Band 64 Stefan Sinner: Der Vertragsgedanke im Strafprozeßrecht. 1999.

Band 65 Sebastian Schattenfroh: Die Staatsphilosophie Giovanni Gentiles und die Versuche ihrer Verwirklichung im faschistischen Italien. 1999.

Band 66 Athanassia Dionyssopoulou: Der Tatbestand der Geldwäsche. Eine Analyse der dogmatischen Grundlagen des § 261 StGB. 1999.

Band 67 Klaus von Lampe: *Organized Crime*. Begriff und Theorie organisierter Kriminalität in den USA. 1999.

Band 68 Christian Hanssen: "Trennung der Märkte". Rechtsdogmatische und rechtspolitische Probleme einer Liberalisierung des Drogenstrafrechts. 1999.

Band 69 Institut für Kriminalwissenschaften und Rechtsphilosophie Frankfurt a.M. (Hrsg.): Irrwege der Strafgesetzgebung. 1999.

Band 70 Konstantinos Chatzikostas: Die Disponibilität des Rechtsgutes Leben in ihrer Bedeutung für die Probleme von Suizid und Euthanasie. 2000.

Band 71 Bettina Wirmer-Donos: Die Strafrechtstheorie Karl Christian Friedrich Krauses als theoretische Grundlage des spanischen Korrektionalismus. 2001.

Band 72 Christine Löw: Die Erkundigungspflicht beim Verbotsirrtum nach § 17 StGB. 2001.

Band 73 Florian Ufer: Der Verwertungswiderspruch in Theorie und Praxis. Prozessuale Obliegenheiten des Verteidigers und ihre Bedeutung für die Rechtsposition des Beschuldigten. 2002.

Band 74 Katja Melzer: Psychisch kranke Straftäterinnen. Frauen im Maßregelvollzug. 2001.

Band 75 Gregor Kuntze-Kaufhold: Lebenswelt und Unparteilichkeit. Kriterien für eine Rechtsanwendungslehre am Beispiel der Analyse von fünf Hauptverhandlungen in Strafverfahren. 2002.

Band 76 Iris Kristina Passek: Die erstinstanzliche Zuständigkeit der Oberlandesgerichte in Staatsschutzstrafsachen. Historische Entwicklung und aktuelle Probleme. 2002.

Band 77 Michael Krebs: Die Weisungsgebundenheit des Staatsanwalts unter besonderer Berücksichtigung des rechtstatsächlichen Aspekts. 2002.

Band 78 Kerstin Degenhardt: Europol und Strafprozeß. Die Europäisierung des Ermittlungsverfahrens. 2003.

Band 79 Domenico Siciliano: Das Leben des fliehenden Diebes: Ein strafrechtliches Politikum. 2003.

Band 80 Marc Colussi: Produzentenkriminalität und strafrechtliche Verantwortung. 2003.

Band 81 Thilo Lars Hild: Grenzen einer strafrechtlichen Regulierung des Kapitalmarktes. Eine kriminalrechtliche Untersuchung von Börsengängen und Aktienhandel in Deutschland und den USA. 2004.

Band 82 Philipp Rau: Schweigen als Indiz der Schuld. Ein Vergleich des deutschen und englischen Rechts zur Würdigung des Schweigens des Beschuldigten. 2004.

Band 83 Alexandra Pfeiffer: Die Regelung der Lebendorganspende im Transplantationsgesetz. 2004.

Band 84 Elena Fischer: Recht auf Sterben?! Ein Beitrag zur Reformdiskussion der Sterbehilfe in Deutschland unter besonderer Berücksichtigung der Frage nach der Übertragbarkeit des Holländischen Modells der Sterbehilfe in das deutsche Recht. 2004.

Band 85 Jörg Ziethen: Grundlagen probabilistischer Zurechnung im Strafrecht. 2004.

Band 86 Stefanie Schork: Ausgesprochen schuldig. Dogmatische und metadogmatische Untersuchungen zum Schuldspruch. 2005.

Band 87 Claudia Schubert: Verbotene Worte? Versuch einer Neubestimmung im Umgang mit rassistischen Äußerungen jenseits des Strafrechts. 2005.

Band 88 Ulfrid Neumann / Cornelius Prittwitz (Hrsg.): Kritik und Rechtfertigung des Strafrechts. 2005.

Band 89 Denis Basak: Die Zuständigkeitsregeln internationaler Strafgerichte und Art. 101 GG. Zum Verhältnis der deutschen Strafgerichtsbarkeit zu den Internationalen Tribunalen für Jugoslawien und Ruanda sowie zum Ständigen Internationalen Strafgerichtshof. 2005.

Band 90 Hsiao-Wen Wang: Der universale Strafanspruch des nationalen Staates. Eine Untersuchung über das Weltrechtsprinzip im Internationalen Strafrecht. 2005.

Band 91 Leonie Frenz: Faktizität des Rechts in der forensischen Psychiatrie. Eine Untersuchung im LKH Moringen. 2005.

Band 92 Eva-Maria Unger: Schutzlos ausgeliefert? Der Europäische Haftbefehl. Ein Beispiel für die Missachtung europäischer Bürgerrechte. 2005.

Band 93 Marcus Bastelberger: Die Legitimität des Strafrechts und der *moralische Staat*. Utilitaristische und retributivistische Strafrechtsbegründung und die rechtliche Verfassung der Freiheit. 2006.

Band 94 Marc Reiß: Rechtliche Aspekte der Präimplantationsdiagnostik. Unter besonderer Berücksichtigung der Rechte der von einem Verbot betroffenen Paare. 2006.

Band 95 Alexander Kolz: Einwilligung und Richtervorbehalt. 2006.

Band 96 Vasco Reuss: Eine Kritik der juristischen Vernunft. Rezeptionsversuche der Negativen Dialektik Adornos für die Dogmatik des Strafrechts. 2007.

Band 97 Lutz Eidam: Die strafprozessuale Selbstbelastungsfreiheit am Beginn des 21. Jahrhunderts. 2007.

Band 98 Christiane Rüdiger: Schutzinteresse und Deliktsstruktur der „Bestechungsdelikte" (§§ 331 ff. StGB). 2007.

Band 99 Urte Eisenhardt: Das nemo tenetur-Prinzip: Grenze körperlicher Untersuchungen beim Beschuldigten. Am Beispiel des § 81a StPO. 2007.

Band 100 Institut für Kriminalwissenschaften und Rechtsphilosophie Frankfurt a. M. (Hrsg.): Jenseits des rechtsstaatlichen Strafrechts. 2007.

Band 101 Nils Möckelmann: Die rechtliche, psychiatrische und gesellschaftliche Beurteilung jugendlicher Straftäter in der jüngeren deutschen Geschichte. Eine Analyse anhand zweier Strafverfahren mit Gutachten des Psychiaters Ernst Rüdin aus den Jahren 1915/1917 unter Berücksichtigung der Entwicklungen bis zur Gegenwart. 2007.

Band 102 Alexa Albrecht: Zur Erosion der Menschenrechte im demokratischen Rechtsstaat. Reaktionen der Systeme und der Zivilgesellschaft. 2007.

Band 103 Dirk Lange: Die politisch motivierte Tötung. 2007.

Band 104 Ulfrid Neumann / Cornelius Prittwitz (Hrsg.): „Personale Rechtsgutslehre" und „Opferorientierung im Strafrecht". 2007.

Band 105 Lisa Kathrin Sander: Grenzen instrumenteller Vernunft im Strafrecht. Eine Kritik der Präventionsdoktrin aus strafrechtsgeschichtlicher und empirischer Perspektive. 2007.

Band 106 Stephan Werner: Zur Notwendigkeit der Verteidigeranwesenheit während der polizeilichen Beschuldigtenvernehmung. 2008.

Band 107 Inti Schubert: Europol und der virtuelle Verdacht. Die Suspendierung des Rechts auf informationelle Selbstbestimmung. 2008.

Band 108 Bong-Jin Ko: Menschenwürde und Biostrafrecht bei der embryonalen Stammzellenforschung. 2008.

Band 109 Wanja Andreas Welke: Die Repersonalisierung des Rechtskonflikts. Zum gegenwärtigen Verhältnis von Straf- und Zivilrecht. 2008.

Band 110 Jan Helmrich: Die Berufung gewerblicher Sicherheitskräfte auf Notwehr und Nothilfe. Zugleich ein Beitrag zu den Grundlagen des Notwehr- und Nothilferechts. 2008.

Band 111 Alexander Köstler-Loewe: Strafrecht US-Style: „Three Strikes and You're Out!" Baseball, Rückfall und Kriminalpolitik? 2008.

Band 112 Christina Bott: Die Medienprivilegien im Strafprozess. Zeugnisverweigerungsrecht und Beschlagnahmeverbot zum Schutz der Medien im Strafverfahren. 2009.

Band 113 Mario Riechmann: Organisierte Kriminalität und Terrorismus. Zur Funktionalisierung von Bedrohungsszenarien beim Abbau eines rechtsstaatlichen Strafrechts. 2009.

Band 114 Dirk Simon: Präzeptoraler Sicherheitsstaat und Risikovorsorge. 2009.

Band 115 Stefan Kirsch: Der Begehungszusammenhang der Verbrechen gegen die Menschlichkeit. 2009.

Band 116 Heng-da Hsu: Zurechnungsgrundlage und Strafbarkeitsgrenze der Fahrlässigkeitsdelikte in der modernen Industriegesellschaft. 2009.

Band 117 Dennis Teschner: Die soziale Kontrolle im virtuellen Raum. Eine juristische, soziologische und soialpsychologische Untersuchung der Instrumentalisierbarkeit von Internetkriminalität. 2009.

Band 118 Daniel Schilling: Fragmentarisch oder umfassend? Wege strafrechtlichen Zugriffs bei der Veruntreuung fremden Vermögens am Beispiel des deutschen und des italienischen Untreuestrafrechts. 2009.

Band 119 Andreas Stüdemann: Die Entwicklung der zwischenstaatlichen Rechtshilfe in Strafsachen im nationalsozialistischen Deutschland zwischen 1933 und 1945. Kontinuität und Diskontinuität im Auslieferungsrecht am Beispiel der Rechtsentwicklung im NS-Staat. 2009.

Band 120 Matthias Achenbach: Strafrechtlicher Schutz des Wettbewerbs? Eine kritische Analyse von Sinn und Zweck der Straftatbestände zum Schutz des Wettbewerbs. 2009.

Band 121 Vera Backhaus: Der gesetzliche Richter im Staatsschutzstrafrecht. Zur Verfassungsmäßigkeit des § 120 Abs. 2 GVG. 2010.

Band 122 Verena Maria Brenneis: Rechtspolitische Implikationen von Gefährlichkeitsprognosen im Vollzug von Maßregeln nach § 63 StGB. Zum Subjektstatus von Eingewiesenen. 2010.

Band 123 Maike Hoenigs: Zur Existenzberechtigung des Straftatbestandes der Rechtsbeugung. Korrelat oder Widerspruch zur richterlichen Unabhängigkeit. 2010.

Band 124 Christine Würfel: Freiheit als Grundlage der Schuld. 2012.

Band 125 Charlotte Rau: Compliance und Unternehmensverantwortlichkeit. Materiellrechtliche Fragen der sanktionsrechtlichen Unternehmensverantwortlichkeit unter Berücksichtigung von Compliance-Maßnahmen. 2010.

Band 126 Marc Fornauf: Die Marginalisierung der Unabhängigkeit der Dritten Gewalt im System des Strafrechts. 2010.

Band 127 Sabine Benthin: Subventionspolitik und Subventionskriminalität. Zur Legitimität und Rationalität des Tatbestandes zum Subventionsbetrug (§ 264 StGB). 2011.

Band 128 Philipp Horrer: Bestechung durch deutsche Unternehmen im Ausland. Strafrechtsentwicklung und Probleme. 2011.

Band 129 Marianne Varwig: Zum Tatbestandsmerkmal des Vermögensschadens (§ 263 StGB). Eine kritische Untersuchung mittels der vier klassischen Auslegungsmethoden. 2011.

Band 130 Alexander Rieger: Verfassungsrechtliche Legitimationsgrundlagen richterlicher Unabhängigkeit. Zugleich eine Auseinandersetzung mit der Debatte um eine Selbstverwaltung der Justiz. 2011.

Band 131 Moritz von Schenck: Pönalisierung der Folter in Deutschland – de lege lata et ferneda. 2011.

Band 132 Kerstin Bohn: Der gesetzliche Richter als rechtsstaatstragendes Prinzip in europäischen Staaten. Eine Untersuchung der Fallzuteilung unter besonderer Berücksichtigung Englands. 2011.

Band 133 Cornelius Trendelenburg: Ultima ratio? Subsidiaritätswissenschaftliche Antworten am Beispiel der Strafbarkeit von Insiderhandel und Firmenbestattungen. 2011.

Band 134 Susana Campos Nave: Rechtsstaatliche Regeltreue? Corporate Compliance als zwingende Antwort des freiheitsliebenden Unternehmens im Wirtschaftsstrafrecht. 2012.

Band 135 Christine Ditscher: Europäische Beweise. Der Rahmenbeschluss über die Europäische Beweisanordnung zur Erlangung von Sachen, Schriftstücken und Daten zur Verwendung in Strafsachen. 2012.

Band 136 Fedor Brunner: Das Phänomen des Mietnomaden in der Rechtspraxis. Strukturelle Hintergründe, zivilrechtliche Mechanismen und Perspektiven. 2012.

Band 137 Konstantinos Diakonis: Die Geringfügigkeitsvorschriften als Teil der Problematik der Kollision zwischen primären und sekundären Prinzipien des Rechts. 2012.

Band 138 Gustavo Chan Mora: Kritik des Schuldbegriffs im Jugendstrafrecht. Eine metadogmatische Begründung des Schuldfähigkeits- und Verbotsirrtumsbegriffs. 2012.

Band 139 Julia Anna Bargenda: *Australian Law Reform Commission.* Ein Modell für Deutschland? 2012.

www.peterlang.de